# HISTOIRE

DE

## LA BIBLIOTHÈQUE SAINTE-GENEVIÈVE

PARIS. — IMPRIMERIE DE GERDÈS
16, RUE SAINT-GERMAIN-DES-PRÉS

# HISTOIRE

DE LA BIBLIOTHÈQUE

# SAINTE-GENEVIÈVE

PRÉCÉDÉE

DE LA CHRONIQUE DE L'ABBAYE, DE L'ANCIEN COLLÉGE DE MONTAIGU
ET DES MONUMENTS VOISINS, D'APRÈS
DES DOCUMENTS ORIGINAUX ET DES OUVRAGES PEU CONNUS

## PAR ALFRED DE BOUGY

De la Bibliothèque Sainte-Geneviève

SUIVIE D'UNE

## MONOGRAPHIE BIBLIOGRAPHIQUE

OU CATALOGUE DES OUVRAGES, MANUSCRITS ET IMPRIMÉS
RELATIFS A SAINTE-GENEVIÈVE, A SON ÉGLISE, A SON ABBAYE, AUX CHANOINES RÉGULIERS
DE LA CONGRÉGATION DE FRANCE OU GÉNOVÉFAINS, ET A LEUR BIBLIOTHÈQUE,

### PAR P. PINÇON

De la Bibliothèque Sainte-Geneviève

---

## PARIS
COMPTOIR DES IMPRIMEURS-UNIS
— COMON ET Cᵒ —
15, QUAI MALAQUAIS

1847

A SON EXCELLENCE

# LE COMTE DE SALVANDY

GRAND-CROIX DE LA LÉGION-D'HONNEUR, DÉPUTÉ,
MEMBRE DE L'ACADÉMIE FRANÇAISE, MINISTRE DE L'INSTRUCTION PUBLIQUE,
GRAND-MAITRE DE L'UNIVERSITÉ.

---

Monsieur le Ministre,

La Bibliothèque Sainte-Geneviève si utile, si importante, placée dans le quartier des études, des travaux sérieux, est un des objets de la sollicitude éclairée de Votre Excellence. Vous avez senti que cet établissement pouvait contribuer puissamment à la diffusion des connaissances humaines, à la moralisation de la jeunesse, et, grâce à vous, ses portes sont ouvertes deux fois par jour à un public nombreux, empressé, avide de puiser dans les trésors des sciences et des lettres.

Votre Excellence ayant bien voulu m'attacher à la Bibliothèque Sainte-Geneviève, j'ai un double motif de lui offrir la dédicace de ce travail historique.

Recevez-la comme un public témoignage de ma gratitude, et veuillez agréer l'hommage des profonds respects avec lesquels j'ai l'honneur d'être,

Monsieur le Ministre,

De Votre Excellence,

Le très-obéissant serviteur,

ALFRED DE BOUGY.

Les hommes s'en vont, leurs œuvres les suivent tôt ou tard; de même que la rouille couvre et ronge quelquefois l'acier le plus pur, souvent l'oubli envahit les meilleures choses. Après la destruction physique vient fatalement la dispersion des souvenirs; les ténèbres du temps s'épaississent, la filiation des faits est interrompue; il ne reste à l'avenir que des vestiges épars prêts à tomber en poussière : ce sont ces débris qu'il importe de sauver.

Dès que je fus entré à la bibliothèque Sainte-Geneviève, il me vint à la pensée de connaître l'histoire de ce dépôt de livres, l'un des plus considérables de Paris. C'était une curiosité fort naturelle, mais je ne trouvai rien d'abord qui pût la satisfaire.

Les anciens fonctionnaires sont rares partout : ceux qui

ont fourni une longue carrière dans cet établissement et y
font encore le service m'apprirent tout ce qu'ils savaient,
tout ce qu'ils se rappelaient, tout ce qu'ils avaient lu çà et là
par aventure, tout ce qu'ils avaient découvert fortuitement,
et je m'empressai de confier au papier ces réminiscences.
C'était là un aliment trop peu substantiel pour rassasier mon
appétit de découvertes : je me mis donc en devoir de par-
courir rapidement les diverses histoires de Paris, les ouvrages
connus, usuels, et je fis quelques trouvailles d'assez peu
d'importance.

La besogne me captiva, m'intéressa bientôt plus que je
ne l'aurais imaginé, et, la difficulté même de l'entreprise
excitant mon besoin de savoir, je laissai les compilateurs et
résolus de remonter aux documents originaux, de recourir
aux sources et d'élaborer, si faire se pouvait, une notice
historique sur notre bibliothèque.

Tel fut mon point de départ.

Celui qui se livre aux investigations littéraires ou scientifiques ressemble à l'homme qui gravit une montagne : à
mesure qu'on s'élève, le paysage s'étend, l'horizon s'élargit,
des perspectives imprévues surgissent de tous côtés. Comment se résoudre alors à n'accorder son attention qu'à une
partie de la contrée que l'on a entière sous le regard ?

Pour écrire l'histoire de la bibliothèque, il m'a fallu

nécessairement étudier avec soin celle de l'ancienne abbaye royale de Sainte-Geneviève, et il me paraît bon et opportun d'accorder quelques pages à cette maison religieuse, chef-d'ordre qui, célèbre d'ailleurs, fut toujours en possession de l'amour de nos souverains.

Pouvais-je m'occuper du rameau sans étudier le tronc qui le produisit?

Accessoirement aussi j'ai été amené, par la nature même de mon sujet, à parler des églises de Saint-Étienne-du-Mont et du Panthéon, ainsi que du collége de Montaigu, dont les derniers bâtiments disparaîtront bientôt.

L'histoire de ces édifices, construits dans le fief même des Genovéfains, a une corrélation intime avec celle de Sainte-Geneviève ; au surplus, les vieux toits de Montaigu abritent, pour quelque temps encore, les livres du monastère.

Voilà l'histoire de mon *Histoire de la Bibliothèque Sainte-Geneviève.*

J'ai pris la plume dans le dessein d'écrire un opuscule, et j'ai produit presque un ouvrage : la faute en est à l'abondance de mes matériaux, à la fécondité inespérée de mon sujet.

Comme je rédigeais ces notices, M. Ferdinand Denis, Conservateur, voyant que des lecteurs demandaient souvent des renseignements sur ce qui existe en imprimés et en manuscrits touchant Sainte-Geneviève et son monastère, conscilla à M. Pinçon, mon collègue, de dresser une monographie bibliographique ou catalogue de ces ouvrages, et lui fournit d'utiles indications. M. Pinçon me fit part de son projet, et je ne pus qu'y applaudir dans l'intérêt de l'histoire et de la science des livres. Je lui indiquai les sources où j'avais puisé, par réciprocité il m'en indiqua d'autres que je m'empressai de mettre à contribution, et de cet échange d'indications résulta le travail qui vient à la suite de ma publication, sans laquelle il fût sans doute resté à l'état de catalogue manuscrit à l'usage des gens qui viennent visiter la bibliothèque, et dont il forme le complément, le corollaire. Je suis heureux d'avoir pu lui fournir une occasion de publicité.

M. Pinçon, qui s'est voué avec amour à la bibliographie et s'est fait une spécialité de cette science, donne les pièces justificatives de mes deux histoires, appendice auquel j'avais songé moi-même un moment.

# PREMIÈRE PARTIE.

# PREMIÈRE PARTIE.

## L'ABBAYE DE SAINTE-GENEVIÈVE. LE COLLÉGE DE MONTAIGU.

Il n'entre point dans mon plan de parler avec détail de l'ancien Paris, ni même de donner, après tant d'auteurs, une description aussi exacte que possible des premiers *bourgs* de la rive gauche et du mont Lucotitius ou Lucotetius qui, dans la suite des temps, reçut le nom de montagne Sainte-Geneviève; je passerai très-rapidement sur les âges antérieurs à la fondation du monastère et à la domination des rois francs.

Le sommet du mont déjà nommé fut d'abord un lieu de

sépulture où l'on déposa au iv⁰ siècle les restes mortels de Prudentius, évêque de Paris. Près de ce charnier, sur l'emplacement du Panthéon, étaient des terrains exploités pour les arts céramiques, et dans la même région se trouvaient des arènes. Le versant de la montagne couvert de vignes, d'enclos et de villas, sillonné par deux voies, supportait le palais des Thermes, — le seul débris romain que nous possédions, — qu'habitèrent Julien, Valentinien et Valens.

Tout le monde sait le vœu attribué au roi Chlodowig ou Chlodowech, — que nous appelons improprement Clovis, — marchant contre Alaric; ses rapports avec la pieuse fille Geneviève de Nanterre qui, de concert avec la chrétienne princesse à laquelle nous donnons le nom tout moderne de Clotilde, le pressait d'embrasser le culte du vrai Dieu.

Inutile de revenir de nouveau sur tous ces faits peut-être à moitié fabuleux, au moins incertains, et du domaine de la légende. Ce ne sont là que les confus prolégomènes de notre histoire nationale; son crépuscule se faisait alors.

Le chef franc, sollicité vivement par Geneviève et par Clotilde de fonder une église chrétienne sur le mont Lucotetius où il se promenait en ce moment avec celle-ci, lança au loin sa francisque de bataille, et s'engagea à élever dans cet espace une basilique et à la garder sous sa protection spéciale s'il revenait victorieux de son expédition. Telle fut l'origine d'un temple dédié aux apôtres Pierre et Paul et consacré plus tard par Remy, évêque de Reims, qui attira les dons du roi sur la cathédrale de sa ville épiscopale.

J'ai lu en maints lieux que l'église du mont Lucotetius, dont

Clovis ne vit pas l'achèvement, fut construite avec tout le luxe architectural de cette époque: l'extérieur de l'édifice présentait des mosaïques variées, et l'intérieur était *orné comme d'une tapisserie fixe et d'une peinture solide.* Une forte muraille crénelée ceignit le territoire des religieux, car le roi, d'autres disent la reine après lui, voulut que des clercs ou religieux séculiers fussent établis dans cette basilique pour la desservir, et leur donna en toute propriété le sol environnant; on y joignit les terres de Rosny, Nanterre, Vanves, Jossigny et Choisy, ce qui fit à ces prêtres un revenu plus que suffisant. Ils acquirent par la suite d'autres fiefs, notamment Rungis, qui leur fournissait de l'eau, Draveil, Bovest, Auteuil, Épinay, Marisy, Trianon, etc.

Des historiens croient que Clovis avait un palais près de la basilique et que ce palais fut l'origine de l'abbaye.

Clotilde ne cessa de faire preuve de munificence envers le sanctuaire où avaient été placés les tombeaux de son époux, ceux de la vierge de Nanterre et des enfants de Chlodomir, roi d'Orléans : elle y fut enterrée à son tour (1).

Le chanoine Viallon, auteur d'une Vie de Clovis et dont j'aurai l'occasion de parler plus tard, dit que la nef fut terminée en 520, et que, d'après l'étendue de la crypte existant avant la révolution, on pouvait conjecturer qu'elle avait 200 pieds de long.

Cette crypte ou église basse avait servi de lieu de retraite pour leurs cérémonies aux premiers chrétiens. Bientôt la véné-

---

(1) Un service pour Clovis était célébré annuellement le 27 novembre.

ration des Parisiens pour leur patronne, dont le sépulcre était fréquemment visité et devant lequel brûlait nuit et jour une lampe dont l'huile, croyait-on, guérissait d'un grand nombre de maladies, bientôt leur vénération, dis-je, fit donner à l'église le nom de sainte Geneviève, laquelle partagea avec saint Pierre et saint Paul le patronage du lieu (1). Il s'y tint des conciles en 572, 577 et 614. Le premier eut pour but l'arrangement des contestations qui s'étaient élevées dans le clergé; le second, auquel Grégoire de Tours assista, fut convoqué par Chilpéric d'après la volonté de Frédégonde et pour perdre Prétextat, évêque de Rouen; le dernier s'occupa de choses relatives à la discipline ecclésiastique.

En 630, saint Éloy, le patron des orfévres, orna d'argenterie et de pierres précieuses la châsse de sainte Geneviève, dans l'église de laquelle on ensevelit, au commencement du siècle suivant, le corps de saint Céraune, évêque de Paris.

Pour ne pas revenir sur les sépulcres de la basilique de Clovis, je dirai qu'elle renfermait, indépendamment des tombeaux de ce roi, de son épouse et de sa fille, les reliques de sainte Alde ou Aude, une des vierges compagnes de sainte Geneviève, le chef de saint Baudèle et la chasuble de saint Pierre, apportée d'Antioche : tous ces restes et ce vêtement sacerdotal étaient, comme on le pense bien, en grande vénération.

Depuis sa fondation, le moutier de Sainte-Geneviève fut

---

(1) Austregiste, abbé de Saint-Vandrille, mort en 832, est un des premiers écrivains qui donnèrent à la basilique Saint-Pierre et Saint-Paul le nom de Sainte-Geneviève.

regardé comme un lieu d'asile des plus inviolables et des plus saints. Il reçut et protégea contre toutes poursuites Leudastes, comte de Tours, qui avait mal parlé d'un évêque et avait dû, en conséquence, prendre la fuite, car très-grande était alors l'influence des membres de l'épiscopat.

Libre à chacun de penser ce qu'il veut des miracles, du récit desquels les Vies de la sainte sont remplies; je n'ai pas, quant à moi, à m'en occuper.

La basilique fut agrandie, ainsi que plusieurs autres, sous les princes mérovingiens, et Louis-le-Débonnaire vint y prier, en 814, avec une particulière ferveur.

Dans le IXe siècle, la maison des desservants de Sainte-Geneviève eut le sort de beaucoup d'autres couvents, pillés, saccagés, livrés aux flammes par les Normands, Danois ou autres barbares du Nord; les sépultures royales ne furent certainement pas respectées. Les auteurs des différentes histoires de la vierge de Nanterre affirment que les moines eurent la précaution d'enlever les reliques de leur sainte et de les transporter à Draveil près de Corbeil (terre donnée par Dagobert), à Athys et à Marisy, lieux de leur juridiction; mais un des abbés de la maison, Étienne de Tournay, affirme positivement dans une lettre adressée à l'évêque que le corps de la vierge ne fut point épargné.

Qui faut-il croire de cet abbé ou de ses successeurs?

Quoi qu'il en soit, la basilique de Clovis, profanée et souillée par les sauvages pirates de la Seine et de la Loire, resta en ruine, ou à peu près, pendant cent quarante-trois ans environ, c'est-à-dire jusqu'au temps du roi Robert dit *le Bon*, qui la fit restaurer et couvrir, releva les cloîtres, et orna le maître-autel d'une table d'or et d'argent; ce même prince permit aux chanoines de disposer de leur prébende et d'élire leur doyen; les chanoines reconnaissants placèrent une statue de Robert dans leur préau, en face de celle de Clovis leur fondateur, et écrivirent ces mots dans leur nécrologe : *Obiit Francorum rex Robertus, qui dedit claustrum huic ecclesiæ.*

Depuis la fuite des clercs, causée par l'invasion des Normands, le service divin n'était célébré avec aucune régularité ni décence à Sainte-Geneviève; les religieux vivaient à leur guise; les désordres qu'on leur reprocha datent de cette calamiteuse période.

Je n'ai point lu la chronique de Robert-le-Diable, mais Dulaure prétend y avoir trouvé ceci, à propos d'un anneau de fer d'un volume considérable que l'on voyait fiché dans la façade de l'église abbatiale : « Robert-le-Diable, séjournant à Paris, fut attaqué d'une fièvre violente; pour se guérir, il fit demander à l'abbé de Sainte-Geneviève quelques reliques de son église; l'abbé lui envoya un reliquaire où il avait placé un os de chat. Le prince découvrit la fraude et fit pendre l'abbé (par..........) à la porte de son église, et cet anneau fut placé pour servir à ce supplice. »

Une pareille histoire me semble forgée à plaisir.

Henri 1er donna, en 1035, une charte par laquelle il déclarait prendre sous sa protection la communauté de Sainte-Geneviève; en outre, il l'affranchit entièrement de l'autorité spirituelle de l'évêque de Paris, d'après la demande des religieux, et dès lors ceux-ci vécurent sous le pouvoir royal, ou plutôt sous le pouvoir papal ; peu d'années après, une autre charte émanée de Geoffroy-Martel, comte d'Anjou, augmenta les biens de l'abbaye.

Depuis longtemps des écoles de dialectique, de philosophie et de théologie, existaient dans les abbayes et les églises de Paris ; les plus célèbres, les plus fréquentées, étaient celles de Notre-Dame ou épiscopale, de Sainte-Geneviève, de Saint-Germain et de Saint-Victor ; celle-ci produisit le célèbre Richard.

Il y avait sur la montagne affluence de gens qui accouraient rendre hommage aux restes de la patronne des Parisiens, ou suivre les cours qui se faisaient avec beaucoup d'éclat dans le cloître. L'un des premiers maîtres qui enseignèrent à Sainte-Geneviève et y attirèrent beaucoup d'auditeurs fut le Liégeois Huboldus, venu d'abord comme élève, vers la fin du x$^e$ siècle. Le xii$^e$ augmenta le lustre de cet enseignement monacal ; Abélard, de disciple du fameux Guillaume de Champeaux qui occupait d'abord une chaire à Notre-Dame, étant devenu son rival, son compétiteur en quelque sorte pour cette même chaire, se retira à Melun et ensuite à Sainte-Geneviève, lorsque Guillaume eut transporté son auditoire à Saint-Victor. La chaire convoitée resta occupée par un autre professeur qui n'était nullement à la hauteur des deux autres ; dès ce moment, les écoliers émigrèrent sur la rive gauche, et l'école de la cathédrale demeura à peu près déserte : ce fut l'origine, on peut le dire, du quartier *latin*. En ce temps on agrandit au midi l'enceinte de la ville.

« Les cathédrales et abbayes étoient autrefois des sortes d'académies..... Plusieurs ont estimé que le nom de *Locutius mons* avoit été donné par les anciens à cette montagne, soit à cause qu'on y apprenoit à parler latin et à y discourir dans la rhétorique, soit à cause des disputes et des conférences académiques qui s'y tenoient (1). »

On lit ceci dans l'*Abélard* de M. Ch. de Rémusat :

« Cette colline, destinée à devenir comme le Sinaï de l'enseignement universitaire, était alors l'asile où se réfugiait l'esprit d'indépendance, le poste où se retranchait l'esprit d'agression contre l'autorité enseignante. Des écoles privées, plutôt tolérées qu'autorisées par le chancelier de l'église de Paris, s'y ouvraient aux auditeurs innombrables que ne pouvaient contenir ou satisfaire les écoles de la cité. »

Ce fut depuis ce moment de vogue que Sainte-Geneviève eut son chancelier, à l'instar de Notre-Dame : cet officier, choisi parmi les chanoines les plus capables de la maison, avait la haute direction des écoles, examinait les professeurs qui se présentaient, traçait leur programme, pouvait les renvoyer ou les suspendre, conférait la licence, donnait permission d'enseigner dans l'étendue du territoire de l'abbaye; il était le seul chancelier des arts; l'abbé, de qui il tenait ses fonctions, avait la faculté de le destituer.

Pierre Lombard, disciple d'Abélard, lui succéda avec succès et maintint la réputation de l'école où il enseignait la théologie.

(1) Manuscrit anonyme de la bibliothèque Sainte-Geneviève qui m'a été d'un grand secours. Les uns l'attribuent au P. du Molinet, d'autres au P. Lallemant, d'autres au P. Charpentier; je penche à croire qu'il est de du Molinet. (Coté H 21.)

L'histoire nous a transmis le nom d'un autre maître célèbre de la montagne, rival d'Abélard; je veux parler de Josse ou Josselin de Vierzi, dit *le Roux*, depuis archidiacre, évêque et l'un des juges d'Abélard. Il professait le nominalisme.

L'abbaye jouissait de temps immémorial du droit de justice haute, moyenne et basse, et ne le perdit que fort tard; elle avait son tribunal, son bailli, ses archers et sept ou huit beaux gibets, sans parler des piloris.

Parmi les moines corrompus, vicieux, les habitants de Sainte-Geneviève étaient, je dois le dire, cités en première ligne. Vers le commencement de ce siècle, Guillaume, qui plus tard obtint les honneurs de la canonisation, ayant apporté au milieu d'eux ses bonnes mœurs et sa piété véritable, se vit en butte à des haines, à des calomnies et à des persécutions; sa présence et l'antithèse formée par son irréprochable conduite devenant insupportables aux autres chanoines, il fut confiné dans un prieuré rural.

A la date de 1130, l'histoire mentionne une procession de la châsse de sainte Geneviève pour conjurer une maladie qui faisait de grands ravages. Les auteurs ecclésiastiques disent que le fléau s'éteignit immédiatement, et que l'on bâtit dans la Cité une chapelle appelée Sainte-Geneviève-des-*Ardents* (du nom de ce mal); elle fut donnée ensuite à l'abbaye de la montagne.

Pendant ce siècle, le sceau du couvent représentait *un roi assis sur son trône;* autour était cette légende: *Sigillum Ecclesiæ S. Petri et Pauli et sanctæ Genovefæ.* Le contre-sceau donnait l'empreinte d'une sainte Geneviève à mi-corps et voilée.

Le premier chancelier de l'abbaye dont le nom figure dans les annales ecclésiastiques est celui d'Albéric (Albericus), qui vivait en 1140.

Huit ans après, il survint un événement qui eut de grandes conséquences pour Sainte-Geneviève, changea la règle de cette maison et y établit une discipline plus rigide.

Le pape Eugène III étant venu en France, se logea, selon l'usage, dans le couvent dont je m'occupe, qui relevait directement de la chaire de saint Pierre (1). Après une cérémonie d'église à laquelle le roi Louis VII avait assisté, et pendant que le pape se dépouillait, dans la sacristie, des ornements pontificaux, ses officiers voulurent enlever du prie-dieu qu'il venait de quitter, un riche tapis placé là pour lui faire honneur et qui avait été envoyé par le roi; — les historiens nous disent qu'ils étaient dans leur droit, — mais les gens de l'abbaye s'y opposèrent avec vivacité. Une querelle s'ensuit, on s'invective, on en vient aux coups dans le sanctuaire même, on s'arrache le tapis, qui est mis en pièces : grand tumulte... Le roi veut apaiser lui-même cette dispute, il est frappé dans la bagarre. On comprend l'indignation du monarque et du chef de l'Église, qui n'ignoraient point d'ailleurs les déréglements des religieux. Dès ce moment, la réforme radicale du couvent fut résolue; mais le départ du roi pour la croisade ne lui permit point de s'en occuper lui-même;

---

(1) Les souverains pontifes prirent l'habitude de faire leur entrée à Paris par une porte d'enceinte de Sainte-Geneviève que l'on appelait *Porte papale* (entre les portes Saint-Marcel et Saint-Jacques). Le chroniqueur Bonfons dit qu'elle était d'ordinaire murée et qu'on la *démurait* pour donner passage au saint-père.

Suger en fut chargé, et reçut à cet effet les instructions du pape, qui voulait que l'on introduisît à Sainte-Geneviève des moines de l'ordre de Cluny. Mais ce premier projet ne fut pas mis à exécution, soit que les chanoines eussent présenté une humble supplique au pape, soit que Suger eût vu des inconvénients à faire ce qui lui était prescrit; bref, il demanda à Gilduin, abbé de Saint-Victor, douze de ses moines, avec Oddo ou Eudes pour abbé de la nouvelle congrégation, et il les installa. C'est ainsi qu'une communauté de chanoines *réguliers* de Saint-Augustin remplaça une communauté de chanoines *séculiers*.

Le vertueux Guillaume, rappelé alors de son exil, revint à Sainte-Geneviève et y fut sous-prieur; appelé ensuite en Danemark par le roi de ce pays, il y introduisit la discipline monastique (1).

L'abbaye royale de Sainte-Geneviève ne date, à proprement parler, que de ce moment; nous verrons qu'une seconde et dernière réforme, devenue urgente, fut opérée au XVIIe siècle.

Cependant les anciens chanoines avaient supporté avec un chagrin non équivoque, une mauvaise humeur extrême, l'introduction dans leur couvent des religieux de Saint-Victor; ils

---

(1) On lui fit cette épitaphe rapportée par Bollandus :

PARISIIS NATUS,
DICTIS FACTISQUE BEATUS,
MUNDO SUBLATUS
JACET HIC GUILLELMUS HUMATUS.

Dans ce temps-là fut fondé, rue de la Montagne-Sainte-Geneviève, le collége des Danois ou de Dace pour les écoliers d'une nation désormais en rapports directs avec l'abbaye.

firent d'abord tout ce qu'ils purent imaginer pour molester ces nouveaux hôtes : ils les troublèrent scandaleusement dans la célébration du service divin, les molestèrent de diverses façons, et enfin répandirent le bruit, en 1161, que ces réformateurs, qu'ils regardaient comme des intrus et des usurpateurs, avaient dérobé la tête de la patronne.

Le peuple s'émut, le roi envoya poser son sceau sur la châsse, puis il en fit faire solennellement l'ouverture; la tête fut trouvée à sa place, et la colère publique se calma aussitôt.

En 1163, l'abbé Eudes quitta Sainte-Geneviève pour rentrer à Saint-Victor, où il retrouva un calme que sans doute il regrettait ; mais l'œuvre de la réforme était consommée. Cette même année, le pape Alexandre III déclara par une bulle que Sainte-Geneviève était sous l'autorité immédiate du saint-siége.

Sous Étienne de Tournay, abbé, de grands travaux furent entrepris à Sainte-Geneviève et réparèrent les anciens dégâts faits par le temps et par les hommes : on restaura et agrandit le cloître et l'église, on perça des fenêtres, on construisit des voûtes, on couvrit de plomb la toiture; le tombeau de Clovis, enlevé de la crypte, vint prendre place au milieu du chœur de l'église supérieure, où la châsse de sainte Geneviève fut aussi apportée (1).

Le nécrologe latin du couvent nous apprend qu'en ce temps un chanoine de Paris, qui était aussi chantre à Sainte-Geneviève, éleva de ses deniers la tour abbatiale ou clocher, aujour-

(1) Son sépulcre resta toutefois dans la crypte. La date de ces réparations et changements varie, dans les auteurs, de 1170 à 1190. Il faut adopter de préférence celle de 1178 du manuscrit de la bibliothèque déjà cité.

d'hui enclavée dans les bâtiments du collége Henri IV; la mort le surprit et ne lui permit pas de poursuivre son œuvre au delà du premier étage. Ce Thibaud ne borna pas à cette fondation ses bienfaits, il donna à l'abbaye sa prébende canonicale (1). Le deuxième et le troisième étage de la même tour furent élevés peu après (2), et un personnage du nom de Maignaud, dont on ignore entièrement la condition, fit rétablir le porche de l'église (3).

J'ai lu dans Crevier que l'abbé Étienne de Tournay, trouvant dès son arrivée les classes de Sainte-Geneviève hantées par un public trop nombreux et sans doute bruyant, craignit que la paix monacale n'en souffrît, et que les chanoines ne prissent des habitudes mondaines peu convenables à leur état. C'est pourquoi il établit prudemment une école intérieure pour la communauté; l'ancienne fut laissée à la jeunesse du dehors. Cet abbé devint évêque, en 1191, de la ville dont il porte le nom.

En 1190, sous le règne de Philippe-Auguste, l'enceinte de Paris s'agrandit, et ses murailles traversèrent un vaste enclos de vignes situé au midi de l'abbaye et qui était de son domaine. Le déplacement des limites occasionna quelques contestations entre les religieux et l'évêque au sujet de la paroisse de la montagne : je ne reviendrai pas sur ces différends qui se reproduisirent plusieurs fois.

---

(1) Obiit Thebaldus sacerdos et præcentor, qui præbendam sanctæ Mariæ tribuit huic ecclesiæ, et turrim usque ad primum solium erexit, baculum præcentoris, auro et argento, cum lapidibus decoravit. 10 kalend. April. — Cette tour contenait deux grosses cloches.

(2) Ms. de Sainte-Geneviève.

(3) Obiit Maignaudus qui porticum ecclesiæ fecit. (Nécrologe.)

Six ans après, il y eut une si grande inondation, que le roi fut contraint de se retirer sur les hauteurs de nos moines. — On croit qu'il établit momentanément sa résidence aux Thermes ; mais ce n'est là qu'une simple conjecture. A cette même époque, Innocent III permit à l'abbé Jean, *pour orner sa dévotion et honorer son église*, de porter la mitre et la crosse ; les successeurs de cet abbé usèrent, jusqu'au dernier, de cette permission qui flattait leur orgueil monacal et leur permettait de prendre des airs d'égalité vis-à-vis de l'évêque, lequel n'avait sur eux aucun pouvoir.

Au commencement du XIV<sup>e</sup> siècle, éclatèrent de nouveaux démêlés entre l'évêque et l'abbaye au sujet de la chapelle paroissiale dédiée d'abord à Notre-Dame, puis à saint Jean-l'Évangéliste ou *saint Jean-du-Mont*, — aujourd'hui *Saint-Étienne-du-Mont*. — L'accroissement de la population avait nécessité la construction de cette petite église contiguë à celle de l'abbaye et toujours desservie par un religieux de Sainte-Geneviève dit chapelain ; le couvent, jaloux de ses droits et craignant une sorte de concurrence de la part de cette chapelle, avait voulu qu'elle fût une annexe de la nef abbatiale : Saint-Jean ne jouissait point d'une entrée particulière ; pour y arriver, il fallait passer sous le porche de Sainte-Geneviève, où étaient les fonds baptismaux.

La décision du pape fut favorable à l'évêque ; il y eut par la suite d'autres petites querelles entre les deux églises. — J'en dirai quelques mots.

D'après le manuscrit déjà mentionné plusieurs fois, la création du recteur de l'Université date de 1215. « Avant, dit-il, c'étoient l'abbé et le chancelier de Sainte-Geneviève qui en faisoient l'office. » Ce fonctionnaire s'appelait *Capitale scholarum* (scholâtre).

Plusieurs historiens placent à la date de 1226 et 1246 la permission donnée à l'abbé de Sainte-Geneviève de porter la mitre et la crosse, et ils l'attribuent au pape Grégoire IX; j'ai adopté de préférence la version de notre manuscrit.

Ce même pontife interposa son autorité, en 1227, entre Jean de Candel, chancelier des écoles de la Cité, et le chancelier des écoles de Sainte-Geneviève à la requête de l'abbé de cette maison. Candel, voulant renfermer dans l'île l'enseignement théologique au détriment de la montagne, s'avisa de faire jurer à ceux à qui il conférait la licence qu'ils n'enseigneraient pas dans les quartiers *ultrapontains*, — si l'on peut employer ce mot — *non ultra pontes*. Grégoire IX rendit une bulle favorable à la liberté de l'enseignement, et portant défense à Candel d'imposer des serments de ce genre à ses récipiendaires.

Vers cette époque, la reine Blanche, mère de Louis IX, qui avait une grande dévotion à sainte Geneviève, fit présent à son autel « d'un parement d'étoffe précieuse;... tous les évêques de Paris, ajoute le manuscrit, sont obligés, lorsqu'ils font leur entrée, après avoir fait serment, sur cet autel, de conserver inviolablement les priviléges de cette abbaye, d'y offrir aussi un parement de quelque étoffe précieuse pour son ornement. » Je passe sous silence d'autres dons enregistrés par le chroniqueur.

En 1242, saint Louis régnant, et Robert de la Ferté-Milon étant abbé, une nouvelle châsse fut faite pour la patronne par un orfèvre nommé Bonnard : il employa 193 marcs d'argent et 8 marcs et demi d'or; ce travail coûta à l'abbaye 811 livres.

Il faut placer dans cette période un fait caractéristique qui peint l'esprit d'indépendance de certaines communautés : un légat du pape, qui allait prendre part à un repas chez les religieux de Sainte-Geneviève, fut suivi de l'évêque de Paris; ceux-ci reçurent le légat, mais n'ouvrirent point leur porte à l'évêque, dont la présence eût porté atteinte aux franchises du couvent. Un autre évêque se vit traiter de même par les bons moines de Saint-Germain-des-Prés. Il paraît qu'une simple invitation à dîner devenait une sorte de droit acquis annuel pour l'invité; — de là les précautions peu bienséantes, mais fort prudentes, des habitants de Sainte-Geneviève et de Saint-Germain.

A peu près vers le même temps, une bulle d'Alexandre IV vint arrêter les prétentions du chancelier de la Cité, déjà signalées et précédemment réprimées; divers jugements et statuts touchant l'Université furent lus et publiés dans l'église même de Sainte-Geneviève, où la Faculté des Arts tint plusieurs séances, et où s'assembla, en 1291, un concile à propos de la croisade. Je n'entre dans aucun détail sur ce qui est du domaine bien connu de l'histoire générale.

J'aborde le XIV<sup>e</sup> siècle, qui vit s'accroître l'importance des quartiers de la montagne, sur laquelle s'établirent une foule de collèges, fondés par de bienfaisans seigneurs et de charitables prélats; quelques-unes de ces maisons trouveront naturellement place dans mon récit.

En 1300, l'abbaye avait deux sceaux : celui dont j'ai déjà donné la description, et un autre où l'on voyait la figure de sainte Geneviève ; le contre-sceau était une fleur de lis, surmontée de la couronne royale de France, avec cette légende : *Contra-sigillum cameræ sanctæ Genovefæ.*

Le pape Boniface VIII adressa une bulle à Jean de Ty, abbé de Sainte-Geneviève, pour l'engager à être favorable à la fondation d'un collége que méditait le cardinal Jean Chollet, évêque de Beauvais, sur les terres mêmes de l'abbaye. Jean de Ty s'empressa d'accorder au cardinal la permission d'acheter les maisons dont il avait besoin et de les posséder en main morte, moyennant une indemnité de 600 livres.

Telle fut l'origine du collége des *Cholets*, qui contenait seize boursiers, pris toujours dans les colléges d'Amiens et de Beauvais ; la chapelle de Saint-Symphorien fut affectée à cet établissement jusqu'à ce que l'abbaye de Sainte-Geneviève lui eût permis de se bâtir une chapelle particulière. Ce collége, qui fut réuni par la suite à celui de Louis-le-Grand, était près de la rue des Grès-Saint-Étienne et de celle des Chiens, — emplacement actuel de Louis-le-Grand et de Sainte-Barbe. — On vient de supprimer, pour l'agrandissement de cette dernière maison et la construction de la nouvelle bibliothèque Sainte-Geneviève, la ruelle peu fréquentée qui en conservait le nom.

En parlant de Jean de Roissy, quinzième abbé et successeur de Jean de Ty, le chroniqueur de Sainte-Geneviève dit ceci : « J'estime que ce fut cet abbé qui fit bastir la closture de l'enceinte de cette abbaye, du costé du septentrion et de l'orient, d'une haute et forte muraille de pierre de taille à créneaux, avec une tour dans l'encoigneure, qui porte encore aujourd'hui son nom, et s'appelle la Tour de Roissy. »

En 1314 mourut Giles Aycelin, archevêque de Rouen, issu d'une famille noble de l'Auvergne ; par son testament il ordonna que quelques maisons d'assez mince valeur et de fort chétive apparence qu'il possédait, rue des Sept-Voies, seraient converties en collége pour les écoliers indigents, et que d'autres seraient vendues ou louées, afin que le produit de ces ventes ou locations fût affecté à l'entretien des écoliers. — Ainsi prit naissance le collége des *Aycelins*, qui changea par la suite de nom, et dont j'aurai fréquemment à m'occuper. Son fondateur fixa à 27 livres la rente qui devait être payée annuellement à Sainte-Geneviève (Jean de Saint-Leu gouvernait alors le couvent). L'évêque de Clermont, l'un des exécuteurs testamentaires de l'archevêque son oncle, s'occupa avec zèle du collége ; mais sa mort, arrivée en 1328, en arrêta le développement ; dès lors les revenus furent dissipés, les bâtimens tombèrent presque en ruine faute de réparations, et pendant nombre d'années le collége fut, pour ainsi dire, abandonné, et traîna une obscure et misérable existence.

En 1339, Jean d'Huband ou de Huband, clerc et conseiller du roi, président de la chambre des enquêtes, fit de son logis, situé près de Sainte-Geneviève et de Saint-Étienne (rue de la Montagne), un petit collége pour un principal, un chapelain et six enfants pauvres de huit à neuf ans. Ces écoliers, placés sous la protection spéciale de la Vierge, ne devaient posséder leur bourse que jusqu'à dix-huit ans, « parce que c'est alors, dit le fondateur, que les enfants commencent à se tourner à mal. » Il fallait qu'ils fussent natifs du village de Huband, en Nivernais, ou de ses environs, et nommés par l'abbé de Sainte-Geneviève et le grand-maître du collége de Navarre (aujourd'hui l'École Polytechnique).

Le portail de ce nouvel asile ouvert à la pauvreté était surmonté d'un bas-relief représentant la mère du Sauveur entourée d'écoliers; on y voyait aussi saint Jean-Baptiste et saint Jean-l'Évangéliste. Au-dessous, on lisait ces mots :

AVE MARIA.

Le collége de Huband 'était plus généralement connu sous le nom de collége de l'*Ave-Maria*. Le nombre des boursiers fut doublé par le duc d'Orléans, frère de Charles VI.

Mon intention n'est point de tracer l'histoire, même abrégée, des autres colléges, grands ou petits, qui tous à peu près ont cessé d'exister et se sont laissé absorber par ceux de Louis-le-Grand ou d'Henri IV, car cela m'entraînerait dans des développements qui fatigueraient le lecteur après m'avoir fatigué moi-même (1).

---

(1) Les rues de la Montagne-Sainte-Geneviève, Saint-Jacques et de la Harpe étaient celles qui renfermaient le plus de colléges. On voit encore dans cette dernière, sur des maisons presque contiguës, trois inscriptions qui rappellent au passant des établissements disparus sans retour.

Le numéro 85 a cette inscription sur une espèce de cartouche au-dessus d'une grande porte-cochère :

COLLEGIUM
SAGIENCE (DE SEEZ)
REÆDIF. ANN. 1730;

le numéro 89 celle-ci : *Collegium Narbonnæ* (de Narbonne) *fundatum anno* 1713, *reædif. anno* 1769. (Écriteau peint en bleu, à lettres d'or.)

Enfin le numéro 93 présente une vieille porte ogivale, en pierre noirâtre de vétusté, unique reste du collége de Bayeux. Deux sveltes et légères colonnettes à chapiteaux de feuillages soutiennent cette porte; l'une d'elles

En 1352, Jean de Viry était abbé de Sainte-Geneviève. « Il lui arriva, dit notre chroniqueur anonyme, une assez grande disgrâce, sçavoir que quelques docteurs de Sorbonne, s'estant assemblés chez luy, prirent querelle avec ses officiers, dont ils furent maltraités, de sorte que la faute en tomba sur luy pour n'avoir pas fait, à ce qu'ils disoient, ce qu'il pouuoit pour empescher ce désordre, en sorte qu'il fut privé de tous les droits et les honneurs dont il jouissoit dans l'Université, et les sceaux qui se gardoient dans son abbaye furent transportés au collége de Navarre. »

Notre historiographe consciencieux cite parmi les chanoines réguliers de ce siècle, *illustres en naissance*, *piété*, *doctrine*, etc., Guillaume de Foulqueuse et Pierre d'Ailly, *escolatre* de l'église de Saint-Hilaire de Poitiers et chantre de celle de Sainte-Radegonde, qui, s'étant retiré à Sainte-Geneviève, y fonda la fête de sainte Radegonde, « pour la vénération qu'il lui portoit. Il fit présent à l'église de douze figures d'argent des douze apôtres. »

---

est rongée; les retombées sont supportées, d'un côté, par un lion sculpté terrassant un monstre, et, de l'autre, par une sorte de griffon terrassant un lion. La façade a subi une déviation produite par le temps. L'inscription est : *Collegium Bajocense, fund. anno* 1308. Au milieu de l'ogive est une niche vide.

Il est fort à craindre que le vandalisme effréné de nos maçons, qui se décorent du nom d'architectes, ne fasse disparaître tôt ou tard ce vénérable portail. Les choses respectables ne sont guère respectées par ces gâcheurs de mortier, ces badigeonneurs stupides. Déjà l'intérieur de la cour, qui sert de passage, a été bouleversé de fond en comble ou *restauré* (comme on dit); on a abattu une niche historiée qui était au-dessus de la porte d'un escalier, et l'on a construit de ces *belles* maisons de plâtre que l'on aime tant aujourd'hui.

Cela s'appelle *le progrès !*

On l'enterra au bas des degrés de la porte de l'aumônerie dans le cloître.

En 1355, la partie de ce cloître qui était devant les églises unies de Saint-Étienne et de Sainte-Geneviève fut donnée à cens pour qu'on y construisît des maisons; dès lors se forma la *place du carré de Sainte-Geneviève*.

Crevier, dans son excellente *Histoire de l'Université de Paris*, place en 1355 la rixe survenue à Sainte-Geneviève et qui motiva l'enlèvement des sceaux de l'Université. Cette différence de date n'a rien d'important.

Étienne de Lapierre, abbé, qui s'était trouvé à Saint-Denis pour les funérailles de Charles V, fit présent à Charles VI d'un beau destrier blanc, qu'il lui envoya en Flandre (1385). Ce même abbé, seize ans après, ayant obtenu du roi le paiement de trois cents livres dues à l'abbaye, se servit de cette somme pour faire réparer la tour du clocher.

A l'époque où nous sommes parvenus, c'est-à-dire en 1387 ou 1388, le collége établi par Gilles Aycelin, et qui se trouvait depuis longtemps dans l'état le plus précaire, fut réorganisé et restauré par Pierre Aycelin de Montaigu, de la famille du fondateur, lequel, de prieur de Saint-Martin-des-Champs, était devenu évêque, puis cardinal et ministre d'État. Les donations qu'il fit au pauvre asile excitèrent le mécontentement de son neveu et héritier, Louis Aycelin de Montaigu de Listenois, chevalier, qui attaqua plus tard le testament; mais, à la prière de quelques parents, les choses s'arrangèrent à l'amiable. Louis se désista de ses prétentions, à condition que le collége porterait désormais le nom de *Montaigu*, que les armes de cette maison seraient sculptées au-dessus du portail principal donnant sur la rue des Sept-Voies, et que, suivant l'intention du cardinal formellement exprimée, les boursiers seraient pris de préférence dans le diocèse de Clermont.

Dans ce siècle, chacun des colléges de Paris (indigentes et étroites écoles, espèces de salles d'asile) appartenait exclusivement à une nation, à une province ou à une localité de la France, dont il prenait d'ordinaire le nom.

Le moine de Sainte-Geneviève, qui desservait l'église paroissiale de Saint-Étienne-du-Mont, ne cessait pas pour cela d'habiter avec ses frères; il vivait soumis à la règle commune et ne jouissait point du casuel, qui entrait en entier dans le coffre-fort de la maison. Cet état de choses cessa en 1400; le curé ayant témoigné le désir de vivre à part, comme un prêtre séculier, fut mis en possession du revenu curial, à la charge de payer vingt-huit livres par an à l'abbaye; on continua de prendre ses successeurs dans la communauté des chanoines.

Plusieurs hommes d'église de la famille de Montaigu avaient été choisis pour exécuteurs testamentaires du cardinal, l'un des membres de cette même maison : Philippe, évêque de Noyon, créa des statuts pour le collége en 1402, année pendant laquelle Nicolas Flamel fit rebâtir à ses frais l'oratoire de Sainte-Geneviève-des-Ardents en la Cité et fut représenté à genoux dans une niche à côté du portail. Neuf ans après, les boursiers du collége obtinrent du pape la permission d'avoir un clocher et une cloche.

Les clercs de Paris ayant été troublés dans leur procession solennelle (qui, partant de Sainte-Geneviève, allait à l'abbaye du

Val-des-Écoliers) par les pages du sire de Savoisy, lesquels menaient les chevaux de leur maître à l'abreuvoir, il y eut des désordres et des rixes dans la ville; les gens de Savoisy furent, par suite de cette affaire, condamnés à faire amende honorable au carrefour de Saint-Séverin et devant l'église de Sainte-Geneviève, ensuite ils furent fouettés par le bourreau et enfin bannis (1404). A cela ne se borna pas la punition de leur *attentat*, un des plus grands que l'on pût commettre alors : Savoisy vit son hôtel rasé (les écoliers travaillèrent eux-mêmes à la démolition par représailles) et fonda plusieurs chapelles expiatoires. L'hôtel ne put être rebâti que bien longtemps après; on y mit une inscription commémorative.

En 1405, le collége de Montaigu s'agrandit en achetant plusieurs bâtiments dépendants de l'abbaye de Sainte-Geneviève, à laquelle il paya 1,600 écus d'or « et cinquante sols parisis de cens annuel pour chacune des maisons acquises sur le fief avec tous les autres droits seigneuriaux et paroissiaux. »

Le registre manuscrit auquel j'emprunte ces détails arides sans doute, mais qui doivent se trouver dans cette notice, nous apprend qu'en 1409 « il se fit une procession du recteur de l'Université, laquelle partit de Sainte-Geneviève pour aller à Saint-Denis en France, où tous les maistres et tous les escoliers assistèrent, et fut si longue que lorsque les premiers entroient dans la ville de Saint-Denis, le recteur estoit encore auprès des Mathurins. »

Dans le même temps à peu près, la confrérie des porteurs de la châsse de sainte Geneviève prit naissance; des bourgeois de Paris la composaient; ils avaient demandé aux chanoines l'autorisation de les remplacer et cela *par zèle pour la patronne*; « néanmoins, quand ils faisoient cette fonction, il y avoit quatre religieux qui mettoient la main aux quatre bâtons du brancard, qui le soutenoient en qualité de porteurs honoraires, ainsi qu'il se remarque encore dans la tapisserie qui est au chœur de cette église, faite l'an 1545; mais cette pratique ne s'observe plus (1)...... Les écoles de Sainte-Geneviève étaient entre le porche de l'église et la porte de la maison où l'on montoit par des degrés. Raoul Mareschal, abbé, y professa publiquement la théologie en 1420; plus tard on y fit les examens des maîtres-ès-arts. » A cette époque, qui était celle de la querelle des Armagnacs et des Bourguignons et « où le roy Charles VI buuoit de l'eau du puits de Sainte-Geneviève, soit qu'elle fust jugée plus saine par les médecins que les autres de Paris, soit par deuotion à cette grande sainte et patronne de son royaume, pour recouvrer sa santé, » l'abbé déjà nommé voulut remplir le rôle de conciliateur; il reçut l'ordre de faire boucher la porte de son clos qui donnait sur les fossés et qui eût facilité une surprise : le chroniqueur pense qu'il s'agissait de la *porte papale*.

Cette guerre civile et les désastreuses luttes de la nation avec les Anglais jetèrent dans toutes choses, comme on sait, une perturbation extrême. L'abbaye retomba dans le désordre et la corruption d'où l'avait tirée Suger; je signalerai les remèdes que l'on apporta dans la suite à ce mal.

L'an 1430 doit figurer ici à cause de la fondation du collége de Sainte-Barbe qui, plus heureux que ses voisins, que ses aînés,

---

(1) Ceci a été écrit en 1687.

a traversé les siècles et subsiste encore (on peut dire aussi des
colléges : *Habent sua fata...*). Jean Hubert, docteur en droit
canon, ayant résolu d'instituer une maison d'éducation ecclésiastique, *prit à cens* de l'abbaye Sainte-Geneviève un terrain où
s'élevait jadis l'hôtel des évêques de Châlons et un emplacement
appelé *Château Fétu* : cette maison devint bientôt florissante,
et l'on y compta quatorze maîtres.

J'ai oublié de dire que les reliquaires et les vases les plus
sacrés de l'abbaye de Sainte-Geneviève avaient été mis en gage
pendant les troubles et pour faire face à des nécessités pressantes; l'abbé Robert Michon les dégagea en 1433 moyennant
la somme de 300 livres.

Comment croire à la sincérité du respect des gens d'église
pour les choses saintes, quand on les voit en trafiquer, ou les
mettre dans les mains viles, rapaces et impies des Juifs? Je
m'étonne que le chroniqueur-chanoine ait consigné ceci dans son
manuscrit : c'est pousser la conscience historique un peu loin et
avouer ingénument un brocantage que rien ne saurait justifier.

Au milieu de ce siècle, le sceau de l'abbaye donnait pour
empreinte sainte Geneviève, saint Pierre et saint Paul, et en
dessous un abbé à genoux ayant à sa droite l'écu de France et
à sa gauche ses armes particulières; le sceau de l'abbé était
enterré avec lui; celui du prieur représentait une main sonnant
une cloche, car une des fonctions de ce chanoine était de rassembler ses frères.

Sous Philippe Langlois, 29e abbé, un jeune homme issu d'une
pauvre et obscure famille de Malines, — d'autres disent de
Bruxelles, mais c'est par erreur, — après avoir commencé ses

classes en Hollande, s'achemina vers Paris où les études philosophiques et théologiques étaient plus fortes que partout ailleurs; il se trouvait à peu près sans ressources pécuniaires, mais il avait eu soin de se munir de lettres de recommandation pour Sainte-Geneviève, asile d'études et d'érudition. Reçu favorablement, il fut logé, nourri et habillé à la condition qu'il sonnerait les cloches pour matines et ferait quelques menues besognes dans l'église et dans les cloîtres. Le Brabançon, qui visait à un but, qui était plein de résolution, de courage, de persévérance, se soumit volontiers à cette sorte de domesticité déguisée... Le jour, il se glissait toutes les fois qu'il le pouvait dans les écoles abbatiales et prêtait une oreille attentive aux leçons; la nuit, quand il faisait clair de lune, il se promenait sur les hautes galeries de la tour carrée que nous voyons encore au bas d'une flèche qui n'existe plus, et étudiait dans quelques livres pris à la *librairie* conventuelle. — Peu à peu il acquit de profondes connaissances dont il devait bientôt faire un digne et noble usage tout près de la maison qui, la première, lui avait été hospitalière : — ce jeune homme était Jean Standonck ou Standonch, sur lequel je vais avoir beaucoup à dire.

En 1470, Ulric Gering, de Constance, apporta l'art admirable de l'imprimerie dans notre ville, et vint établir ses ateliers sur le mont même de la science, dans les bâtiments du collége du docteur Sorbon. L'introduction de la typographie est peut-être ce qui honore le plus le règne de Louis XI.

Sept ans après, le parlement rendit un arrêt portant que la fête de sainte Geneviève serait célébrée solennellement et que ce jour serait dorénavant férié.

Cependant Standonck avait pris rang parmi les gens les plus doctes et les plus judicieux de son temps, et sa renommée s'était rapidement répandue. Au sortir de Sainte-Geneviève, il devint maître d'étude à Sainte-Barbe, puis maître-ès-arts, bachelier en théologie, et sut gagner l'amitié de Jean Lhuillier, ancien professeur, évêque de Meaux et proviseur de Sorbonne, qui le fit admettre dans la société de cette maison. Les religieux de Sainte-Geneviève avaient conçu de l'estime et de l'amitié pour leur ancien sonneur ; aussi se réjouirent-ils en apprenant bientôt après sa nomination au poste de principal de Montaigu, faite par le chapitre de Notre-Dame, et se promirent-ils d'être favorables à ce collége.

Standonck, qui succédait à un principal nommé Amatre Chetard, sous lequel le collége n'avait point prospéré, s'appliqua à relever un institut qui n'avait plus que 11 sous de revenu (aucuns disent 16) et dont les bâtiments étaient entièrement dégradés, presque inhabitables; les fonctions de recteur de l'Université, qui lui furent attribuées en 1483, ne ralentirent nullement son zèle à cet égard, et il poursuivit avec un plein succès sa tâche de réformateur. Cet homme austère et infatigable doit être regardé comme le véritable instituteur de Montaigu.

Comme il avait été pauvre, toute sa sollicitude se porta sur les écoliers indigents, sur cette intéressante classe d'hommes qui, privés de fortune, sont trop souvent privés par là même de savoir, c'est-à-dire de la vie intellectuelle et de ses bienfaits; après avoir rétabli l'ordre dans les finances gaspillées par les précédents administrateurs, il attira à la maison les libéralités pieuses de l'amiral Malet de Graville et du vicomte de Rochechouart, ce qui lui permit des réparations devenues urgentes, la construction de nouveaux logements, d'une chapelle, et l'établissement d'une bibliothèque. Il fit venir des professeurs de mérite, deux chapelains, et créa douze nouvelles bourses; enfin il éleva le nombre des membres de la communauté à quatre-vingt-huit, en l'honneur des apôtres et des disciples de Jésus-Christ.

Au commencement de son administration, il subordonna l'admission des pauvres écoliers au choix du prieur des chartreux, qui eut une sorte de supériorité sur le collége, fournit une certaine quantité de pains et contribua à diverses dépenses avec le couvent des célestins, le vicomte de Rochechouart et l'amiral de Graville. Standonck avait une prédilection toute particulière pour l'ordre des chartreux et sa règle rigide, qu'il copia en beaucoup de points dans ses statuts scholastiques, dont je ferai connaître l'esprit.

Si les études étaient substantielles à Montaigu, on ne peut pas en dire autant de l'ordinaire : le célèbre Érasme, l'un des disciples de Standonck, en fut si incommodé, qu'il tomba dans une langueur et un épuisement suivi de fièvre, dont il fut guéri, au dire de notre manuscrit, par les mérites de sainte Geneviève, en l'honneur de laquelle il fit un poëme d'actions de grâces; ce philosophe n'a pas épargné ses critiques au régime alimentaire de la maison des pauvres écoliers, qui, dit-on, altéra à jamais sa santé.

En 1489, un malheur terrible vint frapper l'abbaye ; Jean de Troyes le relate en ces termes :

« ..... Le vendredy septiesme iour dudit mois de iung, environ l'eure d'entre huict et neuf heures du soir, se leua grant tonnoire audit lieu de Paris. Et a ung des esclats dudit tonnoire qui fut à ladite heure, vint icelluy tonnoire enflamber et mettre le feu au clocher de madame Saincte-Geneuiefue au mont de Paris, lequel brula toute la charpente dudit clochier, qui estoit demourée par l'espace de neuf cens ans, fondit toutes les cloches dudit clochier, et le plomb dont il estoit couuert, où il y auoit par estimation cent mil liures de plomb et plus, et y eut ung grant dommaige qui estoit pitié à voir. »

Le récit du chroniqueur de la maison ne diffère guère de celui-ci :

« L'an 1489, le vendredy 6e jour de juin, le tonnerre estant tombé sur le clocher de l'abbaye de Sainte-Geneviève, y mit le feu et l'embrasa si fort qu'il fut impossible de l'éteindre; il fondit le plomb et les cloches, et même gasta une partie de l'église, du cloître et du dortoir (1).

« C'estoit une perte presque irréparable; néanmoins ce bon abbé (Philippe Langlois), ne perdant point courage en ce désastre, cherchant tous les moyens pour réparer les ruynes, premièrement il fit faire une queste dans Paris, et envoya mesme un de ses religieux nommé frère Jean de la Chapelle avec des patentes dans la pluspart des villes du royaume pour amasser les charités des gens de bien. Secondement, le parlement appliqua à ce pieux dessein plusieurs amendes, entre autres une contre l'évêque de Chartres. Troisièmement, à la recommandation du roy et de l'Université de Paris, le pape Sixte IV accorda durant cinq années des indulgences plénières en forme de jubilé à tous ceux qui visiteroient l'église de Sainte-Geneviève à certains jours, et donneroient de leurs biens pour restablir les bastiments qui avoient esté brulez, accordant à tous les prê-

---

(1) D'autres ouvrages placent à tort cet évènement en 1483.

tres qui confesseroient en ces jours-là, dans cette église, le pouvoir d'absoudre des cas réservez. »

La prolongation du temps des indulgences fut demandée par Charles VIII, l'Université et le prévôt des marchands au pape Innocent VIII, qui l'accorda sans difficulté; le clocher fut rétabli avec sa flèche, qui depuis a été supprimée, et on y mit « quatre bonnes cloches. »

Le nombre des paroissiens de la montagne continuant toujours à s'accroître, les marguilliers présentèrent une double requête aux religieux de Sainte-Geneviève, en 1491, pour obtenir un emplacement nécessaire à l'agrandissement de la nef et l'autorisation d'avoir un clocher et quatre cloches, selon le vœu des habitants. L'abbé accorda une partie des bâtiments de l'infirmerie de la communauté, adossée au chevet, moyennant 10 livres de rente, une livre de cire rouge le jour de Saint-Étienne, nouveau patron da l'église; mais il défendit expressément que le clocher fût terminé en flèche.

La même année, « la chancellerie de Saint-Étienne ayant vaqué, frère Jean Babillon, voyant qu'il ne la pouvoit obtenir de l'abbé, s'en fit pourvoir en cour de Rome, ce qui étant venu à la connoissance de l'abbé, il assembla les principaux des colléges les plus considérables, entre autres de Montaigu, Sainte-Barbe, Navarre, La Marche, Reims, Boncourt, des Trésoriers, pour prendre leur conseil sur ce qu'il y avoit à faire. On fut d'avis que l'abbé ne devoit pas souffrir cet empiétement sur ses droits, et il ne le souffrit pas (1). »

(1) Ms. de Sainte-Geneviève.

Durant les années qui terminèrent ce siècle, Standonck fut l'objet de l'attention publique et prit une part assez active aux événements dans lesquels l'Église et l'Université jouèrent un rôle ; théologien, prédicateur, homme droit et charitable, docteur très-éminent, recteur de l'Université, principal d'un collége qui lui devait sa régénération, sa renaissance, il fut appelé à se prononcer dans des questions délicates, et s'attira par la franchise et la netteté de ses convictions une disgrâce qui fit du bruit.

Robert Briçonnet, archevêque de Reims, mourut en 1497, et le chapitre de la cathédrale de cette ville s'assembla pour lui donner un successeur. Standonck eut une voix ; ce fut alors qu'à l'instigation de son ami Raulin, — ancien principal du collége de Navarre, et en ce temps-là moine de l'ordre de Cluny, qu'il était chargé de réformer, — il plaida devant le parlement, soutenant « qu'un seul suffrage, guidé par le motif de la religion et du bien de l'Église, devait l'emporter sur la multitude de ceux que déterminent des vues humaines. » Comme on le pense bien, cette étrange théorie, cette bizarre doctrine en matière d'élection, ne fut pas comprise, ne prévalut point ; car comment prouver à un électeur que des vues humaines ont dirigé son vote ?

Bientôt après, Standonck s'attira l'inimitié de Louis XII ; voici à quelle occasion :

Le roi avait été contraint d'épouser Jeanne, fille de Louis XI et sœur de Charles VIII. Comment le duc d'Orléans eût-il pu résister à la volonté terrible du monarque du Plessis-lez-Tours, et ensuite comment eût-il pu répudier la sœur de son souverain ?

Parvenu lui-même au trône, il songea sérieusement à divorcer, — car la reine, étant laide, difforme, sans doute stérile, ne lui inspirait aucun amour, — et à prendre pour femme Anne de Bretagne qu'il aimait et qui devait lui apporter en dot une grande province.

Jeanne, d'ailleurs bonne, douce, amie de la retraite, se soumit sans murmures ni opposition à la volonté du roi, qui, avant de s'adresser au pape, désira avoir l'avis des plus fameux docteurs.

Standonck fut nécessairement du nombre des théologiens consultés dans cette grave affaire, et ne craignit point de manifester hautement sa complète improbation : selon lui, « il n'était point permis de répudier une épouse dont la conduite n'avait rien de répréhensible; il n'était point permis à un roi, non plus qu'à un autre homme, de se marier du vivant de sa femme; enfin il était défendu d'épouser la femme de son frère. » — Ceci me semble d'un rigorisme outré, Charles VIII n'étant que le beau-frère de Louis XII.

Cette opinion ne fut nullement du goût du monarque, qui, tout Louis XII qu'il était, avait ses faiblesses.

Il arriva, à peu près en même temps, que le roi voulut réprimer l'abus des priviléges de l'Université de Paris, en ce qui touchait les jugements; empêcher que, dans certains cas, on ne prît le titre d'écolier pour se soustraire, après avoir commis un délit, à la juridiction ordinaire; arrêter les transports frauduleux au moyen desquels on plaçait un bien sous le nom d'un écolier, pour qu'une cause fût portée au tribunal des juges-conservateurs, etc...

Le corps enseignant, inquiet de ces réformes, s'assembla sous la présidence de Standonck, son recteur, et l'on fit la motion de suspendre les cours en une si grave conjoncture. Standonck conseilla d'attendre au lendemain de la fête du Saint-Sacrement et d'ordonner à tous les prédicateurs d'engager le peuple du haut de la chaire, le jour de cette fête, à prier pour que Dieu vînt au secours de l'Université, aux droits de laquelle on attentait ; puis de dire qu'il n'y aurait plus de prédication jusqu'à ce que le ciel y pourvût. Cet avis fut adopté, et bientôt des placards annoncèrent au public la cessation des cours.

Cette mesure irrita la cour ; on met dans la bouche du roi ces paroles adressées aux députés qui se présentèrent à lui à Corbeil : — « Allez, et saluez de ma part les honnêtes gens qui sont parmi vous, car, pour les mauvais, je n'en tiens aucun compte. »

Puis, mettant la main sur sa poitrine, il ajouta :

— « Ils m'ont taxé moi-même dans leurs sermons ; ah ! je les envoyerai prêcher ailleurs. »

Il tint parole : Standonck et un autre prédicateur furent bannis du royaume ; Louis XII avait un double grief contre le recteur.

Celui-ci, obéissant à une sorte de pressentiment de cet exil, avait mis en ordre les affaires de Montaigu et assuré l'avenir de cette maison, — du moins fait tout ce qui était nécessaire pour cela. — Les statuts d'un règlement très-austère, bon tout au plus pour une communauté de trappistes, avaient reçu la sanction du chapitre métropolitain.

Ce règlement déterminait l'habillement des écoliers de Montaigu, qui devait consister en une cape fermée par devant et un camail de gros drap brun fermé par devant et par derrière; — d'où vient le nom de *capettes de Montaigu, pauvres capettes de Montaigu*, que le public donna à ces élèves.

Une abstinence cénobitique fut ordonnée :

« Les prêtres seuls pourront boire du vin mitigé avec beaucoup d'eau; chacun aura pour entrée la trentième partie d'une livre de beurre ou des pommes cuites, une soupe aux légumes sans graisse; un demi-hareng ou un œuf pour les jeunes écoliers; un hareng entier ou deux œufs pour les théologiens, avec un peu de fromage ou de fruit. »

En outre, ces malheureux collégiens, hâves, maigres, décharnés, blêmes, encapuchonnés comme des moines, — objet de pitié pour le public, — étaient soumis à tous les jeûnes de l'Église, obligés d'assister à je ne sais combien d'offices la nuit et le jour, et *disciplinés* comme il convient; le coucher était à l'avenant.

Les pères, toutes les fois qu'ils voulaient imprimer de la crainte dans l'esprit de marmots récalcitrants et mutins, les menaçaient de les envoyer à Montaigu : — remède infaillible (1) ! C'est de cette sinistre maison que l'on disait :

Mons acutus, acuti dentes, acutum ingenium.

(1) Rabelais n'a pas épargné dans ses satires le collége de Montaigu et s'est élevé avec force contre le régime de cette communauté. Gargantua, de retour de la guerre, répare devant son père le désordre de sa toilette; il se peigne et fait tomber de sa chevelure des balles et des boulets qui s'y étaient nichés, et Grandgousier, qui croit voir autre chose, de s'écrier : « Dea, mon bon fils, nous as-tu apporté iusques icy des esparviers de Montagu? Ie n'entendoys pas que là tu feisses résidence. » Ponocratès, précepteur de Gargantua, réplique aussitôt : « Seigneur, ne pensez que ie l'aye

En effet, tout était *aigu* : la montagne, les dents et l'esprit... Standonck avait certes d'excellentes intentions, mais il subissait l'influence du prieur des chartreux, ordre dont il copiait la règle rigoureuse; ascétique et tempérant à l'excès, il faisait de son collége une sorte de séminaire conventuel, et ne songeait pas que l'intellect est alimenté par la matière, et que de la santé du corps dépend celle de l'âme.

Ce règlement me paraît donc encore plus insensé que cruel : son auteur est tombé dans des exagérations condamnables.

Après la part du blâme, faisons celle de l'éloge :

Malgré cette apparente dureté, le Brabançon aimait ses disciples; il voulait que le supérieur fût pris parmi d'anciens élèves et fût appelé *ministre* ou *père des pauvres*, mais non point *principal* ou *supérieur*, titre selon lui trop fastueux. Il ne revenait à ce *père* d'autre salaire que « le vivre, le couvert et le vêtement dans le temps, et la récompense céleste dans l'éternité. » S'il n'avait point encore soutenu ses thèses de théologie, la maison devait en faire les frais jusqu'au doctorat exclusivement.

Standonck prit toutes les précautions désirables pour mettre les bourses à l'abri de l'invasion des enfants riches ou du moins

---

mis au colliège de pouillerie qu'on nomme Montagu : mieulx l'eusse voulu mettre entre les guenaulx de saint Innocent, pour l'énorme cruaulté et villennie que i'y ay cognu : car trop mieulx sont traitez les forcez entre les Maures et Tartares, les meurtriers en la prison criminelle, voyre certes les chiens en vostre maison, que ne sont ces malautruz audict colliège. Et si j'étois roy de Paris, le diable m'emporte si ie ne mettoys le feu dedans, et feroys bruler principal et regens, qui endurent ceste inhumanité devant leurs yeux estre exercée. »

aisés; on en admettait moyennant pension, mais ils devaient avoir le moins de rapports qu'il fût possible avec les étudiants pauvres : les riches, — en petit nombre, — habitaient des logements séparés, mangeaient dans un réfectoire particulier et venaient entendre les offices à la chapelle basse (1), établie sans doute par Standonck; les pauvres priaient dans la chapelle haute, — ce qui me paraît peu logique, à moins que la basse fût la plus belle. — En classe il y avait séparation, la place inférieure était dévolue aux pauvres. Ces lignes de démarcation devaient engendrer des jalousies et des rancunes, puisque l'enfant n'est qu'un petit homme, qu'il a en germe tous nos instincts, toutes nos passions.

Standonck eut la satisfaction de voir son œuvre achevée au moment où il tomba en disgrâce; il donna alors sa démission et partit pour son pays natal, conservant toutefois une sorte d'autorité sur la maison dont le chapitre, lequel appréciait sa capacité, n'avait pas voulu qu'il se dépouillât. Son départ amena celui de l'un de ses disciples les plus distingués, Jean-Maire ou Major d'Hadington, en Écosse, qui devint un profond érudit; cet étranger, d'abord étudiant à Sainte-Barbe, entra au collège de Navarre; plus tard il revint à Montaigu pour y professer la philosophie.

Standonck mit à profit son exil, qui ne dura qu'un an : il

---

(1) Cette chapelle sert de salle de lecture provisoire à la bibliothèque Sainte-Geneviève; elle a des fenêtres cintrées, et on y entre par deux arceaux surbaissés que sépare un lourd pilier. Au fond, on voit l'emplacement du chœur. Cet oratoire n'avait rien de remarquable; il sera détruit dans quelques années pour le dégagement du Panthéon.

créa des établissements à l'instar de celui de Montaigu à Valenciennes, à Cambrai, à Malines et à Louvain, de sorte que la maison de la rue des Sept-Voies devint une métropole d'asiles qui étaient tout à la fois des couvents, des hospices d'indigents et des colléges où l'on enseignait particulièrement la grammaire, la théologie et la philosophie.

Cependant l'Université regrettait son recteur et Montaigu son *ministre*. Aux vœux succédèrent les prières; le cardinal d'Amboise, l'amiral de Graville et l'évêque d'Alby intercédèrent pour l'exilé, et le roi, qui était naturellement porté à l'indulgence, et appréciait d'ailleurs les mérites de Standonck, le rappela en écrivant au parlement une lettre dans laquelle il leur rendait pleinement justice.

Standonck s'empressa de revenir, et fut présenté par son bon ami l'amiral de Graville au roi, qui l'accueillit paternellement et l'engagea à poursuivre les utiles travaux auxquels il s'était consacré avec tant de persévérance et de zèle.

De retour à Montaigu, le recteur-principal s'appliqua à perfectionner son institut : ce fut alors qu'une espèce de sédition, de mutinerie, provoquée sans doute par l'austérité excessive de la discipline nouvelle, éclata dans la maison, et eut pour chef le docte professeur Jacques Almani ou Almain, qui se retira, après avoir quitté l'habit de la communauté, et entraîna à sa suite un certain nombre d'écoliers. Dans ces circonstances difficiles, l'énergique Standonck ne faiblit point; non-seulement il maintint ses règlements, mais encore il se plaignit au parlement de l'escapade d'Almain qui, bon gré, mal gré, dut ramener ses élèves et reprendre avec eux le froc (décembre 1503).

La vie de Standonck finit au moment où le XVIᵉ siècle, ce temps des orages religieux, commençait. Avant de s'éteindre, le *père des pauvres de Montaigu* conçut le projet d'établir dans le monde entier une sorte d'ordre religieux voué à l'éducation de la jeunesse et à la propagation de la foi catholique. Moreri expose au long le plan de cette congrégation instituée *pour la plus grande gloire de Dieu* et parle des vœux auxquels ses membres étaient soumis; cette congrégation devait s'appeler *Société du Sauveur*, et l'on y reconnaît par beaucoup de traits la *Société de Jésus*, œuvre d'hommes qui avaient étudié à Montaigu et avaient bien pu se pénétrer de la règle de Standonck, la copier, en faire la base de leur association.

Au reste, cette opinion fort admissible, qui a pour elle une grande probabilité, est celle d'un des successeurs de Standonck dont j'aurai à dire quelques mots : il résulterait de cette hypothèse que Montaigu est le berceau des jésuites et du calvinisme aussi, — étrange caprice du hasard.

Le réformateur Standonck venait de placer en plusieurs endroits de cette maison les initiales J. C., d'obtenir la sanction du pape et de l'évêque de Paris, des priviléges religieux, enfin de s'entendre avec le catholique roi de Portugal pour l'introduction de l'ordre enseignant et militant dans ce pays, lorsque la mort le surprit le 5 février 1504 entre les bras de Jean de Clary, Toulousain, confesseur de Louis XII.

Standonck, appelé par un historien seigneur de Villette, fut enterré, suivant sa volonté, à l'entrée du chœur de la chapelle basse du collège, et l'on plaça sur son tombeau une simple dalle avec cette épitaphe composée par le défunt lui-même :

## PAVPERIS
### MEMENTOTE STANDONIS.

J'ignore quel a été le sort de cette sépulture; il est fort possible qu'en renversant le bâtiment de Montaigu, dont les livres de Sainte-Geneviève ont pris possession temporairement, on découvre au fond de la salle, à l'endroit où se trouvent, au moment où j'écris, le fauteuil et la table d'un bibliothécaire, les ossements de l'austère et ascétique Standonck.

J'ai dû m'étendre un peu sur la vie du plus illustre docteur qui ait gouverné Montaigu.

Indépendamment des amis de marque dont j'ai parlé, des bienfaiteurs de son collége, il entretint des relations d'amitié avec François de Paule, Jean Quintin, Blanbaston, Mauburne, Raulin, Ulric Gering, Érasme, Jean-Marie-Jérôme de Hangest, Robert Cenalis et d'autres esprits supérieurs : — ces derniers furent ses commensaux et ses disciples.

On lit quelque part qu'en 1502 Montaigu, espèce de couvent préparatoire, avait produit plus de trois cents religieux.

J'ai oublié de dire que les élèves se servaient eux-mêmes, faisaient leur cuisine, vaquaient aux labeurs les plus répugnants, afin de tenir en haleine leur renoncement, leur humilité, et de faire continuellement pénitence.

Tout ce qui est outré ne peut durer, ne peut résister au temps; nous verrons que l'institut de Montaigu ne tarda pas à subir des modifications nécessaires : quant à l'ordre universel, il ne fut guère qu'à l'état de projet, et on n'en parla plus après la mort de Standonck; il n'y a donc rien d'étonnant que les jésuites aient fait revivre quelques-uns de ces statuts, s'en soient emparés; — personne n'y mit la moindre opposition.

Moreri mentionne en note, parmi ses pièces justificatives, une histoire manuscrite anonyme du collége de Montaigu, mais il ne dit point où elle se trouve; je n'ai pu la découvrir.

Le fougueux et violent Noël Beda, si célèbre dans l'histoire de l'Université, esprit brouillon, extravagant et fantasque, succéda à Standonck; mais, tout entier à ses disputes pleines d'aigreur, à ses controverses, il négligea entièrement le collége et abdiqua toute suprématie sur ceux établis au dehors. Il se donna pour coadjuteur, ensuite pour successeur, un homme qui ne valait pas mieux que lui et sous lequel tout alla de mal en pis : je veux parler de Tempête, qui *tempétait* beaucoup, passait pour un grand fouetteur de marmots, et qui a donné naissance à ce vers latin rapporté par les auteurs sérieux comme par les écrivains facétieux :

Horrida tempestas montem turbavit acutum.

En 1511, sous Beda, qui obtint du pape Léon X quelques adoucissements à la rigueur des statuts, les bâtiments de Montaigu furent agrandis de ceux de l'ancien hôtel de Vezelay. L'année précédente, Ulric Gering, notre premier typographe, était mort laissant sa fortune, considérable pour ce temps, aux colléges de la Sorbonne et de Montaigu; il fut inhumé, selon son vœu, dans la chapelle où reposait Standonck, et où on lisait une inscription tumulaire latine dont je n'ai pu avoir que la traduction; la voici :

« Ulric Gering, Allemand, un des premiers imprimeurs, qui avoit fait pendant sa vie plusieurs aumônes aux pauvres de cette maison, légua par son testament à la communauté des pauvres, en 1510, la moitié de ses biens et le tiers de ce qui lui étoit dû par ses créanciers (1), et de cet argent on a acheté le village d'Annet, proche la rivière de Marne, et les maisons de Vezelay, qui est la partie de ce collége où sont les classes des grammairiens. »

Dans le même temps, un arrêt du parlement vint régler les droits du curé de Saint-Étienne-du-Mont et ceux des chapelains de Montaigu : des conflits d'autorité spirituelle motivèrent sans doute cette intervention judiciaire.

A l'époque où je suis arrivé, le célèbre Buchanan, venu en France avec Jean-Maire, étudiait à Montaigu, d'où il passa ensuite à Sainte-Barbe; là il figura parmi les quatorze professeurs de cette maison qui était devenue très-florissante, et « régenta la grammaire pendant deux ans et demi avec les misères qu'il a décrites si naïvement dans l'élégie : *Ite, leves nugæ.* » Buchanan avait adopté les idées luthériennes. A cette époque aussi, Jean Calvin étudiait à Montaigu la dialectique sous un régent espagnol : bientôt de nouvelles idées religieuses allaient naître dans son esprit. Antoine Tempête dirigea Montaigu jusqu'en 1528; l'année d'après, François 1er fonda le Collége de France. Plus tard Inigo ou Ignace de Loyola, hidalgo dégoûté du métier des armes et résolu d'embrasser une autre vie, étudia à Montaigu, — il avait alors trente ans environ; — de là il passa à Sainte-Barbe sous Govea qui eut un parent célèbre;

---

(1) Je laisse subsister ce mot de la traduction ; lisez *débiteurs*.

on sait sa liaison avec François-Xavier, professeur au collége de Beauvais, et avec quatre compatriotes, Salmeron, Rodriguez, Bobadilla, Laynez, le serment de l'église de Montmartre et ce qui en résulta.

Jean Boulèse ou Bolæse, que je crois le successeur de Tempête, gouvernait Montaigu en 1572; c'est lui qui dans *l'Histoire d'un miracle opéré par la sainte Eucharistie*, écrite en latin, affirme que le code des jésuites a été calqué sur celui de son collége; sept ans après, ce même principal soutint un procès contre les régents des écoliers riches de la maison, qu'il voulait congédier, se proposant de ne garder que des pauvres; comme il refusait obstinément de se soumettre à la décision du recteur et de l'académie, il fut excommunié, et appela de cette sentence comme d'abus au parlement. Boulèse avait professé l'hébreu au collége des Lombards.

L'histoire ne dit mot de l'issue de cette affaire (1).

La mort tragique de Ramus est un fait trop connu pour que je m'en occupe, mais je ne puis m'empêcher d'établir un parallèle entre cet infortuné savant, victime de la barbare, de la sauvage intolérance de ses contemporains, et Standonck. Tous deux s'étaient rendus à Paris pour s'adonner aux fortes études, tous deux étaient pauvres : le premier fut reçu comme valet au collége de Navarre, le second fut admis de même dans l'abbaye de

---

(1) Boulèse a publié un ouvrage intitulé : *Des Statuts du collége de Montaigu*, in-8, et une *Remontrance au parlement pour réformer le collége de Montaigu*, 1575, in-8. Il existe à la Bibliothèque du Roi, au département des manuscrits, un inventaire des titres et revenus de ce collége. In-f° (fonds Baluze).

Sainte-Geneviève; tous deux servaient le jour et étudiaient la nuit à la clarté des astres; tous deux se distinguèrent par leur savoir : l'un devint principal du collége de Presles, l'autre de celui de Montaigu ; l'un avait professé à l'Ave-Maria, l'autre à la Sorbonne. Quant aux différences, les voici :

Standonck fut très-attaché à l'ancienne foi, Ramus embrassa le nouveau christianisme. Standonck mourut paisiblement dans son lit; Ramus, traîtreusement assassiné, rendit le dernier soupir sur le pavé de la ville où le traînait une jeunesse forcenée, qui voulait venger bien plus encore Aristote que le pape.

Siècle d'horreurs durant lequel l'on ne respectait aucune espèce de conviction !

En 1594, le principal de Montaigu, qui se nommait Louis Léger, fit afficher dans toute la ville la représentation d'une tragédie intitulée *Chilpéric* II, qui devait avoir lieu dans son établissement, — les colléges étaient alors dans l'usage de jouer de temps en temps des pièces de leur façon. — Le parlement, craignant que cette pièce ne contînt des allusions politiques, la fit défendre, et son auteur fut mis en prison.

Revenons maintenant à la chronique de l'abbaye de Sainte-Geneviève et reprenons-la au commencement du XVI$^e$ siècle.

Le premier fait de cette période qui mérite notre attention est la permission que le cardinal d'Amboise obtint de Louis XII de réformer les couvents de Saint-Martin-des-Champs, de Saint-Germain-des-Prés, des Cordeliers, des Jacobins et de Sainte-Geneviève, signalés comme des lieux d'*immoralité*, d'*indiscipline*, d'*orgueil*, de *fainéantise* et d'*audace*.

Cette volonté n'eut pas de résultats satisfaisants, puisqu'on lit dans Héliot que la licence, qui datait des guerres des Anglais, ne fit que devenir plus effrontée sous François 1er, si bien que le parlement donna ordre à Pierre Brulart, conseiller, de faire une information; cela ne fut encore d'aucune efficacité pour arrêter le mal. Il fallut derechef, quelques années après, que Christophe de Thou et Charles de Dormans, conseillers, se transportassent à l'abbaye pour réprimander ces incorrigibles moines, qui n'en tinrent aucun compte et se comportèrent comme ils l'avaient presque toujours fait.

Notre chroniqueur, à qui j'ai fait tant d'emprunts, relate ceci :

« L'an 1505, un célèbre prédicateur de l'abbaye de Fulde, en Allemagne, envoya ici un cœur d'argent, avec une attestation authentique d'un miracle arrivé en sa personne. Car, estant frappé d'une espèce de peste, il invoqua le secours de saint Martin, auquel il auoit une confiance particulière; surquoy s'estant endormy, il entendit une voix qui, luy criant : *Geneuieue, Geneuieue,* l'eueilla. Il crut donc que c'estoit le nom de la sainte à laquelle il deuoit s'adresser; il la pria en effet de luy prester secours en cette extrémité. Surquoy s'estant rendormy, il vit une dâme, tenant un rameau verd à la main, qui luy dit qu'il estoit guery, et le lendemain matin il se trouva en parfaite santé.... Pierre Dupont, aueugle de Bruges, estant guery, fit à la sainte un poëme en vers héroïques, dédié à l'abbé Philippe Cousin. »

On doit à ce dernier les chaires du chœur, sur lesquelles était gravée sa devise : *Tout vient de Dieu.*

Quelques années auparavant, le presbytère de Saint-Étienne-du-Mont fut augmenté de la maison de la chancellerie de l'abbaye. Quelques auteurs croient que ce fut l'abbé Philippe-le-Bel qui jeta les fondements de l'église, un des plus charmants édifices de la renaissance que nous possédions. — Il n'y a pas concordance, du reste, entre les dates de cette fondation ; je pense qu'il ne s'agit ici que de l'établissement de la façade ou de la porte par laquelle on put entrer, en 1517, dans cette nef : jusqu'alors les religieux n'avaient pas voulu souffrir qu'on y pénétrât par une avenue autre que leur église.

Huit ans après, pendant la captivité de François 1er, la régente Louise de Savoie fit paver plusieurs rues de la rive gauche et exécuter maints travaux d'assainissement et d'embellissement, à l'aide des fonds que lui fournirent pour cela les riches abbayes de Sainte-Geneviève et de Saint-Germain-des-Prés.

En 1525, Guillaume le Duc gouvernait l'abbaye. « Il y avoit de son temps, nous dit l'auteur du registre, une fontaine au coin du cloistre, à l'entrée du réfectoire où estoit le bassin de pierre qui se voit encore dans le préau, et au milieu estoit une image de sainte Geneviève, qui jettoit de l'eau par le bout de son cierge ; elle fut destruitte lorsqu'on fit les voustes du cloistre. » Ce même abbé « fit rebastir la chapelle de Sainte-Geneviève, qui est à gauche du grand autel, où l'on voit encore son portrait aux vitres, et entreprit ensuite les constructions de la chapelle de Notre-Dame. »

Guillaume le Duc fut chargé par le parlement de la garde et de l'interrogatoire d'un jacobin, luthérien anglais, arrêté à Paris, où il était venu sans doute pour répandre sa doctrine.

Depuis nombre d'années on travaillait à Saint-Étienne-du-Mont. En 1537 et 1538, on fit le chœur et plusieurs chapelles des bas-côtés. — Je me bornerai à citer ceci pour mémoire, et ne dirai que peu de chose, dès à présent, sur les changements apportés à cette église.

D'après notre manuscrit, ce fut à Sainte-Geneviève, l'abbé officiant solennellement, que l'on reçut, en 1550, les vœux des premiers jésuites, d'Ignace de Loyola et de ses compagnons. Jacques Aimery, chancelier de l'abbaye, leur avait conféré le titre de maîtres-ès-arts.

L'année d'après, le parlement rendit un arrêt par lequel il défendait, *sous peine de prison*, de se promener et de causer dans diverses églises de Paris, et notamment dans celle de Sainte-Geneviève; il était ordonné aux prédicateurs, en outre, de lire cet arrêt, du haut de la chaire, tous les dimanches de carême.

En ce temps, on recommença à se servir, à Sainte-Geneviève, de l'ancien sceau de la maison, qui avait été mis au rebut et figurait un roi sur son trône.

Le règne de Joseph Foulon fut fort agité. — C'était l'époque des passions fanatiques, des fureurs soi-disant religieuses, l'époque néfaste de la Ligue, dont cet abbé fit partie. — Il y eut à Sainte-Geneviève, sans parler des troubles intestins, diverses scènes de violence et d'intolérance.

Le 22 décembre 1563, un jeune moine, qui s'était fait calviniste ou luthérien, emporté par un fanatisme tout opposé à celui des ligueurs, arracha une hostie consacrée des mains du prêtre célébrant dans l'église de Sainte-Geneviève, et la foula aux pieds. Il fut arrêté, condamné à mort, exécuté, et le roi fit faire une solennelle procession expiatoire, où il porta, ainsi que tous les gens de sa maison, un flambeau de cire blanche (1).

Après le double assassinat de Blois, les ligueurs de Paris s'abandonnèrent à la rage et à la désolation, le nom de Henri III leur devint de plus en plus odieux, et, en attendant que le poignard de Clément frappât ce monarque inhabile et faible, ils faisaient fréquemment subir la torture à ses effigies de cire ; ils les piquaient au cœur avec des épingles pendant la messe, croyant que ces conjurations superstitieuses seraient fatales à leur ennemi.

On vit, entre autres révoltantes momeries, une procession composée de mille enfants qui tous portaient gravement un cierge de cire jaune ; partie du cimetière des Saints-Innocents, elle vint à l'église de l'abbaye de Sainte-Geneviève ; là, les cierges furent éteints subitement, jetés à terre, écrasés sous les talons, et ces jeunes êtres, dressés à un fanatisme implacable, de s'écrier d'un ton lugubre : *Dieu éteigne ainsi la race des Valois !* On assure que des hommes et des femmes nus ou en chemise suivaient cette procession impie.

Dans ce siècle vivait Pierre-le-Juge, d'abord moine à Sainte-Geneviève, puis curé d'un prieuré rural de l'ordre, et qui fut tué par les huguenots ; il a écrit une histoire de la patronne de la montagne, dédiée à son abbé *monseigneur* Joseph Foulon. En voici un passage pour donner une idée de la manière de l'auteur :

---

(1) Ms. de Sainte-Geneviève. *Preuves de l'histoire de Paris,* par Félibien et Lobineau.

« Sera-ce donc sans cause, ô petit village de Nanterre, païs de vignoble, si nous te renommons tres heureux pour nous auoir produit vn si excellent bourgeon, duquel la fleur a espandu vne si soudaine odeur par toute la terre, vne vigne si noble, de laquelle le fruict beau et gratieux, le vin doux et amoureux comme le nectar et l'ambroisie, a enyuré et enflambé les cœurs des hommes d'un parfaict amour et charité enuers leur Créateur par son exemple? Et toy, ô noble cité de Paris, à bon droit te doit-on priser et haut louer, pour auoir receuë et nourrie vne fleur si belle et delectable, blanche comme le lis en virginité, vermeille comme la rose en charité ; et finalement, qui est celuy qui ne te cherira et aimera, ô saincte montaigne, ô temple sacré, pour auoir en toy vne si riche bague, un si precieux ioyau, surpassant en vertu et excellence l'emeraude de Scythie, l'onix de l'Arabie, l'achate de Sicile, le hiacinthe d'Ethiopie, le saphir de Mede, le diamant des Indes, le iaspe, le ruby, la marguerite, le beril, et tous autres qui se pourroyent nommer? Veu que c'est là, au sepulchre de la Vierge, où les aueugles ont receu la clarté, les sourds l'ouyë, les muets la parole, les boyteux l'aller, les goutteux, graueleux, paralytiques guarison, les freneticques l'vsage de raison, et sur tout les fieureux la pristine santé; bref, tout malade support et consolation de sa misère et calamité..... (1). »

Vers l'an 1588, l'abbaye aliéna, probablement par pénurie, une terre située à Bagneux, appelée *Fief de sainte Clotilde* et donnée autrefois par cette reine.

---

(1) Cet ouvrage a pour titre : *l'Histoire de saincte Geneviefue, patronne de Paris, prise et recherchée des vieux liures escris à la main, des histoires de France et autres autheurs approuuez,...* etc. 1586.
La bibliothèque en possède un exemplaire in-18, couvert en parchemin, H 571.

Pendant la dernière année de ce siècle orageux, il y eut chez nos chanoines des exorcismes à l'encontre d'une femme nommée Marthe Brossier, que l'on disait possédée du démon, et qui n'était probablement que somnambule et cataleptique. On fit toutes les cérémonies usitées alors en pareille circonstance.

Dulaure croit que les prêtres avaient préparé cette comédie pour soutenir la juridiction ecclésiastique, attaquer indirectement l'édit de Nantes, et répandre de nouveaux germes de désordre dans l'État. La prudence et la fermeté de Henri IV surent déjouer ces manœuvres coupables.

Pendant la première moitié du XVII° siècle, on embellit considérablement l'intérieur de Saint-Étienne-du-Mont; on fit le jubé que nous voyons encore, plusieurs chapelles latérales et des charniers; enfin la reine Marguerite, première femme de Henri IV, donna trois mille livres pour le portail, qui est d'ordre composite, et voulut en poser elle-même la première pierre; on fit cette inscription :

*Deo favente, sancto Stephano deprecante et auspiciis Marguaritæ reginæ Valesiæ, anno Domini* 1610, 2 *augusti.*

D'autres modifications furent apportées successivement au clocher et à diverses parties de l'église ; on en trouve le détail dans plusieurs livres, et notamment dans la Notice publiée par M. Faudet, le curé actuel, en collaboration avec M. L. de Mas-Latrie (1).

---

(1) Saint-Étienne-du-Mont se recommande aux curieux par ses élégantes proportions, par son jubé, qui fut terminé en 1600, par quelques verrières

Dulaure raconte, d'après les Mémoires de l'Estoile, que, la châsse de sainte Geneviève n'ayant pas pu amener un changement de température qu'on désirait vivement en 1603, le crédit de la patronne reçut une certaine atteinte, ce dont les chanoines furent fort dépités; ils éprouvèrent donc le besoin d'un prodige éclatant, et ce prodige eut lieu. On conduisait au bagne une chaîne de forçats : la procession la rencontre sur son passage *par cas fortuit*, un de ces misérables se recommande avec ferveur à la sainte, et aussitôt ses fers tombent *miraculeusement*.

Cela était plus que suffisant pour raffermir la foi ébranlée; par malheur, le galérien ne sut pas se taire, le procédé s'ébruita, et les religieux ne retirèrent de tout ceci que de la confusion... ou plutôt, suivant leur usage, ils soutinrent que le miracle était de bon aloi et taxèrent les incrédules d'impiété.

Joseph Foulon mourut quelques années après; on l'avait naguère accusé d'entretenir des intelligences secrètes avec Henri de Navarre, aspirant au trône alors, et de l'engager à abjurer sa foi pour y parvenir sûrement. Il s'était disculpé tant bien que mal. Cet abbé, voulant empêcher que Sainte-Geneviève ne tombât en commande comme beaucoup de monastères, se fit donner pour successeur Benjamin de Brichan-

---

de celles que répara et entretint longtemps le fameux Le Vieil, par trois bas-reliefs de Germain Pilon, un tableau de Lesuenr, quelques pierres tumulaires, une magnifique chaire en bois, sculptée par Lescotard d'après les desseins de Lahire; elle est supportée par Samson armé de la mâchoire d'âne et accroupi.

teau, qui porta d'abord le titre de coadjuteur, puis devint évêque de Laon; sous le gouvernement de ce personnage, la châsse fut réparée et ornée de pierres précieuses par un orfévre nommé Nicole.

Il ne se passa rien à Montaigu, dans ce temps, qui mérite une mention, si ce n'est le séjour momentané qu'y firent des bénédictins anglais; ces fugitifs enfroqués, qui ne voulaient plus prier sur une terre où régnait le schisme de Henri VIII, avaient dû passer le détroit, et Marie de Lorraine, abbesse de Chelles, les avait placés, on ne sait trop pourquoi, dans le collége de Standonck (1615); de là ces moines allèrent habiter la rue d'Enfer, et enfin celle du faubourg Saint-Jacques.

Un peu auparavant, d'autres intrus n'avaient fait que paraître dans le même local : je veux parler de la communauté de Saint-Nicolas-du-Chardonnet, qui sortait du collége de Reims.

Je résume rapidement, pour ne pas avoir à y revenir, ce qui a trait à Montaigu pendant toute cette période :

L'an 1619, les élèves soutinrent des thèses publiques en grec avec beaucoup d'éclat, ce qui est merveilleux pour le temps, — ce qui le serait même pour le nôtre, qui se proclame plus savant. — En 1662, les religieux de Sainte-Geneviève vendirent au collége la vieille chapelle de Saint-Symphorien qui tombait en ruine et fut démolie pour l'agrandissement de la maison. En 1664, Abraham Martin étant principal, il y avait au collége trois places fondées pour trois pauvres, à trois cents livres par an pour chacun, par la baronne du Tour, qui avait fait une fondation pareille au collége de Navarre. L'Hôtel-Dieu payait ces pensions.

Onze ans après, Montaigu fut menacé d'incendie, le 21 mars, « le feu ayant pris, dit Lemaire, à un appartement en entrant à droite, où étoit logée une certaine compagnie ambulatoire, dont les suppôts se nomment Gilotins (1). »

En 1683, on adoucit les statuts du collége, ce qui fait dire à l'historien de Paris que « les écoliers cessèrent d'être victimes et les maîtres bourreaux; » on doit entendre par là que la peine de la fustigation et les châtiments corporels furent supprimés.

Nous voici maintenant arrivés à l'une des époques importantes de l'histoire de l'abbaye de Sainte-Geneviève, à celle de sa seconde réformation :

Benjamin de Brichanteau étant mort, les religieux élurent abbé son frère Philibert, et le cardinal de La Rochefoucauld fut chargé, par la famille de ce dernier, de faire agréer ce choix à Louis XIII; mais le roi, au lieu de le confirmer, nomma à ce poste le cardinal lui-même, qui se défendit de l'accepter, de crainte de déplaire aux parents du défunt; Louis XIII insis-

---

(1) Nom que l'on donne à de pauvres écoliers, pour l'éducation desquels un ecclésiastique nommé Gilot, auteur d'un ouvrage sur l'éducation des enfants, a laissé des fonds (*Gilotinus*). « Ils occupent une partie du collège de Sainte-Barbe, à Paris. Ces *Gilotins*, en 1730, étant soupçonnés de mauvaise doctrine, le roi les fit réformer, et depuis ce temps on ne les appelle plus guère *Gilotins*, mais la communauté de Sainte-Barbe. Ils ne sont pourtant point érigés en communauté; c'est seulement une pension d'étudiants. » (Dictionnaire de Trévoux.) — Gilot était un docteur de Sorbonne très-charitable et qui fit du bien, surtout aux colléges des pauvres écoliers. En faisant des recherches bibliographiques, j'ai trouvé ce titre d'un ouvrage qui parait avoir trait à la fondation de Gilot : *Établissement de trente-trois écoliers de la famille de Jésus-Christ, vis-à-vis le collège de Montaigu*; Paris, Rocolet, 1646, in-4.

tant, le cardinal finit par consentir à prendre la direction du couvent, à la condition que le roi, en le nommant, le chargerait de la mission expresse de le réformer. Les lettres-patentes royales sont du mois d'octobre 1619.

« Le prélat, dit la chronique, vint demeurer dans le logis abbatial, où il fut plutôt attiré par la sainteté du lieu et la vénération de la sainte patronne de Paris que par la beauté et la grandeur des bâtiments qui n'estoient pas bien considérables : aussy tost qu'il y fust, et qu'il vist de quelle manière les religieux se comportoient, il prit résolution de faire ce que le roy lui avoit ordonné et de remettre le bon ordre en ceste maison de piété, envoyant pour cet effet quelques-uns de ceux qu'il estimoit plus capables d'instruction à Saint-Vincent-de-Senlis pour voir ce qui s'y prattiquoit et apprendre à vivre selon les lois de leur profession. » Mais il ne se borna pas à cela, et tira plus tard de Senlis douze religieux de cette maison, notamment le P. Faure, qui le seconda dans ses travaux (1), et le P. Louis Duhamel, qui mourut bientôt après son arrivée. »

En 1621, le pape accorda des indulgences aux seize porteurs de la châsse de sainte Geneviève et aux vingt-quatre *attendants*, — ce qui veut dire, j'imagine, porteurs-aspirants, — et la même année le cardinal, qui s'occupait toujours de sa réforme, rendue urgente par l'indiscipline des chanoines, rassembla des religieux de tous les monastères réformés de Paris, afin de s'entendre avec eux sur les moyens les plus propres à rétablir la

---

(1) Le portrait de ce religieux existe dans le cabinet des manuscrits au-dessus d'une porte : le P. Faure a le teint pâle et maladif ; il est vêtu d'un surplis.

régularité et le bon ordre. « On convint *de certains articles*, dit Heliot, on les communiqua à la communauté ; des chanoines parurent vouloir s'y soumettre, mais cela n'eut aucune suite ; et tout ce que le nouvel abbé put obtenir à force d'instances, ce fut l'acquiescement de cinq pères sur dix-neuf. Alors il manda des hôtes de la maison dont j'ai déjà parlé, et dut les conduire lui-même aux dortoirs, au réfectoire, à l'église, pour en imposer aux récalcitrants et empêcher les murmures des anciens habitants de Sainte-Geneviève.

Il eut donc à surmonter les obstacles qu'avait rencontrés autrefois l'abbé Suger poursuivant une réformation semblable ; il déployait le zèle de son précurseur, il fut aussi heureux que lui.

Pour engager les religieux à se prêter docilement à ses vues louables, il obtint des lettres patentes du roi qui promettaient la crosse d'abbé aux moines réformés, à l'exclusion des autres : — c'était attaquer les obstinés par l'ambition, un des côtés faibles de l'humanité.

D'autres lettres patentes rendirent la charge d'abbé élective tous les trois ans ; le même abbé pouvait être réélu plusieurs fois ; l'abbaye devint chef-d'ordre d'une nombreuse congrégation.

Sous le cardinal de La Rochefoucauld, l'intérieur de l'église abbatiale subit beaucoup de transformations ; on releva l'effigie de Clovis, qui était presque au niveau des dalles du pavé et on fit à ce roi une nouvelle sépulture : « Cette effigie, dit Viallon, étoit couverte d'un coffre de bois, sur lequel on lisoit cette inscription, que je croirois avoir été faite du temps d'Étienne de Tournay :

« Hic est illustrissimus rex Ludovicus qui et Clodovœus ante baptismum est dictus, Francorum rex quintus, sed vere christianus qui ab Anastasio imperatore, consul et augustus est creatus. Hinc sanctus Remigius baptisavit et in baptismate ejus angelus ampullam sacri chrismatis detulit, vi ex Aquitania Arianos expulit, et totam illam terram usque ad montes Pyreneos subjugavit. Hinc per Viennam fluvium cervus mira magnitudine viam ostendit, per quam rex ac milites vadum transierunt et in ejus adventu muri Engolismæ civitatis corruerunt. Alamaniam, Thuringiam ac Burgondiam tributarias fecit, et terram adjacentem transivit. Parisiis sedem regni constituit. Ecclesiam istam fundavit in honore apostolorum Petri et Pauli, monitis sanctissimæ et non satis commendandæ Clotildis uxoris suæ et beatæ Genovefæ, quam sanctus Remigius dedicavit, in qua post laudabilia opera rex sepultus est à quatuor filiis suis regibus Theodorico, Childeberto et Clotario, anno Domini quingentesimo decimo tertio, regni sui trigesimo. »

Viallon fait remarquer l'inexactitude de cette date.

L'inscription latine en prose que je viens de rapporter avait remplacé cette épitaphe poétique, la première de toutes, et que l'on attribuait à saint Rémi lui-même; elle était aussi gravée sur un coffre de bois :

> Dives opum, virtute potens, clarusque triumpho,
> Condidit hanc sedem rex Clodovœus, et item
> Patritius, magno sublimis fulsit honore.
> Plenus amore Dei, contempsit credere mille
> Numina, quæ variis horrent portenta figuris.
> Mox purgatus aquis et Christi fonte renatus,
> Frangrantem gessit, infuso chrismate, crinem,

Exemplumque dedit, sequitur quod plurima turba
Gentilis populi, spreto quæ errore suorum
Ductorum, est cultura Deum rerumque parentem.
His felix meritis, superavit gesta priorum,
Semper consilio, castris bellisque tremendus,
Hortatu dux ipse bonus ac pectore fortis,
Constructas acies firmavit in agmine primus.

Le cardinal de La Rochefoucauld fit placer sur le sépulcre royal cette épitaphe, qui subsista jusqu'aux temps révolutionnaires :

CLODOVŒO MAGNO
REGUM FRANCORUM PRIMO CHRISTIANO
HUJUS BASILICÆ FUNDATORI
SEPULCHRUM VULGARI OLIM LAPIDE STRUCTUM
ET LONGO ÆVO DEFORMATUM
ABBAS ET CONVENTVS MELIORI OPERE
CULTUQUE FACIEM RENOVARUNT
ANNO CHRISTI M.DCXXVIII.

J'aurais dû peut-être rapporter deux de ces trois inscriptions tumulaires à leur date, mais j'ai voulu que l'on pût les comparer et éviter de revenir plusieurs fois sur le même sujet.

Clovis était représenté, selon l'usage, étendu tout de son long sur le tombeau, la couronne au front et le sceptre à la main. Ce monument est reproduit dans un respectable ouvrage de 1607 : *Les fastes, antiquitez et choses plvs remarquables de Paris, labeur de curieuse et diligente recherche, diuisé en trois liures, par M. Pierre Bonfons, Parisien, controolleur* (sic) *au grenier à sel de Pontoise*.

Je reviens aux réparations faites par ordre du cardinal : on reconstruisit le maître-autel et on l'orna d'un beau marbre; on confectionna un tabernacle de porphyre et de jaspe avec ornements en bronze doré et pierres précieuses; une riche balustrade en marbre et en cuivre délicatement ouvragé ferma le chœur; enfin des colonnes de jaspe, surmontées de statues de vierges qui supportaient la châsse et dont l'exécution était de Lemercier, — présent de Louis XIII, — complétèrent cette nouvelle décoration. Les fonts baptismaux furent transportés de l'église de l'Abbaye dans celle de Saint-Étienne.

Le cardinal réunit à *l'ordre des Chanoines réguliers de la Congrégation de France* l'ancienne maison du Val-des-Écoliers ou de la Culture-Sainte-Catherine, se donna le P. Faure pour coadjuteur, et le fit élire plusieurs fois supérieur-général de la congrégation (1). Ce religieux, de mœurs pures et ascétiques,

---

(1) Voici la description du costume de ces chanoines réguliers, d'après le ms. de Sainte-Geneviève :

Une robe de laine blanche ou de peau descendant à une palme de terre, sur laquelle on portait un surplis à l'église et ailleurs; les manches de ce surplis étaient très-longues, elles passaient les mains et se repliaient sur les bras. Les officiers avaient, hors de l'église, un rochet à manches étroites « pour leur commodité (*tunica linea*); » sur le surplis ou rochet ils portaient une chape d'étoffe noire avec capuce, à peu près comme les chartreux; ces chapes étaient moins longues d'une palme que le surplis. En hiver, ils avaient dessous une pelisse. Le chroniqueur dit que depuis deux cents ans environ ce costume a été modifié : de son temps, les surplis faits à manches courtes ne passaient pas les genoux. Les chanoines avaient au bras une aumusse de la longueur du surplis: ils étaient coiffés d'un bonnet rond ou carré, suivant la mode du jour. Les robes n'avaient point de collet; leurs manches furent garnies de fourrures, remplacées ensuite par de l'étoffe noire, dont on fit des parements à ces mêmes robes quand on les ouvrit par devant. Les chanoines portèrent toujours du linge sous leur habit, ce qui n'était point en usage dans les autres ordres monastiques.

fut chargé de bon nombre de missions relatives à la réforme des maisons de chanoines. La bibliothèque possède toute une collection de manuscrits in-folio sur ce sujet, qui n'a plus qu'un intérêt très-médiocre et qui est d'une grande aridité.

Il y eut en ce temps quelques disputes entre les religieux de Sainte-Geneviève et le clergé de l'église Saint-Étienne à propos de processions; je laisse aux histoires spéciales le soin de faire connaître avec détails ces misérables conflits de vanités et d'amours-propres.

Le P. Faure mourut l'an 1643; il laissa divers ouvrages manuscrits relatifs sans doute à ses missions, et fit imprimer un livre qui a pour titre le *Directoire des Novices;* sa vie fut écrite par les PP. Lallemant et Chartonnet, du même ordre et de la même maison.

Le cardinal habitait Sainte-Geneviève, mais ne s'occupait plus du gouvernement de la communauté; il paraît que ses facultés intellectuelles s'étaient considérablement affaiblies, puisqu'il passait son temps à « composer des pâtes des reliques des saints et du sépulcre de Sainte-Geneviève, qu'il pétrissait de ses propres mains. » Enfin la fièvre l'emporta, à l'âge de quatre-vingt-cinq ans, au mois de février 1645.

On lui érigea un beau mausolée de marbre dans une chapelle du bas-côté méridional de l'église abbatiale; il y était représenté en pied, et un ange lui servait de page-caudataire, ce qui fit faire des plaisanteries sur l'orgueil du défunt. Dulaure se montre fort sévère à l'endroit de ce prélat; je ne veux pas épouser ses opinions plus que les idées contraires, afin de rester dans la justice et l'impartialité qui conviennent à un historiographe.

Selon cet auteur, le cardinal était « un ligueur..... doué d'une crédulité et d'un fanatisme extrêmes. » Il ajoute que « son entêtement à soutenir et faire valoir les extravagances ou les fourberies de Marthe Brossier, prétendue possédée du diable, a couvert sa mémoire de ridicule. »

Revenons au tombeau de La Rochefoucauld :

Une note marginale de l'abbé Mercier de Saint-Léger, dans notre registre manuscrit, dit que ce morceau était de la main de Philippe Buister, sculpteur ordinaire du roi, qu'il fut fait de 1656 à 1660 ou environ, et qu'il coûta 7,400 livres; elle indique l'emploi des sommes qui produisirent ce total.

A peu près à cette époque, la congrégation vit surgir dans ses rangs Louis de Sanlecque, fils d'un habile graveur en caractères d'imprimerie; il se voua à la poésie satirique, se déclara l'ennemi littéraire de Boileau, et fronda les ridicules des gens d'église.

Personne n'ignore que Descartes mourut à la cour de Suède en 1650. Dix-sept ans après, ses restes furent apportés à Paris et déposés dans l'église de l'abbaye Sainte-Geneviève (1). Ceux d'Eustache Lesueur gisaient depuis 1655 dans le cimetière de Saint-Étienne-du-Mont.

---

(1) Je dirai plus tard ce qu'ils devinrent. — Dans la nef, au-dessus des confessionnaux, on plaça le portrait de Descartes en profil, et une sphère; au-dessous était une tablette de marbre blanc avec une inscription. — Saint-Étienne-du-Mont reçut aussi des morts illustres : Le Maistre de Sacy, traducteur de la Bible; Pascal en 1662, et Racine en 1669. — On a établi de nos jours dans cette église une chapelle mortuaire où sont inscrits les noms des gens de marque enterrés dans le cimetière paroissial et les églises voisines supprimées.

A la date de 1667, on comptait cent maisons soumises à la règle de la congrégation des chanoines réguliers; elles furent divisées en quatre provinces, composées chacune de vingt-cinq couvents : France, Champagne, Bourgogne et Bretagne; mais cette division n'existait que pour les élections du chapitre-général.

Trois ans après, Étienne Beurrier, curé de la paroisse du Mont, établit au presbytère, ou dans le monastère de Sainte-Geneviève, une institution de charité pour l'éducation des jeunes filles pauvres (1); on la supprima à la fin du siècle suivant.

En 1674, l'abbaye perdit le droit de juger les causes du ressort de son fief, sa juridiction fut réunie à celle du Châtelet. Cette fusion fit disparaître de graves abus : on indemnisa les religieux. A quelques années de là mourut le P. Anselme de Paris, qui avait publié un livre intitulé : *Croyance de l'église grecque sur l'eucharistie.*

Brice mentionne, dans sa description de Paris, le don que la reine fit, en 1685, d'un bouquet de diamants de grand prix pour la châsse de la patronne, autour de laquelle il y avait des lampes d'argent et des ex-voto.

---

(1) On assigne encore à ce fait une autre date : 1695.
La communauté de bienfaisance fondée par la pieuse M<sup>me</sup> de Miramion, sous le nom de *la Sainte-Famille*, se réunit à celle des *Filles de sainte Geneviève*, établie dans le même but, celui de former des institutrices pour les jeunes paysannes, des maîtresses d'école de village, qui étaient aussi, en quelque sorte, des sœurs de charité. Le nom vulgaire des disciples de M<sup>me</sup> de Miramion fut *miramiones*. (Voir pour plus de détails Moreri.)

On sait que l'*Imitation de Jésus-Christ* donna lieu à beaucoup de commentaires, et que l'on en attribua la paternité qui à Jean Gerson, qui à Jean Gersen, qui à Thomas A-Kempis; les génovéfains prirent part à ces polémiques, et le P. Claude du Molinet, procureur-général de la congrégation, numismate et antiquaire, dont je parlerai de nouveau, publia, en 1687, un opuscule en faveur de Thomas A-Kempis; il est mentionné dans la dissertation bibliographique de Barbier sur les soixante éditions du célèbre livre.

On lit dans la *Gallia christiana*, — qui donne la suite des abbés de Sainte-Geneviève, le manuscrit de la bibliothèque n'arrivant pas jusqu'à cette époque, — que Jean-Baptiste Chaubert, abbé en 1697, céda aux habitants de Meaux, d'après leur demande, une côte de sainte Geneviève, à la condition que, chaque année, ils célébreraient avec solennité le jour de cette translation et la fête de la sainte.

A Chaubert succéda Jean Polinier; je le mentionne, parce qu'il a laissé deux ouvrages, savoir : des *Psaumes avec des arguments qui en donnent l'idée et des réflexions qui apprennent l'usage qu'on en doit faire*, 3 vol. in-12, 1698, et une *Explication littérale et morale des Évangiles*, 5 vol. in-8° (le tome 5ᵐᵉ parut en 1702).

La dernière année de ce siècle, Raymond Chapponel d'Antescourt, génovéfain, prieur de Saint-Éloy de Roissy, qui mourut en 1700, publia une *Histoire des Chanoines réguliers, ou Recherches historiques et critiques sur l'ordre canonique*, in-4° et in-12. On a encore de lui un *Traité de l'usage de célébrer le service divin en langue non vulgaire, et de l'esprit dans lequel il faut lire l'Écriture sainte,* Paris, 1687, in-12, et un *Examen des voies extérieures,* 1700, in-12. Cette production théologique, dirigée contre le quiétisme, est le seul ouvrage du P. Chapponel que la bibliothèque possède.

Je ne m'occupe pas ici de ce qui concerne cet établissement que le xvii<sup>e</sup> siècle vit se développer avec rapidité, et je renvoie, pour cela, à la deuxième partie de mon travail, qui lui est exclusivement consacrée.

Il me reste fort peu de choses à dire du collége de Montaigu : je vais faire connaître ce qui se rapporte à lui pendant tout le cours du siècle dernier, qui fut le dernier de son existence.

Le 7 août 1744, le parlement mitigea de nouveau l'étrange discipline de la communauté; dès ce moment, l'office que l'on célébrait à la façon monastique fut supprimé, les écoliers firent gras au repas de midi, et le soir ils eurent un repas maigre très-frugal.

On avait compris enfin que des étudiants ne peuvent pas vivre comme des trappistes, et que de nombreuses pratiques de religion absorbent un temps précieux. Cet ordre de choses fut maintenu; cependant Poncelin dit, dans son histoire de Paris, qu'il restait en 1761 « assez de devoirs étrangers à une éducation honnête pour gêner les jeunes gens dans leurs études (1). »

D'après Hurtaut et Magny, il y avait dans le collége, en 1779, trente-quatre boursiers artiens et grammairiens de tous pays

---

(1) Nos investigations bibliographiques nous ont fait découvrir le titre de cet écrit que nous croyons du temps : *Factum pour M<sup>e</sup> Claude Cordon, docteur en théologie, de la maison de Montaigu, élu principal de la même maison (et collége), contre les* **PP. chartreux,** *opposants à cette élection* (suivi de quelques pièces); in-4o de 28 pages.

et diocèses, nommés par le prieur des chartreux, et installés par le pénitencier de l'église de Paris :

Sept places pour ceux de la ville de Saint-Quentin ou autre du diocèse de Noyon (dont quatre étaient remplies par des écoliers de la nomination du chapitre de Saint-Quentin, et trois par des jeunes gens du choix des chartreux);

Deux places pour des élèves de tous pays, désignés par le vicomte de Rochechouart;

Deux places pour des écoliers natifs du village d'Hornoy, diocèse d'Amiens, à la présentation du prieur des chartreux d'Abbeville;

Douze pour des étudiants en théologie qui devaient avoir fait au moins leur rhétorique et leur philosophie au collége en qualité de boursiers;

Trois enfin (dites grandes bourses) tirées au sort dans le chapitre de Paris par les boursiers théologiens ou artiens; elles valaient 300 livres par an, et c'était le bureau de l'Hôtel-Dieu qui les payait.

En 1787, le nombre des bourses était le même, c'est-à-dire de soixante (1); on recevait alors des pensionnaires moyennant 350 livres par an. Ceux de ces pensionnaires qui obtenaient des couronnes à la distribution des prix de l'Université étaient gratifiés d'une bourse à Montaigu, qui avait pour principal l'abbé Régnard.

Ce fut vers cette époque que l'on donna à l'établissement de Standonck le nom de *Collége des haricots*, car on y faisait toujours assez pauvre chère.

(1) Vingt-huit de moins qu'au XVe siècle.

La terrible année 1793 fut celle de la suppression du collége; ce séculaire logis se ferma au temps des vacances, et ne se rouvrit que pour recevoir des malades et des blessés; on en avait fait un hôpital, ou plutôt une ambulance pour l'armée, une succursale du Val-de-Grâce; il devint ensuite prison militaire, puis caserne d'infanterie, dépôt de recrutement, et enfin bibliothèque publique provisoire.

Plus des trois quarts des bâtimens ont été abattus; ce qui reste de cet ancien collége offre à l'œil une façade vieille et brunie sur la place du Panthéon, et disparaîtra dans deux ou trois ans.

La nouvelle bibliothèque s'élève de jour en jour derrière cette façade qui la cache; elle occupe une grande partie de la cour qui était oblongue, depuis la rue des Sept-Voies jusqu'à la ruelle des Cholets, supprimée pour l'agrandissement du collége de Sainte-Barbe.

Achevons maintenant l'histoire de l'abbaye de Sainte-Geneviève, que nous avons arrêtée aux premières années du XVIII<sup>e</sup> siècle

Voici ce qu'on lit dans la notice sur l'abbaye de la *Gallia christiana*, à l'article de Jean de Montenay, abbé : « Cette année (1703), une grosse somme d'argent fut payée à Sainte-Geneviève par le roi, tant pour une partie du palais et du jardin du Luxembourg, cédée par Sainte-Geneviève, que pour la justice de l'abbaye passée au Châtelet (1). »

(1) On trouve cet article sur la justice abbatiale dans le *Guide des amateurs et étrangers à Paris*, par Thierry :

« BAILLIAGE DE SAINTE-GENEVIÈVE. — MM. de Sainte-Geneviève, étant

Le monastère perdit, en 1708, un religieux qui s'était adonné avec succès à l'architecture : le P. Claude de Creil; le ministre Colbert, qui avait grande confiance en son savoir, lui fit demander des plans pour la reconstruction du Louvre; le religieux se mit à l'ouvrage, et en fournit de si riches, qu'ils furent jugés inexécutables à cause de la dépense qu'ils auraient entraînée. Claude de Creil fit aussi des dessins pour les réparations de Sainte-Geneviève et de Sainte-Catherine-de-la-Culture.

La première de ces maisons lui dut, entre autres choses, un portail et un escalier dont la voûte n'était supportée que par deux colonnettes d'une grande légèreté.

L'an 1710 amena une disette à l'occasion de laquelle les échevins de Paris eurent recours à l'intercession de Sainte-Geneviève. Un tableau votif fut peint par De Troy et envoyé à l'église abbatiale pour servir de pendant à celui que Largillière avait peint, en 1669, dans une circonstance pareille. Ces deux toiles furent placées plus tard dans l'église Saint-Étienne-du-Mont. Hurtaut et Magny ont écrit la date de 1725 à propos de l'œuvre de De Troy, l'autre date est celle de Dulaure et des auteurs les plus estimés.

Ce serait ici le cas peut-être de parler du jansénisme, qui eut à Sainte-Geneviève des partisans déclarés ou secrets, — et cela se comprend, cette doctrine touchant à saint Augustin dont les

---

seigneurs de partie du quartier où est située leur abbaye, ont un bailliage qui connaît de toutes causes, tant civiles que criminelles, dans toute l'étendue de son ressort, et dont les appels se relèvent au parlement.

« Les audiences de ce bailliage se tiennent les lundis non fêtés, à trois heures de relevée, dans une maison située près de l'abbaye. »

On voit que cet article est antérieur au transport de la juridiction.

génovéfains suivaient la règle, — de citer les écrits du temps, de mentionner les hommes qui se mirent le plus en évidence dans cette guerre : je réserve ce que j'ai à dire à ce sujet pour la seconde partie de mon travail, pour l'histoire de la bibliothèque, dans laquelle on verra aussi tout ce qui a trait au duc Louis d'Orléans, qui devint le commensal des habitants de l'abbaye.

En 1720, sous Gabriel de Riberolles, qui avait été d'abord prieur-curé à Meaux et possédait l'affection de Bossuet, « on éleva plusieurs maisons commodes dans un espace vis-à-vis de la principale entrée du cloître, » et douze ans après, le même abbé gouvernant encore la maison, on fondit et bénit solennellement douze cloches ; Gabriel de Riberolles officia revêtu de ses ornements *pontificaux* (1). Sainte-Geneviève contenait alors soixante-dix religieux.

Cependant les génovéfains trouvaient leur église trop exiguë pour l'affluence des visiteurs et pèlerins, ils étaient honteux de leur vieille nef du XI$^e$ siècle, d'une si respectable figure, et jaloux de tous ces monuments soi-disant grecs qu'élevait le mauvais goût, le ridicule enthousiasme du temps; il leur fallait un de ces dômes lourds, tristes et sots dont on a coiffé Paris sous Louis XIII, Louis XIV et Louis XV. Pour arriver à leur but, c'est-à-dire décider le roi à faire quelque chose en faveur d'une maison chère à sa race et qui s'intitulait abbaye *royale*, ils mirent en avant un de leurs procureurs nommé Féru, homme plein d'intrigue, qui persuada au marquis de Marigny, sur-

---

(1) On trouve les détails de cette cérémonie dans *le Mercure de France* de l'année 1732, pages 2282 et 2912.

intendant des bâtiments, qu'il honorerait son nom et son administration en faisant reconstruire l'église Sainte-Geneviève.

Ce projet sourit à la vanité de M. de Marigny, et il le soumit à Louis XV, lequel, quoique fort galant, n'en était pas moins dévot. Ce prince étant tombé malade à Metz invoqua la sainte, fut guéri et ne manqua pas de lui attribuer son rétablissement. Dès lors la fondation d'une basilique fut résolue, et l'on exécuta les travaux préparatoires; la construction n'était pas encore commencée, quand les chanoines réguliers présentèrent au roi une requête exposant que l'ancienne église menaçait ruine, que les fidèles n'y étaient point en sûreté, et que la réédification devenait urgente; ils déclaraient qu'ils se trouvaient dans l'impossibilité de pourvoir eux-mêmes aux dépenses nécessaires, et faisaient un appel à la piété, à la munificence royale, qui jamais n'avait fait défaut à leur antique maison.

Certes la bonne volonté ne manquait pas au roi, mais c'était l'argent; on imagina donc, en 1755, d'augmenter de quatre sols les billets de loterie, ce qui leur donna la valeur de 24 sols au lieu de 20 (ressource que Dulaure taxe d'*immorale*); cette augmentation produisit 400,000 livres par an et permit de mettre la première main à l'édifice (1).

En 1757 et 1758, on s'occupa des fondations, et on trouva dans le sol plus de cent cinquante puits qui avaient jusqu'à quatre-vingts pieds de profondeur; ils étaient l'ouvrage des

---

(1) Cette fondation fut célébrée par un rimeur génovéfain en vers d'un style dithyrambique. La première pièce est intitulée *la Reconstruction de l'église Sainte-Geneviève, ode présentée au roi le 2 juillet 1755, revue*

Romains qui prenaient là l'argile nécessaire à leurs potiers. Ces excavations furent comblées par de la maçonnerie.

Soufflot avait présenté plusieurs plans avant celui qui obtint l'approbation royale et que nous pouvons juger; les entrepreneurs furent : Poncet, Thevenin et Le Tellier pour la maçonnerie, Brulé pour la charpente (ce nom dut effrayer les gens superstitieux) et Girard pour la serrurerie. Je ne décrirai point ce monument aux colossales proportions, qui a été l'objet de grands éloges et de grandes critiques; j'admirerai, si l'on

*depuis et corrigée considérablement*, par l'auteur Bernard, chanoine régulier de Sainte-Geneviève, prieur de Nanterre.

En voici une strophe :

> O temple ! deux héros éternisent ton lustre :
> Vainqueur à Tolbiac, le généreux Clovis,
> Érigeant de sa foi ce témoignage illustre,
> Te date du berceau de l'empire des lis;
> Le vainqueur de Lawfeld, épris du même zèle,
>     Te donne une forme nouvelle.
> Il commande, et tes murs renaissent embellis.

La deuxième ode est intitulée : *A Louis XV le bien-aimé, posant la première pierre de la nouvelle église de Sainte-Geneviève, le 6 septembre 1764.* J'y ai remarqué cette strophe en faveur du pouvoir de droit divin :

> Périsse sans retour ce dangereux système
>     Par le fanatisme enfanté,
> Qui, limitant des rois l'autorité suprême,
> Soumet leur sceptre au joug d'une autre autorité.
>     De leur sublime indépendance
> La religion même est le plus ferme appui.
> Images du Très-Haut, il est de leur essence
>     De ne dépendre que de lui.

Ces deux morceaux ne sont remarquables ni par la forme ni par le fond; la bibliothèque les possède réunis en un mince in-f°, Y 164.

veut, sa masse hardie; mais je déclare que rien ne me choque plus que le culte catholique dans un temple à fronton, à péristyle grec, à colonnes d'ordre dorique, ionique ou corinthien, lors même que ce temple s'appelle la Madeleine ou le Panthéon; et comment dépeindre mon horreur quand je vois une belle église, comme Saint-Eustache ou Saint-Pierre de Genève par exemple, honteusement défigurée par un accouplement impossible de notre architecture nationale avec celle de l'antiquité païenne?

En 1763, la crypte du nouvel édifice fut creusée, et, l'année d'après, Louis XV, entouré de sa cour, vint poser avec apparat, la première pierre de l'une des colonnes de la coupole; cette cérémonie eut lieu le 6 octobre; on avait peint le fronton sur une toile pour en donner une idée au roi.

Viallon, qui écrivait à cette époque la vie de Clovis, dit, dans son ouvrage : « Nous espérons voir bientôt ce superbe édifice conduit à sa perfection, il est digne de la magnificence de Louis XV... »

Cette fondation n'amena pas la destruction de l'ancienne église où Soufflot fut inhumé en 1781.

On doit encore à cet architecte le bâtiment de l'École de droit (1771), auquel on se propose de donner pour pendant la mairie du 12e arrondissement.

En 1767, le collége de l'Ave-Maria, où avait professé Ramus, fut réuni à celui de Louis-le-Grand; tous les petits établissements de ce genre furent de même, dans ce siècle, absorbés par les grands.

A l'époque où Viallon fit imprimer son livre, c'est-à-dire

en 1788, le corps de sainte Clotilde occupait une châsse de vermeil et on l'exposait le jour de la célébration de sa fête.

Cet auteur dit, en parlant du sépulcre de Clovis : « On pourra transporter ce tombeau dans la nouvelle basse église, mais il conviendrait d'élever à la gloire de ce prince dans la haute église un mausolée ou monument digne du fondateur d'une des plus illustres monarchies de l'univers. »

En 1790, l'abbaye de Sainte-Geneviève subit le sort de toutes les communautés religieuses de France, elle fut supprimée, et ses bâtiments devinrent le collége Henri IV. Ceci étant du domaine de l'histoire moderne, je me bornerai à une simple mention. Un grand nombre de génovéfains adhérèrent de conviction aux idées nouvelles, quittèrent le froc et se marièrent.

Le dernier abbé fut le P. Claude Rousselet, qui ne voulut pas prêter serment à la constitution civile du clergé. Le 4 avril 1791, le dôme venait d'être terminé, l'Assemblée Constituante décréta que la nouvelle basilique deviendrait le lieu de sépulture des hommes illustres de la France, et porterait désormais le nom de Panthéon. On dut enlever alors le tombeau de la patronne; on fit disparaître du tympan du fronton le bas-relief de Coustou, figurant une croix entourée de rayons et adorée par des anges avec cette inscription :

D. O. M.
SVB INVOCATIONE SANCTÆ GENOVEFÆ.

M. Antoine Quatremère fut chargé d'opérer la transformation du temple; on enleva les sculptures religieuses de Desar, dans l'intérieur, et M. Pastoret composa l'inscription que l'on a rétablie de nos jours :

AUX GRANDS HOMMES LA PATRIE RECONNAISSANTE.

Au commencement de cette même année, l'administration départementale avait demandé que la châsse de sainte Geneviève fût déposée à Saint-Étienne; il y eut des oppositions et des ajournemens; ce dépôt fut fait en 1792; en 1793, la section du Panthéon transporta la châsse à la Monnaie. On lit ceci dans le *Moniteur* (2e décade de brumaire, 9 novembre 1793) :

« COMMUNE DE PARIS.

« *Conseil-général du 17 de brumaire.*

« Un membre rend compte au conseil de la translation de la châsse de sainte Geneviève à la Monnaie. Ce transit de la patronne des Parisiens s'est opéré avec beaucoup de tranquillité et *sans miracle* par le comité révolutionnaire de la section de cette sainte docile. »

Le 1er frimaire an II (21 novembre 1793), la *commune* s'occupa encore de la châsse (voir le *Moniteur* de tridi, 3 frimaire). Je copie textuellement le journal officiel :

« ..... Le conseil entend ensuite lecture du procès-verbal du dépouillement de la châsse de sainte Geneviève, et arrête que ce procès-verbal sera envoyé à toutes les sections, ainsi qu'au *pape*.

« Arrête, en outre, que les ossements et les guenilles qui se sont trouvés dans cette boîte seront brûlés sur-le-champ sur la place de Grève, pour y expier le crime d'avoir servi à propager l'erreur et à entretenir le luxe de tant de fainéants.

« La dépouille de cette châsse a produit 23,830 livres. Un membre observe que ce produit lui paraît bien médiocre, attendu que l'on pouvait à peine supporter l'éclat du brillant de cette châsse. Le rapporteur répond que tous les objets qui l'ornaient sont encore en nature, et que la majeure partie des diamants sont faux, et notamment le fameux bouquet, dont le prix serait inestimable s'il était en pierres fines.

« Le conseil arrête que les sections seront invitées à nommer des commissaires pour vérifier si lesdits objets sont dans le même état qu'avant le transport de cette châsse à la Monnaie. »

Je complète ces documents par l'extrait du procès-verbal de la visite de la châsse que fournit encore le *Moniteur* (4 frimaire).

« ..... Après nous être transportés dans un bâtiment situé à la Monnaie, après avoir reconnu que les scellés apposés sur la porte de la chambre où était enfermée la châsse de sainte Geneviève étaient sains et entiers, examen fait de ladite châsse, les susnommés ont reconnu que l'opinion publique avait été grandement trompée sur le prix exagéré auquel on a porté la valeur de cette châsse, dont la majeure partie des pierres sont fausses. Les diamants et les perles fines et fausses ont été estimés, ainsi que les parties d'or et d'argent, 23,830 livres. Nous avons trouvé dans cette châsse une caisse en forme de tombeau, couverte et collée en peau de mouton blanc, et garnie de bandes de fer dans toutes ses parties, de deux pieds neuf pouces de long, neuf pouces de largeur et quinze pouces de hauteur. Ladite caisse, contenue avec du coton, sur lequel nous avons trouvé une petite bourse en soie cramoisie, ayant d'un côté un aigle à double tête, et de l'autre deux aigles avec une fleur de lis au milieu, brodés en or; dans la bourse, un petit morceau de voile de soie dans lequel est enveloppée une espèce de terre. Dans le cercueil, il s'est trouvé deux petites lanières en peau jaune. Dans une des extrémités, un paquet de toile blanche, attaché avec un lacet de fil; dans ce paquet, vingt-quatre autres petits paquets, les uns de toile, les autres de peau, et plusieurs bourses de peau de différentes couleurs. Une fiole lacrimatoire, bouchée avec du chiffon et contenant un peu de liqueur brunâtre desséchée. Une bande de parchemin sur laquelle est écrit : *Una pars casulæ sancti Petri, principis apostolorum*, et plusieurs autres inscriptions sur parchemin que nous n'avons pu déchiffrer. Ces vingt-quatre paquets en contenaient beaucoup d'autres plus petits, renfermant de petites parties de terre qu'il n'est pas possible de décrire. Un de ces paquets, en forme de bourse, contient une tête en émail noir, de la grandeur d'une petite noix, et d'une figure hideuse, dans laquelle est un papier contenant une partie d'ossements. Un autre paquet de toile blanche gommée contenait les ossements d'un cadavre, et une tête sur laquelle il y avait plusieurs dépôts de sélénite ou plâtre cristallisé. Nous n'y avons point trouvé les os du bassin. Nous avons aussi trouvé une bande de parchemin portant ces mots : *Hic jacet humatum sanctæ corpus Genovefæ*. Plus un stylet en cuivre en forme de pelle d'un côté et pointu de l'autre. Cet instrument servait aux anciens à tracer sur des tablettes enduites de cire.

« Cette châsse a été faite en 706 par le ci-devant soi-disant saint Éloi, orfévre et évêque de Paris. Elle a été réparée, en 1614, par Nicole, orfévre de Paris. Il paraît que c'est à cette époque que l'on a substitué des pierres fausses en place des fines qui y étaient. Le corps de la châsse est de bois de chêne très-épais. Entre autres choses fort ridicules et fort extraordinaires, nous avons remarqué sur cette châsse une agate gravée en creux, représentant Mucius Scevola brûlant sa main pour la punir d'avoir manqué le tyran Porsenna. Au-dessous est gravé : *Constantia*. Sur une autre pierre, un vil Ganymède enlevé par l'aigle de Jupiter pour servir de giton au maître des dieux, et, sur d'autres pierres, des Vénus, des Amours et autres attributs de la fable.

« Tous les ornements qui couvrent la châsse sont des placages d'argent doré très-minces. »

Les reliques furent brûlées en Grève le 3 décembre.

Un ecclésiastique qui a écrit tout récemment la vie de sainte Geneviève dit à ce propos :

« ..... Toutefois, au milieu de ces disgrâces, le Seigneur a daigné ménager aux âmes pieuses quelque consolation : plusieurs portions considérables des pieuses reliques échappées au naufrage (1) ont été déposées dans son église, comme nous le verrons ci-après. »

Je ne garantis nullement ce fait; on sait qu'il est d'usage que l'on sauve toujours quelque chose des reliques; sans cela comment entretiendrait-on le culte déplorable des objets matériels? comment alimenterait-on les superstitions ?

Pendant que tout ceci se passait, un comité révolutionnaire siégeait dans les bâtiments de l'abbaye.

Le même ecclésiastique nous assure que le père Rousselet, craignant que les restes de sainte Clotilde et de saint Céraune ne subissent un traitement pareil, les réduisit en cendres, que renferme aujourd'hui l'église de Saint-Leu-Saint-Gilles, rue Saint-Denis.

---

(1) Le mot n'est point heureux, puisque ces reliques ont péri par le feu et non pas par l'eau.

Cette année, les honneurs du Panthéon furent décernés à Descartes sur le rapport de Chénier; l'on ordonna que ses ossements y seraient transportés, mais cet ordre ne reçut pas d'exécution. Puisque j'en suis à ces apothéoses républicaines, je dirai que l'on octroya une semblable glorification à la dépouille de Mirabeau et de Voltaire en 1791, à celle de Marat (je rougis de l'écrire!), à J.-J. Rousseau en 1794. D'autres révolutionnaires y furent apportés. Mais, si la roche Tarpéienne était près du Capitole, Clamart n'est pas loin du Panthéon; Mirabeau et Marat furent bientôt arrachés outrageusement du temple des morts immortels et jetés à la voirie.

Ce fut un sage et prudent décret que celui de la Convention, du 20 pluviôse an III (8 février 1795), portant qu'un citoyen ne pourrait être jugé digne du Panthéon que dix ans après sa mort. Par là on prévenait les retours, toujours fâcheux, de l'opinion publique et l'acte révoltant et impie de la violation des sépultures.

A cette époque et jusqu'au commencement de l'empire, on employa beaucoup de maçons et de tailleurs de pierre à gratter et à détruire tout ce qui pouvait rappeler le culte de la sainte. Le dôme fut restauré sous la direction de M. Rondelet, qui l'avait fait élever.

Napoléon, toujours occupé à rompre avec une révolution à laquelle il devait sa prodigieuse fortune et à reconstruire pièce à pièce ce que l'on avait renversé, rendit à l'édifice son nom primitif par un décret, mais il ne put faire oublier celui que le peuple avait adopté. Le Panthéon, toutefois, resta tombeau; on en fit la nécropole des dignitaires de l'État, en même temps qu'une église desservie par un chapitre de six chanoines. On y enterra une foule d'honnêtes membres du sénat conservateur qui ne sont pas devenus plus célèbres pour cela, et qui sommeillent fort paisiblement dans un profond oubli, lequel, après tout, est la meilleure couche pour les morts.

Cependant on songeait à rétablir le culte de sainte Geneviève et à offrir quelque chose à la ferveur des croyants : le 8 novembre 1803, M. Gilbert de Voisin, curé de Saint-Étienne-du-Mont, pria M. du Belloy, archevêque de Paris, de faire lui-même ou de faire faire par l'un de ses grands-vicaires une visite à la vieille église de l'abbaye, pour examiner l'ancien tombeau de la sainte, situé dans la crypte, vide depuis la révolution, et en constater l'authenticité.

La visite fut faite par M. Brunot de Malaret, vicaire-général, qui, étant assisté du curé, de ses vicaires, de quelques habitants du quartier et notamment de M. Jean-Marie Viallon, bibliothécaire du Panthéon, ancien chanoine régulier, dressa un procès-verbal. Voici ce que l'on trouva (j'extrais ces détails du procès-verbal même) :

« Nous avons d'abord remarqué, au milieu de ladite chapelle souterraine, quatre pilastres en pierre, décorés de moulures d'un genre dorique, et au-dessus une voûte d'arête; entre ces quatre pilastres une estrade composée de deux marches régnant d'un pilastre à l'autre............. Au milieu de ladite estrade, nous avons trouvé un tombeau en forme de piédestal quadrangulaire, décoré d'une base et d'une corniche dorique, laquelle corniche nous avons trouvée brisée et jetée parmi les décombres de cette chapelle........... Au-dessus de cette assise, nous avons remarqué une élévation d'environ dix pouces, qui nous a paru au premier coup d'œil être composée de platras et maçonnerie; mais une partie qui était dégradée, vers le couchant, nous a fait reconnaître qu'au milieu de cette construction il existait une grande pierre dont un morceau était cassé et tombé au bas du tombeau. Nous avons alors fait dégager avec précaution les surfaces et les côtés de ladite pierre, et remettre en place le morceau qui en était séparé, et nous avons observé que cette pierre avait eu autrefois des rebords, ainsi qu'il est constaté par les arêtes et naissances encore existantes....... D'après lequel examen il nous a paru constant qu'elle ne pouvait être autre chose que le fond d'un tombeau, ainsi qu'on le faisait pour les rois et grands du royaume vers les v$^e$ et vi$^e$ siècles........... Examinant ensuite les bords de cette pierre, nous avons remarqué des traces multipliées d'outils tranchants, semblables à des couteaux ou ciseaux de poche....... Ladite pierre étant enlevée, nous avons été à portée de remarquer que les pierres formant ce piédestal n'avaient que sept pouces d'épaisseur, et qu'elles étaient exactement liées ensemble au moyen de crampons en fer, ce qui formait une espèce de coffre. Continuant à creuser, nous avons remarqué qu'il n'y avait plus de plâtre ni de gravois, mais qu'ils étaient remplacés par de la terre sans aucun mélange de plâtre. Examen fait de cette terre, nous avons trouvé qu'elle était sablonneuse, très-sèche, qu'elle avait été battue et tassée dans ce tombeau, et plusieurs parties d'ossements que nous y avons trouvées nous ont fait juger qu'elle ne pouvait être autre que de la terre de cimetière..., etc., etc. »

Tous les assistants, la plupart anciens religieux, reconnurent le tombeau de la sainte, d'où l'on avait tiré les os déposés dans la châsse et brûlés en 1793, et leurs signatures figurent sur la minute; ces témoins étaient :

Claude Rousselet, ancien abbé de Sainte-Geneviève; Bartion,

chanoine, ancien supérieur et maître des novices de l'abbaye de Sainte-Geneviève; de Montellartin, Champion, Bizet, Fremin, Viallon, anciens chanoines.

Après ces formalités, l'archevêque autorisa le transport du sépulcre dans la chapelle de Saint-Étienne-du-Mont, où on le voit encore, entouré d'un grillage de fer très-solide; la terre qui avait reçu les émanations du corps de la sainte fut recueillie avec dévotion.

Voici un passage de la vie de la patronne de Paris, par M. l'abbé Saint-Yves; je le cite d'autant plus volontiers, qu'il est tout à fait dans mes convictions :

« L'an 1807, fut démolie presque entièrement l'ancienne église Sainte-Geneviève; le clocher seul subsiste aujourd'hui (1). En des temps meilleurs, un monument si remarquable eût été conservé, ne fût-ce que par respect pour son antiquité et pour la mémoire de tant de générations et d'un si grand nombre de personnages illustres qui sont venus en tous les siècles y fléchir le genou; ou du moins, si la démolition en eût été jugée convenable, on aurait recueilli avec soin

---

(1) On l'appelle quelquefois *tour de Clovis*; c'est à son sommet que Standonck venait étudier la nuit, à la clarté des astres. — Il est à regretter que la flèche n'existe plus, mais surtout que l'on ait fait disparaître du sol la vieille église Sainte-Geneviève, qui, accolée à celle de Saint-Étienne-du-Mont, en était le pendant. Les deux édifices avaient la même forme, sauf une légère différence dans le pignon. La façade de Sainte-Geneviève était sévère, grave, nue, et portait le cachet du XI$^e$ siècle; quant à celle de Saint-Étienne, elle se pare coquettement des atours fleuris de la renaissance. — Heureux contraste ! — Le clocher de Sainte-Geneviève et celui de Saint-Étienne étaient parfaitement à l'opposite l'un de l'autre. L'église de Saint-Étienne seule n'est donc que la moitié d'un tout qu'il eût fallu respecter. (ALF. DE B.)

les objets auxquels se rattachait un précieux souvenir. Le tombeau du grand Clovis n'eût pas été mis en pièces, les restes de René Descartes n'eussent pas été exposés dans un musée de curiosités (1), les cendres de tant de grands hommes ensevelis en ce lieu eussent été transférées honorablement dans le nouveau temple. Mais les démolisseurs d'églises n'ont pas des vues si élevées. Renverser des murailles, transporter des matériaux et les vendre, déblayer un terrain, percer une rue, voilà toute l'étendue de leur génie. Ils ont eu cependant l'attention de donner à la rue nouvelle (qui est sur l'emplacement de cette église) le nom de rue de Clovis, afin que l'on n'ignore pas que la cendre du fondateur du royaume de France gît sans gloire et est foulée aux pieds par les passants (2).

Quant aux bâtiments de l'abbaye, ils furent consacrés à l'institution d'un collège qui porta d'abord le nom de lycée Napoléon, et porte aujourd'hui celui de collége Henri IV..... »

Le réfectoire des génovéfains sert maintenant de chapelle aux collégiens; la sacristie renferme une statue assez grande de sainte Geneviève, en pierre, qui provient de l'église abbatiale; un escalier des dortoirs monastiques est bien conservé, ainsi que le vaste local de la bibliothèque dont on nous a chassés.

Les guerres de l'empire arrêtèrent ou du moins ralentirent les réparations de la coupole du Panthéon.

---

(1) Celui des monuments français (palais des Beaux-Arts). Les restes du philosophe furent transférés, en 1819, dans une chapelle de Saint-Germain-des-Prés; on y mit une inscription sur une lame de marbre rose, — couleur peu funèbre assurément.

(2) La pierre tumulaire de cette sépulture, que l'on avait transportée au musée des monuments français, a été placée définitivement dans l'église de Saint-Denis en 1816.

La restauration rendit la basilique à sa destination première; on rétablit l'ancienne inscription du fronton, que j'ai rapportée en y ajoutant ces mots :

LUD. XV DICAVIT, LUD. XVIII RESTITUIT.

Le temple fut peuplé par M. de Quélen, archevêque, de prêtres de la congrégation des Pères de la Miséricorde, qui le desservirent durant quelques années.

L'ouverture solennelle de l'église fut faite par la famille royale, le 3 janvier 1822, jour de la fête de sainte Geneviève; l'on rétablit la châsse, et l'on plaça, par mépris, sous les marches du péristyle, Voltaire et Rousseau; une nouvelle confrérie se forma et la comédie des miracles redevint de circonstance.

Notre nation passe volontiers de l'incrédulité à la bigoterie, et *vice versa*.

1830 referma au culte les portes de Sainte-Geneviève, qui est redevenue et reste le Panthéon; les prêtres tremblèrent pour la châsse, elle fut cachée, livrée par trahison, mais respectée et finalement remise entre les mains de l'archevêque, avec d'autres objets qui furent pillés et détruits lors de l'attaque du palais archiépiscopal.

La châsse est demeurée à Notre-Dame, où on l'expose quelquefois.

Le Panthéon fut inauguré de nouveau en 1831; le 27 juillet, on enleva la croix de la lanterne du dôme, et le fronton, décoré du bas-relief de David, reprit l'inscription de Pastoret.

On se rappelle la cérémonie qui eut lieu, et l'hymne que Victor Hugo composa à cette occasion; on y trouve ces vers :

> C'est pour ces morts, dont l'ombre est ici bienvenue,
> Que le haut Panthéon élève dans la nue,
> Au-dessus de Paris, la ville aux mille tours,
> La reine de nos Tyrs et de nos Babylones,
>     Cette couronne de colonnes
> Que le soleil levant redore tous les jours.
>
> <div align="right">(<i>Chants du Crépuscule.</i>)</div>

Des tables de bronze placées là conservent les noms des combattants des trois jours.

Qu'on le laisse ce qu'il est ou qu'on en fasse de nouveau une église, le Panthéon, ce monument grandiose, mais triste, n'en sera pas moins inutile; Saint-Étienne-du-Mont suffit amplement aux besoins de la paroisse, et l'on n'accorde pas volontiers l'immortalité à ses contemporains. Pour que cette nécropole fût vraiment le dernier asile des grands hommes, il faudrait enlever la plupart des intrus du régime impérial, dignes gens, sans doute, qui votaient docilement les lois faites par leur maître, mais qui n'ont pas, que je sache, bien mérité de la patrie.

Je crois qu'il est question de placer au sommet de la lanterne du dôme la statue de la Gloire par Corot; espérons que ce ne sera pas une contrefaçon du Mercure-Farnèse, comme le génie doré qui se tient sur un pied au faîte de la colonne de juillet.

# DEUXIÈME PARTIE.

# DEUXIÈME PARTIE.

## LA BIBLIOTHÈQUE SAINTE-GENEVIÈVE.

Il n'était pas de monastère sans archives, sans manuscrits quelconques, soit missels, antiphonaires, légendes, censiers, terriers, obituaires, nécrologes, cartulaires de fiefs, registres d'annotations relatives aux comptes de la justice, aux revenus fonciers, recueils d'actes et de titres de propriété, inventaires, chronique intime relatant des miracles, des acquisitions, des bienfaits, des accroissements, et donnant la liste, par ordre chronologique, des abbés, prieurs, coadjuteurs, aumôniers ou chapelains. Ces pièces sont l'origine de toutes les bibliothèques conventuelles.

L'abbaye de Sainte-Geneviève, si l'on en juge par son importance, par la renommée de ses écoles, par l'illustration de son royal fondateur et par quelques rares produits de la peinture sur parchemin qui sont parvenus jusqu'à nous, dut posséder autrefois une collection précieuse.

La vie de la patronne fut naturellement le thème sur lequel s'exercèrent les lettrés de la maison. Nous possédons, entre autres ouvrages de ce genre, un manuscrit du IX<sup>e</sup> siècle, terminé par des hymnes en latin, dont l'un nous apprend que l'auteur était un diacre et doyen des chanoines séculiers qui occupaient alors le couvent (1).

Les guerres, les invasions, les pillages, durent anéantir beaucoup de documents qui jetteraient un grand jour sur des faits enveloppés d'incertitude; je n'ai rien découvert sur les premières archives de la maison, sur les livres d'église, si ce n'est qu'un certain Étienne Berout, chanoine de Notre-Dame de Laon, fit cadeau à Sainte-Geneviève, entre autres choses, en 1350, de deux gros volumes, l'un contenant les quatre Évangiles avec les gloses, l'autre un psautier.

(1) Voici ce morceau de poésie, digne d'être cité pour son antiquité :

>  Virginis angelicæ cernis, lector, Genovefæ
>  Virtutes; Vitus Felix, levita, piavit,
>  Nobilitate illic fulgens, et honore decanus;
>  Cernere qui sacram jugiter sublimibus ardet,
>  Atque sibi cunctis dominam populis venerari,
>  Virgo cibo potuque carens, sine vivere vixit.
>  Os etenim suimet nunquam saturaverat alvi
>  Spiritus ipse vehens carnem portando regebat
>  Præ miris decorans gemmis virtutibus actis,
>  Hinc peto, christicolæ, mecum rogitate puellam
>  Judicis ante thronum mundi nostri memor extet. Amen.

J'avais écrit ce qui précède quand, relisant le registre indiqué tant de fois dans ma notice sur l'abbaye, j'y ai découvert ce passage qui d'abord ne m'avait pas frappé et qui confirme ma supposition :

« L'an 1490, le corps de saint Quintinien ayant été trouvé dans un autel à Saint-Paul de Paris, on vint chercher dans les bibliothèques de Sainte-Geneviève et de Saint-Victor s'il n'y estoit point fait mention de ce saint; on trouua icy la vie de saint Éloy où il en estoit parlé, ce qui fit voir qu'il y auoit autrefois icy un nombre de manuscripts considérable aussi bien qu'à Saint-Victor. »

L'abbé Lebeuf, de son côté, cite un vieux document des archives de Sainte-Geneviève : la vie de saint Rigomer, martyr, et de sainte Tenestine, vierge; et un titre de l'an 1230, concernant la paroisse de Louans, qui se trouvait dans le même dépôt.

Parmi nos manuscrits, j'ai remarqué particulièrement un registre in-folio, coté H$^{25}$f$^{o}$, en parchemin ; il porte la date de 1540, est intitulé : *Censier du R. P. Garsonnet*, et contient de très-exquises miniatures parfaitement conservées, d'une grande fraîcheur, d'un remarquable éclat, d'un coloris splendide, avec cette devise plusieurs fois reproduite :

EN TOVS AFAIRES<br>
PACIENCE (sic).

Au commencement du volume on lit cet autre titre, dont les caractères sont rouges, gothiques, et les lignes disposées en cul-de-lampe :

« *Le présent liure contient les cens et rentes que nostre église a droict de prendre sur plusieurs maisons assises tant en ceste ville de Paris qu'es fauxbourgs, ensemble les grains qui sont deubz à l'office de pitancier et aultres droictz, aulsy quelques cérémonies qui y sont insérées pour seruir à la postérité qui se trouueront escriptes tant au comancement dudict liure qu'en la fin d'icelluy.* »

Sous le gouvernement de l'abbé Benjamin de Brichanteau, la bibliothèque fut dévalisée par un homme sans doute fort ignare. Je laisse à mon chroniqueur anonyme le soin de raconter cet événement si regrettable :

« ..... Mais je ne puis que je ne déplore la perte que nous avons faite, de son temps, de plusieurs manuscripts considérables qui estoient gardés en une galerie de ceste abbaye, car un de ses aumosniers qui n'en connoissoit pas le prix, les voyant négligez, abandonnez et comme inutilz, les donna au poids à des libraires, pour auoir des liures de chant dont on auoit besoin, afin d'espargner la bourse de son maistre. Plusieurs bibliothèques s'en sont accommodées ; j'en ay trouvé quelques-uns dans celle du cardinal Mazarin, et j'en ay rencontré d'autres chez des libraires que j'ai racheptez. »

Le cardinal de La Rochefoucauld ayant été nommé abbé commendataire de Sainte-Geneviève en 1624, n'y trouva, disent tous les livres, pas un seul ouvrage imprimé, ce qui l'obligea à envoyer chercher cinq ou six cents volumes de sa bibliothèque, pour l'usage des chanoines réformés. Ce fut là le premier germe d'une des plus remarquables collections qu'il y ait en France.

En 1636, un chanoine de la congrégation, nommé le P.

Fronteau fut appelé à Paris par le supérieur-général, et quitta la Flèche où il résidait; bientôt il professa la théologie, étudia à fond les langues, la philosophie, l'histoire, la bibliographie, s'occupa sans relâche à augmenter le nombre des volumes de la bibliothèque et fut nommé chancelier de l'Université.

Ce religieux, éloquent prédicateur, qui doit être rangé parmi les célébrités de l'abbaye, prit fait et cause pour Gerson dans les polémiques relatives à l'*Imitation de Jésus-Christ*, et fit de la controverse. Suspecté de jansénisme, il quitta sa chaire de théologie et accepta un prieuré situé près d'Angers, tout en conservant son titre de chancelier. Dans sa retraite, il s'adonna plus que jamais au travail et correspondit avec plusieurs savants. Ami de la paix, il finit par faire preuve d'orthodoxie et d'obéissance, et fut rappelé à Paris. Il mourut curé à Montargis. On a de lui un grand nombre d'ouvrages en latin, qu'il serait trop long de signaler et dont on trouve la nomenclature dans Niceron, le P. Lelong, Quérard, etc.

Le P. Lallemant, homme aussi savant, aussi laborieux, aussi ami des livres, lui succéda en qualité de chancelier, publia son éloge en 1663 (in-4°), et hérita de toute sa sollicitude pour l'accroissement de la bibliothèque. Ces deux chanoines portèrent le nombre des volumes à sept ou huit mille. Il est à croire qu'ils augmentèrent principalement le fonds théologique, qui devint le plus considérable.

Je dois dire, à propos des controverses religieuses de ce temps, que notre bibliothèque possède un catalogue spécial, manuscrit in-4°, intitulé : *Dépouillement, par ordre de dates, des pièces relatives aux disputes et aux affaires du jansénisme*

*qui sont contenues dans les volumes de recueils de la bibliothèque Sainte-Geneviève, rangés dans cette division au D in-4°, et formats inférieurs* (avec avertissement et table alphabétique).

Ce catalogue, qui contient l'indication d'une lettre de Fronteau (1661) et des écrits de et sur le diacre Pâris, pourrait être d'un grand secours à ceux qui s'occupent de questions théologiques et les mettre sur la trace des découvertes.

Quant à ce qui touche le livre attribué à Gerson, on peut consulter l'ouvrage de Barbier, intitulé : *Dissertation sur 60 éditions françaises de l'Imitation de Jésus-Christ*, où est indiqué un manuscrit de Sainte-Geneviève, du P. Anselme de Paris, dont le titre commence par ces mots : *Jean Gersen, vrai fantôme*, etc.

Je reviens au P. Lallemant : il n'a fait que des livres de dévotion estimés en son temps, mais tombés depuis lors dans un profond oubli, tels que : *la Mort des Justes, — les saints Désirs de la Mort, — le Testament spirituel, — la Vie de sainte Geneviève.*

En 1663, un prêtre grec, nommé Athanase, qui demeurait à l'abbaye et y mourut, lui légua ses livres; la *Gallia christiana*, qui a enregistré cette donation, ne fait connaître ni le nombre ni la nature des ouvrages laissés par ce prêtre; elle se borne à placer son legs *parmi les moins importants*.

En 1675, il fallut songer à choisir un vaste local pour la bibliothèque qui prenait un rapide accroissement, et l'on jeta les yeux sur la partie supérieure de l'abbaye, sur les combles de la chapelle du cloître. L'espace était convenable, suffisant; on fit établir une galerie de trente toises de longueur sur quatre de largeur, avec tablettes de bois à sculptures, cadres pour recevoir des portraits d'hommes illustres et scabellons qui supportèrent plus tard des bustes d'écrivains. Le P. de Creil, dont j'ai parlé dans la précédente notice, avait dessiné la décoration de cette belle salle; la date de 1675 est sculptée dans la boiserie, au-dessous d'une fenêtre, au fond de la galerie principale.

On confia ensuite la garde et la direction de la bibliothèque au P. Du Molinet, antiquaire et numismate. Ce nouveau bibliothécaire donna plus particulièrement ses soins à la formation d'un cabinet de curiosités de tout genre, qui en a grossi d'autres par la suite.

« Je me trouvai, dit-il dans le préambule de sa description du cabinet, engagé à faire de temps en temps de nouvelles acquisitions de livres pour remplir un si grand vaisseau, et le succès répondit bientôt à mes désirs.

« J'ai cru en même temps faire une chose qui ne contribueroit pas peu à son ornement et à son avantage, si je l'accompagnois d'un cabinet de pièces rares et curieuses qui regardassent l'étude et qui pussent servir aux belles-lettres. C'est ce que je me suis proposé dans le choix de ces curiosités, et j'ai tâché de n'en point chercher, de n'en point avoir qui ne pussent être utiles aux sciences, aux mathématiques, à l'astronomie, à l'optique, à la géométrie et surtout à l'histoire naturelle, soit antique, soit moderne. »

Suit la description du cabinet de Sainte-Geneviève et de ce qu'il renfermait; nous possédons cet ouvrage (f° ZZ, 247); il est orné de belles planches de numismatique et d'archéologie; on lit en tête une note de la main de Mercier de Saint-Léger.

Notre collection d'estampes doit son origine « à un nommé M. Hacart, qui en estoit très-curieux et qui, en mourant, laissa tout ce qu'il avoit amassé à Saint-Victor, à Saint-Germain-des-Prés et à Sainte-Geneviève (1). »

Le cabinet du P. Du Molinet, — que l'on appelle aussi *Dumoulinet*, — était celui où sont actuellement nos manuscrits; il y avait là des raretés de toutes sortes réunies avec discernement et une magnifique collection de médailles et monnaies de divers modules, en or, en argent et en bronze; beaucoup de curiosités, telles que costumes, armes, chaussures, provenaient du musée de M. de Peiresc, conseiller au parlement d'Aix. Ce riche amateur avait mis à contribution l'Italie et l'Orient; Gassendi et d'autres auteurs vantent ses acquisitions toutes de choix.

Brice considère la collection de numismatique « comme la plus complète et la plus ample qui soit en France après celle du cabinet du roi. »

Il ne m'est pas possible d'entrer dans de grands détails sur ce muséum dont il ne nous reste plus que quelques boas et crocodiles pendus au plafond; mais je dois signaler des instruments d'optique du P. Niceron, minime, une suite de médailles en cuivre à l'effigie des papes (de Martin V à Innocent XI), une collection de mesures, une corne de licorne blanche, haute de cinq ou six pieds, et une horloge d'Oronce Finé, l'habile mathématicien et mécanicien du temps de François I$^{er}$, laquelle provenait du cardinal de Lorraine : elle était fort compliquée,

(1) *Description de Paris*, par G. Brice.

fort ingénieuse, et avait coûté sept ans de travail (1). On conservait encore dans ce cabinet les poinçons avec lesquels le célèbre graveur padouan imitait si parfaitement les médailles antiques.

A cette époque, on plaça dans la galerie de la bibliothèque, sur les trente-six scabellons, des bustes d'auteurs modernes ou de grands hommes de l'antiquité, que l'on fit mouler sur les originaux d'Italie et du musée de Versailles.

Le P. Du Molinet fit un sacrifice qui dut lui être bien douloureux : d'après le désir de l'abbé son supérieur, il tria ses huit cents médailles les plus belles et les envoya à la collection royale; il paraît que Sa Majesté se montra satisfaite et donna un certain nombre de livres à la bibliothèque, qui possède une suite de portraits au pastel de nos souverains.

Sainte-Geneviève avait alors pour abbé et supérieur-général Paul Beurrier, qui était en même temps curé de Saint-Étienne-du-Mont. Ce dignitaire, après avoir fait confectionner la menuiserie sur les dessins du P. de Creil, ordonna *une acquisition considérable* de livres (on ne dit pas le nombre). En ce temps à peu près, l'abbé de Flécelles, conseiller au parlement, qui avait fait bâtir un petit logement dans la cour de l'abbaye où il s'était entièrement fixé, mourut et légua beaucoup de volumes, ce qui acheva de remplir les armoires que l'on venait de terminer.

(1) Finé, natif de Briançon, vint à Paris au commencement du XVI$^e$ siècle; il était si pauvre, qu'il n'eût pu achever ses études sans son compatriote Antoine Sylvestre, professeur de belles-lettres au collège de Montaigu, qui le fit recevoir à celui de Navarre.

Ce legs est consigné dans notre manuscrit anonyme. Le Gallois, dans son *Traité des plus belles bibliothèques de l'Europe*, a consacré ces lignes à celle qui m'occupe :

« La septième bibliothèque est celle des religieux de Sainte-Geneviève, qui deviendra très-considérable avec le temps, par les soins du P. Du Molinet. » (1680.)

Ce moine érudit continua dignement l'œuvre du cardinal de La Rochefoucauld, de Fronteau et de Lallemant; son portrait et son éloge, tiré du *Journal des Savants* du 24 novembre 1687, sont en tête de la *Description du Cabinet de Sainte-Geneviève;* il fut choisi par le roi pour classer ses médailles et lui en chercher de nouvelles, ainsi que des agates dont il avait une grande connaissance, et on lui confia le soin de veiller à la publication du P. Coronelli sur le globe céleste.

Le P. Du Molinet était en même temps conservateur du cabinet, bibliothécaire et secrétaire du R. P. général (1).

On lui adjoignit le P. Lebossu, qui « partagea avec lui l'emploi et les agréments de la bibliothèque. » Celui-ci mourut au

---

(1) On a de lui, outre la *Description du cabinet de Sainte-Geneviève*, une *Défense de Thomas A-Kempis*; un Discours scientifique sur une tête antique découverte rue Coquillière; des Additions avec commentaires aux écrits d'Étienne de Tournay, et l'*Histoire des lettres romaines établie et justifiée par plusieurs belles antiquités* (1648): — *Historia veterum pontificum per eorum numismata*; — *Vingt-quatre réflexions sur les chanoines séculiers et réguliers* (in-4o); — *Les différents habits des chanoines et des chanoinesses;* — *Traités singuliers, tirés de la bibliothèque de Sainte-Geneviève*.

bout de trois ans (1680), à l'abbaye de Saint-Jean de Chartres dont il était devenu prieur (1).

L'auteur de notre manuscrit écrivait en 1687, ce qui peut faire penser que ces précieuses annales sont du P. Du Molinet. Cette année fut la dernière de la vie de l'érudit génovéfain; la bibliothèque comptait alors 20,000 volumes. On grava en 1689 une vue de la moitié de la galerie, prise d'une de ses extrémités; elle a été critiquée par le voyageur-bibliophile Frognall Dibdin.

Du Molinet n'eut pas le temps de publier tous ses manuscrits et laissa à son successeur, le P. Sarrebourse, le soin de livrer à l'impression la *Description du cabinet d'antiques* (1692).

Il n'est fait mention de ce dernier que dans un article dont voici quelques passages : « Après la Bibliothèque roiale, j'estime *celle de l'abbaïe roiale de Sainte-Geneviève-du-Mont* la meilleure, la plus nombreuse et la plus complète. »

« Elle est incomparablement bien rangée dans une galerie longue et neuve de ce bel et superbe couvent... La nombreuse bibliothèque d'Étienne Baluze y fut mise en garde pendant son exil; mais il la reprit ensuite (2)... Le cabinet d'antiques est plein de choses rares et curieuses... Le religieux qui me fit

---

(1) René Lebossu, d'abord moine à Saint-Vincent de Senlis, a laissé les ouvrages suivants : *Parallèle des principes de la physique d'Aristote et de celle de René Descartes*, et un *Traité du poëme épique*, qui est plus connu. On ne songe guère aujourd'hui à ces productions, qui ont occupé Voltaire et Boileau.

(2) Cette bibliothèque, acquise, à la mort de Baluze, pour la Bibliothèque royale, se composait de 17,799 articles. Baluze avait hérité des manuscrits de l'évêque de Marca.

voir ce cabinet est fort officieux, se faisant un plaisir d'entretenir un étranger. Le véritable bibliothécaire est le P. Sarbourg, mais on le voit fort rarement (1). »

Le XVIIIe siècle s'annonça sous de très-heureux auspices pour la bibliothèque de l'abbaye; par son testament de 1709, le cardinal Charles-Maurice Le Tellier, archevêque de Reims, légua la sienne, qui se composait de 16,000 volumes de choix, presque tous théologiques ou religieux.

La bibliothèque de Sainte-Geneviève devint dès lors la plus considérable de Paris après celle du roi. L'abbaye fut mise en possession du legs en 1710, année de la mort de l'archevêque (2). A cette époque, le P. Gillet (Louis-Joachim), homme

(1) *Séjour à Paris, c'est-à-dire Instructions fidèles pour les voyageurs de condition*, etc., par le sieur J.-C. Nemeitz, conseiller de Son Altesse monseigneur le prince de Waldeck. Cet ouvrage, qui parut en allemand à Francfort, 1718, in-8o), fut traduit en français, en 1727, à l'insu de l'auteur, qui s'en plaignit dans la préface de sa quatrième édition (Strasbourg, 1750).

(2) Le Tellier aimait les livres, savait les apprécier; il voyagea en Hollande, en Angleterre, en Allemagne et en Italie, pour réunir des éditions remarquables. Son catalogue, dressé par Nicolas Clément, bibliographe distingué, forme un volume in-folio d'une magnifique impression; nous le possédons.

Il a pour titre : *Bibliotheca Telleriana, sive Catalogus librorum bibliothecæ illustrissimi ac reverendissimi D. D. Caroli Mauritii Le Tellier, archiep. Ducis Remensis*, etc.; Parisiis, e typographia regia, M. DC. XCIII.

Dans un préambule ou avertissement latin placé au commencement du volume, Le Tellier expose ses soins et peines pour former cette collection, et il loue Antoine Faure, son précepteur et son vicaire-général, qui lui avait légué en mourant une partie de ses livres.

Voici la division bibliographique de ce fonds :

A. Biblia sacra.
B. Bibliorum Interpretes.

fort instruit, dirigeait la bibliothèque ; il avait fait ses études chez les jésuites de Rennes, pris l'habit au Val-des-Écoliers et professé la théologie dans une maison de l'ordre, en Picardie ; je compléterai un peu plus loin cet aperçu biographique.

L'*Almanach royal* de 1710 contient ce petit article à l'adresse du public lettré et à propos de notre bibliothèque :

« ..... MM. de Sainte-Geneviève se font un honneur et un devoir d'en partager les richesses avec les sçavants qui veulent y étudier : ils y trouveront toujours un accès facile, mais l'après-midi seulement, depuis deux heures jusqu'à cinq. »

Les génovéfains étaient bien aises de pouvoir aider au pro-

- C. SS. Patres aliique Scriptores.
- D. Theologi.
- E. Concilia, tum generalia, tum provincialia et diocæsana, et ea quæ ad conciliorum canones, jus canonicum et pontificium pertinent.
- F. Jus civile, publicum et municipale.
- G. Geographi, sive qui de geographia universale scripserunt.
- G. Chronologi et historiæ universalis Scriptores.
- H. Historiæ ecclesiasticæ generalis, pontificiæ et monasticæ Scriptores.
- I. Historiæ græcæ, byzantinæ, saracenicæ et turcicæ Scriptores.
- I. Historiæ romanæ Scriptores.
- K. Rerum italicarum Scriptores.
- L. Rerum gallicarum Scriptores.
- M. Rerum germanicarum, hungaricarum, polonicarum et regionum septentrionalium Scriptores.
- M. Rerum belgicarum Scriptores.
- N. Rerum anglicarum, scoticarum et hibernicarum Scriptores.
- O. Rerum hispanicarum et lusitanicarum Scriptores.
- P. Rerum asiaticarum, africanarum, americanarum, et variarum peregrinationum Scriptores.
- Q. Historia miscellanea. Illustrium Vitæ et Elogia.
- Q. Bibliothecarii.
- R. Philosophi.

grès des sciences et des lettres, et en même temps de montrer leurs richesses bibliographiques; mais ils apportaient dans toutes les communications des précautions extrêmes et une réserve qui rendaient l'usage de la bibliothèque assez restreint. La surveillance était active et facile, à cause du petit nombre de lecteurs et de visiteurs. On ne prêtait, — de crainte de soustraction, — que les in-folio et les in-quarto, leur format ne permettant pas de craindre qu'ils fussent enlevés.

Je ne puis me dispenser de parler ici d'un des beaux livres de l'abbaye qui porte la date de 1711 et ce titre : *Collectarium ad usum prioris hujus ecclesiæ*, avec les armes de la maison, de riches ornements coloriés et des miniatures fines en mé-

S. Historiæ naturalis Scriptores.
T. Medici.
V. Mathematici.
X. Grammatici.
Y. Poetæ.
Z. Philologi.

A tous les livres provenant du legs Le Tellier, on plaça une étiquette qui existe encore; elle est ainsi conçue :

Ex Bibliotheca<br>
Quam 16000 voll. constantem<br>
Huic Abbatiæ S. Genovefæ Paris.<br>
Testamento legavit Car. Maurit.<br>
Le Tellier, archiep. Remensis,<br>
Obiit anno 1710.

(A la quarantième page de tous leurs volumes, les chanoines écrivaient ceci : *B. Stæ Gen. Par.*).

Jean Polinier, abbé de Sainte-Geneviève, reconnaissant de ce legs, fit faire par Coyzevox le buste en marbre blanc du donateur. Ce buste est un des plus remarquables que nous possédions — La bibliothèque Le Tellier contient une précieuse collection typographique du XVIe siècle et une autre d'Aldes fort complète.

daillons, représentant Clovis, Clotilde, saint Pierre, saint Paul et sainte Geneviève tenant un cierge à la main. Ce livre est couvert en parchemin, doré sur tranches et relié en maroquin rouge; les lettres sont faites au moule, et l'ouvrage est dédié au R. P. Gabriel de Riberolles, abbé. Au bas du titre on lit : *Scribebat F. Gabriel Raveneau.* Indépendamment des médaillons, il contient de grands sujets magnifiques d'exécution : l'un est la descente des reliques de sainte Geneviève dans l'église, l'abbé officiant, et l'autre la procession de la châsse pour le miracle du mal des Ardents. Cet ouvrage, qui contient des offices, est dans un état parfait de conservation; on le trouve au cabinet des manuscrits (BB$^L$ 31).

G. Brice dit que « la bibliothèque de Sainte-Geneviève, aussi considérable que celle de l'abbaye de Saint-Germain-des-Prés, est publique pour recevoir les personnes connues qui souhaitent prendre communication des livres (1713). » Héliot, à la date de l'année suivante, porte le nombre des livres à soixante mille.

En 1717, le P. Gillet quitta sa chère bibliothèque pour aller remplir les fonctions de prieur-curé à Mahon, près de Saint-Malo, où il continua d'étudier dans les loisirs de son ministère. Le P. Pierre-François Le Courayer, professeur de philosophie et de théologie, devint alors bibliothécaire. Il se rendit célèbre par ses opinions, ses publications hétérodoxes, la fermeté de sa conviction et les attaques qu'il s'attira, choses que je ne puis passer sous silence; mais, auparavant, j'ai à relater l'agrandissement de la bibliothèque, dont le local était devenu insuffisant. On venait de restaurer les bâtiments du chapitre et des novices, et l'on songeait à faire une addition à la galerie des livres, à l'augmenter des deux ailes formant la croix, ou de l'une d'elles sans doute. Le duc d'Orléans, régent du royaume, ayant appris ce projet, se montra disposé à le favoriser et témoigna à ses familiers le désir de poser lui-même la première pierre des nouvelles constructions. Gabriel de Riberolles, qui était alors abbé de Sainte-Geneviève, fut averti de ce désir par M. d'Argenson, garde-des-sceaux, et demanda au régent de venir présider au commencement des travaux.

A cette occasion on frappa des médailles et on grava cette inscription sur une table d'airain qui fut scellée dans une pierre :

REGNANTE LUDOVICO XV
SUB MODERAMINE PHILIPPI AURELIANENSIUM DUCIS,
NOVA TANDEM EXSURGIT ÆDIFICII MOLES
SPLENDOREM REGALI MAGNIFICENTIA NON INDIGNUM BIBLIOTHECÆ NOSTRÆ
CONCILIATURA
PLAUDITE ET OPERIS AUTHOREM AGNOSCITE
INVICTISSIMUM PHILIPPUM AURELIANENSEM LUDOVICI
MAGNI EX UNICO FRATRE NEPOTEM UNICUM TALI PATRUO
ATAVISQUE REGIBUS NON ABSIMILEM, IMPERII GALLICI SUPREMUM
ADMINISTRATOREM, BONARUM ARTIUM PARENTEM, DOCTRINA
EXCULTISSIMUM. IS PRÆ INNATA ERGA LIBERALES
DISCIPLINAS PROPENSIONE CANONICAM PROTO-REGALEM
SANGENOVEFÆAM MULTIS ORNAT BENEFICIIS, QUÆ VIR
UT GENERE SIC MERITORUM LAUDA INSIGNIS MARCUS
RENATUS DE VOYER DE PAULMY, MARCHIO D'ARGENSON
REGIORUM SIGILLORUM CUSTOS FIDELISSIMUS, NOBIS PENE INSCIIS
ULTRO EXPETIIT
CITO IMPETRAVIT
AUSPICIIS TAM FELICIBUS
ABBATE GABRIELE DE RIBEROLLES CONGREGATIONIS PRÆPOSITO
ANNO DOMINI CIƆ. IƆ. CCXX. V. CAL. APRIL.
APPOSITUS EST
MUNIFICA IPSIUSMET SERENISSIMI PRINCIPIS MANU
PRIMARIUS LAPIS,
MONUMENTUM HEROI MAXIMO HAUD IMPAR,
ÆRE ET MARMORE PERENNIUS.

Le P. Le Courayer publia en 1723, — sans nom d'auteur et avec la fausse indication de Bruxelles en tête du volume, afin de dépister le public, — un écrit où il soutenait, contrairement aux idées catholiques sur cette matière, la validité des ordinations faites par les évêques anglicans; on pense que ce religieux s'était imbu, par ses lectures, des idées du clergé d'outre-Manche.

Cet écrit fut attaqué à outrance, dès son apparition, par D. Gervaise, le P. Lequien, le P. Hardouin et quelques autres théologiens.

Le Courayer tint bon et écrivit, en 1724, au *Journal des Savants* pour revendiquer la paternité de l'ouvrage en butte à tant d'hostilités. C'était avoir le courage de son opinion, mais il faut convenir que cette opinion était au moins étrange chez un religieux, que la profession monastique est inconciliable avec de pareils sentiments. Puis il élabora une défense de son ouvrage; on y répliqua aussitôt, et la polémique continua de plus belle. Ces différends firent grand bruit et émurent l'Église. Par ordre du roi, vingt-deux prélats s'assemblèrent à Saint-Germain-des-Prés, au mois d'août 1727, censurèrent la dissertation de Le Courayer et la défense dont je viens de parler. Trente-deux articles furent condamnés comme hérétiques; ils étaient relatifs à la messe, aux sacrements, aux cérémonies d'église, au sacerdoce, au pape, etc.

Le Courayer eut à encourir d'autres blâmes, d'autres censures: l'archevêque de Paris le semonça, et l'abbé de Sainte-Geneviève l'excommunia pour faire preuve de zèle.

On ne sait pas si tout cela troubla le bibliothécaire, fit chanceler un moment sa conviction, ou s'il ne voulut que gagner du temps pour prendre un parti décisif; toujours est-il qu'il écrivit à l'archevêque une lettre contenant une espèce de soumission.

Cependant les théologiens de l'autre côté du détroit éprouvaient une vive sympathie pour un prêtre qui, bien que d'une communion différente, leur prêtait généreusement, chevaleresquement, le secours de sa plume et de sa science. Par reconnaissance, ils le firent nommer docteur de l'université d'Oxford, et on le pressa de venir se fixer en Angleterre. Le Courayer, incertain encore, ne répondit pas d'abord à ces sollicitations bienveillantes; mais enfin, voyant que ses antagonistes n'étaient nullement disposés à céder, et ne pouvant se résoudre lui-même à renier sa croyance intime, il alla s'établir à Londres en 1732; on le reçut à bras ouverts, et il vécut à l'abri du besoin, grâce à une pension de la reine et à un bon canonicat d'Oxford, jusqu'au 16 octobre 1776, date de sa mort.

Un biographe le blâme de ce qu'il appelle son obstination, et surtout de sa retraite dans un pays protestant; « mais il ne paraît pas, dit-il, qu'on puisse l'accuser d'avoir abandonné la communion romaine, ni même son premier état (1); dans tous ses ouvrages, il fait profession d'attachement à l'église catholique, à ses dogmes, et il ne discontinua pas de prendre le titre de chanoine régulier de Sainte-Geneviève. Les Anglais eux-mêmes lui rendent cette justice et se bornent à dire qu'il approuvait en plusieurs points leur liturgie et qu'il avait assisté quelquefois à leurs offices. Il continua parmi eux sa vie laborieuse. »

(1) Chose difficile à croire, au moins peu probable.

Le Courayer était de Rouen ; il a produit une dizaine d'ouvrages de théologie, la vie du P. Lebossu et celle du P. Du Molinet (*Epistola de vita et scriptis Molineti*). Ses ouvrages sont consacrés à la défense de ses sentiments en matière de religion; il parle des persécutions que l'esprit d'intolérance lui suscita. L'un d'eux est dédié à la reine de la Grande-Bretagne, sa bienfaitrice.

On dit que le style de ces ouvrages est vif, précis et convenable.

Pendant que tout cela se passait, le duc Louis d'Orléans, fils du régent (1), avait perdu sa femme, la princesse de Bade-d'Armstadt, qui était morte en donnant le jour à une fille; cet événement le jeta dans une sombre humeur et le détacha entièrement du monde, pour lequel, du reste, il n'avait jamais montré que peu de penchant.

Dans sa jeunesse, il avait eu pour précepteur l'abbé Mongault, traducteur des lettres de Cicéron à Atticus, qui s'était plu à lui inculquer le goût des travaux profonds et à l'effrayer par la peinture des peines éternelles. Le prince, faible, timide, incapable de se vouer aux affaires publiques, sans aucune ambition de gloire, d'éclat, de grandeur, ne répondit nullement aux vœux et aux espérances de sa famille; son père, désolé de l'inaptitude du jeune Louis, et qui disait qu'il « ne serait jamais qu'un honnête homme, ce qui ne suffisait pas pour être prince, » essaya de le lancer dans les aventures de galanterie, s'il faut s'en rapporter aux mémoires du temps, afin de le dégourdir

---

(1) Bisaïeul du roi Louis-Philippe.

par le commerce des femmes; mais ce remède fut insuffisant. Quoique Louis eût noué une liaison amoureuse, — dont peut-être il crut devoir faire pénitence, — le naturel et les impressions d'enfance reprirent bientôt le dessus.

La duchesse d'Orléans avait obtenu pour son fils le titre de colonel-général de l'infanterie; elle voulait en faire quelque chose, par jalousie contre le prince de Condé, dont l'astre montait à l'horizon, — s'il est à propos d'employer ici cette vieille image; — mais son ambition fut complétement déçue: elle en eut plus que du dépit, elle en ressentit un véritable chagrin.

Le prince fuyait la société et ne s'adonnait guère qu'à l'étude des sciences naturelles et aux pratiques de la dévotion; la mort de sa femme, qui lui fut si sensible, l'éloigna entièrement de la cour, et il commença à aller visiter souvent les religieux de Sainte-Geneviève et à les prendre en amitié, car il trouvait chez eux non-seulement une bibliothèque riche alors de quarante-cinq mille volumes, mais encore une église qui ne le cédait à aucune autre en célébrité et que l'on regardait comme l'une des plus saintes de Paris.

En 1730, Jean Restout, élève et neveu de Jouvenet, fut chargé de peindre à fresque l'intérieur de la jolie coupole qui s'élève au milieu de la croix formée par les quatre galeries de la bibliothèque, est éclairée par des verrières blanches et supportée par des palmiers en menuiserie couronnés de chérubins.

L'artiste fit l'apothéose de l'évêque d'Hippone, patron de l'ordre des chanoines de la Congrégation de France: saint Augustin est ravi au ciel par deux anges; il tient la plume qui écrivit *les Confessions* et *la Cité de Dieu*; des séraphins enlèvent ses attributs épiscopaux; on voit la foudre qui descend sur les livres de Pélage, Manès, Donat et autres hérésiarques, et qui les consume (1).

Ce travail fut suivi d'un autre fort important pour la régularité, pour la perspective du vaisseau de la bibliothèque : l'une des ailes qui tendait vers l'église se trouvant plus courte que l'aile opposée, Lajoue dissimula ce défaut en peignant sur le mur, et comme fond, un salon ovale éclairé par une grande croisée au milieu, et renfermant des bustes, des urnes et une sphère (1732).

Je dois quelques mots ici au don fait à la bibliothèque, en 1738, par M^{me} de Montargis, fille de Jules Hardouin-Mansard, d'un très-beau buste en marbre blanc représentant le célèbre architecte; il est dû au ciseau de Coustou fils.

A cette époque, le P. Le Courayer était parti pour l'Angleterre; le P. Prévôt, son collègue pour la bibliothèque, lui avait succédé comme bibliothécaire en chef, — on le voit par une lettre émanée, en 1739, de l'abbé Lebeuf; — mais il dut, l'année suivante, céder la première place à l'ancien titulaire, au P. Gillet, qui venait de quitter son prieuré pour finir ses jours à Sainte-Geneviève, et il se contenta de la seconde; toutefois il demeura chargé de la plus grande part de responsabilité, car le P. Gillet, accablé d'infirmités, resta presque toujours enfermé dans sa cellule.

Ces noms divers sont mêlés dans les livres, et j'ai eu quelque

---

(1) Cette fresque est aujourd'hui fort endommagée, sillonnée de lézardes. On a essayé de la restaurer, mais on a dû renoncer à un projet inexécutable, qui ferait disparaître entièrement la peinture.

peine à débrouiller la confuse succession des bibliothécaires génovéfains.

Je reviens au duc d'Orléans.

Dès 1730, il avait pris un appartement à l'abbaye et s'y rendait fréquemment; en 1742, il vint s'y fixer tout à fait, s'y mettre en pension moyennant un louis par jour, ne gardant pour son service qu'un petit laquais, — plus tard il eut un cuisinier, mais n'augmenta pas sa dépense; — il avait tout abandonné à son fils, ne se réservant qu'un million par an, qu'il distribuait en grande partie aux pauvres (1).

« Pour bien comprendre la version des Septante et expliquer les énigmes de l'Écriture, dit le maréchal de Richelieu dans ses Mémoires, il étudiait le grec, le syriaque, l'hébreu et le chaldéen. Il dévorait les énormes volumes des commentateurs de la Bible qu'on voit à la bibliothèque de Sainte-Geneviève, et composait lui-même des volumes in-folio de commentaires. Le verset d'un psaume l'occupait souvent des mois entiers et lui inspirait une dissertation de cent pages; il en a légué plus de mille de cette espèce aux dominicains. En deux mots, il était devenu un si grand saint, que Jomard, curé de Versailles, qui l'avait confessé, s'avisa de publier ses confessions, en assurant qu'il ne l'avait jamais trouvé coupable d'un seul péché véniel, et que jamais il n'avait dit dans deux confessions de suite la même imperfection. »

Il faut avoir une raison bien solidement trempée pour la conserver au milieu de travaux aussi ardus. Le prince, tombé,

---

(1) La biographie de Michaud dit 1,800,000 livres.

dit-on, dans une sorte de monomanie, croyait que l'on ne naissait ni ne mourait; il eut des vertiges, des hallucinations étranges, et força son chancelier, M. de Silhouette, à être de son avis, — en paroles au moins.

On assure, en outre, qu'il tourna au jansénisme, doctrine si fort enracinée dans le chef-d'ordre des génovéfains; mais rien de positif à ce sujet.

En 1748, il s'attacha le savant Guettard et le chargea de la direction de son cabinet d'histoire naturelle. Il aimait beaucoup à aller passer de longues heures dans la cellule où le P. Gillet était confiné par ses souffrances et mettait à profit l'érudition de ce religieux, qui s'occupait aussi sans relâche des langues de l'Orient.

Peu après, il fit un testament qui ne remplissait pas moins de cent cinquante pages et qui était plein de dispositions extraordinaires. Il laissait à Sainte-Geneviève son médailler et ses pierres gravées, dont l'abbé Leblond et l'abbé Lachaud ont fait la description; il ordonnait que son corps, livré aux anatomistes après sa mort, fût disséqué, que sa tête fût ouverte, afin d'être encore utile à la science; il léguait une pension de 10,000 livres à M. de Silhouette et ses bouquins aux religieux de Saint-Dominique; enfin il donnait son cabinet d'histoire naturelle à Guettard, — qui le remit au fils du duc, lequel l'en nomma conservateur et le logea au Palais-Royal.

Se sentant près de sa dernière heure, le duc d'Orléans fit appeler M. Bouettin, curé de Saint-Étienne-du-Mont, pour se confesser à lui; mais ce prêtre, le trouvant indocile, n'ayant pas pu lui faire rétracter des opinions suspectes de jansénisme, lui refusa la communion. Louis d'Orléans, obligé de se contenter de son aumônier, recommanda que l'on ne dirigeât aucune poursuite contre le curé, et déclara qu'il était jacobin d'opinion et disciple de saint Thomas d'Aquin. Bouettin, lui, était du camp des jésuites.

Il mourut le 4 février 1752, et fut placé sans aucune pompe, suivant son vœu, dans l'église du Val-de-Grâce, sépulture de sa famille.

La bibliothèque a conservé une belle table de marbre qui provient de ce prince et porte ses armes. Un certain Neel a écrit sa vie (Paris, 1753, in-12). Je n'ai pu trouver cet ouvrage dans aucune de nos bibliothèques. On avait surnommé le duc Louis: *d'Orléans de Sainte-Geneviève.*

Les deux bibliothécaires de l'abbaye, le P. Gillet et le P. Prévôt, moururent presque en même temps, se suivirent de près dans la tombe; mais le moins âgé, c'est-à-dire Prévôt, s'éteignit le premier (1752), et l'autre, qui était depuis longtemps malade, n'alla de vie à trépas que l'année suivante.

L'abbé Lebeuf parle, dans une lettre adressée au rédacteur du *Journal de Verdun* (février 1753), des ouvrages que le P. Prévôt se proposait d'écrire; il dit que, si sa congrégation lui eût adjoint quelques religieux pour l'aider, il se fût occupé de la composition d'une bibliothèque des chanoines réguliers faite comme celles qu'ont produites plusieurs ordres.

L'histoire de toutes les maisons de la Congrégation de France était aussi un de ses projets.

Je cite textuellement le reste de cette lettre:

« Comme le P. Prévôt étoit souvent consulté sur des généalogies d'anciennes familles, il faut avouer que ce fut ce qui partagea beaucoup son temps, et qu'il n'a pu mettre en état que l'histoire de l'abbaye de Sainte-Geneviève, de laquelle les auteurs du nouveau *Gallia Christiana* déclarent qu'ils ont tiré fréquemment ce qu'ils rapportent sur cette maison.

« .... Je crois pareillement qu'on peut attribuer à ce père la collection des matériaux qui ont formé dans le même volume de cet immense et savant ouvrage les articles des abbayes d'Hérivaux et de Livry et celui du prieuré de Saint-Éloy, près de Longjumeau.

« Mais ce n'étoit pas seulement sur les anciennes généalogies que le P. Prévôt étoit consulté; on lui apportoit des ouvrages de toute espèce pour les examiner, et l'on se trouvoit toujours bien de ses remarques. Le catalogue des écrivains auxerrois n'a été si étendu, dans le second tome de l'*Histoire d'Auxerre*, qu'en conséquence des augmentations qui ont été communiquées à l'auteur par le P. Prévôt, ainsi que l'observation en a été faite à la page 529, où l'on a marqué que la même ville étoit le lieu de sa naissance.

« Le désir ardent qu'il auroit eu que la congrégation de France eût adopté un bréviaire comme celui de Paris, ou au moins la maison de Sainte-Geneviève, l'encouragea à y contribuer par un petit morceau qui a son mérite et qui y a été inséré. »

Je complète ces renseignements par la note nécrologique du même journal (novembre 1752) :

« Le R. P. Prévôt, chanoine régulier et bibliothécaire de Sainte-Geneviève, mourut à Paris, le 13 octobre, âgé d'environ soixante ans. Sa science, ses talents, sa piété et les sentiments de religion dont il étoit animé le faisoient regarder à juste titre comme un des principaux ornements de cette abbaye. Feu monseigneur le duc d'Orléans, qui pendant sa longue retraite à Sainte-Geneviève avoit souvent des conférences avec le P. Prévôt, étoit à portée de connoître ses mérites; et les bontés dont un prince si éclairé l'a toujours honoré font son éloge. Un commerce doux, aimable, enjoué avec décence et extrêmement communicatif, le fera regretter de tous ceux qui le connoissoient. Cette mort est une perte pour la république des lettres. »

Le P. Gillet avait soixante-quatorze ans quand la mort termina ses maux, qu'il devait en partie à des excès de travail; son caractère était naturellement enclin à la mélancolie, doux, poli, timide et modeste (1).

Plusieurs auteurs placent en 1751 et 1753 la formation du cabinet d'antiques de la bibliothèque de Sainte-Geneviève; c'est là une erreur : ce cabinet, établi par Du Molinet et augmenté de celui de Peiresc, ne fut accru que de celui du duc d'Orléans. Ce qui est certain, c'est que le local de ce cabinet fut bâti aux frais du prince-génovéfain et décoré d'armoires en belle menuiserie. — C'est le cabinet des manuscrits de notre ancienne

---

(1) Il a laissé les ouvrages suivants :

Nouvelle Traduction de l'historien Josèphe, faite sur le grec, avec des notes historiques et critiques; Paris, 1756-1758, 4 vol. in-4.

Opuscule sur la nature, le génie, l'excellence de la langue hébraïque.

Traité sur la méthode qu'on doit suivre pour apprendre la langue latine.

Commentaires abrégés sur plusieurs livres de l'Ancien-Testament et principalement sur les Psaumes.

Notes sur Clément d'Alexandrie.

Critique des historiens anciens et modernes qui ont écrit sur les premiers temps de la monarchie française.

Le Projet d'un nouveau Cérémonial français (par Ant.-Fr. Joly) contient des notes marginales de la main du P. Prévôt; Paris, 1746. Cet ouvrage se trouve au dépôt des manuscrits de notre bibliothèque, L.F., in-4, n° 26.

bibliothèque. — Auparavant, les curiosités étaient enfouies dans une espèce de galetas.

Vers 1753, le P. Pingré accepta l'emploi de bibliothécaire de l'abbaye. Comme ce génovéfain s'est fait un nom par sa science, je lui dois une large place dans l'histoire de la bibliothèque, dont il peut être regardé comme une des plus grandes illustrations.

Il naquit à Paris et fit ses études dans la maison de Saint-Vincent de Senlis, une des succursales de Sainte-Geneviève; puis il prit l'habit de chanoine et obtint une chaire de théologie; mais bientôt, s'étant laissé séduire par le jansénisme, ou du moins ayant paru partisan de ce système nouveau, il se vit condamné à professer la grammaire dans un collége de province : c'était un exil, une disgrâce. Aucune vocation bien prononcée ne le tourmentait, et il fût sans doute resté dans l'obscurité de l'enseignement inférieur sans le chirurgien en renom Lecat, son ami, qui, cherchant un astronome pour l'académie scientifique qu'il venait d'établir à Rouen, et n'en trouvant pas, le pressa de se vouer à l'étude des corps célestes. Pingré se mit donc à marcher sur les traces de Galilée, prit goût à des études tout à fait nouvelles pour lui, et ne tarda pas à montrer un coup d'œil sagace et un véritable esprit d'observation. Ses travaux lui méritèrent le titre de correspondant de l'Académie. Rappelé à Sainte-Geneviève, il devint bibliothécaire de ce couvent, chancelier de l'Université, et échangea son titre de correspondant contre celui d'*associé libre*.

On lui bâtit un petit observatoire sur les toits de l'abbaye, et il put dès lors oublier les choses de notre globe pour s'occuper de la gravitation des planètes. Mais, comme une bibliothèque a besoin d'un esprit qui ne voyage pas continuellement dans les nues, on ne tarda pas à adjoindre à Pingré le P. Mercier, qui avait au plus haut degré l'amour des livres et de la science bibliographique.

Précieuse acquisition pour la bibliothèque !

Mercier, né à Lyon, était entré jeune dans la congrégation des chanoines réguliers, avec un véritable besoin d'apprendre, une grande avidité de savoir et des idées tournées vers la retraite. Reçu à l'abbaye de Chatrices, près de Châlons, il y trouva Jean de Caulet, évêque démissionnaire de Grenoble, prélat très-expert en fait de livres, très-versé dans tout ce qui s'y rattache, et à qui sa ville diocésaine doit le fonds principal de la belle bibliothèque publique qu'elle montre avec orgueil aujourd'hui. Caulet, qui était venu dans la solitude de Chatrices pour mourir paisiblement au milieu de ses recherches, de ses méditations et de ce qui lui restait de livres précieux, était près de perdre la vue; Mercier lui rendit sans doute des services, lui inspira de l'intérêt, et en reçut des notions de bibliographie, des éléments d'histoire littéraire dont il sut profiter.

« Il (Caulet) lui avait également donné cet amour d'ordre et de méthode qui distingue particulièrement les productions de son élève. Peu de temps après, la mort vint séparer le maître et le disciple, et celui-ci ne prononçait jamais le nom de Caulet ou ne parlait de ses vertus sans une émotion qu'un torrent de larmes pouvait seul apaiser. Le cœur de Mercier était encore plus admirable que sa tête (1). »

(1) *Voyage bibliographique, archéologique et pittoresque en France,*

A vingt ans, il se fixa dans la maison chef-d'ordre et s'attacha d'affection au P. Pingré, dont il devint peu après le collègue.

Ce fut lui très-probablement qui classa la bibliothèque et en dressa le premier catalogue manuscrit, qui se compose de neuf volumes in-folio (1754). Voici la disposition du titre, qui est en beaux caractères moulés :

Catalogue<br>
de la<br>
Bibliothèque<br>
de<br>
l'Abbaïe royale<br>
de Sainte-Geneviève<br>
de Paris.

Le frontispice porte les armes de France entre deux branches de laurier et surmontées d'une mitre et d'une crosse.

En tête du tome I<sup>er</sup> de ce catalogue on lit une longue exposition *du plan qu'on s'est proposé dans l'arrangement de la bibliothèque.*

J'en extrais le passage suivant :

« ... Outre l'attention de former deux tables des matières, exactes et bien digérées, nous avons encore pris d'autres soins... Les ouvrages sur la même matière sont rangés selon l'ancienneté des auteurs ou, lorsqu'ils étoient contemporains, suivant l'année de l'impression. La

par le révérend Th. Frognall Dibdin, traduit de l'anglais avec des notes par G.-A. Crapelet, imprimeur; 4 vol. in-8. Paris, Crapelet et Renouard, 1825.

critique d'un ouvrage est placée à côte de lui, ou à la fin de sa division si elle est du même format que le livre réfuté. Si sa forme est différente, on la trouvera à son rang dans la division correspondante à celle qu'elle eût occupée sans cette diversité de grandeur.

« La collection des ouvrages d'un auteur est placée selon la partie qui y domine...

« Les commentateurs de plusieurs ouvrages sont placés parallèlement au plus ancien de ces ouvrages...

« Les collections et les ouvrages plus étendus marchent avant ceux qui le sont moins... »

Le manuscrit dont j'ai fait un si fréquent usage nous apprend, par une note, que le P. Pière était *antiquaire* de Sainte-Geneviève avant 1758, c'est-à-dire conservateur du cabinet de curiosités, d'histoire naturelle et de numismatique; du reste, rien de plus sur ce religieux.

La même année, le P. de Géry publia dans le format in-12 des dissertations dirigées contre celle que l'abbé Vallart joignit à sa traduction de l'*Imitation de Jésus-Christ*.

L'*Almanach royal* de 1759 modifie ainsi sa formule relative à l'accès de la bibliothèque et que j'ai déjà donnée :

« ..... Ceux qui veulent y étudier la trouveront ouverte, l'après-midi seulement, les lundis, mercredis et vendredis, depuis deux heures jusqu'à cinq, excepté les dimanches et fêtes et le temps des vacances. MM. Pingré et Mercier, chanoines réguliers, bibliothécaires. »

En 1760, Pingré étant parti pour les Indes dans le but d'observer le passage de Vénus sur le disque du soleil, Mercier lui succéda comme bibliothécaire en chef par intérim, — si toutefois l'on peut employer cette expression pour un emploi qu'il garda douze ans. Pendant cette période, la plus heureuse de sa vie, il vaqua en paix à ses recherches, annota une grande quantité de livres de notre bibliothèque, commit, en écrivant sur des marges, ces méfaits de lèze-volume qui ne sont permis qu'aux bibliothécaires très-savants tout au plus, et envoya de nombreux articles au Dictionnaire de Trévoux.

Dibdin, qui nous a transmis plusieurs particularités intéressantes de la vie d'un des plus érudits bibliographes qu'ait produits la France, dit que Louis XV, après avoir posé la première pierre du Panthéon (alors appelé la nouvelle église de Sainte-Geneviève), fit une visite aux livres de l'abbaye. Les plus précieux, les plus rares, furent rangés sur une table, et Mercier en expliqua le prix et l'origine au roi, qui, se tournant à chaque instant vers son bibliothécaire, dont il était accompagné, lui adressait cette demande :

— Bignon, ce livre est-il dans ma bibliothèque ?

Et Bignon, n'en sachant rien, — comme bon nombre de ses confrères, — se cachait derrière le ministre Choiseul et ne soufflait mot.

Mais Mercier répondait avec un certain orgueil :

— Non, sire, ce livre n'est pas dans la bibliothèque de Votre Majesté.

L'examen dura près d'une heure, et Mercier eut une belle occasion de montrer l'étendue et la variété de ses connaissances.

Voici ce qu'ajoute le voyageur anglais :

« Le bâtiment de la bibliothèque de Saint-Victor menaçait ruine; il était urgent de le réparer, mais le trésor public ne pouvait supporter cette depense.

« — Je dirai à Votre Majesté, dit Mercier, comment on peut faire ces réparations sans qu'il en coûte un écu au trésor. L'abbaye de Saint-Victor est vacante; que Votre Majesté y nomme un nouvel abbé à la condition que, chaque année, il abandonnera une partie de son revenu pour l'objet en question. »

« Si le roi avait eu le moindre mouvement généreux, il aurait répondu en nommant Mercier abbé de Saint-Victor et en lui imposant la stricte condition qu'il avait lui-même établie; il en arriva autrement : le projet fut mis à exécution, mais d'autres en eurent la gloire. »

Cependant le roi n'avait pas oublié Mercier ni la leçon de bibliographie qu'il en avait reçue dans la bibliothèque Sainte-Geneviève; entre autres choses, le bibliothécaire lui avait fait connaître à quelles marques on distinguait la fameuse *Bible de Sixte V*, publiée en 1590. Peu de temps après, en revenant de la messe et traversant la grande galerie de Versailles, le roi aperçut le bibliothécaire de Sainte-Geneviève parmi les spectateurs, et, se retournant vers son premier ministre : « Choiseul, lui dit-il, comment reconnaît-on *la véritable Bible de Sixte V?* — Sire (répliqua le ministre, qui ne s'attendait guère à cette question), je n'en ai aucune connaissance. » Alors, s'adressant à Mercier, le roi lui répéta sans aucune hésitation, sans aucune erreur, ce qu'il avait appris à la bibliothèque de Sainte-Geneviève.

Notre bibliographe eut pour aide, en l'absence de Pingré, un chanoine appelé le P. Peyraud, qui figure dans l'*Almanach royal* de 1764 à 1773.

En 1772, le roi nomma Mercier, âgé alors de trente-deux ans seulement, abbé de Saint-Léger de Soissons; dès lors ce savant prit le nom de *Mercier de Saint-Léger*, qu'il a fait célèbre. Cette même année, il rendit la place de bibliothécaire en chef à Pingré, qui était de retour de ses voyages d'outre-mer, et il se mit en devoir de composer son *Supplément à l'Histoire de l'imprimerie par Prosper Marchand*, puis il voyagea en Hollande, fut accueilli avec distinction par les savants, et réunit de nombreux matériaux bibliographiques. Mais je m'arrête, me réservant de parler encore de lui un peu plus tard.

Pingré, étant rentré dans l'exercice de ses anciennes fonctions, eut deux adjoints : le P. Mauriceau, dont on ne trouve le nom que sur l'almanach de 1773, et le P. Viallon, qui fournit à la bibliothèque une longue carrière et écrivit la *Vie de Clovis-le-Grand*, un des livres dont je me suis servi pour l'histoire de l'abbaye; c'est un ouvrage qui n'affiche pas de grandes prétentions, mais qui me paraît recommandable et consciencieux (1).

En 1779, un nom nouveau paraît sur l'almanach à la suite de ceux des PP. Pingré et Viallon; c'est celui du P. Mongez,

---

(1) On y trouve une longue dissertation, bonne à lire, sur l'origine des fleurs de lis. L'auteur croit que cet emblème royal provient du trèfle qui se trouvait dans les champs de Mars des Francs, et dont on jonchait le siége des chefs (fleur de lis, fleur du tribunal, *lis, litis*, d'où dériveraient les mots de *lit de justice*); il repousse l'opinion qui donne pour origine aux fleurs de lis le lis, les abeilles ou les fers-de-lance, et ne s'occupe pas de ces fleurs, qui croissaient, disait-on, sur les bords de la rivière de la Lys, et d'où serait provenu le signe royal (système peu sérieux).

garde des antiques et du cabinet d'histoire naturelle. L'année précédente, le P. de Géry, dont j'ai indiqué un ouvrage et qui était devenu abbé de Sainte-Geneviève, fit imprimer en six volumes in-12 ses sermons.

Il paraît que Mercier de Saint-Léger, bien que n'étant plus directeur de la bibliothèque par le fait, n'avait point cessé toutefois de lui porter intérêt et d'y venir travailler.

On trouve sur le manuscrit attribué à Du Molinet une note marginale relative à un volume de neuf mystères que nous possédons, pièces entièrement inconnues à Parfait et à Beauchamp, et qu'a publiées M. Jubinal.

La note est ainsi conçue :

« Ce volume est un des cinq qui avoient resté longtemps chez le duc de la Vallière et qui, après sa mort, ont été rendus, à ma sollicitation, par Mᵐᵉ la duchesse de Châtillon, sa fille, pour être replacés dans la bibliothèque de Sainte-Geneviève (1).

« L'abbé MERCIER, abbé de Saint-Léger de Soissons. »

Leprince, à la suite de son *Essai historique sur la Bibliothèque du Roi*, place une notice de vingt-huit pages sur les bibliothèques, tant publiques que particulières, de Paris (1782); il ne dit rien sur celle de Sainte-Geneviève, qui faisait partie de ces dernières, que nous ne sachions déjà.

---

(1) Au nombre de ces volumes étaient *l'An des Sept-Dames*, provenant de la bibliothèque Le Tellier, — je m'en occuperai de nouveau, — et le *Mystère de l'Incarnation de Jésus-Christ*, joué par personnages à Rouen, en 1474.

« Le cabinet de cette abbaye, ajoute-t-il, est un des plus beaux de l'Europe; il renferme une magnifique collection d'antiquités égyptiennes, étrusques, grecques et romaines, de très-beaux morceaux d'histoire naturelle et une suite aussi nombreuse que riche de médailles d'or et autres, données en partie par feu le duc d'Orléans.

« Ce cabinet est ouvert le même jour et aux mêmes heures que la bibliothèque, excepté le mercredi. »

En 1783, ce dépôt curieux eut son catalogue, grâce au P. A. Mongez, qui était membre des académies de Lyon, de Dijon et de Rouen, et avait de grandes connaissances en numismatique et en histoire naturelle. En voici la division : 1° médailles de rois, peuples et villes; 2° médailles de familles ou médailles consulaires; 3° médailles impériales. L'ouvrage est resté manuscrit; il contient des tables alphabétiques de ces trois classes.

Deux ans après, la bibliothèque fit l'acquisition d'un plan en relief de Rome, exécuté par Grimani, en 1776, dans la proportion d'un pouce pour quatre-vingt-dix pieds, et de trois mètres sur tous les sens. Ce plan, sous verre, est au fond de l'aile droite, près de la porte du cabinet des manuscrits; on y mit un écriteau portant ces deux vers de Martial :

> Hinc septem dominos videre montes
> Et totam licet æstimare Romam.

Vers 1787, le P. Ventenat, qui avait d'abord montré de grandes dispositions pour la prédication, tourna ses vues vers la science et demanda à être attaché à la bibliothèque, ce qui lui fut accordé sans difficulté, car le P. Pingré vieillissait (1). Il se livra à l'étude de la botanique. L'année suivante, s'étant rendu en Angleterre pour des achats de livres, il visita des jardins, acheta de beaux ouvrages à planches; mais au retour il fit naufrage, perdit toute sa collection et faillit se noyer. Élève de Lhéritier, il prit un goût très-vif pour la partie descriptive de la science des plantes et s'y voua entièrement.

En 1790, l'abbaye ayant été supprimée, la bibliothèque devint propriété de l'État, comme on le voit par le procès-verbal écrit au commencement et à la fin du tome I$^{er}$ (A. B. C.) de l'ancien catalogue :

« Le vingt-un avril mil sept cent quatre-vingt-dix, en exécution des décrets de l'Assemblée nationale des vingt février, dix-neuf et vingt mars de la présente année, sanctionnés par le roi le vingt-six du même mois et transcrits sur les registres de la municipalité le dix du même mois, et des pouvoirs donnés par la municipalité de Paris, suivant ses arrêtés des dix et douze dudit mois d'avril;

« Nous Étienne-Louis-Hector de Joly, lieutenant de maire du tribunal municipal de la ville de Paris;

« Jean-Valentin Buob, conseiller-administrateur au département des établissements publics;

« Et Achille Thomas Simonet de Maisonneuve, conseiller-administrateur au département des impositions;

« Nous sommes fait représenter le catalogue de la bibliothèque de Sainte-Geneviève, composé de neuf volumes in-folio, décrits dans

---

(1) La bibliothèque comptait cette année 80,000 volumes imprimés et 2,000 ou 3,000 manuscrits; il n'y avait pas eu d'accroissement, et, à l'époque de la suppression de l'abbaye, le nombre des livres était encore le même.

notre procès-verbal de ce jour, en tête et à la fin de chacun desquels nous avons fait la présente mention, en les laissant, ainsi que les ouvrages qui y sont mentionnés, à la charge de MM. Pingré, Viallon et Ventenat, bibliothécaires, qui s'en sont chargés sur notredit procès-verbal (1).

« Tous les trois membres de la municipalité de Paris et commissaires nommés par le conseil de ville par les arrêts susdits. »

(*Suivent les signatures de ces trois commissaires.*)

Dès ce moment, le personnel fut composé de trois conservateurs et de deux employés, appelés improprement alors *commis.*

Le budget de la bibliothèque n'était que de 13,620 fr. (2).

En 1793, M. Blanchet, qui avait occupé un emploi chez M. de Maurepas, ancien ministre, et s'était, à ce qu'on assure, occupé de librairie, entra à la bibliothèque en qualité de commis : ce fonctionnaire zélé, assidu et dévoué, a rendu, dans sa longue carrière, de nombreux services à notre établissement. C'était un homme gai, d'humeur facile, complaisant et honorable.

On lui doit la conservation de la sonnerie de la tour de l'abbaye : une bande d'hommes malfaisants, s'étant ruée sur Sainte-Geneviève, se disposait à la détruire, et, dans ce but, escaladait les toits. M. Blanchet fit avorter ce mauvais dessein en courant chercher la force armée. Les vandales ignorèrent (heureuse-

---

(1) Viallon et Ventenat n'étaient que bibliothécaires-adjoints, d'après l'*Almanach royal;* ils avaient quitté l'habit de génovéfain, ainsi que Pingré, Mongez, garde du cabinet, et nombre d'autres.

(2) Quant aux dépenses diverses, le ministre ordonnançait les sommes sur quittances des fournisseurs.

ment pour l'employé de la bibliothèque!) qui avait donné l'alarme. Ce trait de courage et d'intelligence méritait d'être mis en lumière.

L'an IV ou l'an V de la république, le cabinet de curiosités et de numismatique de Sainte-Geneviève fut supprimé; M. Millin, professeur d'archéologie, qui était obligé de faire son cours alternativement à Sainte-Geneviève et à la ci-devant bibliothèque Royale, et trouvait cela fort incommode, demanda et obtint la translation des raretés des génovéfains dans ce dernier établissement.

En ce temps arriva la mort de Pingré, le savant astronome. On dit que sa dernière parole fut l'*Uti conviva satur* d'Horace, poëte qu'il affectionnait tout particulièrement et citait volontiers. Son grand âge ne l'empêchait point de se rendre assidûment aux séances de l'Institut, dont il était membre.

Au physique, il avait une infirmité très-fâcheuse pour un observateur des astres : il était myope; on nous le dépeint au moral comme un peu inconsidéré, mais bon et doué des qualités du cœur, ce qui rachète bien ce petit défaut. Ses longs voyages d'explorations qu'on trouve dans les biographies, ses recherches, ses méditations et ses mémoires lui assurent une place très-éminente parmi la pléiade des érudits (1).

(1) Pingré (Alexandre-Guy) était né à Paris en 1711. Il a laissé, entre autres ouvrages, les suivants :
État du ciel, 1754-57; 4 vol. in-8.
Projet d'une Histoire astronomique du XVIII° siècle; La Haye, 1756, in-4.
Mémoire sur la colonne de la halle aux blés et sur le cadran cylindrique construit au haut de cette colonne; Paris, 1764, in-8.
Description de la ville de Péking (1765).
Mémoire sur le choix et l'état des lieux où le passage de Vénus, du

Cependant les livres des émigrés et des communautés religieuses avaient été saisis avec tous leurs biens; on en forma dans Paris plusieurs dépôts qui furent répartis entre les quatre grandes bibliothèques conservées. Cette répartition accrut tout à coup le fonds de la bibliothèque de l'anciennne abbaye dite alors du Panthéon : il fallut augmenter et le personnel et les appointements.

Il y eut alors (et sous l'empire ensuite) trois conservateurs, trois employés et un garde.

Le budget de la bibliothèque fut porté à 23,620 fr.

Les conservateurs, à ce qu'il paraît, prirent d'abord le titre d'*administrateur* à tour de rôle.

La bibliothèque était ouverte de neuf heures à midi et de deux heures à la nuit. A l'installation du Directoire, cet ordre fut changé sur la demande de M. Ventenat. L'augmentation des livres et des lecteurs rendait le service presque impossible; on ouvrit alors à dix heures et l'on ferma à deux heures. Cet usage se maintint longtemps.

A Pingré succéda l'abbé, ou pour mieux dire, l'ex-abbé Lemonnier (Guillaume-Antoine) qui, d'abord chapelain de la Sainte-

---

3 juin 1769, pourra être observé avec le plus d'avantage, et principalement sur la position géographique des îles de la mer du Sud; 1767, in-4.

Voyage fait par ordre du roi, en 1771 et 1772, en diverses parties de l'Europe, etc. (1779).

Cométographie, ou Traité historique et théorique des comètes; 1783-84, 2 vol. in-4.

L'Astronomique de Manilius, trad. du latin, avec des notes (1786).

(Voir, pour les mémoires, publications diverses et voyages scientifiques de Pingré, *la France littéraire* et la *Biographie universelle*.)

Chapelle et professeur de musique et de littérature latine, puis curé en Normandie, son pays natal, avait failli monter sur l'échafaud. Il dut sa place à Letourneur de la Manche, et reçut auparavant des secours de la Convention comme homme de lettres; il dirigea peu de temps la bibliothèque du Panthéon, et mourut à Paris le 4 avril 1797 (1), laissant sa place à M. Daunou, nommé administrateur par le Directoire le 6 mai ou 17 floréal de la même année. Personne n'ignore que le célèbre éditeur et annotateur de Boileau avait été d'abord oratorien, puis professeur dans plusieurs maisons de l'ordre, puis vicaire métropolitain et supérieur du séminaire de Paris, et successivement membre de la Convention nationale, — après qu'il eut quitté l'habit ecclésiastique, — membre du comité d'instruction publique, secrétaire de la Convention, — après avoir été emprisonné durant la terreur, — membre de la commission des *onze* et rapporteur de la constitution de l'an III, président de la Convention, membre du comité de salut public, membre du conseil des Cinq-Cents, enfin professeur aux écoles centrales de Paris

---

(1) On a de lui :

† Dialogue sur la raison humaine; Paris, 1766, in-8.

Comédies de Térence, trad. du latin (1771).

Satires de Perse, trad. du latin (1771).

Le Bon Fils, comédie en un acte et en prose, mêlée d'ariettes. Paris, veuve Duchesne; 1773, in-8. (Imprimée sous le nom de Devaux.)

Fables, Contes et Épîtres en vers. Paris, Jombert père, Jombert fils; 1773, in-8, fig., ou petit in-8 sans fig.

† Les Fêtes des bonnes gens de Canon et des rosières de Briquebec. Paris, Prault; 1778, in-8 de 208 pages.

† La Rosière de l'assais, ou Piété filiale de Jeanne Closier; Paris, 1787, in-8.

(Voir Quérard, *France littéraire.*)

et membre de l'Institut... Sous tous les rapports, nulle carrière ne fut mieux remplie.

L'année qui suivit sa nomination, Daunou, qui, comme on le voit, avait beaucoup vécu de la vie politique, fut chargé par le Directoire d'aller faire des états romains une république, de concert avec Monge et Florent. L'administrateur de la bibliothèque du Panthéon, après avoir rédigé une constitution démocratique pour le patrimoine de Saint-Pierre, donna son attention à la bibliothèque particulière de Pie VI confiée à un agent du fisc, et au moment d'être vendue; sans perdre de temps, il écrivit au Directoire et demanda l'autorisation d'acheter les livres de prix de cette collection pour les bibliothèques Nationale et du Panthéon. Il se mit en rapport aussi avec Van-Praët qui lui fit parvenir la liste des principales éditions du xv$^e$ siècle existant en Italie et manquant aux galeries de la rue Richelieu.

Daunou reçut la permission de prendre la fleur de la collection de Pie VI, et fit un choix remarquable. Notre bibliothèque lui doit de superbes éditions de Sweynheym et de Pannartz, tous les *variorum* qui ont fait l'admiration du bibliophile Dibdin. Ces livres sont pour la plupart reliés aux armes du pape que je viens de nommer. Il s'empara aussi des grands ouvrages à gravures sur le musée Clémentin, la colonne Trajane, les fresques du Vatican par Raphaël, etc.

La Bibliothèque royale dut rendre en 1815 ce dont Daunou l'avait enrichie; mais on oublia ce qu'avait reçu la nôtre, et maintenant nous possédons sans appréhension de véritables trésors, grâce aux traités intervenus entre les puissances pour mettre fin aux réclamations mutuelles, grâce aussi à la prescription (1).

M. Daunou à son retour, absorbé par les affaires publiques, ne put guère s'occuper d'abord de la bibliothèque du Panthéon, et fut remplacé temporairement, l'an VIII, par L. Cotte, savant physicien, prêtre de l'Oratoire, ancien préfet du collége de Juilly, professeur de philosophie et ensuite de théologie dans la maison de son ordre, à Montmorency, enfin curé de cette paroisse. Daunou qui avait habité, entre autres établissements des oratoriens, celui de Montmorency, s'était lié avec Cotte et le fit probablement nommer conservateur-adjoint du Panthéon.

Trois ans après environ, Cotte, qui était de l'Académie des Sciences et membre correspondant de dix-neuf autres sociétés savantes nationales ou étrangères, retourna à Montmorency où il vécut solitaire et laborieux, pratiquant l'aumône et entretenant une correspondance très-suivie avec ceux qui s'adonnaient comme lui à des spéculations scientifiques.

Mercier de Saint-Léger, qui depuis longtemps était étranger à la bibliothèque du Panthéon, mais n'avait pas cessé pour cela de s'y intéresser d'une manière toute particulière et de la fréquenter, mourut à Paris en 1799. Dibdin avance que la maladie lente qui le minait depuis plusieurs années provenait d'une vio-

(1) Voir, outre les articles des diverses biographies contemporaines, l'ouvrage intitulé : *Documents biographiques sur P.-C.-F. Daunou*, par M. A.-H. Taillandier, membre de la chambre des députés, conseiller à la cour royale de Paris; Paris, Firmin Didot frères, J. Techener; 1841, in-8 de 220 pages.

lente émotion ressentie en rencontrant une des charrettes de la terreur où était l'ex-abbé Royer, son vieil et intime ami (1).

Daunou, mécontent de la tournure que prenaient les affaires sous le consulat, et ne conservant aucune illusion en présence du despotisme effronté de Bonaparte, se concentra, dit M. Taillandier, dans ses fonctions de membre de l'Institut et de bibliothécaire. Il avait repris la place cédée à Cotte.

Je ne sais trop comment il se fait que M. Ventenat soit qualifié du titre d'administrateur en 1803 par l'Almanach national, à moins que les conservateurs (qui étaient encore M. Viallon et lui) ne continuassent à être chargés alternativement de la direction de la bibliothèque.

En 1804, M. Daunou apprit de source certaine que son collègue, M. Ventenat, intendant général du jardin de l'impératrice, était sur le point d'être nommé administrateur perpétuel à sa place par la protection de Joséphine. Il voulut alors donner sa démission; un ami l'en empêcha, et lui conseilla vivement d'écrire à l'empereur pour prévenir cette injustice; mais Daunou, fier et attaché à ses opinions, s'y refusa obstinément. L'ami alors écrivit lui-même, et fit si bien que Daunou signa la lettre.

L'empereur qui, comme tous les despotes, aimait la soumis-

---

(1) Mercier porta les titres d'aumônier de la grande-fauconnerie de France et de prieur de Saint-Pierre de Montluçon, indépendamment de celui d'abbé de Saint-Léger de Soissons. Il était de Lyon.

Ce bibliographe érudit a publié une quantité vraiment prodigieuse de lettres, de notices, d'opuscules divers, de mémoires, sur une infinité de sujets, depuis 1763; je ne puis en donner la liste, et je renvoie à *la France littéraire* de M. Quérard.

sion et la prière, voulut que l'ancien conventionnel demeurât administrateur *perpétuel* sans que personne pût lui disputer cette place, et il lui écrivit une lettre, rapportée par M. Taillandier, dans laquelle il se félicite d'avoir trouvé une occasion de lui donner une preuve d'estime, et exprime le désir de pouvoir utiliser ses talents *dans une place plus éminente pour le bien de l'État et de son service* à lui empereur.

Cette même année, la place d'archiviste étant devenue vacante, Napoléon s'empressa de la donner à M. Daunou.

Cette promotion fut une chose fâcheuse pour la bibliothèque du Panthéon.

Sous la direction de Daunou se firent les douze volumes in-folio de notre catalogue. Ce savant avait réuni des jeunes gens laborieux qu'il payait comme employés temporaires, et au nombre desquels se trouvait M. Massabiau, ensuite attaché tout à fait à la bibliothèque, laquelle est encore redevable de ses collections académiques et savantes à Daunou, qui obtint pour cette acquisition si nécessaire une somme de 15,000 francs de M. Chaptal, ministre de l'intérieur.

La confection du catalogue dura trois ans.

M. Ventenat devint administrateur, et peu de temps après membre de l'Institut; mais il ne resta que quatre ans en possession de ce double titre, et mourut d'une maladie qui datait de son naufrage au retour d'Angleterre, et à laquelle il faut sans doute attribuer l'irritabilité de son humeur (1).

---

(1) Ce botaniste iconographe était de Limoges. Il a laissé les ouvrages suivants :

La mort de M. Viallon arriva en 1805. Je n'ai pu me procurer aucuns détails sur ce conservateur que les circonstances servirent mal ou qui fut trop modeste, trop insoucieux d'avancement, trop peu solliciteur, et ne parvint point, malgré ses écrits, ses services et son ancienneté, au poste supérieur de la bibliothèque (1).

Sous l'empire, l'estampille de nos livres était un écusson ovale avec l'aigle couronné. Au milieu, on voit un autre écusson rond portant ces mots entre un B et un P :

Dissertation sur les parties des Mousses qui ont été regardées comme fleurs mâles ou fleurs femelles. (*Journal d'Hist. nat.*, tome Ier, 1792.)

Tableau du Règne végétal, selon la méthode de Jussieu. Paris, Drissonnier, 1794; 4 vol. in-18 avec 24 figures. Rare. 40 fr.

Principes élémentaires de Botanique, expliqués au Lycée républicain. Paris, Salior, 1794-95, in-8 avec 13 figures, 5 fr.

Mémoire sur les meilleurs moyens de distinguer le calice de la corolle; 1795.

Description des Plantes nouvelles et peu connues cultivées dans les jardins de Cels, ornée de 200 planches. Paris, de l'imprimerie de Crapelet. L'Auteur, 1800; 20 livraisons (de 10 planches); grand in-4.

Le Botaniste-Voyageur aux environs de Paris. Paris, 1803, in-12, avec carte.

Choix de Plantes, dont la plupart sont cultivées au jardin de Cels. Paris, 1803 et années suivantes; 10 livraisons formant 3 vol. in-folio, ornés de 60 planches. 250 fr.

Decus generum novorum. Parisiis, 1808, in-folio.

(Voir *la France littéraire* pour les mémoires, monographies, descriptions, etc.)

(1) Il était né à Lyon. On a de lui ces deux ouvrages :

Philosophie de l'Univers, ou Théorie philosophique de la Nature. Bruxelles, Emm. Flon, 1782; 2 vol. in-8 avec figures.

Clovis-le-Grand, premier roi chrétien, fondateur de la monarchie française; sa vie, précédée de l'histoire des Francs avant sa naissance, avec les vies des principaux personnages qui ont concouru à la gloire de son règne. Paris, 1788, in-12.

BIBLIOTH

IMPÉRIAL

DU

PANTHÉON.

En 1809, M. Flocon succéda à M. Ventenat dont, cette année, Cuvier prononça l'éloge historique à l'Institut (séance du 2 janvier). Il avait été nommé conservateur à la bibliothèque par Lebrun, dont les enfants étaient ses élèves, en 1806, avec M. Lechevallier, célèbre voyageur qui a émis des systèmes singuliers dont je dirai quelque chose, et a fait de curieuses découvertes en Orient. Les vacances commençaient alors (depuis 1807) le 1$^{er}$ septembre et finissaient le 2 novembre; auparavant, elles avaient lieu du 1$^{er}$ septembre au 24 octobre.

M. Flocon, en devenant administrateur perpétuel, laissa sa place à M. le marquis de Villevieille, ancien maréchal de camp et créature de Cambacérès (1).

Sous l'empire, dès 1804, je crois, le collége Henri IV, se trouvant gêné par le local de la bibliothèque du Panthéon, avait fait concevoir à l'autorité municipale des doutes sur sa solidité (tactique renouvelée avec plus de succès de nos jours). En 1812, on répandit de nouveau des bruits alarmants, et un décret impérial du 21 mars ordonna la translation de la bibliothèque dans

---

(1) Le *Guide des curieux et des étrangers dans les bibliothèques publiques de Paris* (petit opuscule in-12 de 47 pages; Paris, 1809) donne par erreur le titre de bibliothécaire et administrateur perpétuel à M. de Villevieille, qui n'était, en réalité, que deuxième conservateur.

le palais du sénat (le Luxembourg); mais ce décret ne reçut pas son exécution par le fait des événements de 1813 et 1814 : d'autres disent grâce à M. Lechevallier, qui fit d'actives et pressantes démarches, et gagna le duc de Rovigo.

En 1813, M. de Montalivet père, ministre de l'intérieur, nomma troisième conservateur du Panthéon M. Drevet, ancien libraire, instituteur de ses enfants et censeur au collége Henri IV. Il vient de mourir dans un âge avancé.

La restauration rendit à notre bibliothèque sa dénomination première. On fit une nouvelle estampille; c'est une empreinte ronde autour de laquelle on lit : *Bibliothèque de Sainte-Geneviève*. Au milieu sont trois fleurs de lis.

En 1816, l'abbé Halma, qui a laissé des travaux de haute érudition, fut nommé chanoine honoraire de Notre-Dame et quatrième conservateur de la bibliothèque; il ne put y obtenir un logement. La vie de ce savant fut sujette à bien des vicissitudes, tourments et misères; le besoin l'obligea à dédier au roi un de ses ouvrages les plus importants, ce qui sans doute lui facilita l'accès de la bibliothèque Sainte-Geneviève.

L'année précédente, M. L. Cotte, ancien administrateur par intérim de la bibliothèque, était mort dans sa calme retraite de Montmorency (1).

---

(1) Ce savant, qui était de Laon, a laissé des productions trop nombreuses pour que je puisse les énumérer toutes; je dois me borner à citer les plus importantes.

Traité de Météorologie. Paris, imprimerie royale, 1774, in-4, fig. 18 fr.

Description d'un nouvel Hygromètre comparable, inventé par Buissart, avec le détail des principes de construction. Paris, 1780, in-4.

Mémoires sur la Météorologie, pour servir de suite et de supplément au

Depuis 1790, la bibliothèque, accrue du dépôt des cordeliers principalement, avait acheté un grand nombre d'ouvrages, dont la moyenne peut être portée à 1,100 volumes par an. La statistique de M. Petit-Radel, conservateur de la bibliothèque Mazarine, publiée en 1819, donne pour Sainte-Geneviève le chiffre approximatif de 110,000 volumes imprimés et de 2,000 manuscrits.

En 1820, un critique très-distingué et très-connu, Dussault (Jean-Joseph), — qu'il ne faut pas confondre avec Dussaulx (Jean), son contemporain, traducteur des satires de Juvénal, membre de l'académie des Inscriptions et Belles-Lettres, — entra à la bibliothèque en qualité de cinquième conservateur; mais il n'obtint un logement dans les bâtiments de Sainte-Geneviève que quatre mois avant sa mort, qui arriva en 1824 (1).

---

Traité de Minéralogie. Paris, imprimerie royale, 1785; 2 vol. in-4, figures. 30 fr.

Manuel d'Histoire naturelle, ou Tableaux systématiques des trois règnes, pour servir de suite aux leçons élémentaires. Paris, Barbou, 1787, in-8. 3 fr.

\* Beautés de l'Histoire naturelle des Animaux. Paris, Tourneux, 1819; 2 vol. in-12, ornés de 74 planches. 6 fr.

Leçons élémentaires de Physique, d'Hydrostatique, d'Astronomie et de Météorologie, 3e édition. Paris, Aug. Delalain, 1821; in-12 avec 6 planches. 3 fr.

(Voir *la France littéraire*.)

(1) Dussault naquit à Paris. Son bagage littéraire se compose d'une foule de lettres, d'articles et de fragments publiés dans *l'Orateur du Peuple*, le *Véridique*, le *Journal des Débats* et la *Biographie universelle*. Dussault a en outre édité quelques ouvrages : les *Oraisons funèbres* de Bossuet, Fléchier, Mascarou et autres orateurs sacrés, avec un Discours préliminaire sur l'*Oraison funèbre* et des notices biographiques; une édition latine de Quintilien, avec une préface et des notes, faisant partie de la *Bibliothèque classique* de Lemaire (1821–23); les Mémoires de M<sup>lle</sup> Dumesnil, précédés d'une notice sur cette comédienne (1823). (Voir *la France littéraire*.)

M. Campenon (François-Nicolas-Vincent) entra à la bibliothèque comme conservateur-adjoint en 1822, et prit rang après M. Dussault. Il y resta peu de temps, ne se montra point et ne fit jamais aucun service (1). L'année d'après, M. de Villevieille mourut (2) et fut remplacé par M. Robert (quatrième conservateur), fils d'un employé de la Bibliothèque royale. Ce nouveau venu dut son emploi à M. de Corbière, avec qui il avait fait souvent, m'a-t-on dit, la chasse aux bouquins.

M. G.-L.-A. Bailly, sous-bibliothécaire de la ville, a fait paraître en 1828 des *Notices historiques sur les Bibliothèques anciennes et modernes* (Paris, Rousselon, libraire). Dans la table

---

(1) Ce poëte naquit à la Guadeloupe ( et non pas à Grenoble, comme le disent plusieurs biographies). Outre son discours de réception à l'Académie et ses travaux de presse, on a de lui :

Voyage de Grenoble à Chambéry, en prose et en vers, 3ᵉ édition. In-18, 1798. (La première avait paru à Grenoble trois ans auparavant.)

L'Enfant prodigue, poëme en quatre chants, 2ᵉ édition. Paris, Delaunay, 1812. (La première édition est de 1811.)

La Maison des Champs, poëme, 3ᵉ édition, suivie de quelques poésies et du Voyage de Grenoble à Chambéry. Paris, Delaunay, 1816; in-18. 3 fr. (La première édition est de 1809.)

OEuvres d'Horace, trad. en français.

Poëmes et Opuscules en vers et en prose, édition revue et corrigée. Paris, Ladvocat, 1823; 2 forts vol. in-18 avec vignettes. (C'est la réunion des productions de l'auteur.)

Essais de Mémoires, ou Lettres sur la vie, le caractère et les écrits de J.-F. Ducis, adressées à M. Odogharty de Latour. Paris, Nepveu, 1824, in-8, figures. 8 fr.

Histoire d'Écosse, etc., trad. de l'anglais de Robertson.

(Voir *la France littéraire*.)

(2) Je n'ai aucuns renseignements touchant ce conservateur... Serait-ce sur lui que M. Quérard a écrit ce peu de lignes? la date peut le faire penser :

VILLEVIEILLE (le comte de) : Lettre sur l'Institut d'Hofwil; Paris, de l'imprimerie de Rignoux; 1825, in-8 de 12 pages. (Extrait de la *Revue encyclopédique*.)

qui les termine et qui indique le nombre des livres renfermés dans nos divers établissements, il présente pour Sainte-Geneviève celui que donne M. Petit-Radel et que j'ai fait connaître; mais, dans le corps de l'ouvrage, on trouve seulement 100,000 vol. et 2,000 mss. — Cette contradiction est sans doute le fait seul d'une erreur typographique.

L'année même de cette publication, un nouveau service fut formé à la bibliothèque Sainte-Geneviève, et le roi rendit une ordonnance dont voici la teneur :

« CHARLES, par la grâce de Dieu, etc.

« Sur le rapport de notre ministre secrétaire d'État au département de l'intérieur,

« Nous avons ordonné et ordonnons ce qui suit :

« ARTICLE 1er. — Il est formé à la bibliothèque de Sainte-Geneviève un dépôt particulier pour y recevoir l'exemplaire des livres du dépôt légal qui, en vertu de notre ordonnance du 9 janvier dernier, est destiné à la bibliothèque du ministère de l'intérieur.

« ART. 2. — Chaque année, notre ministre de l'intérieur fera dans ce dépôt un choix des ouvrages qu'il jugera convenable de répandre, et il les répartira entre les bibliothèques publiques du royaume suivant leurs besoins et leur importance.

« ART. 3. — Notre ministre secrétaire d'État de l'intérieur est chargé de l'exécution de la présente ordonnance.

« Donné en notre château des Tuileries le 27 mars de l'an de grâce 1828, et de notre règne le quatrième.

« *Signé :* CHARLES.

« Par le roi,

« Le ministre secrétaire d'État au département de l'intérieur,

« *Signé :* DE MARTIGNAC. »

A cette occasion, M. Aimé-Martin fut nommé quatrième conservateur, et prit rang après M. Robert, devenu troisième conservateur par suite du décès de M. Halma. M. Aimé-Martin, chargé de la direction spéciale de ce dépôt, eut sous ses ordres un nouvel employé.

La révolution de juillet apporta des changements essentiels dans la législation des bibliothèques publiques de Paris.

Le Bulletin des lois contient cette ordonnance en date du 22 novembre 1830 :

« Louis-Philippe, roi des Français, etc.

« Sur le compte qui nous a été rendu par notre ministre secrétaire d'État de l'intérieur;

« Voulant favoriser les recherches scientifiques dans les quatre grandes bibliothèques de Paris;

« Nous avons ordonné et ordonnons ce qui suit :

« Article 1er. — La Bibliothèque du Roi, la bibliothèque Mazarine, la bibliothèque Sainte-Geneviève et la bibliothèque de l'Arsenal seront ouvertes tous les jours au public (les fêtes exceptées) depuis dix heures jusqu'à trois.

« Art. 2. — Notre ministre secrétaire d'État de l'intérieur est chargé de l'exécution de la présente ordonnance.

« *Signé :* LOUIS-PHILIPPE.
« Par le roi,
« Le ministre secrétaire d'État au département de l'intérieur,
« *Signé :* Montalivet. »

Cette année, M. B. de Lancy, ancien chef de bureau du ministère de l'intérieur, fut envoyé à Sainte-Geneviève comme conservateur-administrateur adjoint. Il succéda à M. Flocon, qui mourut en 1832 (1).

Nous avons le bonheur d'être dirigé encore par M. de Lancy dont chacun apprécie la justice, l'amabilité, l'esprit, la bienveillance et les paternelles intentions. Nous formons des vœux pour qu'il soit longtemps notre chef. — Ceci soit dit dans le seul but de rendre hommage à la vérité et sans nulle intention de flatterie : *cuique suum*.

L'estampille que nous a donnée 1830 est ronde; au milieu il y a un S et un G entrelacés, et autour : *Bibliothèque Sainte-Geneviève*.

Tous les régimes ont laissé leur empreinte sur nos bouquins.

En 1832, M. Casimir Bonjour, l'auteur dramatique, devint premier conservateur adjoint après M. Lechevallier.

Il est bon, je crois, de placer ici cet aperçu des sommes affectées annuellement par l'État à chaque bibliothèque, que je trouve dans un dictionnaire (1833) :

| | | |
|---|---|---|
| Bibliothèque royale : personnel et matériel. . . | | 239,000 fr. |
| Bibliothèque Mazarine. . . . . | Personnel. | 30,000 |
| | Matériel. . | 5,000 |
| Bibliothèque de l'Arsenal. . . . | Personnel. | 29,000 |
| | Matériel. . | 7,000 |
| Bibliothèque Sainte-Geneviève. | Personnel. | 34,500 |
| | Matériel. . | 6,000 |
| | TOTAL. . . | 350,500 fr. |

(1) M. Flocon était natif de la Lorraine ou de l'Alsace. On lui attribue une traduction de *Télémaque* en latin. Il s'occupait de catalogues et de bibliographie.

J'ai reproduit scrupuleusement l'ordre du dictionnaire; mais Sainte-Geneviève, comme nombre de volumes, occupe le troisième rang (et non pas le quatrième) et vient après l'Arsenal: elle est plus utile que cette dernière bibliothèque, mieux située, plus fréquentée, a un personnel beaucoup plus considérable, enfin elle est des trois établissements secondaires celui qui coûte le plus à l'État.

Un temps viendra où la bibliothèque Sainte-Geneviève occupera le premier rang après celle du roi; on peut le lui prédire hardiment.

D'après le *Dictionnaire de la Conversation*, elle comptait, en 1833, 160,000 vol. et 3,500 mss. Ce chiffre est exagéré.

M. Massabiau, qui était entré à la bibliothèque comme employé supplémentaire et temporaire sous M. Daunou pour travailler au catalogue, et avait écrit entièrement celui des ouvrages de médecine, fut nommé employé titulaire. Depuis lors, il parcourut les divers degrés hiérarchiques; enfin, cette année, il devint cinquième conservateur, et prit rang à la suite de M. Aimé-Martin.

Deux ans après, M. Mongez, ancien garde du cabinet des antiques de l'abbaye, mourut à Paris (1).

---

(1) Il était de Lyon et avait rempli les fonctions de bibliothécaire de Saint-Jacques de Provins avant de se charger de celles de garde du cabinet des antiques de Sainte-Geneviève. Il fut successivement membre de la commission des monuments sous l'Assemblée constituante, membre de la commission des monnaies en 1792, membre de l'administration de la Monnaie, et ensuite administrateur de cet établissement; membre du Tribunat, membre de l'ancienne et de la nouvelle académie des inscriptions et belles-lettres, de l'académie de Lyon, etc..... Je ne m'occupe point de

En 1836, la bibliothèque perdit M. Lechevallier, homme du plus honorable caractère, et dont les visiteurs, — notamment le touriste Dibdin, — savaient apprécier la complaisance et la politesse. Il était franc, enjoué, ouvert, avait de l'esprit, des connaissances et de la mémoire (1).

Au commencement de cette année, M. de Brotonne, fils d'un

---

l'énorme liste des mémoires de cet antiquaire, dressée par M. Quérard. Les ouvrages les plus considérables de Mongez sont :

Histoire de la reine Marguerite de Valois, première femme du roi Henri IV; Paris, Ruault, 1777, in-8.

Mémoires sur différents sujets de littérature; Paris, Lottin, 1780, in-8.

Mémoire sur les Cygnes qui chantent; Paris, rue et hôtel Serpente, 1793.

Algèbre; Paris, rue et hôtel Serpente, 1789, 3 vol. in-18.

Arithmétique; Paris, rue et hôtel Serpente, 1789, 2 vol. in-18.

* Vie privée du cardinal Dubois; Londres, 1789, in-8. (Réimprimée en 2 vol. in-8.)

Considérations générales sur les Monnaies, Paris, Agasse, an IV (1796), in-8.

Réflexions sur l'abus de quelques figures allégoriques employées en peinture et en sculpture; Paris, veuve Panckouke, 1800, in-8 de 17 pages.

Iconographie romaine; Paris, de l'imprimerie de Didot; — Treuttel et Wurtz, 1812-29, 3 vol in-4, avec 3 atlas grand in-folio de 17, 21, 22 planches. 272 fr.

Antiquités, Mythologie, Diplomatique des Chartes et Chronologie; Paris, Panckoucke et H. Agasse, 1786-94, et planches, 1824. En tout 7 vol. in-4. 224 fr.

Il faut joindre à ces travaux le Catalogue des antiques de Sainte-Geneviève, dont j'ai dit quelques mots.

(1) M. Lechevallier (J.-B.) était de Trély (Manche). D'abord abbé, il prit le goût des voyages, fit des découvertes intéressantes, et devint enfin conservateur à Sainte-Geneviève; on le nomma membre de la Société libre des sciences et arts de Paris, et il fut reçu dans diverses académies étrangères. On a de lui :

Voyage de la Propontide et du Pont-Euxin, avec la carte générale de ces deux mers, etc.; Paris, Dentu, an VIII (1800), 2 vol. in-8. 6 fr. 50 c.

Voyage de la Troade fait dans les années 1785 et 1786; 3ᵉ édition, revue,

ancien employé de la bibliothèque, et qui avait commencé par être employé lui-même, était devenu, de sous-bibliothécaire, conservateur-adjoint; un peu auparavant, il remplissait les fonctions d'*économe*, titre correspondant à celui de secrétaire-trésorier, le seul en usage aujourd'hui.

Cette nomination fut la juste récompense d'un zèle soutenu joint à un mérite incontestable et à de sérieux travaux.

A la fin de l'année suivante, il fut promu sixième conservateur en remplacement de M. Massabiau (1), décédé au mois d'octobre 1836. M. Bernard, qui avait été député et préfet, arriva à Sainte-Geneviève en qualité de sixième conservateur; bientôt, étant devenu le cinquième par suite de mutations que

---

corrigée et considérablement augmentée; Paris, Dentu, an IX (1802), 3 vol. in-8, avec atlas grand in-4, vues, cartes, médailles, etc.

Ulysse-Homère, ou du véritable auteur de l'Iliade et de l'Odyssée; Paris, Deburc frères, 1829, grand in-folio, avec 5 cartes et 15 planches. 24 fr.

M. Lechevallier publia cet ouvrage, sous le pseudonyme de Constantin Koliadès, pour démontrer qu'Homère n'est point l'auteur des deux épopées célèbres (opinion hardie, traitée de paradoxale et qui valut des attaques vives au voyageur). Il croit qu'il faut attribuer ces poëmes à Ulysse lui-même, car la peinture des lieux est si exacte, qu'elle ne peut avoir été tracée que sur place et par un des guerriers de la fameuse expédition. Tel est le fond du thème soutenu par M. Lechevallier.

Ce touriste avait exploré toute l'Europe; on dit qu'il possédait dans son portefeuille un *Voyage général* sur notre continent qui n'a pas vu le jour.

(1) M. Massabiau (Jean-Antoine-François) était natif de Figeac (Lot). Il fut nommé membre de la Légion-d'Honneur en 1837. Ses ouvrages les plus importants sont :

* Essai sur les Nombres approximatifs, ou Recherches analytiques d'une méthode sûre pour obtenir du premier coup et rigoureusement, dans le calcul de ces nombres, toute l'exactitude que l'on désire; Paris, Duprat, an VII (1799), in-8. 1 fr. 25 c.

Du Rapport des diverses formes du gouvernement avec les progrès de

j'ai enregistrées, il céda le rang qu'il occupait dès son entrée à M. de Brotonne.

On voit par ces mouvements dans les grades supérieurs que la bibliothèque prenait plus d'importance de jour en jour; son développement rapide deviendra plus frappant encore pour qui examinera le tableau général du personnel placé à la fin de cet ouvrage.

Une loi qui ouvrait un crédit extraordinaire pour la bibliothèque sur l'exercice 1838 fut promulguée.

Je dois lui donner place ici.

« Au palais des Tuileries, le 28 juillet 1838.

« LOUIS-PHILIPPE, roi des Français, etc.

« Nous avons proposé, les chambres ont adopté, nous avons ordonné et ordonnons ce qui suit :

la civilisation; Discours politique et moral. Paris, Courcier; l'auteur, 1805, in-8. 3 fr. 50 c.

La Sainte-Alliance, ode; Paris, de l'imprimerie de Fain, 1817, in-4 de 8 pages.

De la Division des Pouvoirs exécutif et législatif dans la monarchie; qu'elle n'est point la garantie du peuple, etc.; Paris, l'auteur, 1818, in-8.

La Liberté des journaux impossible avec le système représentatif, etc.; Paris, de l'imprimerie de Plassan, 1818, in-8 de 8 pages.

Stances sur le baptême du duc de Bordeaux; Paris, imprimerie de Didot aîné, 1819, in-8 de 8 pages.

De l'Esprit des institutions politiques; Paris, Maradan, 1821, 2 vol. in-8. 12 fr.

* Quelques observations sur (contre) le projet de loi relatif aux successions, présenté à la chambre des pairs dans la séance du 10 février 1826, et principalement sur l'exposé des motifs qui le précède; Paris, Mongie aîné, 1826, in-8 de 28 pages.

* La République sous les formes de la Monarchie, etc.; Paris, Delaunay, 1832. in-8 de 48 pages.

(Voir *la France littéraire*.)

« Article unique.

« Il est ouvert au ministre secrétaire d'État au département de l'instruction publique un crédit extraordinaire, au budget de 1838, de quarante-huit mille deux cent vingt-trois francs (48,223), pour être appliqué à une augmentation des services du personnel et du matériel de la bibliothèque Sainte-Geneviève.

« La présente loi, discutée, délibérée et adoptée par la chambre des pairs et par celle des députés, et sanctionnée par nous cejourd'hui, sera exécutée comme loi de l'État, etc. »

Cette loi est contre-signée par M. de Salvandy, ministre de l'instruction publique; elle fut rendue nécessaire par l'accroissement du nombre des lecteurs et par l'établissement des *séances du soir*.

Dès le mois de janvier de cette année, la bibliothèque était ouverte deux fois par jour (les dimanches et jours fériés exceptés), de dix heures à trois heures comme auparavant, et le soir de six heures à dix heures. Il avait fallu éclairer la bibliothèque au gaz et augmenter le nombre des fonctionnaires, puisque celui des séances était doublé.

L'établissement de ces séances du soir est sans contredit un des actes qui honorent le plus l'administration de M. de Salvandy. Il découle d'une pensée noble, vraiment philanthropique, digne de l'entière approbation des gens honnêtes, des éloges de tous ceux qui s'intéressent à la jeunesse du quartier latin.

Sans parler de l'immense profit que retirent de cette fondation les études, de ce moyen d'utiliser des heures souvent livrées à l'oisiveté énervante, il faut considérer encore que les jeunes gens qui viennent lire et prendre des notes le soir à Sainte-Geneviève iraient peut-être, si cette bibliothèque n'était pas ouverte, dans les estaminets, dans les bals publics, dans les mauvais lieux, où ils dépenseraient follement leur intelligence, leur santé et le peu d'argent dont ils disposent.

Au point de vue moral et utilitaire, les séances du soir sont donc une chose infiniment louable, une innovation excellente.

On n'ignore pas que bon nombre d'étudiants pauvres ou du moins fort gênés n'*étudient* point chez eux en hiver, faute de feu et de lumière; dès lors que faire? Se livrer à la dissipation ou à la débauche.

Une riche bibliothèque s'est ouverte pour eux; ils y trouvent l'été un abri contre la chaleur, l'hiver un refuge contre le froid, et, s'ils ne veulent pas méditer Duranton, Bichat, Soubeiran, Berzelius ou Pouillet, ils peuvent lire de l'histoire, de la poésie, des pièces de théâtre, des mémoires ou des voyages.

Une lecture, quelque futile qu'elle soit, vaut mieux encore que l'exercice machinal de la pipe, les bacchanales dansantes ou le billard.

Je ne saurais trop le répéter, une mesure aussi éminemment sage montre dans celui qui l'a fait adopter des idées élevées et le sentiment des moyens à employer pour régénérer la jeunesse exposée ici à tant de séductions périlleuses, à tant d'occasions d'inconduite et de perte.

Cependant, comme on ne saurait « contenter tout le monde et son père, » et comme les meilleures choses humaines entraînent des inconvénients, les séances du soir ont leurs ennemis, parmi lesquels je dois citer le bibliophile Jacob, qui les attaque ainsi dans son ouvrage intitulé : *Réforme de la Bibliothèque du Roi :*

« ... Les séances du soir, cette invention hostile et malfaisante qui tend à passer des cabinets de lecture dans les bibliothèques publiques, achèveront de détruire les déplorables restes de la Bibliothèque du Roi. C'est une si belle chose que de populariser la lecture et de dilapider les bibliothèques !

« Il y a déjà huit ans que les lectures du soir sont instituées à la bibliothèque de Sainte-Geneviève, et nous ne croyons pas que les études y aient gagné plus que les mœurs ! On a nui considérablement aux salons littéraires du voisinage, c'est incontestable; on a nui quelque peu aux divans du quartier, surtout à ceux qui faisaient crédit à nos fils de famille, c'est probable; mais on a nui encore davantage aux pauvres livres de la bibliothèque, froissés, usés, tachés sous les doigts des lecteurs somnolents.

« Ces séances du soir n'ont pas fait d'ailleurs un bon médecin de plus, pas un bon jurisconsulte de plus, pas un bon lettré de plus. »

C'est là raisonner en esprit chagrin, en pessimiste, avec exagération, en érudit qui voit avec humeur que l'érudition prend le chemin de se répandre et de n'être plus l'apanage exclusif de quelques travailleurs...; le bibliophile parle un peu trop en *bibliomane :* les livres sont faits pour être lus, j'imagine, et si on ne les communique point au public, dont ils sont la propriété, autant vaut garnir les tablettes de cartons vides façonnés en volumes et portant un dos simulé avec titre.

Nous ne vivons pas dans un temps de priviléges; plus un peuple s'instruit, plus il se moralise, se civilise, se polit...

Cependant il y a du vrai dans le dire de M. P. L. Jacob ; nos livres se gâtent vite, et il importe d'apporter un prompt remède à ce mal.

Qu'on me permette d'émettre, à ce propos, quelques idées personnelles, bien que ma position ne leur donne pas un grand poids : le cri d'alerte d'un simple matelot peut, dans certains cas, appeler l'attention des officiers d'un équipage sur un danger éminent et provoquer une manœuvre qui le prévienne. Avant tout, il importerait que les bibliothécaires aimassent les livres et eussent quelque teinture de bibliographie ; il faudrait aussi que ces messieurs ne fussent pas des machines montées *pour donner des volumes au premier venu* et feuilleter un catalogue ; qu'ils eussent un certain tact, une certaine dose de discernement qui leur permît de séparer l'amateur de livres, le savant, du flâneur de bibliothèque, du malotru qui ne sait pas distinguer un Elzévir d'un livre Lebigre, pour qui toute édition est bonne, qui se mouille les doigts pour tourner des feuillets, écrit des billevesées et des sottises sur les marges, et fait des cornes aux pages pour marquer les endroits où il s'arrête.

Il faudrait que les bibliothécaires communiquassent au premier le volume de prix, et ne donnassent au second que l'édition vulgaire qui n'a aucune valeur.

Je vais au-devant de l'objection que l'on pourra me faire ici, en déclarant qu'il est quelquefois difficile de connaître à quelle catégorie appartient le lecteur qui se présente pour la première fois ; pourtant l'échange de quelques paroles peut faire présumer la nature de son travail et le degré de son intelligence.

On doit prendre ce point de départ; et, si l'on se trompe, on n'aura, du moins, rien à se reprocher.

Il serait indispensable, en outre, d'établir dans les bibliothèques très-fréquentées (surtout dans celles de la rue Richelieu et de la place du Panthéon) deux salles : l'une, espèce de cabinet de lecture sur une grande échelle, serait surtout affectée aux étudiants, race peu soigneuse, aux lecteurs ordinaires; on y trouverait les livres de droit, de médecine, de pharmacie, de chirurgie; les almanachs, les annuaires, le *Moniteur*, les biographies, l'*Histoire de Paris* de Dulaure, celle de la *Révolution française* de M. Thiers, — ce que l'on demande le plus, ce qui peut se trouver partout et se remplacer. Les détériorations sont toujours regrettables sans doute, et il importe de les prévenir par une surveillance active et soutenue, mais elles auraient des conséquences moins fâcheuses, et nous n'aurions à remplacer de temps en temps que quelques ouvrages qu'il est toujours facile de se procurer.

L'autre salle, vrai sanctuaire de la science, *bibliothèque* proprement dite, serait d'un accès plus difficile; elle contiendrait ce qui a le plus de valeur, ce qui exige de grands soins de conservation, ce qui ne se retrouve que difficilement, ce qui mérite tous nos respects; on admettrait de préférence, dans ce département, les gens connus, les *travailleurs sérieux*, et le contrôle des fonctionnaires s'exercerait sans obstacle, car ce public est infiniment moins nombreux que l'autre.

On pourra taxer la mesure que je propose humblement d'aristocratique : qu'importe! Faut-il que la génération présente dévore tout, ne laisse rien à la postérité des merveilles des vieux âges?.. Que l'on permette l'usage modéré, soit, mais que l'on empêche l'abus; que l'on concilie les exigences de l'étude avec la nécessité de préserver des raretés typographiques de profanations, de souillures et du prompt anéantissement dont elles sont menacées.

Sauf meilleur avis, je ne vois rien de mieux que cette séparation, qui serait facile dans le local spacieux que l'on nous prépare. On pourrait établir au rez-de-chaussée, par exemple, les salles banales, le *chauffoir*, l'*asile*, le *lieu de refuge* pour les malheureux qui savent lire et écrire et n'ont ni bois ni chandelle.

Les séances du soir attirèrent d'abord, outre les travailleurs, des oisifs, des curieux et des voleurs; quelques volumes furent enlevés, mais on fit bonne garde, on arrêta plusieurs individus, et depuis les soustractions devinrent fort rares.

En 1839, une ordonnance du roi, très-importante, concernant l'organisation des quatre grandes bibliothèques de Paris, fut rendue le 22 février. En voici les principales dispositions :

## TITRE II.

#### BIBLIOTHÈQUES MAZARINE, SAINTE-GENEVIÈVE ET DE L'ARSENAL.

« 21. — Le personnel des bibliothèques Mazarine et de l'Arsenal devra se composer d'un conservateur, d'un conservateur-adjoint, de deux bibliothécaires, de deux sous-bibliothécaires et de deux employés. Un bibliothécaire ou sous-bibliothécaire est préposé au récolement et à la garde des cartes, estampes ou manuscrits, dont il est tenu des catalogues séparés. Il peut être nommé des surnuméraires par arrêtés de notre ministre de l'instruction publique. Leur nombre n'excède pas celui des employés.

« 22. — Le personnel de la bibliothèque Sainte-Geneviève se compose d'un conservateur, de deux conservateurs-adjoints, de cinq bibliothécaires, de cinq sous-bibliothécaires et de cinq employés. Un bibliothécaire ou sous-bibliothécaire est préposé à la garde et au récolement des cartes, estampes et manuscrits, dont il sera tenu des catalogues séparés. Il peut également être nommé des surnuméraires par arrêtés de notre ministre de l'instruction publique. Leur nombre ne peut excéder celui des employés.

« 23. — Dans chaque établissement il y a un agent comptable sous le nom de secrétaire-trésorier, qui est chargé, sous l'autorité du conservateur, du service de la comptabilité, de la tenue des écritures et des registres de toute nature. Il a rang de bibliothécaire.

« Le secrétaire-trésorier est nommé par notre ministre de l'instruction publique.

« 24. — Les conservateurs et conservateurs-adjoints sont nommés par nous; les bibliothécaires et employés sont nommés par notre ministre de l'instruction publique.

« Une place au moins de conservateur-adjoint sur deux vacances est réservée aux bibliothécaires; une place au moins de sous-bibliothécaire sur deux vacances est réservée aux employés. Les surnuméraires, après trois ans de service, ont droit à la moitié des places d'employés qui viennent à vaquer. Ces nominations ont lieu sur la présentation du conservateur.

« 25. — Dans chaque établissement, le conservateur, les conservateurs-adjoints, le secrétaire-trésorier et les plus anciens bibliothécaires, au nombre d'un ou de deux, forment un conseil d'administration, composé de cinq personnes, qui délibère sur le règlement intérieur de la bibliothèque, la confection et la tenue des catalogues, le service du prêt des livres, les achats, les échanges et le budget des dépenses et des comptes.

« L'administration proprement dite, la correspondance, la répartition du travail, les mesures d'ordre, la nomination et la révocation des gens de service appartiennent exclusivement au conservateur. Le personnel, le matériel, la comptabilité, sont placés sous son autorité. Il correspond exclusivement avec notre ministre de l'instruction publique.

« 26. — Les bibliothécaires, sous-bibliothécaires et employés dans les bibliothèques Sainte-Geneviève, Mazarine et de l'Arsenal devront être choisis parmi les membres de l'Université, les littérateurs et savants connus par leurs travaux, les élèves de l'École des Chartes.

« 27. — Il est institué, sous la présidence d'un délégué de notre ministre de l'instruction publique, pour les trois bibliothèques Mazarine, Sainte-Geneviève et de l'Arsenal, afin de mettre dans les acquisitions de l'ensemble et l'observation des besoins spéciaux, un comité des achats de livres, qui se composera des conservateurs et secrétaires-trésoriers des trois bibliothèques, l'inspecteur-général des bibliothèques tenant la plume.

« Ce comité règle l'emploi des fonds, particulièrement pour achats de livres. Ses délibérations sont régulièrement transmises à notre ministre de l'instruction publique.

« 28. — Ce comité délibère en même temps sur toutes les matières que notre ministre de l'instruction publique fait proposer à son examen. Il est notamment appelé à coordonner les règlements intérieurs des diverses bibliothèques.

« 29. — Les règles établies pour la Bibliothèque du Roi, en ce qui concerne les catalogues de toute nature, les registres d'entrée, l'inventaire des doubles, lequel comprendra seulement les exemplaires de toutes les éditions différentes, le prêt des livres, les échanges, les dons et les aliénations, sont applicables aux bibliothèques Mazarine, Sainte-Geneviève et de l'Arsenal.

« L'inspecteur-général des bibliothèques veille à leur exécution. Il propose à notre ministre de l'instruction publique toutes les mesures propres à assurer le bon ordre, l'exécution des ordonnances et règlements, ainsi que l'observation des principes de la comptabilité. Il peut et doit faire toutes les vérifications convenables.

« 30. — Le budget de chaque établissement comprend trois articles distincts, savoir : 1° le personnel, 2° le matériel proprement dit, 3° l'achat des livres ou les frais de reliure ou de conservation. Aucun des fonds destinés à chacun de ces divers services ne peut être reporté d'un article sur un autre sans un arrêté préalable de notre ministre de l'instruction publique.

« 31. — Les bibliothèques publiques seront ouvertes pendant les mois d'été de neuf heures du matin jusqu'à quatre heures du soir.

« 32. — Les vacances de la bibliothèque Sainte-Geneviève commencent le 1er septembre et finissent le 15 octobre.

« Celles de la bibliothèque Mazarine durent du 1er août au 15 septembre.

« Celles de la bibliothèque de l'Arsenal du 15 septembre au 1er novembre.

« Toutefois ces dispositions peuvent être changées par arrêté de notre ministre de l'instruction publique, sur la proposition de l'inspecteur-général, sans que les vacances puissent excéder les termes indiqués ci-dessus et que les bibliothèques puissent se trouver fermées toutes à la fois.

« Toute autre vacance, dans le courant de l'année, est et demeure supprimée.

« 33. — Les traitements des fonctionnaires de ces bibliothèques sont fixés ainsi qu'il suit :

« Conservateur de la bibliothèque Sainte-Geneviève. . 6,000 fr.
« Conservateurs des bibliothèques Mazarine et de l'Arsenal. . . . . . . . . . . . . 5,000
« Conservateurs-adjoints. . . . . . . . . 3,600
« Bibliothécaires. . . . . . . . . . . 2,000
« Sous-bibliothécaires. . . . . . . . . 1,500
« Employés. . . . . . . . . . . . 1,200
« Secrétaire-trésorier. . . . . . . . . . 2,500

« 34. — Les bibliothécaires, sous-bibliothécaires et employés ne peuvent être révoqués qu'après information et avis du conseil d'administration.

« 35. — Le conservateur et le secrétaire-trésorier sont logés près de la bibliothèque. Il ne peut y avoir d'autres logements.

« L'inspecteur-général des bibliothèques s'assure de l'observation de cette disposition.

« 36. — Il sera fait par notre ministre de l'instruction publique un règlement particulier pour fixer les gages, les fonctions et le costume des gardiens, concierges et autres gens de service des trois bibliothèques.

« Ce règlement sera coordonné avec celui qui devra intervenir à l'égard de la Bibliothèque du Roi. »

## TITRE IV.

### DISPOSITIONS TRANSITOIRES.

« 43. — Les réductions du personnel résultant de la présente ordonnance n'auront lieu qu'au fur et à mesure des extinctions.

« Chacun conserve les logements qui lui ont été régulièrement concédés.

« Chacun prendra immédiatement les titres que la présente ordonnance lui confère; ceux qui auraient droit à un accroissement de traitement en jouiront au fur et à mesure des extinctions dans les limites des crédits portés aux lois des finances.

« Les excédants des crédits alloués pour le personnel sont reportés sur le fonds des acquisitions. »

Tels sont les principaux articles de cette ordonnance réglementaire due à M. de Salvandy, et qui a été remise en vigueur lors de sa rentrée aux affaires.

Elle a dû subir récemment quelques modifications.

Dans l'ouvrage de MM. Faudet et de Mas-Latrie sur Saint-Étienne-du-Mont, il est dit que notre bibliothèque peut être considérée comme la première de Paris après la Bibliothèque royale, et qu'elle renferme environ 145,000 volumes et 2,000 manuscrits.

Les auteurs ajoutent que les galeries sont décorées « des bustes de personnages anciens et modernes, » que « l'on a transporté au musée de Versailles ceux qui étaient en marbre, et qu'on les a remplacés par des plâtres moulés sur les originaux. »

Cette dernière assertion est complétement erronée; jamais pareil transport n'a eu lieu, et plusieurs de nos bustes sont en marbre blanc, entre autres celui de Le Tellier.

Je dois enregistrer à la date du 17 avril 1840 la mort de M. Daunou, l'un des principaux bienfaiteurs de la bibliothèque Sainte-Geneviève (1).

(1) Les ouvrages de cet homme célèbre sont trop connus et trop nom-

Cette même année mourut M. Robert, conservateur (1); il fut remplacé, en 1841, par M. Ferdinand Denis, qui, quelques années auparavant, avait été simple employé à la bibliothèque, puis l'avait quittée pour entrer à celle du ministère de l'instruction publique, département du dépôt de la librairie.

Sur notre nécrologe doit figurer aussi le décès de M. Blanchet (14 décembre 1841). Cet ancien fonctionnaire, toujours actif et zélé, remplissait l'emploi de secrétaire-trésorier et avait rang de bibliothécaire.

M. de Salvandy, qui, dans sa jeunesse, était souvent venu comme lecteur à Sainte-Geneviève et conservait un bon souvenir au vieillard assidu et serviable, avait récompensé cette vie modeste et dévouée par la décoration de la Légion-d'Honneur.

Cependant le collège Henri IV convoitait toujours le local de la bibliothèque des génovéfains pour transformer les galeries en dortoirs ou salle de distribution des prix, et faire du rond-

---

breux pour que je m'en occupe ici : je renvoie à la *France littéraire* de M. Quérard et à la notice de M. Taillandier.

(1) Il était né à Paris. On croit qu'il fit en premier lieu un livre de pharmacie ou de médecine au Val-de-Grâce, dont il était d'abord pharmacien-major démonstrateur. Ses ouvrages sont au nombre de trois : 1º Fables inédites des XIIe, XIIIe et XIVe siècles, et les Fables de La Fontaine, rapprochées de celles de tous les auteurs qui avaient, avant lui, traité les mêmes sujets (1825, 2 vol. in-8); 2º Partonopeus de Blois, publié pour la première fois d'après le manuscrit de la bibliothèque de l'Arsenal, Paris, Crapelet, 1834, 2 vol. grand in-8 (publié sous le nom de l'éditeur, mais il est de notoriété publique que l'ouvrage est de M. Robert); 3º Fabliaux inédits, tirés du manuscrit de la Bibliothèque du Roi, nº 1830 ou 1839 (Paris, de l'imprimerie de Rignoux, 1834, in-8 de 32 pages). Cette brochure contient quatre fabliaux et à leur suite un glossaire. (Voir M. Quérard.)

point qui est sous la coupole peinte par Restout une salle de dessin à l'usage des élèves. On propagea avec une recrudescence nouvelle ces bruits inquiétants, qui représentaient les planchers, les poutres et les murs de la bibliothèque comme étant dans un fort mauvais état et menaçant les dortoirs des élèves placés au-dessous; on fit agir de puissantes influences, il y eut des commissions et tout ce qui s'ensuit; bref, on obtint la translation provisoire de la bibliothèque dans un bâtiment voisin, en attendant la décision des chambres au sujet d'un local définitif.

Ceci étant de l'histoire contemporaine, je dois me montrer très-circonspect; il n'entre nullement dans mes intentions d'attaquer qui que ce soit, de récriminer contre nos adversaires triomphants : loin de moi la pensée de toute insinuation malveillante ou légère; mais je veux être vrai et dire sans détour ce que l'on pense généralement.

Certes, il y a eu dans tout ceci des gens convaincus, sincèrement effrayés par la peinture de dangers chimériques, mais il y a eu aussi des habiles, des compères.

Il était urgent, disait-on, de faire évacuer les lieux, de réparer ce qui menaçait ruine, de prendre des mesures pour la sécurité des familles, pour la sûreté des élèves;..... Nous déménageons donc, et, quand on nous a mis à la porte, on laisse bel et bien les choses dans leur ancien état; on ne commande aucune réparation, on ne s'inquiète plus de rien; on n'a pas même un peu d'adresse pour sauver les apparences, on cesse de trembler. Que penser de cela?...

Un rapport fut fait au roi, qui rendit à ce sujet une ordonnance le 22 juin 1842; je laisse le préambule, qui mentionne la substance de ce rapport, les craintes qu'il manifeste à tort ou à raison, et passe aux articles :

« ARTICLE 1er. — La bibliothèque Sainte-Geneviève sera provisoirement transférée dans la partie des bâtiments de l'ancienne prison de Montaigu, faisant face à la place du Panthéon.

« ART. 2. — Il est ouvert à notre ministre secrétaire d'État au département des travaux publics, sur l'exercice 1842, un crédit extraordinaire de soixante mille francs pour dépenses urgentes qui n'ont pu être prévues au budget dudit exercice, et qui s'appliquent aux travaux à exécuter pour approprier au service de la bibliothèque Sainte-Geneviève la partie des bâtiments de l'ancienne prison de Montaigu, désignée en l'article Ier.

« ART. 3. — La régularisation de ce crédit extraordinaire sera proposée aux chambres lors de leur prochaine session.

« ART. 4. — Nos ministres secrétaires d'État aux départements des travaux publics, de l'instruction publique et des finances sont chargés, chacun en ce qui le concerne, de l'exécution de la présente ordonnance, qui sera insérée au Bulletin des lois.

« *Signé :* LOUIS-PHILIPPE.

« Par le roi,

« Le ministre secrétaire d'État au département des travaux publics,

« *Signé :* J.-B. TESTE. »

C'en était fait : il fallait quitter la vieille galerie des chanoines, la charmante coupole de Restout, aux supports en boiseries rococo. On avait surpris la religion du pouvoir, — du moins c'est l'opinion générale.

La translation eut lieu immédiatement, et ce ne fut pas une petite affaire; on prit toutes les précautions possibles pour garantir nos livres de l'humidité dont sont imprégnées les murailles de Montaigu.

Les ouvrages que l'on jugea devoir être demandés le plus usuellement furent placés dans les salles du rez-de-chaussée; le reste remplit les étages supérieurs du séculaire collége. — Cet état de choses dure encore; il est doublement fâcheux : les lecteurs sont privés de beaucoup de matériaux que l'on ne peut communiquer pour le moment, et il y aura en définitive quelques livres qui auront souffert. — C'était inévitable, et l'on ne peut s'en prendre qu'au local.

Le *Moniteur* du 20 octobre de la même année publie cette annonce :

« La réouverture de la bibliothèque Sainte-Geneviève vient d'avoir lieu. Cette bibliothèque, qui était, comme on sait, dans quatre galeries dépendantes du collége Henri IV, a été transférée place du Panthéon, dans les bâtiments de l'ancienne caserne Montaigu. La porte d'entrée est sur la place. La salle de lecture et de travail est au rez-de-chaussée; elle est chauffée par de puissants calorifères, et l'éclairage, le soir, a lieu par des becs de gaz à deux bouches fixées sur les tables de travail. Cette bibliothèque, qui reste ouverte de dix heures du matin à dix heures du soir (1), est visitée chaque jour par huit ou neuf cents étudiants (2). »

---

(1) Ceci mérite rectification : de dix heures du matin à trois heures — et de six heures du soir à dix heures.

(2) Ce nombre est exagéré; le local provisoire ne contient pas plus de cent cinquante ou deux cents places.

Il restait une question importante à débattre, celle du local définitif. Elle vint à l'ordre du jour de la chambre des députés le 6 juin 1843. Il s'agissait de construire une nouvelle bibliothèque sur l'emplacement même d'une partie des bâtiments et de la cour de Montaigu.

Je vais m'étendre sur cette séance si mémorable en ce qui nous touche :

M. Denis (frère de l'un de nos conservateurs) prit d'abord la parole et dit des choses fort sensées et fort justes. Il déclara qu'il avait toujours prêté l'appui de son vote aux projets de construction portant un cachet de grandeur nationale et d'utilité publique, mais que, ne trouvant pas ce caractère dans celui que l'on présentait, il venait le combattre.

Selon l'orateur, aucun bâtiment, soit à Paris, soit ailleurs, n'est mieux approprié à une bibliothèque que ce beau vaisseau condamné à recevoir une autre destination sans que le public sache bien précisément pourquoi. « Il y a pourtant des gens qui le savent, mais ils ne le diront pas, ajoute-t-il. Selon moi, la bibliothèque Sainte-Geneviève est condamnée *in petto* à la démolition, ou, qui pis est, à la mutilation (signe de dénégation fait par M. Vatout), alors à une réparation qui équivaut à une dégradation... C'est tout simplement une transgression manifeste à l'un des commandements de Dieu : *Tu ne convoiteras pas la propriété de ton voisin*. Or, on n'est pas plus voisins que la bibliothèque Sainte-Geneviève et le collége Henri IV. »

M. Villemain, ministre de l'instruction publique : — Trop voisins !

M. Denis. — Nous le voyons bien.

L'orateur parle ensuite de la situation de la bibliothèque au comble des bâtiments du collége, du besoin que ce dernier établissement éprouve d'agrandir ses dortoirs et d'en augmenter le nombre, ce qui est le fond de l'affaire; le danger n'est que le prétexte. Tout cela, au surplus, se rattache à un plan de la ville de Paris. « Sachant toutes ces choses et bien d'autres, dit-il, je me suis transporté sur les lieux pour juger de l'état de la malade, je veux parler de la bibliothèque; j'y suis retourné, non pas une fois, mais dix fois, et en compagnie d'un architecte, ne me fiant pas à mes propres lumières dans une question aussi délicate. »

Selon M. Denis, on pourrait facilement et sans trop de dépenses réparer les bâtiments, rétablir les étais supprimés en 1804, lorsque le collége prit possession de l'abbaye. Le plancher a éprouvé une flexion, il est vrai; mais, depuis quarante ans, rien de fâcheux.

Il y aurait bien quelque chose à faire, mais on s'est exagéré le péril, et, par suite d'une terreur panique, on a fait transporter les livres à Montaigu, « lieu humide et le plus malsain qu'on puisse imaginer. »

L'orateur évalue la dépense à 300,000 francs. Les réparations en seraient terminées et les livres replacés en moins de dix-huit mois. Il a vu de ses propres yeux ces livres se détériorer et se moisir à Montaigu, etc. On épargnerait une dépense de trois millions et tout ce qu'il faudra débourser pour approprier la bibliothèque abandonnée à un usage quelconque, et l'on conserverait à la jeunesse studieuse et à la vieillesse instruite et reconnaissante un asile dont elles s'éloignent à regret.

M. Denis vote contre le projet de loi et pense que la chambre fera de même.

M. le ministre des travaux publics prend ensuite la parole et appuie le projet. « Les renseignements que s'est procurés le gouvernement, dit-il, ne se rapportent point à ceux sur lesquels s'appuie M. Denis. Peu s'en est fallu qu'une résolution relative à la translation des livres ne fût prise en 1804, époque où l'on avait déjà conçu des doutes sur la solidité du bâtiment; à la fin de l'empire, cette translation fut ordonnée, mais ne put s'effectuer. Le péril de la construction a été dénoncé officiellement à trois reprises différentes par le préfet de la Seine; l'architecte de l'édifice l'a vérifié, et, comme il y avait urgence, il a fallu rendre dans l'intervalle des sessions une ordonnance pour le transfèrement des livres à Montaigu.

Le rapport de la commission nommée pour éclairer le gouvernement réfute les dires de M. Denis : ses membres ont été d'un avis unanime, le danger est bien constaté. La bibliothèque Sainte-Geneviève est une propriété publique, le collége Henri IV appartient à la ville de Paris; il résulte des inconvénients véritables de cet enchevêtrement de deux propriétés. Il faut ajouter à cela les chances d'incendie, etc.

M. Denis a de nouveau la parole et demande à lire un rapport d'un architecte de talent, membre de l'Institut, qui établit que l'on peut restaurer les bâtiments de la bibliothèque. « Mon Dieu! messieurs, ajoute-t-il, vous connaissez le proverbe : *Quand on veut tuer son chien, on dit*..... » (Rires.)

M. Delespaul soutient la même thèse que M. Denis et convient de l'urgence des réparations; mais il voudrait la réinstallation,

M. le ministre des travaux publics dit que la commission juge les travaux de consolidation insuffisants et est unanime sur la nécessité du changement. Depuis plusieurs années, un projet avait été rédigé par M. Labrouste, architecte, pour construire la nouvelle bibliothèque sur l'emplacement de Montaigu. Le projet devait être présenté dans le cours de la dernière session; mais l'état des finances obligea de l'ajourner.

Sur ces entrefaites, les bâtiments ont donné de nouvelles alarmes; il y a eu des déplacements, des avaries aux poutres qui soutiennent les plafonds. Justement effrayés, le préfet de police et le proviseur ont adressé de nouvelles observations aux ministres, et le proviseur est allé même jusqu'à dire *qu'il préférait résilier ses fonctions plutôt que de continuer à subir une aussi grande responsabilité.* Le choix a dû se porter sur Montaigu, où les livres ont été emmagasinés; vingt ou trente mille volumes ont été laissés au public dans les salles du rez-de-chaussée. La commission a insisté pour que les livres fussent enlevés dans le plus court délai; les galeries allégées n'offriraient plus le même danger.

(Tout ceci est le rapport de cette commission, lu par le ministre.)

M. Delespaul réplique et ne se tient pas pour battu. De qui ce rapport émane-t-il? D'une commission ministérielle où il voit figurer plusieurs architectes et inspecteurs de bâtiments, un ou plusieurs députés de la ville de Paris. N'est-ce pas un député de la ville de Paris qui, à la séance de la chambre du 21 mai 1842, provoquait la translation de la bibliothèque Sainte-Geneviève à Montaigu? N'était-ce pas le vœu du conseil municipal de la

Seine ? — Le député veut prouver qu'il n'y a pas urgence, mais seulement convoitises déguisées : convoitise du collége, convoitise de la ville. Il rappelle le rapport d'une commission (26 mai 1842) qui pense que le local de Sainte-Geneviève est parfaitement approprié à l'établissement de la bibliothèque. L'orateur fait appel à quelques membres de cette commission, entre autres à M. Desjobert, qui prend la parole pour dire qu'en 1842 la commission n'était pas saisie de la question de reconstruction, seulement du déménagement des livres ; ainsi que M. Denis, il regarde ce déménagement comme on ne peut plus funeste aux livres.

Contradiction de M. le ministre de l'instruction publique sur ce dernier point.

M. Desjobert pense que la consolidation de l'édifice serait nécessaire, mais peu coûteuse; il fait entendre que, lorsqu'on veut arriver à un but, rien n'est plus facile que d'avoir soutien de tous côtés (ce n'est pas à M. le ministre que s'adresse ce reproche). Quant à l'architecte consulté, il ne manque jamais de dire : « Bâtissez, » surtout s'il doit être chargé de la construction.

M. le ministre des travaux publics repousse ces insinuations. M. Delespaul parle d'une note d'architecte déposée aux archives de la chambre, et qui dit que la bibliothèque peut être reconstruite à la rigueur, ce qui coûterait 800,000 francs. C'est une question d'art et une question d'économie tout à la fois.

Question d'art : cette bibliothèque est du petit nombre de celles construites à destination de bibliothèque.

Question d'économie : il y a loin du chiffre de 800,000 francs à celui de 3 ou 4 millions.

Le député donne les dates de la fondation et de l'agrandissement de ce beau vaisseau, qui est admiré par les étrangers; il invoque l'opinion des Anglais, qui ne sont pas disposés à vanter trop nos monuments nationaux, et surtout celle du touriste Dibdin.

Il adjure la chambre d'empêcher la destruction de ces galeries.

(Ici M. Vatout proteste que l'on ne se propose pas de les détruire.)

M. Delespaul ajoute que les amis des arts verraient avec chagrin un si bel intérieur converti en dortoir, et cela pour faire gagner de gros appointements à un architecte.

(M. Villemain nie avec force que ce soit dans ce but.)

Les autres pays, l'Italie, l'Angleterre, l'Allemagne, ne sacrifieraient pas ce monument s'ils le possédaient. — L'orateur termine en appuyant sur la question d'économie.

M. Desjobert parle des boiseries précieuses, et demande si elles seront transportées.

M. Ardant, rapporteur, le rassure sur le sort de ces boiseries et de tous les objets d'art....

La suite de cette discussion fut reprise à la séance du 7 juin.

M. Delespaul, infatigable champion de la bibliothèque, rentre dans le champ-clos; il combat à outrance, comme chose onéreuse à nos finances autant qu'inutile, le crédit de 1,820,000 fr. demandé pour l'établissement d'une nouvelle bibliothèque à Montaigu. Il a vainement cherché dans le Bulletin des lois le décret impérial concernant la translation de 1812. M. Vatout le lui montre. M. Delespaul pense que Napoléon voulait simplement faire don de la bibliothèque Sainte-Geneviève au sénat; alors le ministre des travaux publics lit un extrait de ce décret qui prouve que l'on voulait faire de la bibliothèque du Panthéon des dortoirs pour deux cents élèves, et en conclut que ce décret fut rendu en faveur du lycée Napoléon, et non pas de la bibliothèque.

M. Delespaul réplique avec raison que ce que l'on vient de lire ne prouve nullement que la décrépitude du local ait été la cause déterminante du transfèrement. On exagère les inconvénients résultant du voisinage de la bibliothèque et du collége; cependant le voisinage pourrait être profitable aux élèves des classes supérieures, etc...

L'orateur demande pourquoi l'on ne conserverait pas la bibliothèque en y faisant des réparations, pourquoi l'on veut se jeter dans de folles dépenses. On a dit que le roulement des échelles trouble le sommeil des élèves; il en doute, à cause de la hauteur des étages et de l'épaisseur des murailles de l'abbaye. Qui doit déguerpir de l'État ou de la Ville ? — Ce n'est pas l'État à coup sûr. Le député parlant ensuite des devis d'architectes, toujours dépassés, s'écrie : « ... Méfiez-vous des architectes du gouvernement, messieurs. Les architectes veulent non-seulement la construction de la bibliothèque Sainte-Geneviève dans le local de Montaigu, ils veulent encore celle bien plus considérable de la Bibliothèque royale, qui coûterait à l'État au moins 12 millions, défalcation faite de la vente des bâtiments et des terrains de la Bibliothèque actuelle. Ils veulent la destruction des pavillons de l'Institut qui renferment la bibliothèque Mazarine, et leur remplacement par des constructions qui sont

déjà commencées dans les cours du palais de l'Institut.... »
Entre autres choses, l'orateur dit qu'il croit que cette loi a tant
de partisans dans la chambre à cause du grand nombre d'élèves
du lycée Napoléon et du collége Sainte-Barbe qu'elle renferme.
A ces mots, on se récrie.

M. Vatout, commissaire du roi, dit que ces *magnifiques
boiseries*, au sujet desquelles on parle de vandalisme, sont en
plâtre (on rit) (1). Ces salles recevront une autre destination,
mais l'art n'aura point à en déplorer la perte....

M. Vatout voit de l'incompatibilité entre les deux établissements, surtout depuis la création des séances du soir....

M. le marquis de Langle est partisan du changement; il préfère voir pourrir des livres que de voir écraser des élèves.

M. Denis reparaît pour dire que l'on a prétendu à tort que
son frère, — un des conservateurs de Sainte-Geneviève, — était
intéressé dans la question. M. Ferdinand Denis ne s'occupe
que de ses travaux, et n'est pour rien dans la détermination
prise par le député d'attaquer le projet. « Le ministre de l'instruction publique peut dire, ajoute-t-il, qu'un logement lui a
été offert dans la bibliothèque actuelle, et qu'il l'a refusé pour
en faire jouir un de ses confrères peut-être un peu moins bien
traité que lui. »

Et M. Tupinier de s'écrier plaisamment : « Il l'a refusé parce
qu'il n'était pas solide ! » (Hilarité générale et prolongée.)

M. Villemain, ministre de l'instruction publique, parle de

---

(1) J'en demande pardon à M. Vatout, les boiseries sont en bel et bon
bois, style Louis XV ou *rococo*. J'ai déjà dit que les dessins de cette charmante décoration sont du P. de Creil.

l'état délabré des bâtiments, constaté dès 1836 par une commission de la chambre dans un rapport sur le budget du ministère de l'intérieur. Selon lui, l'établissement des séances du soir, dont l'honneur appartient à un de ses prédécesseurs, et qui est profitable à la jeunesse, a exercé une fâcheuse influence sur les bâtiments, déjà si ébranlés. La bibliothèque reçoit beaucoup d'élèves chaque soir, au grand profit des études et du bon ordre.

Le ministre s'est convaincu de la possibilité d'accidents considérables. La nouvelle bibliothèque sera rendue incombustible. Des dépenses imprévues peuvent se présenter dans la reconstruction, tandis que l'édifice projeté décorera la place du Panthéon. Le collége, au surplus, pourra prendre du développement et devenir un des plus beaux de la capitale. Il n'existe pas de péril pour les livres à Montaigu, grâce aux précautions que l'on a prises. Le ministre cite à l'appui de ce qu'il avance une lettre rassurante de l'habile administrateur qui dirige la bibliothèque.

Après avoir entendu encore M. Delespaul, M. Glais-Bizoin, M. le ministre des travaux publics et M. de la Plesse, au sujet de l'abandon par l'État de l'ancienne bibliothèque à la Ville, qui fera percer la rue Soufflot et établira la mairie du 12e arrondissement comme pendant symétrique à l'École de Droit, la chambre met aux voix et adopte le crédit de 1,775,000 francs proposé pour la nouvelle bibliothèque Sainte-Geneviève.

Ce crédit a été voté avec d'autres relatifs à la chambre des pairs, à l'institution des Jeunes-Aveugles et au ministère de la guerre.

Le projet est devenu loi le 25 juillet 1843.

Le *Moniteur* du 12 janvier de cette même année contient, sous le titre de *Travaux publics*, un article emprunté au *Journal des Débats*. Il doit trouver ici sa place :

« De grands, d'utiles travaux vont s'exécuter dans le 12e arrondissement. D'après un traité passé entre l'État et la Ville, les abords du Panthéon seront incessamment terminés.

« L'ancienne bibliothèque Sainte-Geneviève, qui menace ruine en ce moment, sera démolie (1); l'État fera construire une bibliothèque nouvelle sur l'emplacement de la prison militaire de Montaigu. Toute la partie antérieure de cette prison sera livrée à la voie publique, qu'elle agrandira considérablement. Pour compléter cet élargissement, l'État abattra, du côté de la place, plusieurs des maisons situées à l'entrée de la rue des Sept-Voies.

« La rue des Grés et la place Saint-Étienne, convenablement nivelées, gagneront beaucoup d'air et d'espace à ces démolitions.

« On suppose que la bibliothèque nouvelle ne coûtera pas à construire moins de deux millions. L'État abandonne à la Ville la partie de terrain que l'ancienne bibliothèque occupait. La Ville obtient, en outre, de l'État cession de la maison qui est placée rue des Fossés-Saint-Jacques, n° 13, mais à la charge d'y installer une partie des services municipaux du 12e arrondissement et de donner, sur la place du Panthéon, à cette mairie nouvelle une façade en tout semblable à celle de l'École de Droit.

---

(1) Il n'est pas exact de dire qu'elle *menace ruine* et qu'elle doive être démolie.... Si on pouvait concevoir un projet aussi insensé, aussi barbare, et le mettre à exécution, on violerait l'engagement pris devant la chambre des députés.

(A. DE B.)

« La Ville ouvre, en outre, la rue Soufflot, depuis si longtemps projetée : elle ira du Panthéon au Luxembourg, en traversant la rue Saint-Hyacinthe, et viendra déboucher rue d'Enfer, n° 10.

« La Ville et l'État ont pris l'engagement d'achever ces travaux à leur charge dans l'espace de quatre années, à partir du vote qui doit être demandé aux chambres.

« Ce n'est pas tout : par des considérations qui la concernaient seule, la Ville a résolu d'ouvrir une rue nouvelle allant de l'École Polytechnique à la rue des Sept-Voies dans la direction de la place Cambrai, puis de prolonger la rue des Bourguignons jusqu'à la rencontre de la rue Pascal, ce qui établira une communication directe entre le boulevard du Mont-Parnasse et la tête du chemin de fer d'Orléans.

« Ces travaux, dont l'exécution doit se faire peu attendre, réuniront, dans le 12⁰ arrondissement, à la grandeur monumentale des plus beaux quartiers des voies faciles et depuis longtemps désirées de toute la population. »

Le 21 septembre, le roi rendit une ordonnance d'expropriation pour cause d'utilité publique et en vue des embellissements projetés; elle concernait des maisons de la rue Saint-Étienne-des-Grés et de la place du Panthéon.

En 1843, M. Campenon, autrefois attaché à la bibliothèque, mourut et laissa un fauteuil vacant à l'Académie française.

Bientôt on abattit une partie des bâtiments de Montaigu, et l'on commença les fondations de la nouvelle bibliothèque, qui s'élève de jour en jour. On lit ce qui suit dans le *Moniteur* du 13 août 1844 :

« M. le ministre des travaux publics a posé aujourd'hui 12 août la première pierre de l'édifice consacré à la bibliothèque Sainte-Geneviève sur l'emplacement de l'ancienne prison de Montaigu. »

Nous donnons ci-après copie du procès-verbal de cette cérémonie :

« L'an mil huit cent quarante-quatre, le lundi douze août, à neuf heures du matin,

« M. Sylvain Dumon, ministre secrétaire d'État au département des travaux publics, s'est rendu, accompagné de M. de Noue, chef de la division des bâtiments civils, sur le terrain de l'ancienne prison militaire, autrefois le collége de Montaigu, lequel terrain est situé entre la place du Panthéon, la rue des Sept-Voies et celle des Cholets, à l'effet de poser, au nom du roi, la première pierre de l'édifice destiné à la bibliothèque Sainte-Geneviève, et dont la construction a été ordonnée par la loi du 19 juillet 1843.

« M. le ministre a été reçu par M. Henri Labrouste, architecte, chargé de l'exécution des travaux.

« Étant arrivé sur l'emplacement des constructions, M. Labrouste a présenté à Son Excellence les plans du nouvel édifice et lui a remis une boîte en bois de cèdre renfermant une collection de monnaies françaises portant le millésime de 1844, savoir :

« Une pièce d'or de vingt francs;

« Une pièce d'argent de cinq francs;

« Une — de deux francs;

« Une — de un franc;

« Une — de cinquante centimes;

« Une — de vingt-cinq centimes.

« Sur la partie supérieure de la boîte est fixée une plaque de cuivre portant l'inscription suivante :

SOUS LE RÈGNE DE LOUIS-PHILIPPE I$^{er}$,
ROI DES FRANÇAIS,
LE XII AOUT MDCCCXLIV,
LA PREMIÈRE PIERRE DE L'ÉDIFICE
CONSACRÉ A LA BIBLIOTHÈQUE SAINTE-GENEVIÈVE
A ÉTÉ POSÉE
PAR M. DUMON, MINISTRE DES TRAVAUX PUBLICS.
M. HENRI LABROUSTE, ARCHITECTE.

« Avant de procéder à la pose de la première pierre, M. le ministre, s'adressant aux personnes qui l'entouraient, a prononcé les paroles suivantes :

« Messieurs, la cérémonie qui nous rassemble est un éclatant té-
« moignage de l'intérêt que le roi, les chambres, l'administration
« municipale, portent à ce quartier studieux et paisible, dont nos
« écoles font à la fois la prospérité et l'ornement.

« La bibliothèque Sainte-Geneviève, fondée par la piété savante
« des génovéfains, enrichie tour à tour par les trophées de la guerre
« et par les dons de la paix, disputait au collège Henri IV une place
« devenue trop étroite pour tous deux. L'édifice commun menaçait
« ruine; il devenait impossible de prolonger plus longtemps cette in-
« commode et périlleuse communauté.

« L'heureux concours de l'État et de la ville de Paris a su tirer de
« ce danger de précieux avantages.

« Le collége royal Henri IV, resté seul dans l'ancienne demeure
« des religieux de Sainte-Geneviève, y a trouvé plus d'air et d'es-
« pace pour ces jeunes générations qu'il élève pour tous les besoins,
« et quelquefois pour toutes les gloires de la patrie.

« La bibliothèque dont j'inaugure aujourd'hui la fondation au nom
« du roi occupera dignement la place du vieux collége de Montaigu,
« dont les humbles et laborieux écoliers firent, pendant plus de
« quatre siècles, respecter leur pauvreté et envier leurs succès. Leurs
« successeurs ne dédaigneront pas de tels souvenirs. La bibliothèque
« Sainte-Geneviève avait aussi les siens : la première elle fut ouverte,
« pendant les heures que le repos réclame, aux veilles studieuses de
« la jeunesse. Ce fut une pensée digne de cette jeunesse de lui offrir
« comme récompense le travail après le travail, et de la défendre,
« par l'attrait de l'étude, contre la séduction du plaisir.

« Ce monument, d'un style noble et simple, élevé par les soins
« d'un architecte habile, commencera la décoration de cette place
« agrandie. Déjà tombent les constructions informes qui obstruaient
« les abords et profanaient la majesté du Panthéon; un édifice, con-
« sacré à la mairie de cet arrondissement, mettra en relief, par son
« exacte symétrie, l'élégante façade de l'École de Droit. Bientôt le
« temple dont la coupole domine la capitale se rehaussera, pour
« ainsi dire, sur sa base désormais accessible à tous les regards, et le
« prolongement de la rue Soufflot, donnant une avenue au péristyle
« du Panthéon, va rattacher à l'un de nos plus beaux jardins notre
« plus magnifique monument.

« Ainsi, messieurs, grâce à de persévérants efforts dont le roi nous
« a donné l'exemple, nos monuments se complètent et s'achèvent.
« Ce sera l'honneur de notre âge, qui commence de si grands tra-
« vaux, de terminer ceux que nos pères ont commencés. C'est une
« vertu nouvelle dont s'enrichit le caractère de notre nation. On par-
« lait autrefois de son génie pour concevoir, de son ardeur pour
« entreprendre : on parlera désormais de sa constance pour achever. »

« Après ce discours, et après avoir reçu de M. le ministre des
témoignages de satisfaction sur les dispositions de son projet et sur

l'exécution des travaux de fondation, M. l'architecte Labrouste a présenté à M. le ministre les instruments et les matériaux nécessaires à la pose de la première pierre. La boîte renfermant la collection des monnaies ayant été mise dans un incrustement pratiqué dans la pierre qui se trouve placée sous le premier contre-fort, à droite de la porte principale, une autre pierre a été scellée par M. le ministre au-dessus de la première.

« Ont été présents : MM. Delanneau, maire du 12⁰ arrondissement; Boissel, député du 12ᵉ arrondissement, maire-adjoint; Pélassy de l'Ousle, membre du conseil municipal de Paris; de Lancy, administrateur de la bibliothèque Sainte-Geneviève; Casimir Bonjour, conservateur de la bibliothèque; de Brotonne, id.; Ferdinand Denis, id.; Achille Leclerc, inspecteur-général des bâtiments civils; Labrouste, directeur du collége de Sainte-Barbe.

« Lesquelles personnes mentionnées ci-dessus ont signé le présent procès-verbal.

« L'opération terminée, M. le ministre a accordé une gratification aux ouvriers, et l'assemblée s'est séparée aux cris de : *Vive le roi!*

(*Suivent les signatures.*)

« Après cette cérémonie, M. le ministre des travaux publics a visité les travaux de la nouvelle École Normale et de l'École des Mines. »

Le *Journal des Débats* du 29 novembre 1845 contient un article que je ne puis me dispenser de reproduire, car il émane de M. Aimé-Martin, un de nos conservateurs, et traite d'un ouvrage rarissime extrêmement curieux enlevé à notre bibliothèque à plusieurs reprises et que dès longtemps on a cru perdu :

« Un livre aussi précieux que singulier, un livre inutilement cherché par tous les amateurs, envié par toutes les bibliothèques, et dont le seul exemplaire connu avait disparu depuis plus de soixante-dix ans, vient d'être retrouvé et replacé sur sa vieille tablette à Sainte-Geneviève par les soins éclairés de M. de Salvandy, ministre de l'instruction publique.

« En voici le titre :

« *Sensieult une OEuvre nouvelle contenant plusieurs matères, et premiers, Lan des Sept Dames. — Rondeaulx et Balades damours. — La dernière eglogue de Virgile. — Une louenge dytalie de Virgile. — Une oraison de Notre-Dame ou est compris le fondement de la foy chrestienne. Une balade reprenant les erreurs des rethoriciens rimeurs et baladeurs. — La premiere farse de Plaute nommée Amphitrion, laquelle comprent la naissance du fort Hercules, faite en rime : — Et ung sermon què fist frère Oliuier Maillart à Bruges lan mile et cinq cens.*

« *Et tout en la fin seront mises aulcunes corrections des faultes des impresseurs par ordre, car lacteur ne veult souffrir que lon die quil aye fait le liure ainsy quil ait impresse ches eux dont pora corrigier son liure sil luy plaist...* (Anvers), petit in-4 goth. (1). »

« Ce titre, dit M. Aimé-Martin, qui remplit une page entière, annonce, comme on voit, jusqu'à l'*errata* de l'ouvrage, et cet *errata*, imprimé dans le même caractère que le livre, n'a pas moins de quarante pages ; aussi l'*acteur* n'est-il guère content de son *impresseur*.

« Mais qu'est-ce que *l'An des Sept Dames?* Est-ce un roman, un poëme, une histoire, une élégie? C'est tout cela à la fois. Un jeune gentilhomme est amoureux de sept dames ; il compte

---

(1) J'ai transcrit ceci d'après Brunet.

ses maîtresses par les jours de la semaine, et chaque jour lui inspire un compliment nouveau. Le dimanche il s'adresse à la belle petite Valbourg, le lundi à Jacquelinotte, le mardi à Noirette, puis à Gomard, puis à Margot, etc.; et cela dure pendant un an. Le dimanche il voudrait être un petit chien couché au giron de sa dame, le lundi une puce *sans lui faire nulle rudesse*, le mardi un pêcheur pour la prendre dans ses filets, le mercredi un oiseau de proie pour percher au pied de son lit, et le jeudi un petit chat pour *la garder des souricettes*. Nous nous taisons sur les autres métamorphoses d'une verdeur un peu trop rabelaisienne; ce sont les *souhaits d'Anacréon* revêtus des formes et des couleurs de l'école flamande, un tableau du Corrége traduit par le pinceau de Teniers.

« Mais la pièce la plus curieuse de ce singulier recueil, c'est le sermon d'Olivier Maillard, prêché en la ville de Bruges le cinquième dimanche du carême de l'an 1500. Ceux qui n'ont pas lu ce sermon, et peu de personnes l'ont lu, vu son excessive rareté, ne peuvent se faire une idée des excentricités de ce célèbre prédicateur. C'est lui qui introduisit dans la chaire évangélique l'art de tousser à propos, un prédicateur devant paraître épuisé par les jeûnes, les macérations et les nuits passées en prières. Ces temps d'arrêt sont marqués avec soin dans ledit sermon. Trois *tousseries* pour vingt pages. Heureusement ce bon Maillard n'était pas toujours aussi sérieux, et il savait à l'aventure édifier ses auditeurs par de petits couplets qu'il chantait en pleine prédication sur l'air de *la Bergeronette savoisienne*.

« Quant au sermon de Bruges que nous avons sous les yeux,

il dut être prêché en brillante compagnie : princes, princesses, dames de cour, dames bourgeoises, y assistaient revêtus de leurs plus riches parures. Aussi Maillard, suivant sa bonne habitude, ne se fait-il pas faute de les apostropher. Il trie hardiment parmi eux la part du diable et la part de Dieu.

« Accoutez ! s'écrie-t-il, à bon entendeur ne faut que demy-mot... Que dites-vous, messeigneurs ? Êtes-vous de la part de Dieu ? Le prince et la princesse, en êtes-vous ? Baissez le front. Vous autres, gros fourrés, en êtes-vous ? Baissez le front. Les chevaliers de l'Ordre, en êtes-vous ? Baissez le front. Gentils-hommes, jeunes gaudisseurs, en êtes-vous ? Baissez le front. Et vous, jeunes garches, fines femmes de cour, en êtes-vous ? Baissez le front ; vous êtes escrites au livre des damnés ; votre chambre est toute marquée avec les dyables. Dites-moy, s'il vous plaist, ne vous êtes-vous pas myrées aujourd'huy, lavées et époussetées ? Oy bien frère à ma voulonté que vous fussiez aussi soigneuses de nétoyer vos âmes... Si je vous convie à tous les diables. Hem ! hem ! hem ! »

« Après cette damnation universelle de la ville et de la cour, le bon père devait avoir besoin de tousser un peu et de laisser tousser son auditoire ; aussi n'a-t-il pas manqué de donner le signal : *Hem ! hem ! hem !*

« On ne comprend guère comment ce livre précieux a pu devenir d'une rareté si excessive. Ce volume avait été légué au couvent de Sainte-Geneviève par M. Le Tellier, archevêque de Reims. On le croyait unique ; au moins est-il vrai que le duc de la Vallière, après avoir fait de vaines recherches pour en découvrir un second exemplaire, prit la résolution désespérée d'emprunter celui-ci. Il l'emprunta si bien, qu'il le garda toute sa vie. C'était un vrai bibliophile que ce duc de la Vallière! la mort seule put lui faire lâcher sa proie! Ce fut donc vers le milieu de l'année 1781 que *l'An des Sept Dames* vint reprendre sa glorieuse place dans les longues galeries de Sainte-Geneviève. Dès lors les regards de tous les amateurs se tournèrent de ce côté, et le charme attractif de ces regards n'est, hélas! que trop connu. Bref, les chanoines n'avaient pas joui six mois de leur trésor que déjà il leur était enlevé. Le nouveau possesseur se garda bien de se vanter de sa conquête. Il vécut caché avec elle, il en jouit en égoïste, et cela sans doute pendant de longues années, car ce ne fut qu'en 1819 que le livre précieux reparut. Les yeux éblouis de M. de Soleinne le découvrirent, comme un point lumineux, sur la table des enchères dans une vente obscure qui se faisait à Bruxelles. Là, pour la modique somme de 350 francs, il devint possesseur d'un trésor que le premier bibliophile du siècle passé, M. le duc de la Vallière, avait inutilement ambitionné toute sa vie.

« Enfin, en 1844, M. de Soleinne étant mort, toutes les passions, toutes les convoitises des bibliophiles se réveillèrent; les moins hardis se préparaient à la lutte. Des commissions fabuleuses étaient arrivées d'Angleterre, d'Allemagne, de Belgique; on s'attendait à voir jeter le livre une seconde fois sur la table des enchères, et l'on oubliait que ce livre avait un propriétaire qui ne perd jamais ses droits, le public. Heureusement que les héritiers de M. de Soleinne, eux, ne l'avaient point oublié: aussi s'empressèrent-ils, à la première réclamation, de remettre le précieux volume entre les mains d'un des conservateurs de la bibliothèque Sainte-Geneviève (1), en bornant leurs prétentions aux 350 francs payés en 1819 par M. de Soleinne. Instruit de ces circonstances, M. le comte de Salvandy, ministre de l'instruction publique, s'est empressé de désintéresser les héritiers et de replacer ce livre aventureux sur des tablettes que désormais il ne quittera plus; car son humeur vagabonde est trop connue de MM. les conservateurs pour qu'ils ne veillent pas autour de lui avec le plus grand soin. »

Les renseignements fournis par cette agréable petite notice sont complétés par l'article que Brunet a consacré, dans son *Manuel du Libraire et de l'Amateur de livres*, à *l'An des Sept Dames*; il nous apprend que ce livre, lorsqu'il fut vendu à Bruxelles en 1819, provenait du cabinet de M<sup>lle</sup> d'Yve, et en donne la division. Selon lui, la date de l'impression est plutôt 1503 que 1513.

Au verso du dernier feuillet de *l'An des Sept Dames*, on voit un château-fort aux armoiries de la ville d'Anvers; cela prouve, d'après Brunet, que l'ouvrage en question est sorti des presses de Gérard Leeu ou de ses successeurs, imprimeurs à Anvers au commencement du XVI<sup>e</sup> siècle, lesquels ont placé cette vignette sur plusieurs de leurs éditions.

Le bibliographe dit que *l'An des Sept Dames*, qui a occupé de Bure et Goujet, est un très-curieux monument pour la linguistique; il nous montre de quelle façon on écrivait et parlait le français à la cour des ducs de Bourgogne au XVI<sup>e</sup> siècle.

M. de Salvandy, rentré au pouvoir, a remis en vigueur en

---

(1) M. Aimé-Martin. (A. DE B.)

1845 son ordonnance de 1839. Les traitements des employés qui étaient inégaux et très-insuffisants ont été égalisés; notre organisation est devenue dès lors parfaitement régulière.

Cette année (1846), on s'est occupé des bibliothèques publiques de Paris à la chambre des députés. (Séance du 26 mai, discussion du budget de l'instruction publique.)

Un député faiseur de motions a demandé, entre autres choses, que les vacances des bibliothèques soient diminuées.

En vérité, il est difficile de prévoir où s'arrêteront les exigences de certaines gens! — Les séances du soir ne sont pas assez pour eux, ils voudraient que les bibliothèques fussent ouvertes la nuit et le jour, et ils ne songent pas, ces enragés de science, que déjà les vacances ont été rognées de quinze jours (à Sainte-Geneviève notamment).

Il y a ici plusieurs considérations sérieuses à faire valoir; sans doute elles ont déjà frappé l'esprit juste de M. le ministre de l'instruction publique.

Si l'on supprimait ou diminuait nos vacances (mesure qui serait sans nécessité aucune, puisqu'il y a en tout temps une bibliothèque ouverte au public), on fournirait une nouvelle occasion de criailleries et de lamentations à ceux qui, comme le bibliophile Jacob, proclament que l'on veut la perte des livres. Ceci est la moindre des choses; mais, je dois le dire, les livres seraient réellement perdus, sacrifiés à des besoins purement imaginaires. — L'excès du bien devient quelquefois un mal. — Ces pauvres livres n'ont pas trop de cinq ou six semaines de repos par année; il faut bien ce temps pour les épousseter, les visiter, examiner ceux qui ont besoin de réparation, combler les lacunes et rectifier les classements...

Autre considération :

Que sont, ou du moins, que doivent être les fonctionnaires des bibliothèques?

L'article 26 du titre II de l'ordonnance de 1839 se charge de la réponse :

« Les bibliothécaires, sous-bibliothécaires et employés dans les bibliothèques Sainte-Geneviève, Mazarine et de l'Arsenal, devront être choisis parmi les membres de l'Université, les littérateurs et savants connus par leurs travaux, les élèves de l'École des Chartes. »

Or, ces savants et ces gens de lettres ne peuvent être raisonnablement assimilés à des bureaucrates retenus toute l'année à Paris; les écrivains d'imagination ont besoin de déplacement, de voyages, et les érudits peuvent avoir à entreprendre une exploration scientifique au loin; et pour cela, ceux qui font partie du personnel des bibliothèques profitent des vacances.

Supprimer ou même diminuer ce temps de relâche me semblerait faire une condition trop dure aux gens des bibliothèques, et dégoûterait les hommes capables d'une carrière qui ne mène pas, certes, à des positions suffisamment lucratives, et a pour seuls avantages le loisir et l'occasion qui permettent les travaux sérieux.

Les employés des ministères n'ont point de vacances... Oui, mais ils sont beaucoup mieux rétribués que nous; on ne peut pas avoir tous les bénéfices à la fois.

En définitive, si l'on voulait absolument nous faire supporter une suppression quelconque, il serait à désirer que l'on nous enlevât plutôt les jours fériés qui arrivent dans le courant de l'année qu'une partie des vacances, époque où le quartier latin est à peu près désert.

Loin de moi la pensée d'adresser une leçon au pouvoir, de lui tracer sa conduite; M. le ministre sait parfaitement ce qu'il convient de faire et de ne point faire. Attendons, espérons, soyons sans inquiétude. Ce que nous devons désirer vivement, c'est que M. de Salvandy reste aux affaires. On sait son désir constant d'améliorer le sort de ceux qui ressortissent à son autorité; on assure qu'il se propose de nous être favorable à la première occasion et de porter nos traitements au taux de ceux des fonctionnaires de la Bibliothèque du Roi. Ce serait justice; car, chez nous, le service est très-actif par la position de la bibliothèque et l'existence de deux séances chaque jour. Déjà l'ordonnance de 1839 a rendu hommage à l'importance de la bibliothèque Sainte-Geneviève, plus grande, sous quelques rapports, que celle des bibliothèques Mazarine et de l'Arsenal, en fixant à un chiffre supérieur le traitement de son administrateur. C'est là un précédent de bon augure. La logique veut que chez nous tout soit en harmonie; plus de travail doit nécessairement amener plus de rétribution.

Ces matières sont venues tout naturellement sous ma plume. Je finis par l'émission de quelques idées se rattachant à mon sujet.

Dans notre ville, la bibliothèque modèle sous le rapport de la tenue est, sans contredit, la bibliothèque Mazarine. Il y règne un ordre, une propreté, qui ont quelque chose de merveilleux; les parquets sont cirés avec soin; les tables des lecteurs sont couvertes de tapis; on peut s'installer en des siéges confortables; il y a des lustres au plafond; les salles ont toutes un nom historique, et les gens de service sur qui roule le gros de la besogne portent un costume. Il y a vraiment plaisir et honneur à être bibliothécaire là... Voilà un établissement digne d'être montré aux étrangers, un lieu de bon air, paisible, convenable, où l'étude et la méditation ont plus de charme qu'en tout autre lieu, mais l'été seulement... L'hiver, il faut fuir la bibliothèque Mazarine; il n'y a pas de feu dans la galerie, située sur un quai exposé au vent du nord; il y gèle littéralement. Je dois dire pourtant que MM. les bibliothécaires ont un cabinet parfaitement chauffé.

Il est à désirer que l'intérieur de notre nouveau local soit fait à l'instar de la Mazarine. Je sais que notre public est plus nombreux, quelque peu sans gêne; mais les soins que l'on prendra lui imprimeront du respect malgré lui. Au reste, c'est l'affaire des gens de service; il serait, je crois, nécessaire d'augmenter leur nombre, de les revêtir d'un uniforme — pour en imposer davantage. Je pense que, si l'on a à baptiser des salles ou départements, voire des escaliers, couloirs ou armoires, on choisira les noms des hommes qui ont illustré ou enrichi la bibliothèque Sainte-Geneviève; — c'est un devoir. — Ces noms ne manquent point, certes : LA ROCHEFOUCAULD, FRONTEAU, LALLEMANT, DU MOLINET, LE TELLIER, PREVOST, GILLET, PINGRÉ, LE COURAYER, DE CREIL, DE FLÉCELLES, LE DUC LOUIS D'ORLÉANS, VENTENAT, VIALLON, MONGEZ, LEMONNIER, DAUNOU, LECHEVALLIER, DUSSAULT, HALMA, COTTE, MERCIER DE SAINT-LÉGER.

Il sera bon aussi de donner des places d'honneur, d'apparat, aux bustes de ceux de ces personnages qui figurent dans notre collection, puis aux effigies dont l'exécution et la matière sont belles. Viendront ensuite les savants ou littérateurs; mais la première revient de droit à Le Tellier. Je propose de reléguer dans les combles les serpents et crocodiles empaillés avec les bustes de Néron, Caracalla et autres *grands* hommes de cette trempe qui déshonoraient la vieille galerie, et que l'on aurait bien pu laisser au collége Henri IV, lequel, soit dit en passant, voulait garder le tout, — contenant et contenu, — car l'appétit vient en mangeant.

Je voudrais qu'après la dernière, la définitive translation, on restreignît considérablement le prêt des livres, complaisance parfois funeste aux ouvrages et qui prive la masse du public des matériaux dont il peut avoir besoin au profit de quelques travailleurs casaniers et privilégiés.

Je voudrais aussi que les employés n'eussent pas à replacer les volumes sur les tablettes après les séances; cette besogne tend à leur enlever la considération du public, qui les prend pour des valets. Le rôle des fonctionnaires devrait se borner à la remise de l'ouvrage demandé, à la consultation du catalogue, et aux renseignements verbaux qui peuvent être utiles aux travailleurs; ou bien il faut exiger d'eux plus de force dans les bras que dans la tête.

La bibliothèque Sainte-Geneviève fut d'abord ce qu'elle devait être : théologique avant tout; maintenant riche en productions littéraires et historiques d'ailleurs, elle tend à devenir spécialement bibliothèque de droit, de médecine, de livres de sciences exactes. On évalue le nombre des volumes imprimés qu'elle contient à 150,000, et celui des manuscrits à 2,000 environ.

Son budget actuel s'élève à 75,223 fr.

Il est du devoir de chaque fonctionnaire de noter ce que l'on demande le plus fréquemment et qui manque, ce qui serait vraiment utile, ce qui comblerait une lacune, satisferait un besoin général, et de transmettre ces observations au conservatoire, lequel a pour mission d'apprécier le degré d'opportunité des achats et de régler l'usage qu'il convient de faire des fonds que l'on y consacre.

Un dernier mot.

Il faudrait un chef-d'œuvre d'architecture pour nous consoler entièrement de la perte de l'ancien vaisseau de la bibliothèque, de la merveilleuse galerie en croix qui plongeait dans l'extase Dibdin le connaisseur, du dôme ravissant de Restout, du cabinet des manuscrits si luxuriant avec sa décoration Pompadour, sa mine marquise, ses belles armoires, ses moulures contournées, ses proportions exquises;........ il faudrait un chef-d'œuvre d'architecture, et aujourd'hui on n'en sait pas produire. Tout ce qu'on fait est lourd, froid, mesquin et faux; le génie de nos constructeurs n'enfante que des maisons-casernes ou hôpitaux...

Je prévois que nous ne nous consolerons point.

Et puis, l'ancienne bibliothèque, où chaque chose était en harmonie parfaite, avait, comme on l'a fort bien dit à la chambre des députés, ses souvenirs, sa tradition vénérable et chère, que je me suis efforcé de sauver, pour que tout ne fût pas perdu à la fois.

L'édifice que l'on nous prépare n'aura point de passé, et nos antiques reliures se trouveront mal à l'aise, pour ainsi dire, sur le marbre et le fer tout neufs.

Les vieux livres sont comme les vieilles gens : les déménagements ne leur conviennent pas.

# DIVISIONS ET SÉRIES

## DES LIVRES DE LA BIBLIOTHÈQUE.

---

Les ouvrages de chaque série portent la même lettre sur une étiquette au dos et au commencement du ou des volumes. Cette lettre est suivie d'un numéro particulier. Plusieurs séries forment une division.

---

### THÉOLOGIE.

| | |
|---|---|
| Bible. | A |
| Explications de la Bible. | B |
| Liturgie. | BB |
| Conciles. | C |
| Théologiens des douze premiers siècles, dits Pères de l'Église. | CC |
| Théologiens des six derniers siècles. | D |

## JURISPRUDENCE.

Droit canon. . . . . . . . . . . . . . . . . . . . . . . . . E
Droit civil (actes et traités, droit romain, droit étranger, droit français). . . . . . . . . . . . . . . . . . . . . . F

Les actes et traités sont marqués d'un F avec astérisque (F*).

## HISTOIRE.

Préliminaires de l'histoire et appendices, géographie et voyages, chronologie, histoire universelle, généalogie, blason et dictionnaires historiques. . . . . . . . . . . . . . . . G
Histoire ecclésiastique. . . . . . . . . . . . . . . . . . H
Histoire ancienne, grecque, romaine, byzantine. . . . . . I
Histoire moderne d'Italie (Savoie, Piémont, etc., etc.). . . . K
Histoire de France. . . . . . . . . . . . . . . . . . . . L
Histoire d'Allemagne, Suisse, Belgique, Hollande. . . . . . M
Histoire du nord de l'Europe, Danemark, Suède, Norvége, Russie, etc. . . . . . . . . . . . . . . . . . . . . N
Histoire d'Angleterre, Écosse, Irlande. . . . . . . . . . O
Histoire d'Espagne, Portugal. . . . . . . . . . . . . . P
Histoire moderne d'Asie, d'Afrique, d'Amérique. . . . . . PP
Histoire littéraire. . . . . . . . . . . . . . . . . . . Q

## SCIENCES ET ARTS.

Philosophie, philosophie générale, idéologie, logique, métaphysique, psychologie, magie, sciences morales et politiques. . . R

Histoire naturelle. . . . . . . . . . . . .
Médecine, chimie. . . . . . . . . . . . T
Mathématiques, arts. . . . . . . . . . . . V

## BELLES-LETTRES.

Grammaire et rhétorique. . . . . . . . . . . X
Poésie. . . . . . . . . . . . . . . Y
Philologues et polygraphes. . . . . . . . . Z

Trois séries, trop considérables pour rester à leur division naturelle, ont fourni les appendices suivants :

Antiquités (détachées de l'histoire). . . . . . . ZZ
Gravures (détachées des arts). . . . . . . . . W
Bibliographie, détachée de l'histoire littéraire. (Numéros sans lettres.)

# TABLEAU

## DES MUTATIONS SURVENUES DANS LE PERSONNEL

### DE LA

## BIBLIOTHÈQUE SAINTE-GENEVIÈVE

#### DEPUIS 1811 JUSQU'EN 1847 (1).

### Janvier 1811.

MM. Flocon, administrateur-perpétuel.

Lechevalier, premier conservateur.

De Villevieille, deuxième conservateur.

Blanchet, commis.

Massabiau, id.

De Brotonne, id.

---

(1) Le registre d'émargement qui m'a servi à établir ce tableau ne commence qu'en 1811; il n'y en avait aucun à la bibliothèque auparavant, de sorte que je n'ai pu remonter au-delà. Je ne répète point les noms, et me borne à donner la date de l'arrivée et le titre des nouveaux fonctionnaires.

### Janvier 1814.

M. Drevet, troisième conservateur.

### Avril 1816.

M. Halma, quatrième conservateur.

### Septembre 1817.

M. Massabiau, sous-bibliothécaire.

### Janvier 1819.

M. de Brotonne fils, commis.
  (Prend rang après son père.)

### Mars 1820.

M. Dussault, cinquième conservateur.

### Décembre 1821.

M. Bossel de S$_t$-Martin, commis.
  (Prend rang après M. de Brotonne fils; M. de Brotonne père cesse de figurer sur la liste.)

### Mars 1822.

M. Campenon, conservateur-adjoint.
(Prend rang après M. Dussault.)

### Septembre 1824.

M. Cohen, premier employé.
(Il arriva avec ce titre après le décès de M. Dussault.)

### Juin 1825.

M. Robert, quatrième conservateur.
(Succède à M. de Villevieille, décédé, et prend rang après M. l'abbé Halma.)

### Juillet 1828.

M. Aimé-Martin, quatrième conservateur.
(Prend rang après M. Robert, devenu troisième conservateur par suite de la mort de M. Halma.)

M. de Brotonne, sous-bibliothécaire-économe.

### Février 1829.

M. Parrelle, quatrième employé.
(Nommé pour le service du dépôt légal, il prend rang après M. Bossel de St-Martin.)

Octobre 1830.

M. de Lancy, administrateur-adjoint.

Mai 1832.

M. de Lancy, administrateur.
(Remplace M. Flocon, décédé.)
M. Pacaud, quatrième employé.
(Remplace M. Parrelle, démissionnaire.)

Novembre 1832.

M. Casimir Bonjour, premier conservateur-adjoint.
(Après M. Lechevalier.)

Janvier 1833.

M. Massabiau, cinquième conservateur.
(Après M. Aimé-Martin.)

Janvier 1836.

M. de Brotonne, conservateur-adjoint.
M. Blanchet neveu, cinquième employé.
(Après M. Pacaud.)

### Juillet 1836.

M. Casimir Bonjour, premier conservateur.
 (Par suite du décès de M. Lechevalier.)

### Octobre 1836.

M. Bernard, sixième conservateur.
 (Après M. Massabiau.)

### Novembre 1837.

MM. de Brotonne, sixième conservateur.
 (Nommé après le décès de M. Massabiau.)
 Blanchet oncle, bibliothécaire.
 De Vimeux, id.
 Cohen, sous-bibliothécaire.
 Bossel de St-Martin, id.

### Janvier 1838.

MM. Taunay, troisième employé.
 Ferdinand Denis, quatrième employé.
 Bouvin, cinquième employé.

### Mars 1838.

MM. Charles Lafont, cinquième employé.
 Moreau, sixième employé.

Avril 1838.

M. H. Trianon, septième employé.

Mai 1838.

MM. Tastu, quatrième employé.
Carpentier, septième employé.

Juin 1838.

M. Warée, dixième employé.

Octobre 1838.

M. Méran, onzième employé.

Mars 1839 (1).

MM. Blanchet oncle, secrétaire-trésorier.
De Vimeux, bibliothécaire.
Cohen, id.
Bossel de S$^t$-Martin, id.
Pacaud, id.
Blanchet neveu, id.

(1) Cette année parut l'ordonnance qui nous régit et modifia la composition du personnel. Je le donne ici en entier.

MM. Taunay, sous-bibliothécaire.

    Tastu,          id.

    Bouvin,        id.

    Lafont,        id.

    Moreau,       id.

    Trianon, employé.

    Carpentier, id.

    Méran,    id.

    Aublay,   id.

    (Il y eut à cette époque deux surnuméraires qui quittèrent bientôt la bibliothèque.)

### Janvier 1841.

M. Ferdinand Denis, conservateur.

  (Nommé en remplacement de M. Robert, décédé.)

### Mai 1841.

MM. Taunay, bibliothécaire.

    (Remplace M. de Vimeux, décédé.)

Carpentier, sous-bibliothécaire.

    (Remplace M. Taunay, nommé bibliothécaire.)

Boué, employé.

De Férussac, surnuméraire.

### Mai 1842.

M. Moreau, bibliothécaire.

MM. Trianon, sous-bibliothécaire.

De Férussac, employé.

Dufaï, id.

(Ces nominations furent la conséquence du décès de M. Blanchet oncle, secrétaire-trésorier, et de la démission de M. Méran, employé.)

#### Juin 1843.

M. Pinçon, employé.

#### Juillet 1843.

M. Alfred de Bougy, surnuméraire.

#### Mars 1845.

MM. Tastu, bibliothécaire.

(Par suite du décès de M. Pacaud (1).)

Alfred de Bougy, employé.

---

(1) M. Pacaud (J.-J.) était en outre traducteur-interprète près le tribunal de première instance du département de la Seine pour l'anglais, l'italien et l'espagnol. On a de lui cinq traductions :

1º *La jeune Artiste et l'Étranger* (traduit de l'italien : *Giannina e Ludomir*), 1824, 2 vol. in-12.

2º *Le Journal de Jean Migault, ou Malheurs d'une famille protestante du Poitou, à l'époque de la révocation de l'édit de Nantes*, traduit de l'anglais (1825, in-12).

Ces deux traductions sont sans nom d'auteur.

3º *L'Herméneutique sacrée, ou Introduction à l'Écriture sainte*, tra-

## Avril 1845.

MM. Blanchet jeune, secrétaire-trésorier.
Lafont, bibliothécaire.
Dufaï, sous-bibliothécaire.
De Férussac, id.

(M. Lafont remplace M. Moreau, passé à la bibliothèque Mazarine (1).)

## Décembre 1845.

M. Léonard Chodzko, sous-bibliothécaire.
(Remplace M. de Férussac, démissionnaire.)

---

duit du latin de J. Hermann Janssens (1828, 2 vol. in-8, ou 1833, 3 vol. in-12).

4° *L'Essai sur la divine autorité du Nouveau-Testament*, traduit de l'anglais de David Bogue (1830, in-12).

5° *Essai sur l'exercice de l'amour de Dieu*, par J.-J. Gurney (traduit de l'anglais); Paris, 1839, in-12.

M. Pacaud édita en 1822 les poésies de Malherbe, in-8 (J.-J. Blaise, libraire), mais sans y attacher son nom, et fit plus tard divers opuscules, la plupart anonymes, sur l'abolition de l'esclavage aux colonies.

(1) M. Moreau (Louis) est un écrivain catholique, entièrement voué à la littérature religieuse, un des collaborateurs de *l'Univers* et des feuilles de cette opinion. On a de lui, entre autres choses :

Les *Confessions de saint Augustin*, traduction nouvelle; Paris, Debécourt, 1840, 1 vol. in-8 (texte au bas des pages). Seconde édition, chez le même, 1842.

*Du Matérialisme phrénologique;* Paris, Debécourt, 1843, 1 vol. in-12 de 9 feuilles.

*La Cité de Dieu* de saint Augustin, traduction nouvelle; première partie; Paris, Charpentier, 1844, 1 vol. in-12 de 19 feuilles.

## ÉTAT DU PERSONNEL AU 1ᵉʳ SEPTEMBRE 1846.

M. B. de Lancy, conservateur-administrateur, O ✻

MM. Casimir Bonjour, conservateur. ✻

    A. Drevet.     id. ✻ (1).

    L. Aimé-Martin,     id. ✻

    J. Bernard,     id. ✻

    F. de Brotonne,     id. ✻

    Ferdinand Denis,     id. ✻

    Blanchet (Jean), secrétaire-trésorier.

    Cohen (Jean), bibliothécaire.

    Bossel de St-Martin (Auguste), bibliothécaire.

    Taunay (Hippolyte),     id.

    J. Tastu,     id.

    Ch. Lafont,     id.

    Bouvin (Dominique), sous-bibliothécaire.

    Carpentier (Victor),     id.

    Trianon (Henry),     id.

    Dufaï (Alexandre),     id. (2).

    Léonard Chodzko,     id. (3).

(1) M. Drevet, étant censeur adjoint du collége Henri IV, revit plusieurs éditions de l'*Art de parler et d'écrire correctement*, etc., par l'abbé de Levizac ; il corrigea et augmenta en outre la dixième édition du *Nouveau Vocabulaire français* de MM. de Wailly.

(2) M. Dufaï, écrivain spirituel et instruit, est connu par ses travaux sérieux dans l'ancienne *Revue de Paris* et dans le *Journal de l'Instruction publique*.

(3) M. Léonard Chodzko a consacré une grande partie de sa vie à écrire l'histoire de sa malheureuse et si intéressante patrie.

MM. Warée (Gabriel), employé.
 A. Aublay,     id.
 Boué (Gabriel),   id.
 P. Pinçon.     id.
 Alfred de Bougy.   id.

Cinq surnuméraires.

## ÉTAT DU PERSONNEL AU 1ᵉʳ JANVIER 1847.

M. B. de Lancy, conservateur-administrateur, O ✻

MM. Casimir Bonjour, conservateur. ✻
 L. Aimé-Martin,   id. ✻
 J. Bernard,     id. ✻
 F. de Brotonne,   id. ✻
 Ferdinand Denis,   id. ✻
 X. Marmier,    id. ✻ (1).
 Blanchet (J.), secrétaire-trésorier.
 Cohen (Jean), bibliothécaire.
 Bossel de S$_t$-Martin (Auguste), bibliothécaire.
 Taunay (Hippolyte),    id.
 J. Tastu,         id.
 Ch. Lafont,       id.
 Bouvin (Dominique), sous-bibliothécaire.
 Carpentier (Victor),    id.
 Trianon (Henry),     id.

(1) Une ordonnance royale du mois de novembre 1846 a nommé **M. X. Marmier** conservateur en remplacement de M. Drevet, décédé peu de temps auparavant.

MM. P. Pinçon, sous-bibliothécaire (1).
A. de Courson, id. (2).
Warée (Gabriel), employé.
A. Aublay, id.
Boué (Gabriel), id.
Alfred de Bougy, id. (3).
A. Cohen fils, id. (4).

Cinq surnuméraires.

Il résulte de ce tableau statistique que le personnel de la bibliothèque Sainte-Geneviève, qui était de six personnes en 1811, est de vingt-huit en 1847. Ce nombre n'excède nullement les besoins du service, lesquels n'ont pas cessé de suivre, depuis l'empire, une progression croissante dont les causes n'ont pas besoin d'être expliquées.

Ce personnel sera nécessairement augmenté lorsqu'aura lieu la prise de possession du nouveau et vaste local que l'on con-

(1) Nommé en remplacement de M. Dufaï, passé à la bibliothèque de l'Académie de Paris (Sorbonne) en qualité de secrétaire-trésorier, par arrêté de M. le ministre de l'instruction publique en date du 23 novembre 1846.

(2) Nommé en remplacement de M. Léonard Chodzko, passé bibliothécaire du ministère de l'instruction publique, par arrêté de M. le ministre de l'instruction publique du même jour.

(3) Nommé premier employé de la bibliothèque de l'Académie de Paris (Sorbonne), par arrêté du 24 novembre 1846. — Ses travaux sur la bibliothèque Sainte-Geneviève l'ont forcé à prier M. le ministre de l'instruction publique de le réintégrer dans le personnel de cet établissement, et M. le ministre a bien voulu y consentir. M. Chaudes-Aigues a permuté avec M. de Bougy, son ami.

(4) Il était premier surnuméraire. Sa nomination date du 23 novembre.

struit; c'est ce qui a déterminé sans doute M. le ministre de l'instruction publique à modifier les articles de son ordonnance de 1839.

Si les places se multiplient, en revanche, elles sont moins rétribuées qu'autrefois : ainsi, en 1811, les simples *commis*, qui touchaient par an 2,200 francs, étaient plus rétribués que ne le sont actuellement les bibliothécaires; aujourd'hui les *employés*, qui ont succédé aux *commis*, ne reçoivent que 1,200 francs (presque la moitié moins), et encore après l'augmentation de traitement résultant de l'ordonnance royale de 1839.

Je clos cette histoire par un rapide aperçu bibliographique des travaux des fonctionnaires actuels de la bibliothèque; les morts ne doivent pas faire oublier entièrement les vivants.

## M. CASIMIR BONJOUR.

Cet auteur dramatique a fait représenter les ouvrages suivants :

*La Mère rivale*, comédie en 3 actes et en vers; Paris, Amyot, 1821, in-8. 4 fr.

(Théâtre-Français, 4 juillet 1821.)

Deuxième édition; Paris, Amyot, 1822, in-8.

*L'Éducation, ou les Deux Cousines*, comédie en 5 actes et en vers; Paris, J.-L. Brière, 1823, in-8. 3 fr. 50 c.

(Théâtre-Français, 10 mai 1823.)

Troisième édition, précédée d'un dialogue, suivie d'un examen par M. Duviquet, et augmentée d'une romance mise en musique par M. A. Nourrit; Paris, Brière, J.-N. Barba, 1824, in-8. 3 fr. 50 c.; grand raisin, 4 fr.; papier de Hollande, 5 fr.

*Le Mari à bonnes fortunes, ou la Leçon*, comédie en 5 actes et en vers. Quatrième édition; Paris, Ponthieu; veuve Dabo, 1824, in-8. 4 fr. La première édition est de la même année.

(Théâtre-Français, 30 septembre 1824.)

*L'Argent*, comédie en 5 actes et en vers; Paris, Ponthieu; Amyot, 1826, in-8. 4 fr.

(Théâtre-Français, 12 octobre 1826.)

*Le Protecteur et le Mari*, comédie en 5 actes et en vers. Deuxième édition; Paris, A. Levavasseur; Barba, 1829, in-8. 3 fr.

(Théâtre-Français, 5 septembre 1829.)

*Naissance, Fortune et Mérite, ou l'Épreuve électorale*, comédie en 3 actes et en prose; Paris, Amyot, 1831, in-8. 3 fr.

(Théâtre-Français, 13 mai 1831.)

*Le Malheur du Riche et le Bonheur du Pauvre*, roman de mœurs, in-8, 1836; Paris.

*Le Bachelier de Ségovie*, comédie en 5 actes, en vers, 1845. (Odéon.)

## M. L. AIMÉ-MARTIN.

Cet auteur a publié un très-grand nombre d'articles dans le *Journal des Débats*, depuis 1813 jusqu'à présent, ainsi que des productions diverses (voir *la France littéraire*.) Voici ses ouvrages principaux :

*Lettres à Sophie* sur la physique, la chimie et l'histoire naturelle; 2 vol. in-8 et 4 vol. in-18.

Il y a eu douze éditions de cet ouvrage depuis 1810, année de sa publication, et plusieurs contrefaçons.

*Essai sur la vie et les ouvrages de Bernardin de Saint-Pierre*; Paris, Méquignon-Marvis, 1820, in-8. 5 fr.

*Supplément à l'Essai sur la vie et les ouvrages de Bernardin de Saint-Pierre*, renfermant l'histoire de sa conduite pendant la révolution et de ses relations particulières avec Louis, Joseph et Napoléon Bonaparte; Paris, imprimerie de Tastu, 1828, in-8.

(Imprimé en tête de toutes les éditions de Bernardin de Saint-Pierre, dont M. Aimé-Martin est l'éditeur.)

*Éducation des Mères de famille, ou de la Civilisation du genre humain par les femmes*; Paris, Ch. Gosselin, 1834, 2 vol. in-8, 16 fr., et 1 vol. in-12 (format Charpentier).

Ce livre a obtenu un grand prix de 8,000 fr. à l'Académie française, prix décerné à l'ouvrage le plus utile aux mœurs. Quatre éditions ont paru; l'auteur prépare la cinquième. Il existe des traductions de *l'Éducation des Mères de famille* dans presque toutes les langues modernes. J'ai cru devoir mentionner ceci, malgré la loi que je me suis faite de ne me livrer à aucune espèce d'appréciation.

M. Aimé-Martin a fait paraître les œuvres de Racine et de Molière, avec les notes de tous les commentateurs (cinq éditions in-8 et une in-18 de la première de ces publications; trois éditions in-8 et une in-18 de la seconde); les *Maximes* de La Rochefoucauld, avec une réfutation, quatre éditions in-8 et in-18, et le *Plan d'une bibliothèque universelle*, in-8. — Ce livre fut réimprimé dans le format du *Panthéon littéraire*, auquel il sert de préface.

## M. J. BERNARD.

*Le Bon sens d'un homme de rien, ou la Vraie politique à l'usage des simples*, in-8 de 26 feuilles 7/8; imprimerie de Guiraudet, à Paris; Paris, Moutardier, 1828. 4 fr. — Cet ouvrage a eu une deuxième édition, in-8; Paris, Perrotin, 1833.

## M. F. DE BROTONNE.

*Résumé d'histoire universelle* (publié dans la collection de l'*Encyclopédie portative*), 2 vol. in-12, 1825.

Divers articles biographiques dans le *Répertoire de la littérature ancienne et moderne*.

*Histoire de la filiation et des migrations des peuples*, 2 vol. in-8; Paris, L. Desessart, 1837.

*Traduction de Don Quichotte* (deuxième édition entièrement refondue), 1 vol. in-8 (et 1 vol. in-12) de la bibliothèque Didier; Paris, Didier, 1845.

*Civilisation primitive, ou Essais de restitution de la période anté-historique pour servir d'introduction à l'histoire universelle*, 1 vol. in-8; Paris, 1845.

## M. FERDINAND DENIS.

A considérablement écrit; je me borne à l'énumération de ses productions principales :

*Buenos-Ayres et le Paraguay; histoire, mœurs, usages et coutumes des habitants de cette partie de l'Amérique*; Paris, Nepveu, 1823, 2 vol. in-18, ornés de 18 fig., 10 fr.; fig. coloriées, 15 fr.

*La Guyane, ou Histoire, mœurs, usages et coutumes des habitants de cette partie de l'Amérique*; Paris, Nepveu, 1823, 2 vol. in-18, ornés de 16 fig., 8 fr.; fig. coloriées, 12 fr.

*Traduction du théâtre portugais* (dans la collection des chefs-d'œuvre des théâtres étrangers), 1823.

*Scènes de la nature sous les tropiques, et de leur influence sur la poésie,* suivies de Camoëns et Jozé India; Paris, L. Janet, 1824, in-8, fig., 6 fr.

*Résumé de l'histoire du Brésil, suivi du résumé de l'histoire de la Guyane;* Paris, Lecointe et Durey, 1825, in-18. — Cet ouvrage a eu une seconde édition la même année.

*Résumé de l'histoire littéraire du Portugal, suivi du résumé de l'histoire littéraire du Brésil;* Paris, Lecointe et Durey, 1826, in-18. 4 fr. 50 c.

*André le voyageur, histoire d'un marin;* Paris, L. Janet, 1827, in-18 avec fig. 4 fr.

*Résumé de l'histoire de Buenos-Ayres, du Paraguay et des provinces de la Plata, suivi du résumé de l'histoire du Chili,* avec des notes; Paris, Lecointe et Durey, 1827, in-18. 2 fr. 50 c.

*Tableau chronologique de la littérature portugaise* (dans l'Atlas des littératures publié par M. de Mancy), 1827.

*Tableau historique, analytique et critique des sciences occultes,* où l'on examine l'origine, le développement, l'influence et le caractère de la divination, de l'astrologie, des oracles, des augures, de la kabbale, la féerie, la magie, la sorcellerie, la démonologie, la philosophie hermétique, les phénomènes merveilleux, etc., précédé d'une introduction, et suivi d'une biographie, d'une bibliographie et d'un vocabulaire, in-32 de 4 feuilles 13/16; imprimerie de Decourchant à Paris. — Paris, rue du Jardinet, 8, et chez Bachelier, 1830. — Cet ouvrage forme la quarante-sixième livraison de *l'Encyclopédie portative,* édition in-32.

Divers petits ouvrages de la *Bibliothèque populaire,* en 1834 et 1835, etc. (voir la *Bibliographie de la France.)*

*Luiz de Souza,* 2 vol. in-8, ensemble de 43 feuilles 1/4; Paris, Charles Gosselin; prix 15 fr., 1835.

*Le Monde enchanté,* cosmographie et histoire naturelle fantastique du moyen âge, in-32 de 6 feuilles, 1 gravure; Paris, Fournier, 1843. 1 fr. 75 c.

M. Ferdinand Denis a de plus fait des introductions, annotations, notices à plusieurs ouvrages, et il a été le collaborateur de M. Taunay (voir plus loin cet article).

## M. X. MARMIER.

A publié les ouvrages suivants :

*Esquisses poétiques,* 1 vol. in-18; Paris, 1830.
*Études sur Goëthe,* 1 vol. in-8; Paris, 1835.
*Lettres sur l'Islande,* 1 vol. in-8; Paris, 1837.
*Histoire de la littérature en Danemark et en Suède,* 1 vol. in-8, 1839.
*Lettres sur le Nord,* 2 vol. in-12, 1840.
*Histoire de l'Islande,* 1 vol. in-8, 1840.
*Souvenirs de voyage et traditions populaires,* 1 vol. in-12, 1841.
*Lettres sur la Hollande,* 1 vol. in-12, 1841.
*Littérature islandaise,* 1 vol. in-8, 1843.
*Lettres sur la Russie,* 2 vol. in-12, 1844.
*Nouveaux souvenirs de voyage,* 1 vol. in-12, Paris; 1845.
*Poésies d'un voyageur,* 1 vol. in-12, 1843.
*Du Rhin au Nil,* 2 vol. in-12, 1846.

### TRADUCTIONS.

*Manuel de la littérature allemande,* par Koberstein, 4 vol. in-8, 1834.
*Théâtre de Schiller,* 2 vol. in-12, 1840.
*Hermann et Dorothée,* 1 vol. in-18, 1834.
*Poésies lyriques de Schiller,* 1 vol. in-12, 1844.

*Chants du Nord* : Suède, Danemark, Norwége, Finlande, Islande; 1 vol. in-12, 1843.

*Contes d'Hoffmann*, 1 vol. in-12, 1843.

*De la solitude*, par Zimmermann, 1 vol. in-12, 1845.

Divers articles dans la *Revue germanique, Revue de Paris, Revue des Deux Mondes, Revue britannique*, dans le *Correspondant* et le *Moniteur*.

## M. J. COHEN.

A beaucoup écrit; je cite ses publications les plus importantes :

*Jacqueline de Bavière*, dauphine de France (roman tiré de l'histoire des Pays-Bas), Paris, G.-C. Hubert, 1821, 4 vol. in-12, 10 fr.

*Histoire de Pierre Terrail*, dit le chevalier Bayard, etc.; Paris, Egron, 1821; Hivert, 1825.

*Précis historique sur Pie VII*; Paris, Delaunay, 1823, in-8, portrait, 6 fr.

*Histoire de la conquête de Grenade*, tirée de la chronique manuscrite de Fray Antonio; traduit de l'anglais de Washington Irwing; Paris, Timothée Dehaye, 1829, 2 vol. in-8, 15 fr.

On a encore du même écrivain plusieurs romans (voir *la France littéraire*), un grand nombre de traductions d'ouvrages, tant sérieux que légers, de l'anglais, de l'allemand, de l'italien et du hollandais, entre autres 14 volumes de polémique et d'histoire religieuse de Mœhler Thinar et Hurter, 1 volume de théâtre hollandais dans la collection Ladvocat; *les Cours du Nord* de Brown, augmentées d'une composition originale sur la révolution de Suède de 1772, d'après des pièces et lettres officielles et inédites.

Je dois ajouter que M. Cohen a coopéré à la *Collection des dissertations rares ou inédites sur l'histoire de France*, par M. C. Leber, 18 vol. in-8.

Il fait un nouveau catalogue de la bibliothèque.

### M. BOSSEL DE ST-MARTIN.

A publié des épigrammes, des romances, des articles de polémique et différents travaux en prose et en vers (de 1820 à 1840).

### M. HIPPOLYTE TAUNAY.

Attaché au cabinet des livres rares de la bibliothèque en qualité de bibliothécaire, garde des estampes.

Voici ses publications :

*Le Brésil*, ou Histoire, mœurs, usages et coutumes des habitants de ce royaume (en collaboration avec M. Ferd. Denis); Paris, Nepveu, 1821-22, 6 vol. in-18, ornés de 46 gravures, (d'après les dessins faits dans le pays par M. Taunay), 20 fig. coloriées, 30 fr.

*Notice historique et explicative du panorama de Rio-Janeiro* (en collaboration avec M. Ferd. Denis); Paris, le même, 1824, in-8, 1 fr. 50 cent.

*La Jérusalem délivrée*, traduite en vers français avec le texte italien en regard; Paris, L. Hachette, 2 vol. in-8, 1846.
(Ouvrage commencé et presque entièrement composé en Italie.)

M. Taunay a placé des articles littéraires dans plusieurs journaux quotidiens.

## M. TASTU (JOSEPH).

Ancien typographe, est attaché au cabinet des manuscrits de la bibliothèque.

Il a publié pour le compte et par les ordres de l'Académie des Inscriptions et Belles-Lettres un atlas Mallorquin de 1375, monument important pour la géographie du moyen âge, lequel a été inséré dans les mémoires de cette Académie.

Analyse d'un manuscrit comprenant les poésies inédites de plus de trente troubadours de la langue d'hoc-limosine.

(L'Académie d'histoire de Madrid a nommé M. Tastu un de ses correspondants après avoir reçu communication de ce mémoire et de plusieurs autres.)

Cet écrivain fait imprimer en ce moment en Allemagne :

Une Grammaire générale de toutes les langues, dialectes et idiomes romans.

Un Dictionnaire critique et analytique de toutes les branches de la linguistique romane.

Une Paléographie aragonaise.

Un choix de Mémoires critiques sur des traités de paix et commerce des Aragonais avec les diverses puissances étrangères.

Une édition Variorum avec des notes de linguistique sur le grand poëte limosin Ausias March.

Etc., etc.

## M. CHARLES LAFONT.

Auteur dramatique, membre de la Société des auteurs et compositeurs dramatiques, a fait représenter sur les principaux théâtres de Paris une grande quantité de pièces qu'il a produites seul ou en collaboration. On les trouve dans le *Magasin théâtral* de l'éditeur Marchand.

Les ouvrages les plus importants de M. Charles Lafont sont :

*La Famille Moronval*, drame en cinq actes, en prose. (Porte-Saint-Martin, 1834.)

*Le Chef-d'œuvre inconnu*, drame en un acte, en prose. (Français, 1837.)

*Ivan de Russie*, tragédie en trois actes, en vers. (Odéon, 1841.)

*La Folle de la Cité*, drame en cinq actes, en prose. (Gaîté, 1843.)

*Le Changement de main*, comédie-vaudeville en deux actes. (Gymnase, 1845.)

## M. TRIANON.

On a de lui plusieurs traductions du latin et du grec, notamment celle de la *Batrochomyomachie*, publiée dans la *Pléiade* de l'éditeur Curmer ; — des articles de critique, de polémique et d'art dans les journaux, etc.

*Sous les rideaux, ou études sur la révolution française* (en collaboration avec M. Édouard Thierry).

M. Trianon travaille en ce moment à un grand ouvrage philosophique.

## M. P. PINÇON.

Membre correspondant de la Société des sciences du département de Tarn-et-Garonne.

A fait imprimer un

*Discours prononcé dans un banquet offert au poëte Jasmin*. Paris, 1842, in-8 de 16 pages.

Ses travaux inédits sont :

*Guide pour servir à une étude encyclopédique*, contenant, dans un ordre méthodique, l'exposition et la définition des diverses parties de la science universelle, et l'indication des sources où l'on doit puiser les connaissances théoriques et pratiques; 3 vol. in-folio.

L'Académie française, adoptant les conclusions d'un rapport de M. Dupin aîné, lu par M. Charles Nodier, recommanda cet ouvrage à M. le ministre de l'instruction publique. (Voir *le Moniteur* du 1er août 1841.)

Plusieurs monographies bibliographiques, entre autres celle des opuscules de Catherinot, offerte par l'auteur à M. de la Villagille.

*Catalogue de la bibliothèque de M. le comte Pillet-Will.*

Ouvrages non terminés :

*Catalogue méthodique et raisonné des imprimés anonymes et pseudonymes de la bibliothèque Sainte-Geneviève.*

*Encyclopédie bibliographique.*

Cet ouvrage, sous la forme d'une nomenclature alphabétique des mots relatifs aux arts, aux métiers et aux sciences, présentera un guide pour l'acquisition de toutes les connaissances bibliographiques, en fournissant sur tout objet l'indication des bibliographies spéciales, et, quand elles manquent ou qu'elles sont incomplètes, des ouvrages qui peuvent en tenir lieu ou les compléter.

## H. A. DE COURSON.

*Essai sur l'histoire, la langue et les institutions de la Bretagne armoricaine*; Paris, Lenormant, 1840, 1 vol. in-8, XXIV. (7 fr. 50 c.) — Mention honorable à l'Institut.

*Introduction à l'histoire des peuples bretons*; 1 vol. in-8 de 500 pages. Joubert, 1843, 7 fr. 50 c.

*Histoire des peuples bretons dans les deux Bretagnes*; 2 vol. grand in-8 jésus, Furne et Bourdin, 1846, 16 fr.

Cet ouvrage a obtenu le grand prix Gobert à l'Académie des Inscriptions et Belles-Lettres.

*Lettre à M. Varin sur la colonisation de l'Armorique*; 1842, Saint-Brieuc, Prudhomme, brochure in-8, 1 fr.

*Pèlerinages religieux et historiques en Basse-Bretagne*; 2 vol. in-18 anglais. (Sous presse.)

## M. ALFRED DE BOUGY.

Membre de la Société des gens de lettres.

*Essai historique et statistique sur l'ancien mandement* (fief) *d'Allevard* (Dauphiné); in-8 de 50 pages. Dans le *Bulletin de la Société de statistique de l'Isère*; Grenoble, 1839.

De nombreux articles dans des journaux et revues historiques de Paris et de la province, feuilletons, notices, chroniques, poésies, critique théâtrale et littéraire.

*Donjons et moutiers des Alpes* (chroniques et légendes de la Suisse, de la Savoie, du Dauphiné et du Bugey).

Quelques-uns de ces récits ont paru en feuilleton dans *le Commerce*, *la Patrie*, *la Gazette de France*, etc.

*Nouvelles vaudoises.* (Ouvrage en cours de publication : la première, intitulée : *Un Heureux malheur*, a paru dans le Bulletin mensuel de la Société des gens de lettres.)

*Le Tour du Léman* (voyage pittoresque, historique, littéraire et philosophique sur les rives du lac de Genève); 1 vol. grand in-8 jésus, illustré, de 511 pages. Paris, Comptoir des Imprimeurs-Unis (Comon et C$^e$), 1845-46. Imprimerie Gobin, à Argenteuil.

M. de Bougy met la dernière main à deux romans qui paraîtront dans la presse :

*Melzida* (quatre parties).

*Djem-le-Majestueux.*

Il a terminé une comédie en deux actes, en prose, intitulée *l'Hospitalité*.

## M. ALBERT COHEN FILS.

Ce jeune auteur a débuté dans la carrière des lettres par :

*Chinon et Agnès Sorel*, 1 vol. in-12 de près de 300 pages; Paris, Dentu, 1846. Imprimerie de Bailly.

### SOUS PRESSE :

*Cris d'armes et Devises des États de l'Europe, des provinces, villes, corporations, abbayes, chapitres nobles de ces états; des familles nobles, des libraires, imprimeurs, académies, corps scientifiques*, etc., grand in-8, illustré de 500 écussons, frontispices, etc.

# TABLE DES MATIÈRES

CONTENUES

## DANS L'HISTOIRE DE LA BIBLIOTHÈQUE SAINTE-GENEVIÈVE.

Dédicace. . . . . . . . . . . . . . . . . . . . . . . 1

Introduction. . . . . . . . . . . . . . . . . . . . . 3

Première partie. — L'Abbaye de Sainte-Geneviève; le Collége de Montaigu, etc. . . . . . . . . . . . . . . . . 9

Deuxième partie. — La Bibliothèque Sainte-Geneviève. . . . 91

Divisions et séries des livres de la bibliothèque. . . . . . . . 191

Tableau du personnel, etc. . . . . . . . . . . . . . . . 195

FIN.

# MONOGRAPHIE

## BIBLIOGRAPHIQUE

OU

CATALOGUE DES OUVRAGES, MANUSCRITS ET IMPRIMÉS, RELATIFS
A SAINTE GENEVIÈVE, A SON ÉGLISE, A SON ABBAYE, AUX CHANOINES RÉGULIERS
DE LA CONGRÉGATION DE FRANCE, OU GÉNOVÉFAINS, ET A LEUR BIBLIOTHÈQUE,

### PAR P. PINÇON,
DE LA BIBLIOTHÈQUE SAINTE-GENEVIÈVE.

Comme l'annonce dans sa préface mon collègue M. de Bougy, je lui dois l'honneur de pouvoir offrir au public un essai bibliographique entrepris sur l'invitation du savant M. Denis. En effet, en me mettant à l'œuvre, je n'avais pas l'intention de faire imprimer ma Monographie : elle devait rester manuscrite et seulement à l'usage de la bibliothèque Sainte-Geneviève; la proposition de M. de Bougy, la promesse que me fit M. Denis de me fournir des renseignements et de précieuses notes, et, il faut le dire, le désir d'être utile à un plus grand nombre de personnes, m'ont fait changer de résolution.

Lorsque mon collègue me proposa de joindre mon travail au sien, M. le ministre de l'instruction publique avait déjà accepté la dédicace de l'ouvrage de M. de Bougy; j'aurais voulu avoir quelque droit à solliciter le même honneur, non-seulement par l'espoir de donner ainsi plus d'autorité à mon livre, mais afin d'offrir par là à M. le comte de Salvandy un témoignage public de ma vive reconnaissance pour les marques de bienveillance qu'il a daigné m'accorder en plusieurs occasions : je ne puis que prier Son Excellence de m'excuser de ce que mon ouvrage se trouve mis sous son haut patronage sans son autorisation.

En réunissant nos travaux, la pensée de M. de Bougy et la mienne a été de composer un ouvrage qui dans son ensemble présenterait plus d'intérêt que s'il avait paru en deux parties séparées; mais chacun de nous est resté exclusivement chargé et responsable de la spécialité qu'il avait choisie, mon collègue de l'histoire de la bibliothèque, et moi de la monographie bibliographique.

J'éprouve, en outre, le besoin de dire que je ne partage pas toutes les opinions émises par mon collaborateur; nous avons, l'un et l'autre, sur les salutaires réformes à introduire dans les bibliothèques des idées presque diamétralement opposées. J'ai communiqué mes scrupules à M. de Bougy, et j'ai joint mon travail au sien en respectant ses convictions et en faisant mes réserves.

Je crois devoir donner maintenant quelques détails sur l'ordre que j'ai suivi dans la classification des articles de ma Monographie, et, en outre, quelques éclaircissements indispensables pour la parfaite intelligence du lecteur.

Toute monographie bibliographique se divise naturellement en deux parties :

En *généralités* : ouvrages qui n'ont pas un rapport précis avec le sujet, mais qui contiennent cependant des renseignements importants.

En *spécialités* : ouvrages qui traitent exclusivement du sujet de la monographie bibliographique.

Telle est la principale division de mon travail.

Je commence les généralités par les ouvrages pouvant

mettre sur la voie des manuscrits relatifs à Sainte-Geneviève et à son abbaye. Je donne ensuite les bibliographies qui font connaître les imprimés publiés sur les mêmes sujets. Parmi ces derniers, on distingue la plus belle, la plus savante monographie bibliographique qui existe, celle qui suffirait presque seule pour mon objet : je veux parler de la *Bibliothèque historique de la France,* publiée d'abord en un volume in-folio par le savant oratorien Jacques Lelong, réimprimée, avec des augmentations considérables, par Fevret de Fontette, Camus, Hérissant et autres, en cinq volumes in-folio. Cet admirable travail contient le catalogue des ouvrages imprimés et manuscrits qui traitent de l'histoire de France ou qui y ont rapport; il indique, dans un ordre méthodique, l'usage qu'on doit faire des grandes collections de pièces concernant notre histoire et les sources où l'on doit puiser les preuves et les détails de tous nos faits historiques. On a reproché à cet ouvrage de n'être pas tout à fait complet; je le demande, pouvait-il l'être? D'ailleurs, qu'est-ce que l'absence d'un petit nombre d'articles comparativement aux quarante-huit mille dont il est composé! On a souhaité, on souhaite ardemment qu'il soit continué; mais jusqu'ici on a cru à des difficultés insurmontables : on n'a point songé qu'il suffirait de s'entourer des journaux littéraires, des bibliographies publiées depuis 1768 et de quelques hommes spéciaux pour donner une suite à ce monument national. Il est vrai qu'on y a trouvé des défauts d'ordre, des vices de classification, des ....., que sais-je? c'est-à-dire qu'à ce compte il faudrait faire pour tout table rase : moyen infaillible de ne jamais rien terminer; et puis la vérité est que les savants ne regardent plus comme possible la composition d'un grand ouvrage d'érudition, d'un ouvrage de bénédictin, comme ils disent. Les hommes de l'industrie comblent des vallées avec des montagnes, transportent des populations entières et des masses énormes; nos érudits, eux, ne peuvent point manier la matière de quatre ou cinq in-folio. Mais pourquoi me plaindre? Un essai, plus modeste que celui qu'indiquent mes désirs, utile cependant, vient d'être tenté : M. Girault de Saint-Fargeau a donné (Paris, 1846, in-8°) un ouvrage qui, sans être la continuation de celui de Lelong, embrasse, en un volume, les travaux les plus importants sur la France historique et topographique publiés jusqu'à nos jours.

Je reviens à mon sujet.

Après les ouvrages bibliographiques, je place quelques-uns de ces travaux généraux qu'on peut toujours consulter avec fruit, tels que les encyclopédies, les dictionnaires historiques et biographiques, les histoires et mémoires littéraires, les journaux, les ouvrages d'érudition, les recueils de diplômes, de chartes et de lois, enfin les histoires proprement dites : histoires de France, histoires de Paris, histoires religieuses, et histoires monumentale, topographique et iconographique.

Les ouvrages composant les premières séries des généralités fourniront tous les renseignements de bibliographie et de biographie générale désirables; ceux des séries suivantes donneront, les uns toutes les lois civiles et religieuses qui ont régi ou qui régissent l'église, l'abbaye et la bibliothèque Sainte-Geneviève, et les autres tous les faits généraux d'histoire et les principales représentations des monuments, des lieux et des personnages qui se rattachent à mon objet.

Telle est la classification de ma première partie et l'utilité qu'on pourra tirer des généralités que j'ai indiquées. Cependant, jusqu'aux ouvrages d'histoire de France inclus, j'ai été fort réservé dans ces indications, et j'ai dû l'être; car, si j'avais voulu citer dans les genres que j'ai énumérés tous les ouvrages où il est question de Sainte-Geneviève, de l'abbaye et de la bibliothèque, il m'eût fallu composer des volumes; je me suis donc borné aux principaux. D'ailleurs, les ouvrages sur Paris, dont j'ai fait peut-être un trop prodigue détail, renferment en général tout ce qui est dit dans ceux que j'ai omis. Je suis plus explicite au sujet des ouvrages spéciaux; là je tâche de présenter la série complète des travaux entrepris sur la matière.

La classification des spécialités est en harmonie avec la succession des faits de l'histoire de Sainte-Geneviève et de son abbaye; qu'on me permette de les rappeler sommairement :

Geneviève de Nanterre est consacrée à Dieu par saint Germain d'Auxerre, au commencement du v$^e$ siècle. A sa prière et à celle de Clotilde, Clovis, premier roi chrétien, fait jeter autour d'un oratoire construit sur le haut de la montagne qui porte aujourd'hui le nom de Sainte-Geneviève les fondements d'une basilique consacrée par saint Remy aux apôtres saint Pierre et saint Paul, dont elle retient le nom. Le roi meurt. Clotilde fait achever la basilique et y fait déposer les restes de son mari. Peu après, Geneviève et

Clotilde y sont aussi enterrées. Bientôt Geneviève est canonisée, Paris et la France se mettent sous son patronage, et par suite la basilique Saint-Pierre et Saint-Paul prend définitivement le nom d'église Sainte-Geneviève.

La basilique est d'abord desservie par des chanoines séculiers. Vers le milieu du IX$^e$ siècle, les Normands la dévastent; plus tard, elle est réparée.

Les chanoines tombent insensiblement dans le plus grand dérèglement, et, en 1147, ils sont chassés de l'église Sainte-Geneviève et remplacés par des chanoines réguliers tirés de Saint-Victor; l'abbé Suger est chargé de faire exécuter ce changement : Odon, prieur de Saint-Victor, est nommé abbé de Sainte-Geneviève, et, l'année suivante, de chapitre séculier l'église est érigée en abbaye.

Étienne, élu abbé (1177), fait réparer entièrement l'abbaye, qui se ressentait encore des ravages des Normands, et fait bâtir l'église telle qu'on la voyait encore en 1711; ainsi on peut le regarder, en quelque sorte, comme le second fondateur du monastère.

Les curé et marguilliers de Saint-Étienne-du-Mont obtiennent, en 1517, que leur église ait une entrée sur la voie publique et qu'elle soit ainsi séparée de l'église abbatiale.

De nouveaux désordres, occasionnés par la guerre des Anglais, s'introduisent dans le monastère, vont toujours croissant et nécessitent une réforme. Elle est commencée, en 1624, par le cardinal de La Rochefoucauld, nommé abbé commendataire de Sainte-Geneviève, qui y établit supérieur le P. Faure. Sous l'administration de ce dernier, la réforme fait en peu de temps de merveilleux progrès, et bientôt la congrégation s'accroît rapidement et devient la plus nombreuse de toutes celles des chanoines réguliers.

L'instruction est donnée à la jeunesse dans l'abbaye Sainte-Geneviève, et, pendant longtemps, l'un des chanceliers de l'Université est tiré de cette abbaye.

L'ancienne église Sainte-Geneviève menace ruine; les génovéfains sollicitent et obtiennent qu'une nouvelle la remplace. On la construit, on la consacre; toutefois la vieille basilique n'est démolie que sous l'Empire. La grande révolution éclate, disperse la congrégation et les reliques de l'abbaye, et décrète que la nouvelle église Sainte-Geneviève recevra une autre destination et prendra le nom de Panthéon français. Pendant longtemps on se joue de ce qui avait tant excité la vénération. Enfin l'abbaye devient le collége Henri IV, le culte est rendu à la patronne de Paris dans l'église Saint-Étienne-du-Mont, et il ne reste plus de l'ancien et si puissant monastère qu'une bibliothèque publique, mais une bibliothèque dont l'importance attestera l'amour qu'avaient les chanoines réguliers de la Congrégation de France pour les sciences et les lettres.

On le sait, la bibliothèque Sainte-Geneviève doit son origine au cardinal de La Rochefoucauld, qui, en 1624, ne trouva que quelques manuscrits dans l'abbaye (1), et doit ses accroissements successifs aux soins des PP. Fronteau, Lallemant, Du Molinet, Beurrier, etc., etc., et aux dons d'Athanase, Hacart, Flécelles, Le Tellier, etc., etc.

---

(1) On lit sur le premier feuillet des Mémoires manuscrits de François Boulart, sur la réforme des chanoines de Sainte-Geneviève : « *L'année 1630, monseigneur La Rochefoucauld nous a donné sa librairie.* »

En conséquence de tout ce qui précède, j'ai adopté l'ordre suivant :

1° Ouvrages relatifs à sainte Geneviève : à sa vie, à sa louange et à ses reliques;

2° A l'église Sainte-Geneviève : ancienne église, église de Saint-Étienne-du-Mont et nouvelle église Sainte-Geneviève (le Panthéon), et aux Cérémonies;

3° A l'abbaye Sainte-Geneviève;

4° Aux chanoines réguliers de la Congrégation de France, à leur règle, à leurs constitutions et à leur contentieux et temporel;

5° A la bibliothèque Sainte-Geneviève;

6° Enfin, à la vie des principaux personnages qui ont concouru à la fondation et à l'illustration de l'église, de l'abbaye et de la bibliothèque de Sainte-Geneviève.

Dans les *généralités*, je n'ai point consigné de manuscrits; cela m'eût conduit trop loin et eût été d'ailleurs sans utilité, puisque ce qu'ils offrent d'important est reproduit dans les ouvrages imprimés.

Dans les *spécialités*, à l'exception des ouvrages concernant les nombreuses maisons de la Congrégation de France, qui, par leur nombre et surtout par leur objet particulier, m'auraient fait dépasser les limites que je m'étais posées d'avance (1), je donne en manuscrits et en imprimés tous ceux

---

(1) On sait que la Congrégation, qui avait son chef-lieu à l'abbaye Sainte-Geneviève, était une des plus considérables de France : elle comprenait plus de cent monastères et comptait, en France seulement, soixante-sept abbayes, vingt-huit prieurés conventuels, deux prévôtés, deux hôpitaux, grand nombre de cures, et dirigeait plusieurs séminaires. (Voir *l'Europe*

qui sont venus à ma connaissance, et de plus, pour rendre cette partie encore plus intéressante, j'ajoute aux articles qui le comportent l'indication des plans, dessins, tableaux, estampes, portraits et statues qui leur sont relatifs.

En résumé, je crois ma Monographie aussi complète qu'on peut le désirer. J'étais à la meilleure source et j'y ai puisé abondamment : j'ai extrait des catalogues de la bibliothèque tout ce qui pouvait convenir à mon sujet, et je l'ai consigné dans mon travail.

Je dois faire ici une remarque. On pourra bien ne pas trouver à Sainte-Geneviève tous les ouvrages que j'indique comme devant y être : les fréquents mouvements inhérents à une bibliothèque formée d'une suite de dons et d'achats faits par saccades, les nombreux mouvements du personnel, les changements de classification, les infidélités, ont pu faire disparaître bon nombre d'articles restés catalogués et qu'en conséquence j'ai mentionnés; cependant j'aime à croire ces lacunes moins considérables qu'elles ne le paraissent, et j'espère que le remaniement nécessité par la prise de possession du nouveau local nous rendra bien des ouvrages transposés ou enfouis dans des réserves; c'est même cet espoir qui m'a déterminé à admettre dans ma Monographie l'extrait complet des catalogues de la bibliothèque.

J'ai aussi puisé dans d'autres dépôts publics; on verra

---

*ecclésiastique.*) Les ouvrages ayant trait à ses succursales sont très-nombreux; leurs titres pourraient former seuls un fort volume. On comprend qu'il m'a été impossible de les mentionner. Au surplus, on trouvera les plus importants dans la *Bibliothèque historique de la France*, t. Iᵉʳ, p. 837, 13627-658 IV S.

ce que chacun m'a fourni. A cette occasion, je dois dire qu'ayant eu besoin de recourir aux lumières de plusieurs bibliothécaires, j'ai trouvé ces messieurs très-empressés à m'être agréables, notamment MM. Cayx et Varin, de la bibliothèque de l'Arsenal : le premier m'a donné toute facilité de me livrer à mes investigations, et le second m'a fait connaître plusieurs articles qui ne sont indiqués nulle part. J'ai à me louer aussi de tous mes collègues de Sainte-Geneviève, et particulièrement de MM. Taunay et Tastu, préposés à la garde des manuscrits et des livres précieux; ils m'ont obligeamment montré ce qu'avaient de remarquable quelques raretés que j'ai consignées.

Ainsi j'ai cru devoir expliquer la classification générale que j'ai adoptée et signaler d'inévitables imperfections : puissé-je avoir atteint mon but, qui a été de produire un ouvrage de quelque utilité pratique !

# GÉNÉRALITÉS.

Nota. A la suite d'un ouvrage, j'indique souvent la bibliothèque qui le renferme et la lettre et le numéro d'ordre de sa place sur les tablettes; quand je ne donne que ces dernières marques sans nom de bibliothèque, c'est que l'ouvrage est à Sainte-Geneviève.

## OUVRAGES DIVERS.

Bibliotheca bibliothecarum manuscriptorum nova, p. dom Bernard de Montfaucon. Parisiis, Guérin, 1739, 2 vol. in-fol.

Liste de tous les manuscrits dont l'auteur avait pu avoir connaissance pendant quarante années de recherches assidues dans les diverses bibliothèques de l'Europe, tant de celles qu'il avait lui-même visitées que de celles dont il put se procurer le catalogue. (M. Weiss.)
Voyez la table générale aux mots : *Canonicorum regularium Constitutiones; S. Genovefæ Vita*, etc.

Catalogus codicum manuscriptorum Bibliothecæ regiæ parisiensis. Parisiis, è typ. reg. 1739-44, 4 vol. in-fol.

Par A. Mello.

Catalogues usuels du cabinet des manuscrits de la Bibliothèque royale.

MM. les conservateurs se font un devoir et un véritable plaisir de les communiquer aux travailleurs.

Les manuscrits de la Bibliothèque royale sont, comme on le sait, divisés par fonds portant le nom de ceux qui les ont légués ou vendus à cet établissement. Les fonds les plus riches en pièces sur l'histoire de France sont ceux de Dupuy, Béthune, Brienne, La Mare, Mesmes, Colbert, Cangé, Lancelot, Du Cange et Fontanieu, et, sur l'histoire de l'Église, des abbayes et des congrégations, ceux de Gaignières, Baluze, Doat et Serilly. Les autres fonds ne laissent pas d'avoir aussi leur importance, notamment l'ancien fonds du roi. On remarque dans les fonds divers les manuscrits du prince Louis d'Orléans, fils du Régent, mort à Sainte-Geneviève; ils sont au nombre d'environ cent volumes, conservés en liasses dans des cartons. Ces manuscrits, qui roulent presque tous sur des matières religieuses, sont écrits en partie de la main du prince.

Catalogi librorum manuscriptorum qui in bibliothecis Galliæ, Helvetiæ, etc., asservantur nunc primum editi a D. Gustavo Haenel. Lipsiæ, Hinrichs, 1830, in-4.

Cet ouvrage renferme, entre autres catalogues de manuscrits, ceux des principales bibliothèques de Paris et des départements, la Bibliothèque royale exceptée; le catalogue de Sainte-Geneviève occupe les pages 285-93.

I Manoscritti italiani della regia Biblioteca parigina descritti ed illustrati dal dottore Antonio Marsand. Parigi, della Stamperia reale, 1835-38, 2 vol. in-4.

Le premier volume comprend les mss. italiens de la Bibl. royale, et le second ceux de l'Arsenal, de Sainte-Geneviève et de Mazarine.
M. Tastu a relevé, dans des notes manuscrites mises sur un des exemplaires de cet ouvrage, de nombreuses erreurs faites par Marsand dans la description des mss. italiens de Sainte-Geneviève.

---

Bibliothèque historique de la France, contenant le catalogue des ouvrages imprimés et manuscrits qui traitent de l'histoire de ce royaume, par Jacq. Lelong; nouv. édition, augmentée par Fevret de Fontette (Camus, Hérissant, Barbeau de La Bruyère, Coquereau, Rondet et autres). Paris, 1768-78, 5 vol. in-fol.

La première édition est de Paris, 1719, 1 vol. in-fol. Voyez mon Introduction.

Méthode pour étudier l'histoire, avec un catalogue des principaux historiens, par l'abbé Lenglet du Fresnoy. Nouv. édit., augm. par Drouet. Paris, Debure, 1772, 15 vol. in-12.

<small>La première édition est de Paris, 1729.</small>

La France littéraire. Paris, 1769, 2 vol. petit in-8.

<small>Par les abbés Hébrail et de Laporte.</small>

— Premier supplément. Paris, 1778, 2 parties petit in-8.

<small>Par l'abbé de Laporte.</small>

— Deuxième supplément. Paris, 1784, 2 parties petit in-8.

<small>Par l'abbé Guyot.</small>

La France littéraire, contenant les auteurs français de 1771 à 1796, par J. Samuel Ersch. Hambourg, Hoffmann, 1797, 3 vol. — Suppl. (1$^{er}$ et 2$^e$) contenant, outre les additions et corrections, les nouveaux articles jusqu'en 1805, avec deux tables des matières. Hambourg, le même, 1802-6, 2 vol.; en tout 5 vol. in-8.

Journal typographique, commencé par Roux, continué par Dujardin-Sailly. Paris, du 1$^{er}$ vendémiaire an VI (22 septembre 1797) au 16 octobre 1810, 13 vol. in-8.

<small>Avec titres et tables dans les sept premiers volumes et dans le dixième.</small>

Journal général de l'imprimerie et de la librairie, première année, du 4 décembre 1810 au 30 septembre 1811, 1 vol.

— Bibliographie de l'empire français (aujourd'hui Bibliographie de la France), ou Journal général de l'imprimerie et de la librairie, du 1er nov. 1811 jusqu'en 1846 inclusivement. Paris, Pillet, 36 vol. in-8.

<small>Avec d'excellentes tables. La dernière suite est rédigée par M. Beuchot. On annonce dans ce journal tous les ouvrages déposés à la direction de la librairie. Voyez aussi les deux journaux de littérature française et étrangère, publiés à Paris, le premier de 1798 à 1840, le second de 1801 à 1830, par les libraires Treuttel et Würtz.</small>

**Bibliographie historique et topographique de la France**, ou Catalogue de tous les ouvrages imprimés en français depuis le xv<sup>e</sup> siècle jusqu'au mois d'avril 1846, par A. Girault de Saint-Fargeau. Paris, F. Didot frères, 1845, in-8.

<small>Voyez mon Introduction.</small>

---

**Encyclopédie**, par Diderot et d'Alembert et une société de gens de lettres. Paris (et sous l'indication de Neufchâtel), 1751-72, 28 vol. in-fol. — Suppl., Amsterdam (Paris), 1776-77, 5 vol. in-fol. — Tables analytique et raisonnée des matières (par Mouchon). Paris, 1780, 2 vol. in-fol.

<small>Réimprimée in-4 et in-fol.
Toutes les encyclopédies renferment des renseignements sur mon objet; mais celle-ci contient, entre autres choses, un article très-important de Boucher d'Argis sur les chanoines.</small>

---

**Le Grand Dictionnaire historique**, de Louis Moréri; Nouv. édit. (20<sup>e</sup> et dernière) dans laquelle on a refondu les suppléments de l'abbé Goujet, revue et augm. par Drouet. Paris, 1759, 10 vol. in-folio.

<small>La première édition est de Lyon, 1674, 1 vol. in-fol. L'article sur Sainte-Geneviève offre de l'intérêt.</small>

**Nouveau Dictionnaire historique**, ou Histoire abrégée de tous les hommes qui se sont fait un nom, par L.-M. Chaudon et F.-A. Delandine. Nouv. édit. Paris, Prudhomme, 1810-11, 20 vol. in-8.

Réimprimé très-souvent; la première édit. est de 1766, 4 vol. in-8.

Dictionnaire historique, ou Histoire abrégée des hommes qui se sont fait un nom, par F.-X. de Feller. Huitième édition, continuée sous la direction de R.-A. Henrion. Paris, P. Méquignon, 1833-55, 20 vol. in-8.

La première édition est de Liége, 1782, 6 vol. in-8. Cet ouvrage n'était guère originairement que celui de Chaudon, refait dans un esprit jésuitique; on l'a depuis fort augmenté, mais toujours dans le même esprit.

Biographie universelle, ancienne et moderne, par une société de gens de lettres. Paris, Michaud, 1811-28, 52 vol. in-8. — Suppl., 1832-45, 25 vol. in-8.

Le vingt-cinquième volume du supplément comprend les lettres PETA-POZ. Se continue. Cette biographie est la meilleure de toutes.

Histoire littéraire de la France, par des religieux bénédictins de la congrégation de Saint-Maur (D. Rivet, D. Taillandier et D. Clémencet). Paris, 1733-63, 12 vol. in-4. — Continuation par les membres de l'Académie des Inscrip. et Belles-Lettres (MM. Pastorets, Brial, Ginguené, Daunou, Amaury-Duval, Petit-Radel, Émeric-David et autres), tom. 13-20. Paris, 1814-42, 8 vol. in-4.

Le vingtième volume comprend la suite du XIIIe siècle depuis 1286.

Mémoires pour servir à l'histoire des hommes illustres dans la république des lettres. Paris, 1729-45, 43 tom. en 44 vol. in-12.

Par le P. Niceron, avec quelques notices par le P. Oudin, J.-B. Michault et l'abbé Goujet. Les notices concernant les illustres génovéfains sont fort estimées. On trouve en tête des derniers volumes une table générale des noms mentionnés dans tout l'ouvrage.

---

### Histoire et Mémoires de l'Académie des Inscrip. et Belles-Lettres. Paris, 1701-1846, — vol. in-4.

Del'Averdy a publié, à Paris, 1791, in-4, un tableau général des travaux contenus dans les volumes parus antérieurement à cette époque.

### Gazette de France. Paris, 1631-1792, 163 vol. in-4.

Par Théodore-Eusèbe et Isaac Renaudot, de Querlon, Rémond de Saint-Albine, de Mouhy, Marin et autres.

Ed.-Jacq. Genet a donné une table ou abrégé des 135 premiers volumes, depuis 1631 jusqu'en 1765. Paris, 1766, 3 vol. in-4.

### Journal des Savants. Paris, 1665-1846, — vol. in-4.

Par le sieur de Hédouville (Denis de Sallo), et continué par J. Gallois, de La Roque, L. Cousin, Dupin, Fontenelle, etc., etc.

Le plus ancien des journaux littéraires français.

L'abbé de Claustre a publié à Paris, en 1753, 10 vol. in-4, une excellente table du *Journal des Savants* qui va jusqu'en 1750.

### La Clef du cabinet des princes de l'Europe, ou Journal historique sur les matières du temps, connu sous le nom de Journal de Verdun. Luxembourg, Paris et Verdun, 1697-1756, 147 vol. petit in-8.

Par Ch.-Ph. Jordan, L.-Jos. de la Barre et autres. Dreux du Radier en a donné une table générale, 1697-1756. Paris, 1759, 9 vol. pet. in-8.

### Mercure galant et Mercure de France. Paris, 1672-1818, 1,657 vol. in-12 et 130 vol. in-8.

### Gazette nationale, ou le Moniteur universel, commencé le 24 novembre 1789, et continué sans interruption jusqu'à ce jour.

Journal officiel : il contient les décisions prises par le gouvernement sur l'abbaye, les reliques, la congrégation et la bibliothèque de Sainte-Geneviève.

---

Le Magasin pittoresque. Paris, aux bureaux d'abonnement et de vente, 1833-46 inclus, 14 vol. in-4 et 1 vol. de tables pour les dix premières années.

Fondé et publié par M. A. Lachevardière; rédigé, depuis la fondation, sous la direction de M. Édouard Charton.
Très-riche en dessins et en articles relatifs aux sujets de cette monographie.

Le Dictionnaire de la conversation et de la lecture (Répertoire des connaissances usuelles). Paris, Belin-Mandar, 1838-39, 52 vol. in-8.

On publie un supplément.
L'article sur Sainte-Geneviève est très-remarquable.

---

Tables chronologiques des diplômes, chartres, titres et actes imprimés, concernant l'histoire de France (jusqu'en 1179), par L.-George Oudard Feudrix de Bréquigny et G.-J. Mouchet. Paris, imp. royale, 1769-83, 3 vol. in-fol.

Au moment de la révolution de 1789, le tome IVe de ces tables était imprimé jusqu'à la lettre Bbb II. Cette partie a été refaite et continuée jusqu'en 1813, par M. Pardessus. Paris, imp. royale 1837, in-fol.
On réunit aux tables de Bréquigny : *Notice des diplômes, des chartes et des actes relatifs à l'histoire de France, depuis l'an 23 jusqu'en 841*, par l'abbé de Foy; Paris, imp. royale, 1765, in-fol. — Tome Ier de l'ouvrage commencé par Secousse, auquel il n'a pas été donné suite.
Les ouvrages précédents renferment les titres de plusieurs chartes et diplômes touchant l'église et l'abbaye Sainte-Geneviève.

Registres du parlement de Paris. Manuscrit in-fol. Bibl. royale.

Avec une *Table raisonnée des matières*.
Cet important recueil contient bon nombre d'actes ayant trait à l'abbaye Sainte Geneviève, tels que, par exemple, les suivants : du 30 mai 1427, Semonce faite à la cour de la part de monseigneur Chastellier, évêque de Paris, pour assister à sa consécration à Sainte-Geneviève, à son entrée pontificale à Notre-Dame et au dîner à l'évêché; — du 27 décembre 1563, Preuve de la présence du roi, de la

reine et du chancelier de France à la procession faite pour l'expiation d'un sacrilége commis à Sainte-Geneviève, où, dans l'église, un jeune homme désespéré brisa la sainte hostie entre les mains du prêtre; — du 30 janvier 1590, Arrêté des chambres assemblées pour aller, la cour en robes rouges, à la procession de l'église de Paris, à Sainte-Geneviève, pour le jubilé du 4 février, où assista le légat; — du 30 février 1590, Acte de la procession du jubilé; — du 5 janv. 1595, Preuve de la présence du chancelier de France à la procession qui se fit à Sainte-Geneviève pour la guérison du roi, de sa blessure par Castel; — etc., etc., etc.

Recueil général des anciennes lois françaises, depuis l'an 420 jusqu'à la révolution de 1789, par MM. Jourdan, Decrusy, Isambert. Paris, Belin-le-Prieur, — 1835, 29 vol. in-8.

Voyez à la table générale les mots : Sainte-Geneviève, Églises, Culte catholique, Ecclésiastique, Clergé, Discipline et Justice ecclésiastique, Monastères, Ecoles, etc., etc., etc.

Collection complète des lois, décrets, ordonnances, règlements, avis du conseil d'État, depuis 1788 jusqu'à ce jour, par J.-B. Duvergier. Paris, au bureau de l'administration, 1834-46, — vol. in-8.

Voyez aux tables décennales les mots : Abbayes, Cérémonies religieuses, Clergé, Congrégations, Eglises, Sainte-Geneviève, Panthéon, Grands Hommes, Bibliothèques, etc.

Bulletin des lois. Paris, de l'an II. — 1846, — vol. in-8.

Voyez comme dessus.

---

Recueil de titres concernant l'histoire de France, tirés tant des anciens manuscrits que des mémoires originaux et pièces fugitives du temps, par G.-M. de Fontanieu.

Ce recueil est à la Bibliothèque royale. Il était autrefois dans 841 portefeuilles in-4 et divisé en deux parties : la première renfermait les pièces relatives aux différents règnes de nos rois, et la seconde celles qui concernent le droit public, l'église, les ordres religieux et les matières ecclésiastiques. Un dépouillement succinct de ces pièces se voit dans le quatrième volume de la *Bibliothèque historique de la France*.

Historiæ Francorum scriptores coætanei, ab gentis origine usque ad Philippi IV tempora, par André Duchesne.

Recueil des historiens des Gaules et de la France, etc., accompagné de sommaires, de tables et de notes, par dom Martin Bouquet, J.-B. et Ch. Haudiquier frères, DD. Housseau, Précieux et Poirier, D. Clément et D. Brial, MM. Daunou et Naudet, etc. Paris, 1738-1840, 20 vol. in-fol.

Nota. Je me borne, sur l'histoire de France, aux trois recueils précédents, qui contiennent les premiers documents sur la vie de sainte Geneviève, sur la fondation de la basilique Saint-Pierre et Saint-Paul et sur celle de l'abbaye, la connaissance des autres documents se trouvant dans les ouvrages que j'ai cités et dans ceux que je vais indiquer.

## OUVRAGES SUR PARIS.

Archithremius. 1517, petit in-4.

Poëme latin composé par Jean de Hauteville. Cet auteur, qui vivait sous Philippe-Auguste, vers 1180, dédia son ouvrage à Gautier, archevêque de Rouen. Dans la préface, il s'étend beaucoup sur les louanges de la ville de Paris, et fait, à cette occasion, la description de l'état où se trouvait de son temps le quartier de l'Université, qu'il appelle : *Mons ambitionis!* C'est le même auteur qui a dit, en parlant du palais des Thermes, ces mots dont notre grand fabuliste a fait un si bel usage : « Ce palais des rois dont les cimes s'élèvent jusqu'aux « cieux, et dont les fondements atteignent l'empire des morts... »

Antiquités, Chroniques et Singularités de Paris, par Gilles Corroset. Paris, 1532, in-8.

Ouvrage estimé, même aujourd'hui; réimprimé très-souvent. On lui préfère généralement, et à tort, l'édition in-8 de Paris, Bonfons, 1568, malgré les additions dont Nicolas Bonfons et Jean Robel ont enrichi celles de 1581, 1586 et 1588. Corroset est un des premiers qui aient débrouillé les antiquités de Paris.

Description de Paris, par François de Belleforest.

Dans le tome 1er de la cosmographie universelle de l'auteur publiée pour la première fois en 1575.

La Fleur des antiquités de Paris, par Guill. de Bossozel (1533), in-8.

Les Fastes et Antiquités et choses plus remarquables de Paris, labeur de curieuse et diligente recherche, divisé en trois livres; par Pierre Bonfons. Paris, N. Bonfons, 1605, in-8.

<small>Réimprimés plusieurs fois in-4, sous le titre de *Théâtre des antiquités de Paris*. Ces éditions sont enrichies d'un supplément et d'un pouillé des bénéfices de l'archevêque de Paris; cependant on leur préfère l'édition in-8, qui est en effet plus correcte.
Les Fastes de Pierre Bonfons ont été augmentés par Jacques Du Breul.</small>

Le Théâtre des Antiquités de Paris, où il est traité de la fondation des églises et des chapelles de la Cité, Université, ville et diocèse de Paris, etc.; par Jacques du Breul. Paris, 1612, in-4.

<small>Réimprimé en 1614 et 1618. On a joint à l'édition de 1614 : *Supplementum antiquitatum urbis Parisiacæ, quoad sancti Germani à Pratis et sancti Mauri Fossatis cœnobia; eodem auctore*.</small>

Antiquités de la ville de Paris, contenant les recherches nouvelles des fondations et établissements des églises et chapelles, monuments, etc.; par Claude Malingre. Paris, 1640, in-fol.

<small>Ce n'est là qu'une nouvelle édition des Antiquités de Paris, de Jacques Du Breul, augmentée.</small>

Les Annales de Paris, depuis sa fondation jusqu'en 1640; par Claude Malingre. Paris, 1640, in-fol.

Abrégé des Annales et Antiquités de Paris. Paris, Pepingué, 1664, 2 vol. in-12.

<small>Par François Colletet. L'auteur a publié un extrait de son livre sous le titre de *la Ville de Paris, contenant*, etc. Paris, 1677, in-12; réimprimé en 1683 et 1699, même format.</small>

Bulæus (Cæs. Egasseus). Historia Universitatis parisiensis, ipsius fundationem, nationes, facultates, magistratus, decreta, censuras et judicia in negotiis fidei, privilegia, comitia, etc., cum instrumentis publicis et authenticis a Carolo Magno ad nostra tempora (1600) ordine chronol. complectens. Paris, Fr. Noel et P. De Bresche, 1665-73, 6 vol. in-fol.

Très-utile à consulter pour l'histoire de l'abbaye Sainte-Geneviève; consulter aussi l'histoire de la même université, par Crevier. Paris, 1761, 7 vol. in-12; et par E. Dubarle. Paris, Firmin Didot, 1844, 2 vol. in-8.

Antiquités de la ville de Paris, par François Duchesne. Paris, 1668, 2 vol. in-12.

Dans les Antiquités des villes, etc., du même auteur.

Description nouvelle de Paris, et Recherches des singularités les plus remarquables qui s'y trouvent à présent; par dom Germain Brice. Paris, 1684, 2 vol. in-12, avec plan et grand nombre de planches.

Réimprimé très-souvent; la dixième édition, Paris, 1752, 4 vol. in-12, a paru avec des additions de Mariette pour les trois premiers volumes, et de l'abbé Perau pour le quatrième.

Paris ancien et nouveau, avec une Description de tout ce qu'il y a de plus remarquable dans toutes les églises, communautés, palais, etc.; par C. le Maire. Paris, Girard, 1685, 3 vol. in-12.

Presque entièrement copié des Antiquités de Jacques du Breul.

Traité de la police, par Nicolas Lamare. Paris, 1705-38, 4 vol. in-fol.

Il contient une description historique et topographique de Paris, enrichie de huit plans offrant les accroissements successifs de cette capitale, et par conséquent les changements survenus dans le quartier de la montagne Sainte-Geneviève.

**La Généralité de Paris divisée en ses vingt-deux élections, ou Description exacte de tout ce qui est contenu dans ladite généralité.** Paris, David, 1710, in-12.

Par J. Chalibert-Dangosse.

**Description de la ville et des faubourgs de Paris, en 24 planches, dont chacune représente un des 24 quartiers, suivant la division faite en 1702, avec un détail exact de toutes les abbayes, églises, etc.; par J. de La Caille, d'après les ordres de M. d'Argenson, lieutenant de police de Paris.** Paris, 1714, in-fol.

Les planches ont été gravées par Scottin jeune.

**Histoire et Recherches des Antiquités de la ville de Paris, par H. Sauval.** Paris, Ch. Moette, 1724, 3 vol. in-fol.

Ouvrage curieux pour les détails qu'il donne sur les accroissements, les établissements civils et religieux, les cours de justice, les écoles, les églises, les chapitres, etc., de Paris.

**Histoire de la ville de Paris, composée par dom Michel Félibien, revue, augmentée et mise au jour par D. Guy-Alexis Lobineau.** Paris, G. Desprès, 1725, 5 vol. in-fol., avec plans, fig. et cartes.

Un abrégé de cette histoire a paru, anonyme, Paris, Desprès, 1735, 5 vol. in-12; le premier volume passe pour être de d'Aubigny, les trois suivants sont de J.-F.-J. Labarre, et le cinquième est de l'abbé P.-F. Guyot Desfontaines.

**Description de Paris et des belles maisons des environs, par J.-A. Piganiol de La Force.** Paris, 1736-42, 8 vol. in-12.

Réimprimée avec des augmentations par l'abbé Perau ou par Lafont de Saint-Yenne. Paris, 1765, 10 vol. in-12, avec un grand nombre de plans et de vues.

Nouvelles Annales de Paris, jusqu'au règne de Hugues Capet, auxquelles on a joint le poëme d'Abbon sur le siége de Paris par les Normands, en 885 et 886, avec des notes pour l'intelligence du texte; par D. M.-T-Ch. Duplessis. Paris; 1753, in-4.

Dans cet ouvrage, le poëme d'Abbon est beaucoup plus correct qu'il ne l'avait été jusque-là.

Histoire de la ville et de tout le diocèse de Paris, par. J. Le Beuf. Paris, Prault, 1754-57, 15 vol. in-12.

Ce sont plutôt des mémoires qu'une histoire. La plupart des choses qui concernent les édifices et établissements religieux de Paris se trouvent dans les deux premiers volumes. L'abbé Carlier a publié, anonymes, Paris, 1758, in-12, des observations pour servir de conclusion à cet ouvrage.

Essais historiques sur Paris, par G.-F. Poullain de Saint-Foix. Londres (Paris, Duchesne), 1754-57, 5 vol. in-12.

Réimprimés très-souvent; la quatrième édition, revue et corrigée, 1766, 5 vol. in-12, et 1776, 7 vol. in-12, est préférable aux autres. — Deux suites ont été données à cet ouvrage, la première, sous le titre de *Nouveaux Essais sur Paris*, 1781, 2 vol. in-12, par le chevalier Ducoudray, ami intime de l'auteur; la seconde, sous celui d'*Essais historiques sur Paris*, 1805, 2 vol. in-12 et in-8, par A. Poulain de Saint-Foix, son oncle.

Tableau de Paris, formé d'après les antiquités, l'histoire, la description de cette ville; par Jese. Paris, Cl. Hérissant, 1759, in-12.

Réimprimé sous le titre d'*État, ou Tableau de Paris*, avec une préface de Pesselier. Paris, 1761 et 1763, in-8.

Tablettes parisiennes qui contiennent le plan de la ville et des faubourgs de Paris, avec un Mémoire sur les différents accroissements de cette ville, depuis César jusqu'à présent; par Didier Robert de Vaugondy. Paris, 1760, in-8.

Description historique des curiosités de Paris, par C.-S. G. Paris, Gueffier, 1763, in-12.

Cet ouvrage, imprimé sous les lettres initiales du libraire Gueffier, a été composé par l'abbé de Montjoie.

Description de la généralité de Paris (et de chacune de ses élections), etc., par l'abbé Regley. Paris, 1763, in-4.

Histoire de Paris, prouvée par les textes originaux, depuis Jules César jusqu'à Louis XV, par G. Poncet de la Grave. Paris, 1771, in-12.

Le même auteur a composé : *Abrégé chronologique de l'histoire de Paris*, contenant ce qui s'est passé de plus considérable dans son enceinte et aux environs (*Mercure* de septembre, octobre et novembre 1755); *Projet des embellissements de la ville et des faubourgs de Paris*. Paris, Duchesne, 1756, 3 parties in-12.

Recherches critiques, historiques et topographiques sur la ville de Paris, depuis ses commencements connus jusqu'à présent, par J.-B-M. Renou de Chevigné Jaillot. Paris, Lottin, 1772-75, 5 vol. in-8, avec planches et titres gravés.

D'une lecture moins agréable, mais bien plus solide que les Essais historiques de Saint-Foix. L'auteur s'attache à relever les erreurs de ses devanciers, et il ne dit rien, lui-même, sans s'appuyer de titres et de preuves puisés aux meilleures sources. Son livre essuya cependant quelques critiques, auxquelles il répondit victorieusement par un petit écrit qu'on trouve ordinairement à la suite de son ouvrage.

Bins de Saint-Victor a publié avec Tourlet et autres, sous le voile de l'anonyme, une copie abrégée des Recherches critiques de Jaillot, intitulée : *Tableau historique et pittoresque de Paris, depuis les Gaulois jusqu'à nos jours, orné d'un grand nombre de gravures à l'aquatinte*. Paris, H. Nicolle, 1808-12, 3 vol. in-4; 2$^e$ édit. *Idem*, Nicolle et Gosselin, 1822-27, 4 vol. in-8, avec atlas in-4. Cette seconde édition porte le nom de Saint-Victor seulement.

Histoire de Paris, avec la description de ses plus beaux monuments, dessinés et gravés en taille-douce, par F.-N. Martinet. Paris, 1779-81, 3 vol. in-8 et in-4.

Le texte du premier volume, qui parut en 1779, sous le titre de *Description historique de Paris*, est d'Edme Béguillet; celui des deux autres est de J.-Ch. Poncelin de la Roche Tilhac. Cet ouvrage est très-beau; malheureusement il n'a pas été achevé.

Dictionnaire historique de la ville de Paris et de ses environs, par **P.-T.-N. Hurtault et Magny**. Paris, Moutard, 1779, 4 vol. in-8.

Excellent ouvrage. L'article sur l'abbaye Sainte-Geneviève est plein d'intérêt.

Tableau de Paris. Hambourg et Neufchâtel, 1781, 2 vol. in-8.

Par L.-S. Mercier. Réimp. avec des corr. et des augm. considérables. Amsterdam, 1782-89, 12 vol. in-12; et 1783-90, 10 vol. in-8. Dunker a publié à Yverdun, 1785, ou Berne, 1787, in-8, une collection de 96 planches gravées à l'eau-forte et un cahier d'explications, pour servir aux différentes éditions des huit premiers volumes de cet ouvrage.

Nouvelle description des curiosités de Paris, par **J.-A. Dulaure**. Paris, 1785, 2 vol. in-12.

Réimprimée en 1787 et 1790; 2 vol. in-12.

Panorama de Paris, ou Paris vu dans son ensemble et ses détails; son origine, la description de ses monuments, avec l'indication des jours où le public y est admis, etc.; par **J.-Ch. Bailleul**. Paris, an XIII (1805), 2 vol. in-12.

Miroir de l'ancien et du nouveau Paris, etc., orné d'un plan de Paris et de 18 gravures, par **L. Prudhomme**. Paris, 1805, 2 vol. in-12.

Réimprimé trois fois sous le titre de : *Voyage descriptif de l'ancien et du nouveau Paris*. Paris, 1814, 1821, 1825, 6 vol. in-18.

Description de Paris et de ses édifices, par **J.-G. Legrand et C.-P. Landon**. Paris, C.-P. Landon, 1806, 2 vol. in-8, ornés de plus de 100 planches.

Ouvrage justement estimé. Il a été réimprimé après avoir été considérablement augmenté en texte et en planches. Paris, Landon (Treuttel et Würtz), 1818, 2 vol. grand in-4.

**Dictionnaire topographique, étymologique et historique des rues de Paris**, par J. de Latynna. Paris, au bureau de l'Almanach du commerce, 1812, 1816 ou 1817, in-12.

De Latynna a laissé un *Dictionnaire topog., hist. et étym. des environs de Paris, à 20 kilomètres de rayon*. La carte de cet ouvrage a été publiée en 1817.

**Beautés de l'histoire de Paris, ou Précis de ce qu'il y a de plus intéressant dans les annales de cette superbe capitale, l'origine de ses monuments**, etc., par P.-J.-B. Nougaret. Paris, Tourneux, 1820, in-12.

Réimprimées à Paris, Thiériot et Belin, 1824, in-12, avec 9 grav.

**Histoire physique, civile et morale de Paris**, etc., par J.-A. Dulaure. Paris, 1821-22, 7 vol. in-12.

Ouvrage médiocre, partial et cependant réimprimé très-souvent. Il a reçu des augmentations successives qui ont porté à dix le nombre des volumes des dernières éditions. Charles Lucas en a publié un abrégé. Paris, 1821, in-18, sous le titre de : *Résumé de l'histoire physique, civile et morale de Paris*.

**Histoire abrégée de Paris, d'après Grégoire de Tours, Sauval, Saint-Foix, Mercier, Jouy, Dulaure et plusieurs autres**, par L.-Ch.-A.-G. Gallois (et E. de Monglave). Paris, 1824, 2 vol. in-18.

**Dictionnaire historique de Paris**, par A. Béraud (et P. Dufay). Paris, Mac-Carthy, 1825, 2 vol. in-8, avec 2 plans et une feuille de planches.

**Paris et ses environs : Dictionnaire historique, anecdotique,**

descriptif et topographique, par B. Saint-Edme. Paris, 1827, 2 gr. in-8.

<small>Cet ouvrage n'a pas été achevé : il n'a paru que le premier volume et le commencement du second ; depuis lors, l'auteur a dirigé, conjointement avec M. G. Sarrut, une nouvelle édition d'un livre intitulé : *Paris pittoresque, rédigé par une société de gens de lettres*. Paris, 1842, 2 vol. in-8.</small>

Dictionnaire historique de Paris. Paris, 1828, 2 vol. in-8.

<small>*Les Rues de Paris*, par Béraud et Dufay, forment la presque totalité du tome second.</small>

Tableau universel de Paris. Paris, 1833, in-12.

Histoire de Paris, composée sur un nouveau plan, par G. Touchard-Lafosse. Paris, Krabbe, 1833-34, 5 vol. in-8, avec fig.

Histoire de Paris, depuis les Gaulois jusqu'à nos jours, esquisse des mœurs à différentes époques, histoire des monuments d'après Dulaure et les meilleurs auteurs, par M. B***, avocat. Paris, Rion, 1834, in-18.

<small>Réimprimée en 1838; Paris, Rion, in-18.</small>

Histoire de Paris, par E. de Monglave. Paris, 1834, in-18.

<small>Elle fait partie de la *Bibliothèque populaire*.</small>

Souvenirs du vieux Paris, par le comte Lancelot-Théodore Turpin de Crissé. Paris, 1835, in-folio de 96 pages et 30 planches.

<small>Réimprimés en 1837, in-fol. de 42 pages et 30 planches.</small>

Promenades historiques dans Paris. Paris, Marcilly aîné, 1835, in-18.

Histoire physique, civile et morale de Paris, et Description des édifices publics de cette capitale, par P.-A.-P. Girault de Saint-Fargeau. Paris, 1835, in-8, avec fig.

Tirage à part du *Guide pittoresque du voyageur en France*.

Description pittoresque et statistique de Paris au XIXe siècle, ou Tableau de ses édifices, de ses monuments, de ses arts, etc., précédé d'un résumé de l'histoire de Paris, depuis son origine jusqu'à nos jours, par Laponneraye. Paris, 1836, in-4.

Histoire de Paris, depuis son origine jusqu'à nos jours, par T. Muret. Paris, 1836, in-12.

Paris sous Philippe-le-Bel, d'après les documents originaux, et notamment d'après un manuscrit contenant le rôle de taille imposée sur les habitants de Paris en 1292, publié pour la première fois par H. Gérard. Paris, 1837, in-8.

Paris ancien et moderne, ou Histoire de France divisée en douze périodes, appliquées aux douze arrondissements de Paris, et justifiée par les monuments de cette ville célèbre, par J. de Marlès. Paris, Parent-Desbarres, 1838, 3 vol. in-4, avec un grand nombre de planches formant atlas.

Paris historique; promenades dans les rues de Paris, suivies d'études historiques sur les révolutions de Paris, par Ch. Nodier et P. Christian. Paris, 1839, 3 vol. in-8.

Orné de 202 planches lithographiées d'après les dessins de Regnier et Champin.

Nouvelle histoire de Paris et de ses environs, par J. de Gaulle, avec des notes et une introduction, par Ch. Nodier. Paris, Pourrat, 1840, 4 vol. in-8, avec. fig.

Mémoire sur le déplacement de la population dans Paris et sur les moyens d'y remédier, présenté par les trois arrondissements de la rive gauche de la Seine (10e, 11e et 12e). Paris, 1840, in-8.

Histoire civile, morale et monumentale de Paris, depuis les temps les plus reculés jusqu'à nos jours, par J.-L. Belin et A. Pujol. Paris, Belin-Leprieur, 1843, in-12.

Dictionnaire administratif et historique des rues de Paris et de ses monuments, par Félix (et Louis) Lazare. Paris, 1843-44, in-8.

Les Rues de Paris, Paris ancien et moderne, 358-1843; origines, histoire, monuments, costumes, mœurs, chroniques et traditions; ouvrage rédigé par l'élite de la littérature contemporaine, sous la direction de M. L Lurine, illustré de 300 dessins sur bois. Paris, 1843, gr. in-8.

---

Itinéraire de la ville de Paris, par J. Boisseau. Paris, 1643, in-12.

Le Voyageur fidèle, ou le Guide des étrangers dans la ville de Paris, par P. Piger. Paris, Ribou, 1715 et 1717, in-12.

Les Curiosités de Paris, de Versailles, de Marly, etc. Paris, 1716, in-12, avec fig.

Par C.-M. Saugrain; réimprimées avec des augmentations par Piganiol de la Force et Saugrain. Paris, 1723, in-12, avec fig.

Séjour de Paris, c'est-à-dire Instructions fidèles pour les voyageurs de condition durant leur séjour à Paris, comme aussi une description suffisante de la cour de France, du parlement, etc., par J.-C. Nemeitz, littérateur allemand. Leyde, J. van Abcoude, 1727, 2 tomes en 1 vol. in-8.

Cette traduction a été faite à l'insu de l'auteur; il s'en plaint dans la quatrième édition de l'original (Strasbourg, 1750, grand in-8); la première édition est de 1718. Un plan de Paris et 60 planches ornent l'ouvrage; la septième planche représente les églises de Saint-Étienne-du-Mont et de Sainte-Geneviève; elle est à la page 256 et fait partie du chapitre relatif aux bibliothèques.

L'Agenda du voyageur pour l'année 1727, par de Valhehert. Paris, Des Hayes, 1727, in-12.

Continué plusieurs années.

Mémorial de Paris et de ses environs, à l'usage des voyageurs. Paris, Musier, 1732, in-12.

Par Antonini; réimprimé en 1744, et avec des augmentations, par l'abbé G.-T. Raynal. Paris, 1749, 3 vol. in-12.

Voyage pittoresque de Paris, par M. D***. Paris, Debure. 1749, in-12.

Par A.-N. Dezallier d'Argenville; reproduit très-souvent, mais sous différents titres.

Journal du Citoyen (pour la ville de Paris). La Haye (Paris, Joubert), 1754, in-12.

Espèce d'almanach; réimprimé avec des augmentations considérables, sous le titre d'*Etat ou Tableau de Paris*, etc., *contenant, entre autres choses, des détails intéressants sur le gouvernement de Paris, un tableau des juridictions et une description de l'état ecclésiastique.*

Plan topographique et raisonné de Paris, par Pasquier et Denys, graveurs. Paris, Pasquier, 1758, in-12 de 126 pages.

Curiosités de Paris, Versailles, Marly, etc., par G.-L. Lerouge. Paris, 176., in-12.

Cet ouvrage a eu trois éditions; la dernière est de Paris, 1778, 3 vol. in-12.

Almanach parisien en faveur des étrangers. Paris, 1761, 1762, 1765, 1774, 1785, petit in-12; 1779-85, in-18.

Par Hébert et P.-A. Alletz. Toutes les années ne portent pas le même titre; l'édition in-18 porte le suivant : *Almanach pittoresque, historique et alphabétique des riches monuments que renferme la ville de Paris, pour l'année 1779.*

Le Géographe parisien, ou le Conducteur chronologique et historique des rues de Paris, contenant les paroisses, les monuments les plus remarquables, les bibliothèques, etc. Paris, Valleyre, 1769, 2 vol. in-8 avec plans et cartes.

Par Le Sage; réimprimé, Paris, Costard, 1770, 2 vol. in-8, avec plans et cartes.

Almanach du voyageur à Paris, contenant la description de tous les monuments, chefs-d'œuvre des arts, établissements utiles et autres objets de curiosité, par L.-V. Thiery. Paris, Hardouin, 1783, in-12.

Réimprimé en 1784 et 1785.

Le Guide des amateurs et des étrangers voyageurs à Paris, ou Description raisonnée de cette ville, par le même. Paris, 1786, 2 vol. in-12 avec fig.

On voit dans le second volume, page 240, une planche représentant l'état dans lequel se trouvaient, en 1786, les travaux de la nouvelle église Sainte-Geneviève, aujourd'hui le Panthéon.

Le Provincial à Paris, ou État actuel de Paris. Paris, Watin, 1787, 4 vol. in-24, avec 5 cartes.

Cet ouvrage est divisé par quartiers, savoir : quartier de Notre-Dame, de Saint-Germain, du Temple et du Louvre; ce qui concerne chaque quartier est divisé en deux parties : Viagraphe, ou ordre alphabétique des rues; Description des édifices, des monuments et des établissements publics.

Le Voyageur à Paris, par Luc-Vincent. Paris, Gatey, 1790, in-8.

Le Guide du voyageur à Paris, contenant la description des monuments publics les plus remarquables, etc. Paris, an x (1802), in-18.

Manuel du voyageur à Paris, contenant la description des spectacles, manufactures, établissements publics, etc. Paris, an xi (1803), in-18.

Paris et ses curiosités, avec une Notice historique et descriptive des environs de Paris. Paris, an xiii (1804), 2 vol. in-12.

Le Pariseum, ou Tableau de Paris en l'an xii, par J.-F.-C. Blanvillain. Paris, 1804, in-12.
Réimprimé en 1807.

Manuel du voyageur à Paris, ou Paris ancien et moderne, contenant la description historique et géographique de cette capitale, de ses monuments, de ses palais, etc. Paris, 1804 ou 1805, in-18.
Par Pierre Villiers, réimprimé en 1813, in-18.

Conducteur de l'étranger à Paris, contenant la description des palais, monuments et édifices, bibliothèques, etc. Paris, 1811, in-18.
Par F.-M. Marchand de Beaumont. Cet ouvrage a eu un grand nombre d'éditions, mais sous le titre de *Nouveau Conducteur de l'étranger à Paris*; elles ont été, en partie, revues et augmentées par E. Hocquart; la vingt-cinquième et dernière, de Paris, Moronval, 1846, in-18, est, comme la plupart des précédentes, ornée d'un plan et de 24 planches.

Manuel chorographique de Paris et du département de la Seine, par J.-B. Foulon. Paris, 1815, in-8.

Guide des voyageurs et des curieux dans Paris, ou Voyage anecdotique et pittoresque dans la capitale, offrant le tableau de tout ce qu'on doit remarquer dans Paris d'aujourd'hui, comparé à Paris d'autrefois; par Jacques Collin. Paris, 1822, in-18.

<small>L'auteur est connu sous le nom de Collin de Plancy.</small>

Promenades pittoresques dans Paris et ses environs, par L.-A. Ghislain, baron de Bacler-Dalbe. Paris, R. Walh et Delaunay, 1824, in-fol., avec 48 planches lithograp.

Panorama de la ville de Paris et Guide de l'étranger à Paris. Paris, 1824, in-12, avec un plan et 12 figures.

<small>Par A. Perrot.</small>

Itinéraire étymologique de Paris, par N. Maire. Paris, 1826, in-12, orné de trois plans.

Manuel de l'étranger dans Paris, etc., par C. Harmand. Paris, 1826, in-18.

Le Véritable conducteur parisien, par J.-B. Richard. Paris, 1827, in-18, avec figures.

<small>Réimprimé en 1829 et en 1832.</small>

Manuel du voyageur à Paris, ou Nouveau Guide de l'étranger dans cette capitale, etc., par Lebrun. Paris, 1828, in-18.

Nouvel Indicateur général de la ville de Paris, par A.-M. Perrot. Paris, 1832, in-18, avec 49 cartes et 2 vues.

Conducteur général de l'étranger à Paris, etc., suivi d'un vocabulaire d'architecture pour faciliter la visite aux monuments, etc.; par A. Person de Teyssèdre. Paris, Lebigre, 1832, in-18, avec 18 gravures.

<small>Réimprimé très-souvent; la cinquième édition, revue et augmentée</small>

par A. de Fontaine de Rosbecq, est de Paris, 1842, in-18. Une autre édition a paru en 1844.

Itinéraire de l'artiste et de l'étranger dans les églises de Paris, ou État des objets d'art commandés, depuis 1816 jusqu'en 1830, par l'administration de cette ville. Paris, 1833, in-8.

Par J.-A. Grégoire. Cet ouvrage offre, page 8, le détail des nombreuses commandes faites, en tableaux et en statues, pour l'église Saint-Étienne-du-Mont, et, page 14, une notice historique de la belle peinture qui décore la coupole du Panthéon.

Promenades dans le vieux Paris, par Jacob (P. L. le bibliophile). Paris, veuve Dondey-Dupré, 1836, in-12.

Par M. Paul Lacroix.

Interprète parisien, ou Nouveau Guide des étrangers à Paris. Paris, 1836, in-18.

Dictionnaire historique et topographique de Paris, guide indispensable du promeneur dans la capitale. Paris, 1838, in-8.

Vocabulaire, ou Nouvel Indicateur des rues de Paris, contenant un tableau des paroisses, etc., par Gonneau. Paris, 1839, in-8.

Promenades dans Paris et description de ses monuments anciens et modernes, par Ch. de Mirval. Paris, 1839, in-12.

Il vient de paraître une nouvelle édition de cet ouvrage. Paris, Lehuby, 1846, in-12.

Indicateur général, ou Nouveau Conducteur des étrangers dans Paris. Paris, 1840, in-18.

Réimprimé en 1841.

Guide universel de l'étranger dans Paris, ou Nouveau Tableau de cette capitale, par A. Montémont. Paris, 1842, in-18.

Réimprimé en 1844. Paris, Garnier frères, in-18, avec plans et vignettes.

Physiologie des rues de Paris, suivie de notes et renseignements, et d'un plan de Paris et de ses faubourgs, contenant tous les changements survenus jusqu'à ce jour, par Ch. Picquet. Paris, 1842, in-32.

Par M. Paul Lacroix.

Guide pittoresque de l'étranger dans Paris et ses environs, avec 40 vignettes sur bois dans le texte et un plan de Paris et ses environs, orné de 18 vignettes en taille-douce, par J. Renouard. Paris, 1842, grand in-12.

Indicateur général, ou Nouveau Conducteur des étrangers dans Paris, par A. G. Paris, Derche, 1844, in-18, avec deux plans et une planche.

Les Étrangers à Paris : texte par MM. L. Desnoyers, E. Guinot, etc., illustrations de MM. Gavarni, T. Guérin, etc. Paris, Ch. Warée, 1844, in-8.

Quinze jours à Paris, ou Guide de l'étranger dans la capitale et ses environs, tableau synoptique et pittoresque; par J.-C.-G. Marin de P\*\*\*. Paris, Chaumerot, 1844, in-18, avec un plan.

NOTA. On peut consulter encore, parmi les ouvrages du genre de ceux qui viennent d'être cités, les ouvrages qui traitent spécialement des environs de Paris; ils renferment pour la plupart, à l'article Nanterre, des choses curieuses sur la sainte patronne de Paris : tels sont ceux de J.-A. Dulaure (1786 et 1825-26), P. Villiers (an XI), Oudiette (1817), J. Delort (1821), A. Donnet (1824), P. Dufay (1825), J. de Paty (1826), C. Taillard (1826), G. Touchard-Lafosse (1834-36), J.-L. Belin (1839-40), etc., etc.

## OUVRAGES D'HISTOIRE RELIGIEUSE.

Bibliothèque des auteurs ecclésiastiques, par E.-Ellies Dupin. Paris, 1698 et années suiv., 61 vol. in-8.

<small>Ainsi divisée : Prolégomènes, 3 vol. — Les 3 premiers siècles, 2 vol. — IV$^e$ siècle, 3 vol. — V$^e$ siècle, 4 vol. — VI$^e$ siècle, 1 vol. — VII$^e$ et VIII$^e$ siècles, 1 vol. — Supplément du IV$^e$ au VIII$^e$ siècle, 1 vol. — IX$^e$ siècle, 1 vol. — X$^e$, XI$^e$ et XII$^e$ siècles, 4 vol. — XIII$^e$, XIV$^e$ et XV$^e$ siècles, 4 vol. — XVI$^e$ siècle, 5 vol. — Auteurs séparés de l'Église, 4 vol. (rares). — XVII$^e$ siècle, 7 vol. — Histoire ecclésiastique du XVII$^e$ siècle, 4 vol. — XVIII$^e$ siècle, 2 vol. — Continuation par Goujet, 3 vol. — Tables, 5 vol. — Remarques par Petit-Didier, 3 vol. — Critiques, par R. Simon (avec des remarques par Estienne Souciet), 4 vol. (Brunet.)</small>

Histoire générale des auteurs sacrés et ecclésiastiques, par D.-R. Ceillier. Paris, 1729-63, 23 vol. in-4.

<small>Étienne Rondet a donné à Paris, 1782, 2 vol. in-4, une table générale des matières contenues dans les 23 vol.</small>

Dictionnaire historique des auteurs ecclésiastiques...., avec le catalogue de leurs ouvrages. Lyon (Avignon), 1767, 4 vol. in-8.

<small>L'auteur de ce dictionnaire n'a pas voulu être nommé ; son ami M. C. (Chaudon) en a composé la préface et revu les grands articles. Une traduction italienne de cet ouvrage a été publiée à Venise.</small>

Collection ecclésiastique, ou Recueil complet des ouvrages faits depuis l'ouverture des États-Généraux, relativement au clergé. Paris, 1791-93, 14 vol. in-8.

<small>Par l'abbé M.-N.-S. Guillon, publiée sous le nom de l'abbé A. Barruel.</small>

---

Annales ecclesiastici, a Christo nato ad annum 1198, per Cæs. Baronio. Romæ, 1588-93, 12 vol. in-8.

<small>Réimprimées plusieurs fois avec des augmentations considérables</small>

de divers auteurs. Brunet indique l'édition de Lucques comme préférable à toutes les autres : elle est de 1738 à 1757, et en 38 volumes in-fol. Dans la Biographie universelle, à l'article Laderchi, cette édition est annoncée comme publiée, de 1737 à 1738, en 43 vol. in-fol. Je bornerai là mes remarques sur les différences qui existent entre le Manuel du libraire et la Biographie universelle, au sujet des Annales ecclésiastiques; je ne parlerai pas non plus des erreurs matérielles qui se trouvent dans les divers articles relatifs à cet ouvrage, dans la Biographie universelle, ce serait un travail trop long et d'ailleurs sans à-propos; je dirai seulement qu'on doit lire avec précaution les articles Baronius, Rinaldi, Laderchi, Torniel, Sponde, Frizon, Pagi et Mansi, de cette Biographie; de même que celui de Baronius du Manuel du libraire : une seule citation suffira pour justifier mon observation; dans aucun des articles cités plus haut il n'est fait mention d'Abraham Bzovius, qui, cependant, même d'après l'article de la Biographie universelle spécial à ce savant, a été le plus laborieux continuateur de Baronius, puisqu'il a composé lui seul 9 vol. in-fol. des Annales ecclésiastiques (de 13 à 21).

Annales ecclesiastici Francorum (ab anno Christi 253 ad annum 845), per Car. Lecointe. Parisiis, 1665-83, 8 vol. in-fol.

Le père Loriot, de l'Oratoire, a réduit les Annales ecclésiastiques à 3 vol. in-4, et les a continuées jusqu'en 1643; son ouvrage n'a point paru; le manuscrit, qui était resté dans la bibliothèque de l'Oratoire de la rue Saint-Honoré, est maintenant à la Bibliothèque royale. 145, Orat.

Mémoires pour servir à l'histoire ecclésiastique des six premiers siècles, justifiés par les citations des auteurs originaux, avec une chronologie et des notes. Paris, Ch. Robustel, 1693-1712, 16 vol. in-4.

Par L.-S. Le Nain de Tillemont; réimprimés, après avoir été revus et corrigés, à Paris, chez le même éditeur, de 1700 à 1713, 16 vol. in-4.

Histoire ecclésiastique, par l'abbé Fleury et le père Fabre. Paris, P. Émery et autres, 1691 et années suivantes, 36 vol. in-4.

Suivie d'une Table générale des matières en forme de dictionnaire. Paris, J. Desaint et Ch. Saillant, 1758, un vol. in-4.

Histoire de l'Église, par l'abbé F. Timoléon de Choisy. Paris, A. Dezaillier, 1706, 11 vol. in-4.

Réimprimée dans le format in-12.

Histoire de l'Église, par A.-H. Bérault-Bercastel. Paris (Rusand), 1778 et années suivantes, 24 vol. in-12.

Réimprimée à Toulouse en 1811, 12 vol. in-8; et, avec une continuation depuis 1721 jusqu'en 1820 (par l'abbé Guillon), à Besançon et à Paris, Gaultier frères, 1820-21, 22 vol. in-8.

Ph. Labbæi sacro-sancta Concilia. Paris, 1671, 18 vol. in-fol.

Collectio regia max. Conciliorum ab anno 34 ad ann. 1714, curavit Jo. Harduinus. Parisiis, ex typog. regiâ, 1715, 12 vol. in-fol.

Les recueils du P. Labbé et de J. Hardouin renferment l'histoire des conciles tenus dans l'abbaye de Sainte-Geneviève.

Magnum Bullarium romanum, 1739-57, 28 vol. in-fol.

Comprend les bulles relatives à Sainte-Geneviève.

Dictionnaire du Droit canonique, par Durand de Maillane. Lyon, 1776, 5 vol. in-4, ou 1786, 6 vol. in-8.

Lois ecclésiastiques de France, par de Héricourt. Paris, 1771, in-fol.

Institutions aux lois ecclésiastiques de France, ou Analyse des actes et titres qui composent les Mémoires du clergé, par M. l'abbé de Verdelin. Seconde édition. Toulouse, 1822, 2 vol. in-8.

---

Gallia christiana in provincias distributa, in quâ series et historia archiepiscoporum, episcoporum et abbatum regionum omnium quas vetus Gallia complectebatur, ab origine ecclesiarum ad nostra tempora deducitur et probatur authenticis instrumentis. Operâ et studio monachorum congregationis S. Mauri, ordinis S. Benedicti. Parisiis, typ. reg., 1715-85, 13 vol. in-fol.

Voyez, pour le nom des auteurs, le contenu et la division de cet important ouvrage, la note de M. Boulliot, insérée dans les anonymes de Barbier, n° 20478.

Le 7e volume (1744), consacré tout entier à Paris, contient un article excellent sur sainte Geneviève et son abbaye : cet article est de l'abbé Prévost.

France ecclésiastique, ou État présent du clergé séculier et régulier, des ordres religieux et militaires. 1764, in-12.

Histoire de l'Église gallicane, par le P. J. Longueval. Paris, Simon et Montalant, 1730-49, 18 vol. in-4.

Les huit premiers volumes seuls appartiennent au P. Longueval; les deux suivants sont du P. Fontenay; les onzième et douzième du P. Brumoy, et les six derniers du P. Berthier. Cette histoire a été réimprimée à Nîmes, 1782, 18 vol. in-8 et in-12 ; et à Paris, 1825 et ann. suiv., 25 vol. in-8, ou 25 vol. in-12. La dernière édition est augmentée d'un Martyrologe gallican, d'une table des matières et d'une continuation, en forme de tableau chronologique, depuis 1560 jusqu'au sacre de Charles X; elle fait partie de la Bibliothèque catholique.

Mémoires historiques sur les affaires ecclésiastiques de la France pendant les premières années du xix$^e$ siècle. Paris, 1819-23, 3 vol. in-8.

Par le comte Jauffret.

Recueil des actes, titres et mémoires concernant les affaires du clergé de France, mis en nouvel ordre. Paris, 1716 et années suiv., 12 vol. in-fol.; Avignon, Garrignan, 1771, 14 vol. in-4.

Par Le Merre père et fils.

Il faut joindre à l'édition in-fol. la *Table des Mémoires du clergé*, par l'abbé Du Saulzet, seconde édition, 1764, in-fol., et un *Recueil des cahiers présentés au roi et des remontrances et harangues faites par le clergé*, 1740, in-fol. Ces deux volumes font partie de l'édition d'Avignon. (Barbier.)

Collection des procès-verbaux des assemblées générales du clergé de France, depuis l'année 1560 jusqu'à présent, rédigés par ordre de matières et réduits à ce qu'ils ont de plus essentiel. Paris, 1767-80, 10 vol. in-fol., y compris la table. Suite jusqu'en 1785, 3 vol. in-fol.

Par les abbés Duranthon, Du Saulzet et Gaudin, sous la direction de M. Moreau, évêque de Mâcon.

Recueil historique, chronologique et topographique des archevêchés, évêchés, abbayes et prieurés de France, par D. Beaunier. Paris, 1726, 2 vol. in-4.

On y a joint une *table générale de l'état des archevêchés, évêchés, etc.* Paris, 1743, in-8.

Le Recueil historique a été réimprimé avec un titre différent : *État des archevêchés, évêchés, abbayes et prieurés de France....* Troisième édition. Paris, Boudet, 1743.

Le grand Pouillé des bénéfices de France, des archevêchés, évêchés, abbayes et autres bénéfices, etc., avec les Annales. 1626, 2 vol. in-8.

Réimprimé en 1648, 8 vol. in-4.

Pouillé général des abbayes de France et des bénéfices qui en dépendent. 1629, in-8.

Réimprimé en 1721, in-8.

---

Historia ecclesiæ Parisiensis, auctore Gerardo Dubois, Aurelianensis congregationis Oratorii Presbytero (edita curis PP. Barth. de La Rippe et Pet.-Nicr. Des Molets). Parisiis, Muguet, 1690-1710, 2 vol. in-fol.

Histoire abrégée de l'église de Paris, par J. Grancolas. Paris, 1728, 2 vol. in-12.

Supprimée par le ministère public, sur les plaintes du cardinal de Noailles.

Dissertations sur l'histoire ecclésiastique et civile de Paris, suivies de plusieurs éclaircissements sur l'histoire de France, par J. Le Beuf. Paris, Lambert, 1739-43, 3 vol. in-12.

Histoire des paroisses de la ville, faubourgs et banlieue de Paris, et de celles appelées cures amovibles, avec les noms de ceux qui y nomment, leurs revenus et leurs situations. 1722, in-12.
<small>Livre rare : il est à la bibliothèque Sainte-Geneviève, L, 783$^{12}$.</small>

Remarques historiques et critiques sur les abbayes, collégiales, paroisses et chapelles supprimées dans la ville et les faubourgs de Paris, d'après le décret du 15 février 1791, par un citoyen de la section des Lombards. Paris, 1791, in-8.
<small>Par N.-F. Jacquemart. — Ouvrage réimprimé en l'an VIII, sous le titre : *Les Ruines parisiennes, depuis la révolution de 1789 et années suivantes, avec des remarques historiques.*</small>

Les Rues et Églises de Paris, avec la dépense qui s'y fait chacun iour (sic). Paris (vers 1520), in-4.

Les Églises de Paris sous les auspices du clergé de la capitale. Paris, Curmer, 1842, in-8, avec planches.

Le Calendrier de toutes les confrairies de Paris, tant des métiers que de dévotion, par J.-B. Le Masson. Paris, Collet, 1621, in-8.

État général des baptêmes, mariages et mortuaires des paroisses de Paris, avec les observations sur les maladies qui ont eu cours dans cette ville, depuis 1670 jusqu'en 1681, in-fol.

Almanach spirituel de Paris. Paris, Josse, 1676, in-8.

Par le P. Martial, du Mans. Ce livre fut revu par son auteur et publié de nouveau en 1680; depuis lors, il a été réimprimé plusieurs fois, mais avec un seul changement, celui du frontispice. On y voit indiquées les fêtes, confréries, indulgences plénières, prédications, assemblées et conférences de piété qu'il y a chaque jour dans les églises, paroisses et monastères de Paris.

Calendrier historique et chronologique de l'église de Paris, contenant l'origine des paroisses, abbayes, monastères, prieurés, collégiales, etc.; la mort des évêques, archevêques et des hommes illustres du diocèse; les événements dignes de remarque; les conciles tenus à Paris; les hérésies qui y ont été condamnées, etc.; par Ant.-Martial Lefèvre. Paris, 1747, in-12.

Voyez le *Journal de Verdun*, 1748, janvier, page 67, avril 1748, et le *Mercure* de juin 1748, 1er vol., pages 98 et suiv.

Description de la généralité de Paris, contenant l'état ecclésiastique et civil et le dépouillé des diocèses de Paris, Sens, etc., par Hernandez. Paris, 1759, in-8.

Description des curiosités des églises de Paris et des environs, par Ant.-Martial Lefèvre. Paris, Gueffier, 1759, in-12.

On y trouve : 1° l'année de la fondation de ces églises, les architectures, sculptures, peintures, etc.; 2° leurs trésors, châsses, reliquaires, etc. ; 3° les sépultures, tombeaux, épitaphes remarquables; 4° les personnes illustres qui ont honoré les églises par leur piété, etc., etc.

Description historique des curiosités de l'église de Paris, par M. C.-P.-G. Paris, 1763, in-12.

Par l'abbé de Montjoie, sous le pseudonyme de C. P. G. (C. P. Gourlier, imprimeur).

Pouillé raisonné du diocèse de Paris, avec dix cartes topographiques. Paris, 1765, in-8.

Pouillé historique et topographique du diocèse de Paris, par L. Denis. Paris, 1767, in-fol.

<small>Réimprimé en 1777, orné de 34 planches.</small>

---

Briefve histoire de l'institution des ordres religieux, avec les figures de leurs habits gravés par Odoart Fialetti. Paris, 1658, 2 tomes en 1 vol. in-4.

<small>Réimprimée en 1680.</small>

Courte et solide histoire de la fondation des ordres religieux. Amsterdam, 1688, in-8, avec figures.

Courte description des ordres de femmes et de filles religieuses. Amsterdam (vers 1692), petit in-8.

<small>Réimprimée en 1700.</small>

Histoire des ordres religieux de l'un et l'autre sexe. Amsterdam, 1695, 2 vol. in-8.

<small>Par A. Schoonébeck.</small>

Histoire de l'établissement des ordres religieux et des congrégations régulières et séculières, par Harmant. Rouen, 1710, 4 vol. in-12.

Ordres monastiques : histoire extraite de tous les auteurs qui ont conservé à la postérité ce qu'il y a de plus curieux dans chaque ordre. Berlin, 1751, 5 vol. in-12.

<small>Par Gabriel Musson, docteur et bibliothécaire du collège de Navarre à Paris, auteur de quelques Traités de théologie scolastique, mort le 10 avril 1743.</small>

Histoire des ordres monastiques, religieux et militaires, et des congrégations séculières de l'un et de l'autre sexe, Paris, J.-B. Coignard, 1714-19, 8 vol. in-4, avec fig.

Par les PP. Helyot et Bullot. — Cet ouvrage renferme, tome I, pag. 35 et suiv., un article fort intéressant sur les chanoines de la Congrégation de France, et aussi, tome I, un ample catalogue des livres qui traitent des ordres monastiques, religieux et militaires.
Réimprimée.

Histoire des fondateurs et réformateurs des ordres religieux, par L. Beurrier. Paris, 1638, in-4.

Ce livre est rare. Il avait paru en 1634 et années suivantes, sous le titre de : *Sommaire des vies des fondateurs et des fondatrices*, etc. Paris, in-4.

Histoire des costumes des ordres religieux, civils et militaires, par l'abbé Tiron. 18...

Réimprimée en 184., 2 vol. grand in-8, ornés de 114 belles planches coloriées.

Recueil de tous les costumes religieux et militaires, par J.-Ch. Bar. Paris, 1778, 6 vol. in-fol.

Annales ordinis S. Benedicti (ad ann. 1157). Lutetiæ-Paris., Car. Robustel, 1703-39, 6 vol. in-fol.

Par J. Mabillon, Massuet, Ruinart et D. Martène. — Réimprimées, avec quelques augmentations, à Lucques, 1736-45, 6 vol. in-fol.

———

Acta sanctorum, quotquot toto orbe coluntur, collegit, digessit, notis illustr. J. Bollandus; operam et studium contulit Godefr. Henschenius, etc. Antuerpiæ et Tongarlæ, 1643-1794, 53 vol. in-fol.

Les Vies des Saints, composées par le P. Simon Martin, corrigées et augmentées par le P. Giry, provincial de l'ordre des minimes. Paris, Léonard, 1683, 2 vol. in-fol.

Réimprimées très-souvent; la quatrième édition, revue, corrigée et augmentée par un religieux du même ordre que le P. Giry, est de Paris, 1719, 3 vol. in-fol.

Les Vies des Saints, avec l'histoire des fêtes mobiles. Paris, 1701, 17 vol. in-8, ou 4 vol. in-fol., ou 10 vol in-4.

Par Adrien Baillet.

Vies des Saints, tirées des auteurs originaux. Paris, 1722, in-fol.

Par Laurent Blondel.

Les Vies des Saints pour tous les jours de l'année, avec des réflexions par le P. Croizet. Lyon, 1723, 2 vol. in-fol.

Vies des Pères et Martyrs et autres principaux saints, tirées des actes originaux et des monuments les plus authentiques, avec des notes historiques et critiques; traduites de l'anglais de l'abbé Butler, par l'abbé Godescard. Paris.

Réimprimées très-souvent; l'original anglais parut à Londres en 1756 et années suivantes, in-8.

Vies des saintes Femmes, des Martyrs et des Vierges, pour tous les jours de l'année, publiées sous la direction de plusieurs ecclésiastiques. Paris, Thiériot et Belin, 1822-23, 3 vol. in-8, avec fig.

Il a été fait sous la même direction et donné presque en même temps un abrégé de cet ouvrage.

Vies des Saints. Paris, 1825-26, 2 vol in-4.

Vies des Saints du diocèse de Paris, avec des notes, par l'abbé Hunkler. Paris, 1835, 2 vol. in-8.

## OUVRAGES D'HISTOIRE MONUMENTALE,
### TOPOGRAPHIQUE ET ICONOGRAPHIQUE.

Les Monuments de la monarchie française, par D.-B. de Montfaucon. Paris, Gandouin, 1729-33, 5 vol. in-fol.

Antiquités nationales, ou Description des monastères, abbayes, châteaux, etc., devenus domaines nationaux; par A.-L. Millin. Paris. 1790-98, 5 vol. in-4 et in-fol., avec fig.

<small>Cet ouvrage est resté inachevé; cependant un abrégé en a été publié en 1841, in-4; la notice qu'il renferme sur Sainte-Geneviève est, de l'avis de M. Quicherat, très-remarquable.</small>

Notice historique des monuments des arts, réunis au dépôt national, rue des Petits-Augustins, par A. Lenoir. Paris, 1793, in-8.

<small>Réimprimée très-souvent; la huitième édition a paru en janvier 1806, sous ce titre : *Description historique et chronologique des monuments de sculpture, réunis au Musée des monuments français*.</small>

Collection des monuments de sculpture réunis au Musée des monuments français, par le même. Paris, au Musée, an VI (1798), in-fol. de 72 pages de texte et de 20 planches gravées en taille-douce.

Musée des monuments français, ou Description historique et chronologique des statues en marbre et en bronze, bas-reliefs et tombeaux des hommes et femmes célèbres, pour servir à l'histoire de France et à celle de l'art, ornée de gravures et augmentée d'une dissertation sur les costumes de chaque siècle; par le même. Paris, Guilleminet, etc. (Nepveu), an IX (1800)-1822, 8 vol. grand raisin, ornés de 340 planches gravées au trait, tant in-8 qu'in-4, pliées, gravées au trait par Percier et Guyot, d'après les dessins de A. Lenoir et Ch. Percier.

Histoire des arts en France, prouvée par les monuments, suivie d'une description chronologique des statues, etc., réunies au musée impérial des monuments français; par le même. Paris, l'auteur, 1811, in-4 de XLIII et 433 pages, plus un atlas in-fol. de 164 planches gravées par Percier.

Les Monuments de la France, classés chronologiquement (contenant 120 planches représentant les principaux monuments de chaque époque, avec un texte explicatif), par le comte Alex. de Laborde. Paris, 1830-40, in-fol.

Monuments de la France, leur ancienneté, leur diversité, leur nombre, leur caractère et leur importance historique. — Leur destruction à l'époque de la révolution.
Dans l'*Histoire de l'Académie des Inscriptions et Belles-Lettres*, tom. VII, pag. 8.

Des Sépultures nationales et principalement de celles des rois de France, suivies des funérailles des rois, reines, princes et princesses de la monarchie française; par P.-J.-B. Legrand d'Aussy et J.-B. de Roquefort. 1824, in-8.

---

L'Architecture française, ou Recueil des plans, élévations, coupes et profils des églises, palais, etc., de Paris; par J. Marot père et fils. Paris, Mariette, 1727, in-fol.
Réimprimée en 3 vol. in-folio.

Architecture française, ou Recueil des plans, élévations, coupes et profils des églises, maisons royales, etc., de Paris; par J.-F. Blondel. Paris, Jombert, 1752-56, 4 vol. (1 à 4) grand in-fol., papier grand raisin, avec 600 planches.

Cet ouvrage n'est pas achevé, il devait en paraître encore plusieurs volumes.

Les Délices de Paris et de ses environs, par Ch.-A. Jombert. Paris, 1753, in-fol. enrichi de 210 planches.

Dictionnaire pittoresque et historique, ou Description des monuments de Paris, par Hébert. Paris, 1765, 2 vol. in-12.

Réimprimé à Paris, chez Cl. Hérissant, 1766, 2 vol. in-12.

Tableaux pittoresques de Paris et de ses environs, d'après les dessins de Fréd. Nash; le texte par J. Scott. Lond., 1820-23, 2 vol. in-4.

Notice des monuments publics, palais, édifices, musées, galeries, dépôts, bibliothèques, colléges, etc. Paris, Ballard, 1820, in-12.

Par Ch.-J. La Fofie, conservateur des monuments publics de Paris.

Dictionnaire historique et descriptif des monuments religieux, civils et militaires de la ville de Paris, où l'on trouve l'indication des objets d'art qu'ils renferment, avec des remarques sur les embellissements faits ou projetés; par J.-B. Boniface de Roquefort. Paris, Ferra jeune, 1826, in-8.

Notice des monuments publics, palais, édifices, etc., de la ville de Paris, précédée d'une table des objets les plus remarquables, par arrondissement et par quartier. Paris, Ballard, 1828, in-12.

Principaux monuments et vues pittoresques de Paris. Paris, 1830, grand in-4.

Atlas général de la ville de Paris, de ses faubourgs et de ses monuments, levé géométriquement, rapporté et dessiné à l'échelle d'un millimètre pour deux mètres; par Th. Jacoubet. Paris, 1835.

Cet atlas est composé de 54 feuilles, format grand-colombier. Il figure : 1° tous les monuments publics détaillés avec le plus grand soin; 2° toutes les maisons, etc.; 3° les plans de Paris à diverses époques, etc., etc.

Album parisien : cent vues gravées au burin et description historique et architecturale des principaux monuments et sites de la ville de Paris; par A.-M. Perrot. Paris, 1836, in-8.

Paris en estampes, ou Histoire des monuments anciens et nouveaux de la capitale de France. Paris, 1839, in-8.

Le Vieux Paris, reproduction des monuments qui n'existent plus dans la capitale, par F.-A. Pernot. Paris, 1839, in-fol. de 79 planches.

Paris ancien et moderne, ou Histoire de ses monuments, etc., d'après du Breul, Sauval, Saint-Victor, etc., et les historiens modernes de Paris les plus estimés. Paris, Leroi, 1842, 3 vol. in-4, ornés de gravures et d'un plan enrichi de vingt-huit monuments.

Paris pittoresque, rédigé par une société de gens de lettres, sous la direction de M. G. Sarrut et Saint-Edme. Nouv. édit. Paris, imprim. de Pecquereau, 1842, 2 vol. in-8.

Statistique monumentale de Paris, par Albert Lenoir. Paris, 1842-44, in-fol.

Paris, ses églises, ses palais, ses ponts, ses places, ses marchés, etc.; texte de M. F., avec atlas et 128 planches. Paris, Jules Renouard, 1843, in-8.

<small>L'atlas annoncé sur le titre n'est pas joint aux exemplaires du dépôt légal. (Beuchot.)</small>

Description des principaux monuments de Paris, par Émile Girault. Paris, imp. lithog. de Cliquet, 1843, in-4, avec 5 planches.

Paris sous le point de vue pittoresque et monumental, ou Éléments d'un plan général d'ensemble de ses travaux d'art et d'utilité publique; par Hipp. Meynadier. Paris, Dauvin et Fontaine, 1843, in-8.

Observations sur les embellissements de Paris et sur les monuments qui s'y construisent, par Goulet, architecte. Paris, 1808, in-8.

<small>On remarque dans cet ouvrage un article sur le Panthéon.</small>

Annuaire des bâtiments, par Sageret. Paris, 1831-184., in-18.

<small>Il contient chaque année une notice sur les travaux de construction et sur les embellissements exécutés à Paris dans le cours de l'année.</small>

---

Tombeaux des personnes illustres inhumées dans les églises de Paris. 3 vol. in-fol.

<small>Ms. Bibliothèque de la ville de Paris, numéros 377-379.</small>

Tombeaux et Épitaphes qui se trouvent dans les églises de Paris.

<small>Ms. Bibliothèque royale, 9440, D. E. F.</small>

Recueil de toutes les épitaphes qui sont dans les cimetières des églises de Paris.

Ms. Bibliothèque royale. 5. 1° des Gre.

Lettre de M. R. P. C. D. H. E. à M***, avocat, au sujet des anciennes épitaphes qui sont dans les églises de Paris.

Mercure de juillet et d'octobre 1741.

Inscriptions monumentales de Paris et autres (en vers). Paris, 1841, in-8.

Topographie de la France.

Sous ce titre, on trouve à la Bibliothèque royale, cabinet des estampes, une collection de plus de deux cents volumes grand in-folio, classés par départements, et contenant, pour chacun d'eux, la réunion de tout ce qu'il a été possible de rassembler en vues et plans de villes, de châteaux, de monuments, etc., etc.; collection qui s'enrichit tous les jours, soit par les achats que fait la Bibliothèque, soit par les dons des amis de la science. Un volume de cet admirable recueil est consacré au quartier Saint-Jacques; il renferme un nombre considérable de dessins gravés ou originaux, des monuments de la montagne Sainte-Geneviève et lieux circonvoisins, et principalement de ceux qui font l'objet de mon travail. Je mentionnerai ces dessins en leur place; ici je citerai seulement l'article suivant :

Plan détaillé du quartier Sainte-Geneviève, levé géométriquement, par l'abbé de la Grive, fini et publié par Hugnin. Paris, 1757, in-plano.

Recueil d'estampes, dessins, etc., représentant une suite des événements de l'histoire de France, depuis les Gaulois jusqu'à Louis XV inclus, formé par Fevret de Fontette.

Ce recueil est à la Bibliothèque royale; le détail des pièces qui le composent se trouve à la fin du quatrième tome de la *Bibliothèque historique de la France*. On y remarque un bon nombre d'articles relatifs à ma monographie.

Recueil de portraits des rois et reines de France, des princes, etc., etc., dessinés à la main ou peints en miniature, etc.; fait par les soins de M. de Gaignières. 10 portefeuilles in-fol.

Ce recueil est à la Bibliothèque royale. La *Bibliothèque historique de la France* donne, tome IV, le détail de ce qui s'y trouve, et, en outre, elle donne une liste très-étendue de portraits de Français illustres, avec l'indication des artistes qui les ont faits. Parmi tous ces portraits, on distingue ceux de Clovis et de Clotilde, indiqués dans les suites de Jacques de Bie, de Jacques de Rubeys, de Moncornet, de Larmessin, de Nicolas de Fer, de Boissevin, d'Odieuvre, de Thevet, de Desrochers et dans plusieurs suites anonymes; ceux de La Rochefoucauld, de Fronteau, de Lallemant, de Du Molinet, de Beurrier, de Blanchart, de Guillery, de Mercier de Saint-Léger, etc., etc.

Recueil des Saints et des Saintes. Bibl. royale, cabinet des estampes.

Recueil de figures et d'emblèmes. In-4. Z, 2 (1571).

Ce recueil est composé d'une réunion de dessins originaux et la plupart inédits, sanguine et crayon blanc sur papier de couleur. Il contient les figures en pied de saint Pierre, saint Paul, saint Denis, saint Augustin, saint Prudence, saint Ceraune, sainte Geneviève, sainte Alda, sainte Clotilde, saint Remi, saint Éloy, Clovis, Dagobert, Charlemagne, Hugues Capet, Robert, Louis-le-Jeune, saint Louis, Louis XIII, Louis XIV, Hermogald, Valdemar, Hébert, Odo, Abælard (*sic*), Pierre Lombard, Albert, Hilgot, Grégoire, Odo, premier abbé de Sainte-Geneviève, saint Guillaume de Denemark, Étienne de Tournai, Raymond, Odo, deuxième abbé de Sainte-Geneviève, Rodolphe Mareschal, Jean Standonck, Guillaume Leduc, Jacob Aymery, Benjamin Brichanteau, du cardinal de La Rochefoucault et de Charles Faure.

Je n'ai pas besoin de dire combien ce livre est précieux : il offre l'histoire de l'église et de l'abbaye de Sainte-Geneviève par la succession des images des grands personnages qui ont contribué le plus à leur illustration, depuis leur origine jusqu'à la seconde réforme des chanoines. Après chaque figure, on trouve une pièce historique en vers latins.

Topographie des couvents et abbayes de France, plans en perspective réunis dans l'ordre alphabétique. 2 vol. in-fol. W, 390 et 390².

Une des nombreuses raretés de la bibliothèque : la seule peut-être qui existe en ce genre. On remarque dans ce recueil un très-beau plan en élévation de l'abbaye Sainte-Geneviève.

Théologie des peintres, sculpteurs, graveurs et dessinateurs, par l'abbé Méry, licencié en théologie. Paris, 1765, in-12.

# SPÉCIALITÉS.

## HISTOIRE DE SAINTE GENEVIÈVE ET DE SON ABBAYE.

Histoire de sainte Geneviève et de son abbaye royale et apostolique. Paris, 1687, in-fol. H, 21. Ms.

Ouvrage inédit attribué généralement à Claude Du Molinet, chanoine régulier de Saint-Augustin et bibliothécaire de l'abbaye Sainte-Geneviève. Il est divisé en sept parties, savoir :
1° La vie de sainte Geneviève;
2° Du corps de sainte Geneviève;
3° De l'église de Sainte-Geneviève;
4° Des chanoines de Sainte-Geneviève;
5° Des prérogatives de l'abbaye Sainte-Geneviève;
6° Du domaine de Sainte-Geneviève;
7° Et de la bibliothèque de Sainte-Geneviève.
Le tout est suivi d'une petite dissertation sur les ornements royaux des monarques de France.

De sanctâ Genovefâ Disquisitio historico-critico-theologica, par George Wallin. Wittemberg, 1723, in-4.

Portée au catalogue de la Bibliothèque Sainte-Geneviève, sous le nom de Walhausen, H. 1602².

« Wallin, dit M. Weiss, Biographie universelle, se loue beaucoup de l'accueil qu'il avait reçu à la bibliothèque Sainte-Geneviève, et parle avec éloge de la manière dont le service divin se célébrait dans l'église de cette abbaye; mais il décrit, en protestant zélé, les particularités de la vie de sainte Geneviève, et révoque l'authenticité des actes originaux dont se sont appuyés les historiens de la patronne de Paris. L'abbé Cl. Du Moulinet des Tuileries a réfuté les assertions de Wallin dans un mémoire resté manuscrit que Mercier de Saint-Léger trouve solide et instructif ( Voyez *Notice sur Schott*, 98). » Un extrait de la dissertation de Wallin est inséré dans les Actes de Leipsick, 1724, page 91. Voyez aussi *Bibliothèque germanique*, t. VII, p. 89, et Voyage littéraire de Jordan, page 39.

---

# OUVRAGES RELATIFS A SAINTE GENEVIÈVE.

### VIES DE SAINTE GENEVIÈVE.

NOTA. La plupart des articles suivants sont extraits du savant et consciencieux ouvrage de M. l'abbé Saintyves : *Vie de sainte Geneviève*, Paris, 1846, in-8.

## Vita sanctæ Genovefæ.

Dans un ms. latin du IX<sup>e</sup> siècle environ, intitulé : *Vitæ plurium sanctorum : Lupi, Genovefæ* etc. In-8, vélin. H. 2 (988).
Original, ou au moins copié sur l'original. L'ouvrage est suivi de plusieurs pièces de vers en l'honneur de la sainte.

## Vita sanctæ Genovefæ.

Dans un ms. du IX<sup>e</sup> siècle au moins, in 4. Bibliothèque du Vatican, 643, provenant du fonds de la reine Christine (folio 5).

## Vita sanctæ Genovefæ.

Dans un ms. postérieur au IX<sup>e</sup> siècle, intitulé : *Passiones undecim apostolorum, octo capita ex historiá tripartitá : vita S. Basilii, Eulaliæ, Gnovefæ,* etc., in-folio, vélin. Bibliothèque de Saint-Gall.

## Vita sanctæ Genovefæ.

Dans un ms. latin du X<sup>e</sup> au XI<sup>e</sup> siècle, intitulé : *Vitæ et passiones martyrum*. Petit in-folio, vélin. Bibliothèque royale, fonds Dupuis, 4174, maintenant 5324 (folio 150).

## Vita sanctæ Genovefæ.

Dans un ms. du X<sup>e</sup> au XI<sup>e</sup> siècle, in-folio. Bibliothèque de la ville d'Orléans, 280, provenant de l'abbaye Saint-Benoît (folio 57).

## Vita sanctæ Genovefæ.

Dans un ms. du XI<sup>e</sup> au XII<sup>e</sup> siècle, intitulé : *S. August. epist. Vitæ SS. Pii tract.* In-folio, vélin. Bibliothèque de l'Arsenal. H. 42 (folio 27).

Vita sanctæ Genovefæ.

Dans un ms. paraissant être du XIe au XIIe siècle, intitulé : *Vitæ sanctorum.* In-folio, vélin. Bibliothèque de l'Arsenal, H, 43 (tom. I, folio 25), provenant de la bibliothèque des Carmelites déchaussées.

Presque entièrement conforme au numéro 5280 de la Bibliothèque royale.

Vita sanctæ Genovefæ.

Dans un ms. du XIe au XIIe siècle, intitulé : *Homeliæ.* In-folio, vélin. Bibliothèque royale, 3788, fonds Colbert, 801 (folio 51).

Vita sanctæ Genovefæ.

Dans un ms. du XIe au XIIe siècle, intitulé : *Vitæ sanctorum.* In-folio, vélin. Bibliothèque royale, 5305, fonds Colbert, 738 (fol. 46).
Ce ms. ne contient qu'une très-petite partie de la vie de sainte Geneviève.

Vita sanctæ Genovefæ.

Dans un ms. du XIe au XIIe siècle, intitulé : *Vitæ sanctorum.* In 4, vélin. Bibliothèque royale, 5573, fonds Colbert, 5431 (folio 41).

Vita sanctæ Genovefæ.

Dans un ms. du XIIe au XIIIe siècle, intitulé : *Martyrologium romanum.* Grand in-folio, vélin. Bibliothèque royale, 5280, fonds Bigot, 170 (folio 33).
Martyrologe de Vénélon.

Vita sanctæ Genovefæ.

Dans un ms. du XIIe au XIIIe siècle, intitulé : *Vitæ sanctorum.* In-folio, vélin. Bibliothèque royale, 5291, fonds Colbert, 518 (folio 20).

Vita sanctæ Genovefæ.

Dans un ms. du XIIe au XIIIe siècle, intitulé : *Vitæ sanctorum.* In-folio, vélin. Bibliothèque royale, 5292, fonds Colbert, 401 (fol. 119).

Vita sanctæ Genovefæ.

Dans un ms. du XIIe au XIIIe siècle, intitulé : *Vitæ sanctorum.* Grand in folio, vélin. Bibliothèque royale, 5318, fonds Bigot, 171 (tom. I, folio 19).

Vita sanctæ Genovefæ.

Dans un ms. du XIIe au XIIIe siècle. Grand in-folio, vélin. Bibliot. royale, 5341, fonds Colbert, 59 (folio 18).

Vita sanctæ Genovefæ.

Dans un ms. in-folio. Bibliothèque du Vatican, 534 (folio 247).

Abrégé des Vies de sainte Geneviève renfermées dans quelques ms. des XII⁰ et XIII⁰ siècles.

Vita sanctæ Genovefæ.

Dans un ms. du XIII⁰ siècle, intitulé : *Vitæ plurimum sanctorum et sanctarum*. In-folio, vélin. Bibliothèque royale, 5311, provenant de celle du maréchal de Noailles.
En très-mauvais état.

Vita et Officium S. Genovefæ et ad laudes ejus carmen gallicum ex veteri idiomate. Auctor scripsit XVIII ann. post obitum sanctæ Genovefæ. In-4, vélin. BB. 33 (476).

Ms. paraissant être du XIII⁰ au XIV⁰ siècle, orné de miniatures rehaussées d'or. Il renferme, outre la vie de sainte Geneviève et le récit de ses miracles, plusieurs morceaux de plain-chant notés, avec la règle de saint Augustin et le poëme en vers romans qui figure dans le ms. coté 5667 de la Bibliothèque royale.

La vie de sainte Geneviève est la reproduction de l'original latin écrit dix-huit ans après la mort de la sainte. Les génovéfains croient cet original latin de Salvius ; d'autres auteurs, et, à leur tête, le P. Doublet, bénédictin, l'attribuent au P. Génésius, contemporain de sainte Geneviève, dont il est fait mention dans l'ouvrage. Voyez pour l'appréciation de cette vie : les Mémoires ecclésiastiques de Tillemont, in-4, tom. 16, p. 622 ; la première des dissertations de l'abbé le Beuf sur l'Histoire ecclésiastique et civile de Paris, et la Bibliothèque littéraire de France, par les bénédictins de la congrégation de Saint-Maur, tom. 3, pag. 151, édit. in-4.

Vita sanctæ Genovefæ.

Dans un ms. du XIII⁰ au XIV⁰ siècle. In-folio, vélin. Bibliothèque royale, 5269, fonds Faure, 120 (folio 19).

Vita sanctæ Genovefæ.

Dans un ms. du XIII⁰ au XIV⁰ siècle. In-folio, vélin. Bibliothèque royale, 5319, fonds Colbert, 846 (folio 34).

Vita sanctæ Genovefæ.

Dans un ms. paraissant être du XIII⁰ au XIV⁰ siècle, intitulé : *Vitæ sanctorum*. Petit in-folio, vélin. Bibliothèque royale, 5346, venant de la bibliothèque Mazarine. Il était coté précédemment 4182, et plus anciennement 385.

Ce ms. a appartenu à la bibliothèque Sainte-Geneviève, comme on le voit au verso de la page 161. Il contient entre autres choses le récit des miracles de saint Germain, évêque de Paris, la vie de sainte Geneviève et celle de sainte Clotilde.

### Vita sanctæ Genovefæ.

Ms. paraissant être du XIIIe au XIVe siècle. In-8, vélin. Bibliothèque royale, 5667, provenant de la bibliothèque Colbert, 6038.

Ce ms., écrit avec beaucoup de soin, entièrement consacré à sainte Geneviève, est divisé en deux parties : la première contient la vie de la sainte, en latin, puis en vers romans; la seconde une traduction en français de la même vie, par Thomas Benoist, chefcier, et un office où tous les répons et les antiennes sont en vers. Cette dernière partie, plus récente que la première, paraît être du XIVe au XVe siècle.

### Vie de sainte Geneviève.

Écrite en vers romans, vers 1310, par Renauz ou Renaltus. C'est la première Vie de sainte Geneviève, écrite en français; elle se trouve non-seulement dans le ms. précédent, mais encore dans celui de la bibliothèque Sainte-Geneviève. In-4. BB, 33.

### Vie de sainte Geneviève.

Écrite en prose française, vers 1315. C'est une imitation de la vie de sainte Geneviève, écrite en vers romans; elle se trouve dans le ms. in-folio de la bibliothèque Mazarine, cotée 1032.

### Vie de sainte Geneviève, trad. de la latine, en 1367, par Thomas Benoist, chevecier de Sainte-Geneviève, et depuis prieur de l'abbaye.

Dans le ms. in-8, 5667, de la Bibliothèque royale.

### Vie de sainte Geneviève, écrite en français.

Dans le ms., sur papier, in-folio, 1728, de la bibliothèque du Vatican. Le travail de Thomas Benoist paraît avoir servi au moins de modèle à celui-ci.

### Vita sanctæ Genovefæ.

Dans un ms. paraissant être du XIVe au XVe siècle, intitulé : *Collectio Opusculorum*, in-4, vélin, H, 6 (954).

Il manque les premiers et les derniers feuillets de la vie de sainte Geneviève.

### Vita sanctæ Genovefæ.

Ms. in-folio, vélin. Bibliothèque publique de Chartres.

## Vie de sainte Geneviève.

Ms. Carton D, 6. Ce carton contient, en outre, plusieurs écrits et dissertations sur sainte Geneviève.

## La Minerve des Français, ou la Vie et les Exemples célestes de sainte Geneviève, patronne de Paris et advocate de toute la France, poëme historique dédié à la reine; par François de Saint-Jean (Valery). 1646. Y, 4 (1626).

Ms. in 4, orné d'une gravure, *excudit Moncornet*, représentant sainte Geneviève.

Indépendamment des manuscrits que je viens de nommer, on en connaît encore trois autres; ce sont ceux sur lesquels a travaillé Bollandus : l'un est de Larivour, *Beatæ Mariæ de Ripatorio*; l'autre de Bonnefontaine, *S. Martini Bonifontis*, et le troisième d'Utrecht, *Ultrajecti*.

## Les Vies de saint Fiacre, sainte Geneviève, sainte Marguerite et sainte Catherine; la Voye de Paradis; la Complainte douloureuse de l'âme damnée; les Rues et les Églises de Paris, avec la dépense qui se fait par chacun iour. Vieille édition (de 1478 à 1492), in-4.

Ouvrage cité dans Philippe Labbe. Nova Bibliotheca mss. librorum. Paris, Henault, 1653, in-4, pag. 356.

## La Vie de Madame sainte Geneviève et les miracles qu'elle faisait. (Paris), Denys Mellier, in-4, goth.

## Vita sanctæ Genovefæ virginis Parisiis in Galliâ scripta anno 530, ab auctore anonymo, cum notis.

Dans le recueil de Jean Tixier de Ravisi, plus connu sous le nom de Ravisius-Textor, qui a pour titre : *De memorabilibus et claris mulieribus aliquot diversorum scriptorum opera*. Paris, Colines, 1521. in-f. Ce recueil est rare; Sallengre en a donné l'analyse dans les *Mémoires de littérature*, 1, 165-75. Outre la vie de sainte Geneviève, il renferme encore celle de sainte Clotilde. La première n'est qu'un abrégé du manuscrit latin de la vie de sainte Geneviève, écrite dix-huit ans après la mort de la sainte; elle est imprimée en son entier dans les bollandistes (3 janvier), dans le livre du P. Chifflet : *De Concordiâ Bedæ et*

*Fredegarii* (Paris, 1681), et dans l'ouvrage intitulé : *Histoire de ce qui est arrivé au tombeau de sainte Geneviève*, etc. (in-8, Paris, 1697). Cette dernière édition, attribuée au P. Charpentier, est la plus exacte.

Histoire de sainte Geneviève, patronne de Paris, prise et recherchée des vieux livres escris à la main, des historiens de France et autres autheurs approuvés, avec un brief recueil des choses antiques de la maison, par Pierre Le Juge, parisien, religieux de l'abbaye Sainte-Geneviève. Paris, H. Coypel, 1586, in-16.

Réimp.: Paris, 1588, in-8; Paris, H. Coypel, 1596, in-16; Paris. 1616, in-8; 1630, in-8. — Pierre Le Juge a joint à son histoire tous les miracles attribués à sainte Geneviève. Voyez, sur son ouvrage, la page 520 du manuscrit in fol. coté H, 21, de la bibliothèque Sainte-Geneviève.

Vita sanctæ Genovefæ.

Dans la première partie du recueil de Surius intitulé : *Vitæ sanctorum*, etc. Coloniæ, Kreps et Mylius, 1617-18, 12 part. en 6 ou en 4 vol. in fol.

Histoire de sainte Geneviève, par Jean Gautier. Paris, 1620, in-12.

La Vie et les Miracles de Madame sainte Geneviève, par Jacq. Corbin. Paris, Sacra, 1632, in-8 de 23 pages.

Poëme en méchants vers alexandrins.

Vie de sainte Geneviève, par le P. Paul Beurrier, chanoine régulier de la congrégation de France. Paris, Cramoisy, 1641, in-8.

On trouve à la suite de cette vie l'office de sainte Geneviève. — Voyez, sur l'ouvrage du père Beurrier, les pages 453 et 490 du manuscrit in-fol, H. 21, de la bibliothèque Sainte-Geneviève.

Vita sanctæ Genovefæ virginis Parisiis in Galliâ, ab auctore anonymo, cum notis.

Dans les *Acta sanctorum* de Bollandus (3 janvier) : c'est la même vie que celle qui fut écrite dix-huit ans après la mort de la sainte. On trouve à la suite les ouvrages dont voici les titres :

1° *Alia vita : ex veteribus codicibus manuscriptis.*

Cette vie renferme les mêmes faits que la précédente, mais ils sont racontés en termes plus élégants. La dernière phrase est remarquable en ce qu'elle suppose comme existant encore dans tout son éclat l'église de Saint-Pierre et Saint-Paul, bâtie par Clovis ; ce qui autorise à croire que cette vie a été composée avant l'an 857, époque où l'église en question fut brûlée par les Normands.

2° *Miracula sanctæ Genovefæ post mortem, auctore anonymo ads. Genovefæ Parisiis religioso.*

3° *Normannorum I incursio. Miracula in fugâ, reditu, et post facta.*

4° *Normannorum II incursio. Miracula in fugâ, reditu facta.*

5° *In excellentiâ B. virginis Genovefæ ex eodem Bruxellensi ms., auctore alio anonymo ad S. Genovefam religioso.*

6° *Revelatio reliquiarum sanctæ Genovefæ, ex eodem ms. Bruxellensi.*

Voyez, sur les deux pièces précédentes, l'*Histoire littéraire de la France*, t. XIII, p. 598.

## Éloge ou Abrégé de la vie de sainte Geneviève, par Pierre Lallemant, chan. régulier de la congrégation de France. Paris, 1660, in-8.

Réimprimé en 1663 et 1667, et enrichi de remarques et d'une dédicace à madame de Miramion (par le père Du Molinet). Paris, Dezalier, 1683, in-12.

## Vie de sainte Geneviève.

Dans un ouvrage intitulé : *Recueil des Vies des Saints, nouvellement traduites.* Paris, 1667, in-12.

## Vita miracolosa di S. Genovefa, virgine e padrona di Parigi, con le notizie della sua basilica e badia, da Gio-Battista Ciambotti, in Româ, Ginassi, 1670, in-4.

## Vita sanctæ Genovefæ virginis, Parisiis in Galliâ, scripta anno 530, ab auctore anonymo, cum notis.

Dans l'ouvrage du père Chifflet intitulé : *De Concordiâ Bedæ et Fredegarii. Parisiis*, 1681, in-4. On trouve à la fin de cet ouvrage 1° Ap-

*pendix de sancto Dionysio areopagitâ et de sanctâ Genovefâ;* 2° *Miracula sanctæ Genovefæ.*

Vie de sainte Geneviève.

Dans les *Vies des Saints*, par les pères Simon, Martin et Giry.

De sanctâ Genovefâ, ejus gestis, de die et anno obitûs, et de ejus sepulturâ.

Dans le premier volume, liv. I, chap. IX, de l'ouvrage intitulé : *Historia ecclesiæ Parisiensis, auctore Gerardo Dubois. Parisiis,* Muguet, 1690-1710, 2 vol. in-fol.

Vita sanctæ Genovefæ virginis Parisiis in Galliâ, studio Petri Charpentier, canonici regularis congr. Gallicanæ. Parisiis, 1697, in-8.

Les Offices de sainte Geneviève, etc.; Cérémonies de la descente de la châsse; Vie de la même sainte, avec l'histoire chronologique de ce qui est arrivé à son tombeau; par le même. Paris, 1697, in-8.

Histoire de ce qui est arrivé au tombeau de sainte Geneviève, depuis sa mort jusqu'à présent, et de toutes les processions de sa châsse; sa vie, traduite sur l'original latin écrit dix-huit ans après sa mort, avec le même original revu sur plusieurs anciens manuscrits. Paris, Urbain Coustelier, 1697, in-8.

La traduction est du père Lallemant, et le tout a été publié par le père Charpentier. Cette édition est la plus exacte et la plus correcte de toutes celles qui ont été faites sur le ms. latin.

Vie de sainte Geneviève, avec l'éloge de M$^{me}$ de Miramion. Paris, Robert et Nicolas Pépie, 1697, in-12.

Par Descoutures, qui a signé l'éloge à madame de Miramion.

Vie de sainte Geneviève.

Dans le 1$^{er}$ volume des *Vies des saints*, d'Adrien Baillet.

**Vie de sainte Geneviève.**

Dans le dernier tome des *Mémoires ecclésiastiques*, de Tillemont.

**Vie de sainte Geneviève.**

Dans l'ouvrage intitulé : *Vies des saints, tirées des auteurs originaux*, par Laur. Blondel.

**Vie de sainte Geneviève.**

Dans l'ouvrage intitulé : *les Vies des saints pour tous les jours de l'année*, par le père Croizet. Réimprimé à Tours, chez Mame, 1827, in-12.

**Vie de sainte Geneviève, avec de courtes réflexions pour servir de modèle et d'instruction aux filles chrétiennes. Paris, 1725, in-12.**

Due à J.-François Maugras, prêtre de la doctrine chrétienne, qui l'a fait suivre de : Courtes prières à sainte Geneviève, et du véritable esprit dans lequel on doit entrer pour profiter de la procession de sainte Geneviève. — Il a été publié, en 1799, à Paris, chez la veuve Bouquet-Quilau, un petit ouvrage de 23 pages in-18, portant le même titre que celui de Maugras.

**Panégyrique de sainte Geneviève, par l'abbé de la Roche. (Paris) Ballard, 1737, in-4.**

**Abrégé de la vie de sainte Geneviève, par le P. Massinot. 1756, in-12.**

**Vie de sainte Geneviève.**

Dans le premier volume des *Vies des pères et martyrs*, par Butler, trad. par Godescard.

**Éloge historique et moral de sainte Geneviève, par l'abbé Joubert. Paris, veuve Hérissant, 1783, in-12 de 110 pages.**

**Vie de sainte Geneviève.**

Dans l'ouvrage intitulé : *Clovis-le-Grand, premier roi chrétien, fondateur de la monarchie française*, par Viallon.

Vie de sainte Geneviève, patronne de Paris, modèle des jeunes personnes; terminée par les actes authentiques qui constatent que les reliques de sainte Geneviève, maintenant exposées à la piété des fidèles, ont été véritablement conservées pendant la révolution; actes qui, par l'autorisation expresse de Son Éminence monseigneur le cardinal Maury, ont été copiés à l'archevêché de Paris, par H. Lemaire. Paris, P. Blanchard, 1812, in-18.

Réimprimée en 1820, in-12, et en 1824, in-18.

Vie de sainte Geneviève. Paris, Tiger, 1817, in-18.

Vie de sainte Geneviève.

Dans le recueil des *Vies des saintes femmes, des martyrs et des vierges, pour tous les jours de l'année, publiées sous la direction de plusieurs ecclésiastiques.*

Panégyrique de sainte Geneviève, prononcé dans son temple, le jour de la fête du miracle des Ardents, par l'abbé Duthozet. Paris, Égron et A. Leclère, 1822, in-8.

Abrégé de la vie de sainte Geneviève. Paris, Picard Dubois, 1822, in-12, avec une planche gravée.

La Vie de sainte Geneviève, vierge, patronne de Paris, par Le Nain de Tillemont; précédée d'une notice sur toutes les Vies de sainte Geneviève, anciennes et modernes, qui ont paru jusqu'à ce jour, et suivie de plusieurs pièces qui ont rapport à cette sainte. Paris, Méquignon junior, 1823, in-12.

Réimprimée en 1825. L'épître dédicatoire de cet ouvrage se trouve aussi en tête de l'éloge historique et moral de sainte Geneviève, de l'abbé Joubert. Les pièces qui font suite à la vie de sainte Geneviève sont : 1° un sermon pour la fête de sainte Geneviève, par le père

Bourdaloue; — 2° un recueil de poésies en l'honneur de la sainte, comprenant une imitation de l'ode du père Le Jay, par Voltaire (1); une hymne, par Le Franc de Pompignan; un cantique pour la fête de sainte Geneviève; un chant pastoral et religieux consacré à l'illustre bergère, patronne de Paris, par une bergère des Ardennes; un cantique en l'honneur de sainte Geneviève et une hymne pour le jour de sa fête; — 3° prières à Dieu pour obtenir son secours dans les afflictions publiques et particulières, spirituelles et corporelles, par l'intercession de la sainte patronne de Paris; — 4° litanies en l'honneur de sainte Geneviève; — 5° offices de sainte Geneviève (conforme à celui qui a été imprimé à Paris, chez Butard, 1765, in-12); — 6° une nomenclature des tableaux qui représentent sainte Geneviève (extraite de la Théologie des peintres, sculpteurs, etc., par l'abbé Mery); — 7° un article intitulé : De quelques églises dédiées à sainte Geneviève; — 8° processions de la châsse de sainte Geneviève; miracles opérés, grâces obtenues par son intercession; — 9° enfin une notice historique sur la destruction des reliques de sainte Geneviève, le 3 décembre 1793.

## Vie de sainte Geneviève.

Dans l'ouvrage intitulé *Vies des saints*. Paris, 1825-26, 2 vol. in-4.

## Vie de sainte Geneviève, par un prêtre du diocèse de Coutances. Impr. de Boulanger à Cherbourg, 1833, in-18.

## Vie de sainte Geneviève.

Dans le premier volume des *Vies des saints du diocèse de Paris*, par l'abbé Hunkler.

---

(1) Pièce de vers publiée pour la première fois, sans date, in-4, réimprimée par les soins de l'abbé Mercier de Saint-Léger, dans le recueil C, Paris, 1759, in-12, avec cette note : « C'est le premier ouvrage de Voltaire; il le composa au collège Louis-le-Grand, où il était pensionnaire et écolier de rhétorique sous le P. Le Jay et le P. Porée. » Dans les OEuvres complètes de Voltaire, édition Delangle, on nie que ce soit là le premier ouvrage de ce grand écrivain; on y dit même qu'il n'est pas de lui et qu'il le désavoua. J'ai vainement cherché la preuve de ces assertions : il se peut fort bien que l'Ode à sainte Geneviève ne soit pas absolument le premier ouvrage sorti de la plume de Voltaire; mais je suis convaincu avec l'abbé Mercier qu'il est bien de lui, et d'autant plus, que je lis dans l'édition Desoer que le manuscrit qui a servi à l'éditeur pour reproduire cet écrit est signé Arouet de Voltaire.

Vie de sainte Geneviève, par Mlle Brun. Paris, Gaume frères, 1839, in-18.

Cet ouvrage fait partie d'une collection publiée sous le nom de *Bibliothèque instructive et amusante*.

Vie de sainte Geneviève, patronne de la ville de Paris et de toute la France. Paris, à la sacristie de l'église Saint-Étienne-du-Mont, 1842, in-18.

Par l'abbé Faudet, curé de Saint-Étienne-du-Mont.

Histoire de sainte Geneviève, par Ch. Lefeuve. Paris, Debécourt, 1842, in-32.

Réimprimée la même année in-18.

Histoire de sainte Geneviève, par Max... de M***. Paris, 1843, in-18 de 175 pages.

Ce petit livre renferme aussi quelques détails sur l'église, les miracles et le tombeau de la sainte; des cantiques, des prières et l'office de sainte Geneviève.

Notice historique sur sainte Geneviève et sur son culte en France, depuis sa mort jusqu'à nos jours. Paris, Hachette, 1845, in-12.

Vie de sainte Geneviève, patronne de Paris et du royaume de France, suivie de l'histoire de l'abbaye, de l'église et des reliques de la sainte; par M. l'abbé P.-M.-B. Saintyves, docteur en théologie. Paris, Poussielgue-Rusand, 1846, in-8.

J'ai déjà dit que cet ouvrage est savant et consciencieux. La partie intitulée *Pièces justificatives* est extrêmement remarquable. Elle se compose d'un avant-propos, d'une notice sur vingt-trois manuscrits de la vie de sainte Geneviève, d'une concordance de ces mêmes manuscrits, et enfin d'autres pièces justificatives de la vie de la sainte et de l'histoire de l'abbaye. De tous les livres que j'ai consultés, c'est celui de M. Saintyves qui m'a fourni les plus abondants, les plus exacts et les plus utiles renseignements.

On trouvera encore la vie de sainte Geneviève dans presque tous es recueils des vies des saints, tant manuscrits qu'imprimés; dans les auteurs qui ont écrit l'histoire ecclésiastique générale, ou seulement des premiers siècles de l'Église (j'ai cité les principaux); dans les biographies générales, dans la plupart des dictionnaires historiques (Moreri, Chaudon et Delandine, Feller, etc.), dans certains ouvrages d'érudition (*Dictionnaire de la Conversation*, etc., etc.). On peut consulter de plus, pour quelques faits intéressants relatifs à l'histoire de la sainte : 1° la Vie de saint Germain d'Auxerre, par le prêtre Constance : elle est dans *Surius*, dans *Bollandus*, etc., 31 juillet; 2° la Vie de sainte Clotilde; 3° la Vie de saint Remy; 4° les Observations sur quelques endroits de l'Histoire de France de l'abbé Welly, principalement par rapport à sainte Geneviève (*Journal de Verdun*, juillet 1763, pag. 40-49) : ces observations sont de Mignot, grand-chantre de l'église d'Auxerre, qui les a lues à la Société littéraire de cette ville; 5° les Œuvres de Jean de Launoy, recueillies par l'abbé Granet (Genève, 1731-33, 5 tomes in-fol.); 6° les Antiquités de Saint-Denis, par Doublet; 7° les Souvenirs de la marquise de Créquy (au sujet de la vénération de Voltaire pour sainte Geneviève), etc., etc.

J'ajouterai que M. Barthélemy travaille en ce moment à une histoire de sainte Geneviève; son intention est de montrer la sainte patronne de Paris sous un point de vue nouveau et tout à la fois orthodoxe et philosophique.

Parmi les auteurs qui ont parlé contre sainte Geneviève, les plus célèbres sont le protestant Wallin (*Georgii Wallini de sanctâ Genovefâ Disquisitio*) et Du Moulinet, abbé des Thuileries (dans une lettre mss. citée par M. Saintyves), etc. Adrien Valois a aussi présenté plusieurs objections, reproduites de nos jours par Dulaure dans son *Histoire de Paris*.

## PIÈCES DIVERSES.

### Varia Carmina ad sanctam Genovefam. In-4. Rec. Y, 415.

On y voit : *Sanctæ Genovefæ Parisinorum patronæ supplicatio pro pace.* Habita 11 junii 1652. Christophorus Dehennotius rhetor in Harcuriano Collegio. In-4 de 12 pages. — *Octo altaria in ecclesiæ divæ Genovefes ingressu, Jesus crucifixus cum eucharistico sanctus Paulus et cœlo prostatus-sanctus*, etc. In-4 de 12 pages. Poésies latines.

### Divæ Genovefæ pro redditâ reginæ sanitate à variis, par Nic. Charbonier. In-4 de 7 pag. Rec. Y, 417.

Dans le même volume : *Ode sur la convalescence de la reine* (Marie-Thérèse, femme de Louis XIV), *obtenue par l'intercession de sainte Geneviève.* In-4 de 9 pag. ms. — *Ad divam Genovefam, pro restitutâ reginæ valetudine, carmen eucharisticum*, par J. Maury. In-4 de 3 pag.

Hymne grecque composée en l'honneur de sainte Geneviève, par Nic. Goulu (Gulonius), professeur de grec en 1507 au Collége royal.

<small>Cette hymne se trouve dans l'*Histoire de sainte Geneviève*, par P. Le Juge, édition de 1586.</small>

Poema de laudibus divæ Genovefæ. Parisis, 1512, in-4.

<small>Par Pierre Dupont, *Pontanus* ou *de Ponte*, surnommé l'Aveugle de Bruges (*Cæcus Brugensis*). Cette pièce de vers se trouve aussi dans *Opera poetica*, Parisiis, in-4, du même auteur.
Pierre Dupont dédia son ouvrage à Philippe Cousin, abbé de Sainte-Geneviève.
« C'est, dit le *Gallia christiana*, le premier monument connu où la sainte patronne de Paris est représentée dans son jeune âge, préposée à la garde des troupeaux : ce que les peintres ont depuis lors imité. »</small>

Poëme d'action de grâces fait par Érasme en l'honneur de sainte Geneviève.

<small>Dans *Erasmi Opera omnia*, *Basilæ*, *H. Froben*, 1540, 8 vol. in-fol., seu *Lugd.-Batavor.*, *Van der Aa*, 1703-6, 10 tomes en 11 vol. in-fol., et reproduit dans la note 86 de l'ouvrage de M. Saintyves.</small>

Desid. Erasmi Carmen, D. Genovefæ sacrum, D. Genovefæ Vita ex probatis Martyrologiis et Historiis excerpta, D. Herici, benedictini altissiodorensis. Parisiis, vid. Morellii, 1566, in-8.

In S. Genovefam urbis Parisiensis patronam Hymnus, ex Græco patris Petavii, soc. Jes., latine redditus à Claudio Hardy. Parisiis, Séb. Cramoisy, 1619, in-4.

Genovefa Parisiorum patrona, latino græcoque sermone celebrata, à Dionysio Patavio, soc. Jesu, ad Urbanum VIII, pontificem maximum. Parisiis, 1638, in-4.

<small>Ornée d'une belle gravure d'après les anciennes images.
C'est de ce recueil qu'on a tiré la plupart des hymnes à sainte Geneviève, insérées dans le nouveau bréviaire.</small>

Diva tutelaris Lutetiæ Genovefæ, auctore Petro Pelleprato.

Dans les *Prolusiones oratoriæ*, Parisiis, J. Libert, 1644, in-8, de l'auteur.

Hymne de sainte Geneviéfe, patronne de la ville de Paris, par A. G. E. D. G. Paris, P. le Petit, 1652, in-4.

Par Ant. Godeau, évêque de Grasse.

Le Triomphe de sainte Geneviève, par Perrault. Ms. Bib. royale, fonds de l'église de Paris.

Poëme en vers, imprimé dans le tome II, page 196, du *Recueil de pièces curieuses*, La Haye, 1694, in-12.

Ludovici Rouget Hymne in beatam Genovefam. Parisiis, Langlois, 1728, in-8.

Ejusdem, Genovefa, epicum Carmen per litteras distributum. Parisiis, 1743, in-8.

Sainte Geneviève. Ode sur le baptême de S. A. R. M$^r$ le duc de Bordeaux, par J.-V. Périès. Paris, Didot aîné, 1821, in-8.

Tirée à 50 exemplaires seulement.

Je rappellerai encore les quatre pièces de vers qui sont dans le ms. latin, H, 2, de la bibliothèque Sainte-Geneviève, la pièce de prose rimée que renferme le ms. 5667 de la Bibliothèque royale et les pièces de vers qui se trouvent à la suite de la Vie de sainte Geneviève, par Le Nain de Tillemont.

M. l'abbé Saintyves donne les cinq premières pièces à la fin de son ouvrage.

## IMAGES, TABLEAUX ET STATUES.

Voyez 1° le Recueil de figures et d'emblèmes, cité page 274.

2° Le tome III (Rd. 33) du Recueil de saints et de saintes et son supplément. Bibliothèque royale, cabinet des estampes. Ils renferment plus de deux cents dessins, gravés ou lithographiés, représentant sainte Geneviève : plusieurs sont très-remarquables. Les plus curieux montrent sainte Geneviève recevant la médaille des mains de saint Germain d'Auxerre; la sainte faisant des miracles ou de belles actions, ou enfin étant en contemplation et tenant un cierge qu'un ange allume et qu'un diable s'efforce d'éteindre.

3° La sainte Geneviève de Séb. Bourdon, gravée par Rousselet; celle de Philippe de Champagne, gravée par N. de Plate-Montaigne, et surtout celle de Carle Vanloo, gravée par J.-J. Baléchou. Cette dernière est la plus estimée de toutes; cependant elle n'est pas sans défauts : le caractère et la couleur de Vanloo n'y ont pas été parfaitement reproduits, et l'excessive pureté du travail des têtes de chérubins y fait plutôt sentir le métal que la chair. Il faut l'avoir avec le *collier blanc*, avant le changement *fait au bas de la jupe*, avant les *armes* et la *lettre*. M. Joubert père, auteur du *Manuel de l'amateur d'estampes*, en possédait une épreuve où la marge inférieure du cuivre destinée à recevoir le titre est entièrement couverte des essais au burin, quand on vient de l'aiguiser, épreuve d'ailleurs tout à fait terminée. Elle a été, comme toutes les choses vraiment rares, achetée par les Anglais, qui n'ont pas hésité à la payer 300 francs. — Avril a fait une copie de la gravure de Baléchou, même sens et même grandeur.

La sainte Geneviève de Rousselet, celle de Plate-Montaigne et celle de Baléchou sont dans la bibliothèque de Sainte-Geneviève; l'on y voit en outre, tant dans les manuscrits que dans les imprimés, un assez bon nombre de miniatures et de gravures relatives à la patronne de Paris.

4° La Théologie des peintres, par l'abbé Mery : elle contient l'indication des tableaux ayant trait à sainte Geneviève. Cette indication est reproduite par Le Nain de Tillemont, à la suite de sa Vie de la sainte.

Quant aux statues de sainte Geneviève, je mentionnerai la petite statue en albâtre exécutée pour Pierre de Luxembourg, fait cardinal en 1386 : elle provenait de la maison des célestins de Paris, et on la voyait au Musée des monuments français; la statue en marbre qui est dans l'église de Saint-Denis : la sainte est couchée et habillée en religieuse; la statue en pierre placée aujourd'hui dans la sacristie de la chapelle du collège Henri IV (ancien réfectoire des génovéfains), et qui était précédemment dans l'église abbatiale; la statue qui orne une des chapelles de Saint-Étienne-du-Mont; la statue en pierre, due au ciseau de M. Debay père, et mise sous la colonnade de l'église de la Madeleine; enfin la belle statue exécutée par M. Étex, exposée au Salon de 1836, gravée dans le *Magasin pittoresque* de la même année, pag. 127.

M. Maindron, l'auteur du *Christ en croix* qu'on voit dans la ville d'Issoire, des *Chrétiens livrés aux bêtes* (groupe brisé par le sculpteur dans un moment de découragement), de *Velléda*, etc., vient de terminer un groupe d'une grande dimension, représentant la Foi triomphant de la Barbarie, dans la personnification de sainte Geneviève et d'Attila. L'œuvre de M. Maindron est capitale; plus on l'examine, et plus on trouve regrettable que le jury des arts l'ait exclue du Salon d'exposition : elle offre une conformité parfaite avec la tradition historique. Le sujet est éminemment national et religieux, et l'exécution a des qualités incontestables de noblesse et d'énergie, qui seules auraient dû suffire pour qu'on se récusât en faveur du public, qui peut-être aurait jugé l'œuvre du sculpteur digne d'être reproduite, soit en marbre, soit en bronze, et d'être placée dans la métropole ou au milieu d'une de nos places publiques.

Je crois enfin devoir appeler l'attention du lecteur sur les églises Notre-Dame de Lorette et Saint-Germain-l'Auxerrois : les beaux tableaux peints par M. L. Deveria dans le premier de ces édifices et les souvenirs reproduits en sculpture et en peinture touchant sainte Geneviève, dans la restauration du dernier, sont dignes d'être admirés.

## CHÂSSE ET PROCESSIONS DE LA CHÂSSE.

Tractatus brevis de processione reliquarum sanctæ Genovefæ, factâ anno 1206, auctore anonymo qui præsens interfuit.

Note extraite de la *Nova Bibliotheca manuscriptorum librorum, etc. Opera studio Philippi Labbe.* Parisiis, 1657, 2 vol. in-fol.

Lettre latine contenant la description de la procession de la châsse de sainte Geneviève, du 12 janvier 1496, par Érasme, ainsi que l'Historique de la guérison miraculeuse de ce savant, opérée par l'intercession de sainte Geneviève, adressée par lui-même à Nicolas Verner.

Dans les OEuvres complètes d'Érasme; Bâle, Froben, 1540, 8 vol. in-fol., ou Leyde, Van der Aa, 1703-6, 10 tom. en 11 vol. in-fol., et reproduite dans la note 86 de l'ouvrage de M. l'abbé Saintyves.

Antiquités et remarques sur la châsse de sainte Geneviève, avec les descentes d'icelle châsse. Paris, Soly, 1625, in-8.

Arrêt de la cour du parlement pour la descente de la châsse de sainte Geneviève, du 29 mai. Paris, 1625, in-4.

Compte rendu d'une procession de la châsse de sainte Geneviève, faite le vendredi matin, 19 juillet 1675, en vertu d'un arrêt rendu le 13 juillet du même mois, par le parlement de Paris. Bibl. royale, supp. fr. 456. Ms.

Office pour la descente et procession de la châsse de sainte Geneviève. Paris, G. Blaizot, 1675, in-16.

Ordre et Cérémonies et Prières qui s'observent avant la descente de la châsse de sainte Geneviève, en la descente et après la descente d'icelle. Paris, Coutellier, 1694, in-4.

Histoire du tombeau de sainte Geneviève, par le P. Charpentier, chanoine régulier de la Congrégation de France. Paris, 1697, in-8.

Journal de ce qui s'est passé au sujet de la descente et de la procession de la châsse de sainte Geneviève, faite le jeudi 27 mai 1694. In-4. Bibl. de l'Arsenal. Tr. Hist. 84. Ms. sur papier.

Abrégé historique de la construction de la châsse de sainte Geneviève, etc. 1725, in-12.

Cérémonial de l'église de Paris. 1 vol. (second) in-fol. Bibl. royale, 1564, supp. fr., ancien n° 180. Mss. du XVIII° siècle.

Ce manuscrit donne aux pages 514 et suivantes un état des églises dont les processions ont été honorées de la présence du chapitre de la métropole, notamment de l'église Sainte-Geneviève dans le XVII° et le XVIII° siècle, et la date précise de plusieurs processions faites par le même chapitre à Sainte-Geneviève, dont la première a eu lieu le 1er juin 1603; plus un état des époques où on a porté en procession la châsse de sainte Geneviève, à partir de l'an 1206; enfin il reproduit un procès-verbal de ce qui a précédé et suivi la procession générale faite le 5 juillet 1725.

Les Antiquités et Cérémonies qui s'observent avant et au jour de la descente et procession de la châsse de sainte Geneviève, avec le jour et les années qu'elle a été portée, depuis 1206 jusqu'en 1725. Paris, Mergé, 1725, in-4 de 8 pages.

Liste des processions de la châsse de sainte Geneviève depuis 1447. In-4. H, 19. Ms.

Relation de ce qui s'est passé à la découverte, à la descente et à la procession de la châsse de sainte Geneviève en 1725, et de ce qui a suivi jusqu'au 14 juillet. Paris, Morisset, 1725, in-4 de 22 pages.

Découvertes, descentes et processions de la châsse de sainte Geneviève depuis 1694 jusques et compris 1728. In-fol. Bibl. Sainte-Geneviève, sans lettre ni numéro.

Ms. sur papier. Il est avec les ouvrages de Du Molinet.
Voyez aussi, au sujet de la procession de la châsse de sainte Geneviève, deux lettres de M$^{me}$ de Sévigné, tome II, édition de Sautelet, 1826, in-8. — Bonfons donne, dans ses *Antiquités*, la valeur de la châsse, ainsi que Borel, dans son *Trésor de recherches et d'antiquités gauloises et françaises*, à l'article Marc. Paris, 1655. in-4.

Mémoire des abbé et chanoines de Sainte-Geneviève à Louis XVI, contre le projet conçu par l'administration départementale de transporter la châsse de sainte Geneviève dans l'église de Saint-Étienne-du-Mont. Ms. Archives du royaume, parmi les pièces annexées au procès de Louis XVI (armoire de fer).

Pétition adressée dans le même but au département de Paris et accompagnée de la signature d'un grand nombre de citoyens. Imp. Archives du royaume, parmi les pièces annexées au procès de Louis XVI (armoire de fer).

Acte des commissaires qui avaient été chargés d'apposer les scellés dans la sacristie de Sainte-Geneviève et de transporter la châsse à Saint-Étienne-du-Mont, en date du 14 août 1792. Archives de l'Hôtel-de-Ville, parmi les pièces détachées relatives à l'église Sainte-Geneviève.

Récépissé du curé de Saint-Étienne-du-Mont, en date du 14 août 1792, par lequel ledit curé reconnaît avoir reçu la châsse avec deux cœurs de vermeil et un bouquet de diamants. Archives de l'Hôtel-de-Ville, parmi les pièces détachées relatives à l'église Sainte-Geneviève.

Procès-verbal du dépouillement de la châsse de sainte Geneviève.

Voyez le *Moniteur*, numéro 63, 3 frimaire an II (23 novembre 1793) et numéro 64, 4 dudit mois (24 novembre 1793).

Histoire de la châsse de sainte Geneviève.

Voyez le *Magasin pittoresque*, t. IV, p. 127 et 271.

Je crois faire plaisir au lecteur en donnant ici la liste complète des processions de la châsse de sainte Geneviève. La châsse fut portée, savoir : en 1129, à l'occasion du fléau dit *feu sacré*, où sainte Geneviève opéra le prodige appelé par le peuple le miracle des Ardents : c'est la première procession où l'on ait transporté la châsse de son église à Notre-Dame; — en 1206, sous le règne de Philippe-Auguste, au sujet des grandes eaux; — 1240, pour les pluies continuelles qui empêchaient la récolte des blés; — 1242, pour le même motif (cette année, l'abbé Robert fit faire par l'orfévre Bonard la châsse de sainte Geneviève : celle qui servait auparavant n'était que de bois); — 1245, pour la maladie de Robert, comte d'Artois, frère de saint Louis; — 1303, pour l'inondation des eaux; — 1325, pour obtenir la sérénité du temps; — 1347, à l'occasion du siége de Calais par les Anglais : la reine Jeanne de Bourgogne y assista; — 1366, pour la cessation des pluies; — 1377, le roi Charles V et les ducs d'Orléans et de Bourgogne y assistèrent; — 1410, à l'occasion des guerres civiles entre les Bourguignons et les Armagnacs; — 1412, pour les calamités du temps (en ce temps fut instituée la confrérie des porteurs de la châsse de sainte Geneviève : on choisit seize bourgeois des plus notables de la ville pour la porter à la place des quatre religieux qui remplissaient cette fonction); —

1417, pour les nécessités publiques; — 1421, pour la paix; — 1427, pour la guerre des Anglais et le siége d'Orléans; — 1436, pour la reddition de Paris au roi Charles VII; — 1443, pour obtenir le beau temps; — 1456; — 1466, pour la grande mortalité; — 1478; — 1481, pour les nécessités du temps; — 1493, pour la maladie du roi et autres nécessités publiques; — 1496, pour l'inondation des eaux; — 1505; — 1509; — 1512, pour le même sujet; — 1513, pour la prospérité des armes du roi contre les Anglais; — 1517; — 1522; — 1523, pour le beau temps, la prospérité des armes du roi et le recouvrement du Milanais; — 1524; — 1527; — 1528, pour les grandes sécheresses, le beau temps et les nécessités publiques; — 1529, pour la paix qui fut conclue par le traité de Cambrai; — 1530, pour les eaux; — 1534, pour l'extinction de l'hérésie; — 1535, pour faire cesser les pluies; — 1536, pour faire lever le siége de Péronne; — 1541, pour obtenir du beau temps; — 1542; — 1543, pour l'extinction de l'hérésie, pour la paix et la prospérité des armes du roi; — 1548, à cause de la grande sécheresse; — 1549, contre les hérétiques; — 1551, pour la conservation des biens de la terre; — 1551, pour la conservation de la religion catholique; — 1556; — 1557, pour les pluies, maladies et calamités publiques; — 1559, pour la guérison de la blessure que le roi reçut au tournoi : on ne sonna point de cloches, à cause de la tristesse publique; — 1560, à cause des pluies très-fréquentes; — 1562, à cause des guerres civiles; — 1563, pour la levée du siége d'Orléans; — 1564; — 1566, pour obtenir du beau temps : le roi Charles IX y assista avec les chevaliers de Saint-Michel et toute la cour; — 1567, pour obtenir de la pluie, et, la même année, pour le succès des armes du roi : Sa Majesté suivit la procession avec toute sa cour; — 1568, pour la santé du roi et la prospérité de ses armées; — 1570, pour l'extinction de l'hérésie et la sérénité du temps : le duc de Montpensier y assista à la place du roi; — 1573, pour le succès du siége de La Rochelle et pour apporter remède à la cherté du blé : les cardinaux de Guise et de Lorraine y assistèrent; — 1577, pour la victoire contre les huguenots et pour la sérénité du temps; — 1582, le 9 décembre (qui arriva cette année le quatrième dimanche de l'Avent, à cause des dix jours retranchés au calendrier), pour la conservation du roi et la fécondité de la reine; — 1584, pour obtenir la pluie; — 1587, pour la cessation des pluies, qui étaient cause que le blé se vendait jusqu'à quarante livres le setier; — 1589, pour les calamités publiques; — 1590, pour le maintien de la religion et pour les biens de la terre; — 1594, pour faire cesser les pluies : le légat du pape y assista; — 1595, pour remercier Dieu de la conversion du roi Henri IV; — 1596, pour faire lever le siége de Calais; — 1597, pour la prospérité des affaires du roi; — 1599, pour obtenir de la pluie; — 1603, pour la santé du dauphin; — 1611; — 1615, pour obtenir de la pluie; — 1625, pour faire cesser les pluies continuelles : le cardinal de La Rochefoucauld, pour lors abbé, y assista revêtu de ses habits pontificaux; — 1652, pour la paix et le retour du roi dans Paris; — 1675, pour faire cesser les pluies; — 1694, pour les nécessités publiques; — 1709, pour la famine, la guerre et les nécessités publiques; — 1725, le 5 juillet, pour les pluies : la veille de ce jour, l'assemblée du clergé de France, qui se tenait aux Grands-Augustins, se rendit processionnellement à Sainte-Geneviève; — 1765, pour le rétablissement de la santé du dauphin : cette dernière procession eut lieu le 16 décembre.

Voyez, pour plus de détails, le ms. in-fol. H, 22$^{26}$, de la biblioth. Sainte-Geneviève.

Statuts et Règlements de la compagnie des porteurs de la châsse de sainte Geneviève. Paris, 1731, in-4.

Sont enregistrés en ce présent registre les confrères de la confrérie de saincte Geneviefue. 1605, in-fol. H, 26. Ms. sur papier.

Mémoire instructif pour Messieurs les maistres en charge des confrères porteurs de la châsse de sainte Geneviève, selon ce qui s'est observé jusqu'en l'année 1692. In-4. Ms. Archives du royaume, carton L, 1473.

Recueil de pièces imprimées et manuscrites (copiées au XVII$^e$ siècle) relatives aux cérémonies, à la châsse et à la confrérie de sainte Geneviève. Bibliothèque de la Ville, F. HR, 51.

Je dois à l'obligeance de M. Prosper Bailly, sous-bibliothécaire de la Ville, la connaissance de ce recueil et le détail des ouvrages qui le composent.

« Ce volume est assez curieux, dit M. Bailly dans une lettre qu'il m'a écrite à l'occasion des recherches qu'il a eu la bonté de faire pour mon travail dans le dépôt confié à ses soins. On y voit : 1° *Antiquité et remarques de la châsse de Madame sainte Geneviève, ensemble, de l'institution des confrères porteurs et attendants, avec les descentes d'icelle châsse.* Paris, Heuqueville, 1625. — 2° *Miracles de sainte Geneviève*, pièce manuscrite copiée sur un manuscrit du fonds Colbert. — 3° *Procession de 1409*, extrait des registres du parlement. — 4° *Mandements, arrêt du parlement, descente de la châsse, ordre des cérémonies* et gravure, le tout relatif à la procession de 1652. — 5° *Hymne à sainte Geneviève*, par Godeau. — 6° *Mandement et indulgence relativement à l'année 1692 et année 1694*, avec une gravure très-curieuse représentant l'ordre et la disposition pittoresque de la procession de 1709. Il y a, pour 1694, un procès-verbal écrit par le génovéfain Louis Canto. »

Voyez aussi le mot sainte Geneviève dans le *Dictionnaire des mœurs et usages de la France* (par La Chesnaie des Bois), Paris, 1767, 3 vol. in-12, et le *Mercure galant*, mois de juin 1709. On retrace dans ces deux articles l'histoire du culte de sainte Geneviève et celle de la descente de la châsse : ce sont des morceaux curieux.

### ESTAMPES.

Une Procession de la châsse de sainte Geneviève. Bibl. royale, cabinet des estampes, recueil de Saintes, t. III, pag. 140. Rd. 33.

On y lit : « La châsse a été fabriquée en 1230, le 30 octobre. Le corps de la sainte fut posé dans cette châsse, qui fut enrichie par les dames : Marie de Médicis donna un bouquet en diamants; la duchesse de Savoie un crucifix avec sept turquoises. La châsse sort dans l'ordre ci-dessous (Suit la représentation pittoresque de la procession.). Lyon, Jombert. »

Une Procession de la châsse de sainte Geneviève, gravée par Léon Gaultier ou Galter. Bibl. royale, recueil de Fevret de Fontette, et les œuvres gravées de Galter.

Procession de la châsse de sainte Geneviève, gravée pour la confrairie, par Le Pautre, en 1674. Bibl. royale, recueil de Fevret de Fontette, et les œuvres gravées de Le Pautre.

Châsse de sainte Geneviève.

Voyez les OEuvres de l'architecte Lemercier.

## OUVRAGES RELATIFS A L'ÉGLISE SAINTE-GENEVIÈVE.

Nota. Je comprends sous le titre d'église Sainte-Geneviève : 1° l'ancienne église abbatiale, nommée primitivement basilique des apôtres Saint-Pierre et Saint-Paul, et puis après église Sainte-Geneviève ; 2° l'église de Saint-Étienne-du-Mont ; 3° la nouvelle église Sainte-Geneviève, aujourd'hui le Panthéon. En conséquence, je divise cette partie de mon travail en trois paragraphes.

### ANCIENNE ÉGLISE.

Pour les détails sur la date et les circonstances de la fondation de l'ancienne église Sainte-Geneviève, voyez principalement : les pages 30 et 41 des *Nouvelles Annales de Paris*, par Toussaint-Duplessis ; le tome second du recueil manuscrit in-fol. marqué H, 22$^2$, de la Bibl. Sainte-Geneviève ; l'Histoire manuscrite de l'abbaye, par Cl. Du Molinet ; les Notices des architectes français jusqu'en 1490, dans le *Recueil historique des plus célèbres architectes*, par J.-F. Félibien des Avaux (Paris, Cramoisy, 1687, in-4), et les *Entretiens sur les vies et les ouvrages des plus excellents peintres et architectes*, par le même (Paris, 1696, in-4, ou nouvelle édition augmentée, Trévoux, 1725, 6 vol. in-12).

Lettres d'Étienne de Tournai, successivement abbé de Saint-Euverte d'Orléans et de Sainte-Geneviève de Paris, puis évêque de Tournai, publiées par Jean Masson, archidiacre de Bayeux. Paris, 1611, in-4.

Réimprimées en 1679, Paris, Billaine, in-8, par le P. Cl. Du Molinet, qui ajouta 47 lettres aux 240 dont se composait le premier recueil.

Dans sa 164$^e$ lettre, Étienne de Tournai déplore ainsi la ruine de la basilique Saint-Pierre et Saint-Paul, brûlée par les Normands en 857 : « Elle était de construction royale, décorée au dedans et au dehors de mosaïques, comme ses ruines en offrent la preuve, et ornée de peintures. Ces misérables la livrèrent aux flammes et n'épargnèrent ni le saint lieu, ni la bienheureuse vierge (sainte Geneviève), ni les autres saints qui y reposaient. »

Les lettres manuscrites d'Étienne sont à la Bibliothèque royale. Voyez ce qu'en dit M. J.-J. Brial dans les *Notices et extraits des manuscrits de la Bibliothèque du roi*, Paris, Imp. royale, in-4, t. X, p. 66 de la 2$^e$ partie.

Hadriani Valesii, historiographi regii, Disceptatio de basilicis quas primi Francorum reges condiderunt an ab origine monachos habuerint. Parisiis, Cramoisy, 1657, in-8.

<small>Réimprimée aussi à la fin du troisième volume de l'*Hist. de France* du même auteur.</small>

Joannis Launoii constantiensis, theologi parisiensis, Judicium de Hadriani Valesii Disceptatione quæ de Basilicis inscribitur. Parisiis, Martin, 1658, in-8.

Hadriani Valesii, historiographi regii, Disceptationis de Basilicis defensio adversùs Joannis Launoii Judicium : ejusdem vetustioribus Lutetiæ basilicis Liber. Parisiis, Cramoisy, 1660, in-8.

Joannis Launoyi de antiquis basilicis parisiensibus Disquisitio.

<small>Imprimée avec des opuscules latins touchant les deux saints Denis. Paris, 1660, in-8.</small>

Basilicæ sanctæ Genovefæ parisiensis Decora, emblematibus illustrata à Ludovico Berthe claromontano, canonico regulari. Parisiis, 1661, in-fol.

<small>Cet ouvrage renferme des emblèmes relatifs à l'église de Sainte-Geneviève et à ceux qui la desservaient.</small>

Description de la cérémonie qui a été observée pour la bénédiction des quatre cloches nommées par la ville de Paris dans l'église de Sainte-Geneviève, le 27 novembre 1752. Archives de l'Hôtel-de-Ville, papiers concernant l'église Sainte-Geneviève.

Lettre de M. J.-B. Ph. à M. P., docteur de Sorbonne, au

sujet des cryptes ou chapelles souterraines qu'on voit dans la plupart des églises de Paris.

<small>Voyez le *Mercure* de septembre 1738.</small>

Inventaire des richesses et joyaux de la chapelle Sainte-Geneviève. Ms. in-fol.

<small>Bibliothèque de l'Arsenal.</small>

Dévastations qui ont eu lieu dans l'église Sainte-Geneviève, par M. Henri Duval.

<small>Article inséré dans le journal *le Cabinet de lecture*.
Note communiquée par M. J. Quicherat.</small>

<small>Voyez encore, au sujet de l'ancienne église Sainte-Geneviève, les premiers volumes des collections de Duchesne et de dom Bouquet, les chroniques et les histoires de France, *les Douze Historiens contemporains* du P. Pithou, les principales histoires civiles et religieuses de Paris, le *Magasin pittoresque* aux articles Cryptes, t. VI, 394, Basiliques, t. III, 199, et t. VII, 197, Églises, t. VII, 196-198, et enfin les quatre ouvrages suivants, qui se rattachent entièrement à l'histoire de l'ancienne église Sainte-Geneviève : *Discours de l'Histoire du miracle des Ardents, par les prières de sainte Geneviève, du temps de Louis VIII*, par René Benoist, docteur en théologie. Paris, Bellet, 1568, in-8. — *Martyrologe contenant les fondations de l'église paroissiale de Sainte-Geneviève du Miracle des Ardents*. Paris, 1650, in-4. — *Fondation de l'ordre du service de l'église Sainte-Geneviève du Miracle des Ardents*. Paris, 1657, in-4. — *Requête des curés et marguilliers de Sainte-Geneviève des Ardents à M. de Vintimille, archevêque de Paris, à l'occasion de la suppression de leur église*, par de La Lourcé. 1747, in-4.</small>

## ÉGLISE SAINT-ÉTIENNE-DU-MONT.

Droits épiscopaux et parochiaux de l'église de Saint-Étienne-du-Mont. In-4.

Sommaire du procès pendant au conseil du roi pour raison de la procession du saint sacrement et autres droits épiscopaux et parochiaux de l'église de Saint-Étienne-du-Mont, prétendus par les abbés et nouveaux religieux réformés de Sainte-Geneviève, au préjudice de M. l'archevêque de Paris et du curé, auxquels ils appartiennent de droit divin et canonique, etc. 1641, in-4.

Arrêt de la cour du parlement de Paris, par lequel il est défendu à l'abbé de Sainte-Geneviève d'assister à la procession du saint sacrement (de Saint-Étienne) en habits pontificaux et d'y donner la bénédiction, comme de faire promouvoir ses reliques aux ordres par autre que par l'archevêque de Paris, etc., du 14 juillet 1668. Paris, 1680, in-4.

<small>Cet arrêt contient des faits historiques curieux.</small>

Dissertations ecclésiastiques sur les principaux autels des églises, les jubés et la clôture du chœur des églises, par J.-B. Thiers. Paris, 1688, in-12.

Office propre de Saint-Étienne, à l'usage de l'église de Saint-Étienne-du-Mont, à Paris, avec tous les saluts qui se chantent en cette église pendant l'année, recueillis par Pierre Clément. Paris, Jean Hénault, 1664, in-8.

<small>Réimprimé en 1669 et en 1718, in-8.</small>

Office propre à l'usage de l'église paroissiale de Saint-Étienne-du-Mont, latin-français, selon le bréviaire de Paris; avec le portrait de M. Régnault, curé. Paris, Prault, 1771, in-12.

<small>Dernière édition des Offices propres de Saint-Étienne-du-Mont, avant celle de l'abbé Faudet.</small>

Pièces officielles et documents historiques concernant l'église Saint-Étienne-du-Mont. Archives de l'Hôtel-de-Ville.

<small>De toutes dates, depuis 1789 jusqu'en 1840. Ce sont principalement</small>

des démissions d'ecclésiastiques, des prestations de serment à la république, des certificats de résidence sur la paroisse, des liquidations de pensions, des indemnités aux desservants, des autorisations de legs faits à l'église en 1815, 23, 25, 27, 35, 36 et 40, des autorisations de travaux exécutés sous la direction des architectes Molinos et Godde : travaux divers relatifs au donjon, au maître-autel, au timbre de l'horloge, à la sonnerie, au presbytère, à la chapelle du tombeau de sainte Geneviève, à la chapelle de la Vierge, au buffet d'orgues, au jubé, etc.; des travaux d'art, tels que le tableau sur verre de MM. Smith et Warrin, les tableaux de M. Caminade, les peintures de MM. V. et V$^{or}$ Courtin, faites à la chapelle du tombeau de sainte Geneviève, le tableau de M. Grenier, ayant pour sujet la sainte patronne de Paris, priant le ciel d'apaiser un orage, etc., etc.; enfin des liquidations diverses.

Au milieu de tous ces titres, on distingue les suivants : — Mémoire de sculptures en ornements exécutées au portail de la nouvelle paroisse de Sainte-Geneviève, ci-devant Étienne-du-Mont, ordonnées par l'effet d'une délibération prise par les citoyens marguilliers de ladite paroisse, et sous les ordres du citoyen Giraud, architecte, par moi Desar, sculpteur patenté dans l'année 1792, le premier de la république française. — *Destruction des signes de féodalité.* Directoire du département de Paris. Le citoyen Baron, payeur des dépenses du département de Paris, rue du Mail, hôtel de Montcenis, paiera au citoyen Lasalle la somme de 2,277 livres 19 sols 7 deniers, pour le paiement des travaux par lui faits pour la destruction des signes de féodalité dans les ci-devant églises paroissiales de Sainte-Geneviève et de Saint-Étienne-du-Mont, pendant l'année 1793 (vieux style), suivant son mémoire et d'après l'arrêté du département du 9 floréal ; de laquelle somme il sera tenu compte au citoyen Baron sur les fonds des travaux et ouvrages publics, en rapportant avec le présent quittance suffisante. Fait au directoire, à Paris, le 15 floréal l'an II de la république française une et indivisible. Suivent les signatures. — Paris, le 2 ventôse l'an VIII. L'administration municipale du douzième arrondissement à l'administration centrale du département. « Citoyen, notre temple décadaire, ci-devant l'église Saint-Étienne-Dumont (*sic*), renferme les restes de Blaise Pascal et de Jean Racine; le citoyen Lenoir, conservateur des monuments français, nous a demandé, le 24 pluviôse dernier, l'autorisation nécessaire pour exhumer ces deux hommes célèbres et les placer parmi ceux dont les cendres reposent dans le jardin Élysée des monuments français, destiné à cet usage par l'arrêté du directoire exécutif du 24 germinal an VII. Les motifs de l'exhumation demandée sont trop respectables pour ne pas mériter votre assentiment; dès que nous l'aurons obtenue, nous nous empresserons de nous rendre au vœu du citoyen Lenoir. Salut et fraternité. Les administrateurs. » Suivent les signatures. — Préfecture du département de la Seine. « Les soussignés, membres de la commission des beaux-arts de la préfecture, certifient que M. Valois a terminé et fait mettre en place sa statue de sainte Geneviève pour l'église Saint-Étienne-du-Mont, et qu'il a droit à recevoir la solde du quatrième quart de 3,000 francs, prix de cette statue. Paris, le 10 octobre 1823. » Suivent les signatures.

**Notice historique sur la paroisse de Saint-Étienne-du-Mont, ses monuments et établissements anciens et modernes, suivie des Offices propres à l'usage de la même paroisse, par l'abbé Faudet, curé de Saint-Étienne-du-Mont, et M. L. de Mas-Latrie. Paris, 1840, in-12,** avec une lithographie représentant l'église de Saint-Étienne-du-Mont et l'ancienne entrée de l'église de l'abbaye de Sainte-Geneviève.

Cet ouvrage n'est pas une simple notice historique, comme l'annonce l'auteur par modestie; c'est une véritable histoire, non seulement de la paroisse Saint-Étienne-du-Mont, mais encore de toute la montagne Sainte-Geneviève. Il est divisé en huit parties, dont voici le sommaire : Églises; — Abbayes et Couvents; — Communautés religieuses; — Établissements d'instruction publique; — Établissements divers; — Hôtels; — Liste des rues, impasses, places, anciennes portes, clos, cours, voies romaines, fontaines, etc.; — Offices propres : cette dernière partie peut se séparer des autres et former un ouvrage à part.

## NOUVELLE ÉGLISE SAINTE-GENEVIÈVE
### (LE PANTHÉON).

**La Reconstruction de l'église de Sainte-Geneviève; ode au roi, par le P. Bernard, génovéfain. Paris, Chaubert et Hérissant fils, 1755, in-8.**

Réimprimée, après avoir été revue et corrigée par l'auteur. Paris, de l'imp. de la veuve Thiboust, 1764, in-fol.

**A Louis XV le Bien-Aimé posant la première pierre de la nouvelle église de Sainte-Geneviève, le 6 septembre 1764; Ode, par le P. Bernard, génovéfain. Paris, de l'imp. de la veuve Thiboust, 1764, in-fol.**

## Légende sur la consécration de la nouvelle église Sainte-Geneviève.

Dans le Bréviaire de Paris, au 3 janvier.

## Pièces officielles et documents historiques concernant l'église Sainte-Geneviève. Archives de l'Hôtel-de-Ville.

Parmi ces pièces et documents on remarque : — la Prestation de serment à la république, d'Antoine Mongez, génovéfain; celle d'Huot, curé de Sainte-Geneviève, et celles de beaucoup d'autres personnages; — une Correspondance, du P. Rousselet, abbé de Sainte-Geneviève, avec la municipalité de Paris; — un grand nombre de quittances des traitements reçus de la même municipalité par les chanoines et desservants de Sainte-Geneviève, et des certificats de résidence de beaucoup de citoyens qui demeuraient dans la section du Panthéon : toutes pièces datées de 1790, 91, 92 et 93; — plusieurs documents relatifs à la loi qui déclare que le Panthéon recevra la cendre des grands hommes et à plusieurs décisions prises pour l'exécution de cette loi : inhumation de Mirabeau, Descartes, J.-J. Rousseau, etc.; — une liste des fonctionnaires du culte catholique de la paroisse Sainte-Geneviève, avec la quotité de leurs traitements au 1$^{er}$ octobre 1793; — une lettre ainsi conçue : « Liberté, Fraternité, Égalité. Section du Panthéon français, le 14 floréal an douzième de la république française, une et indivisible. Au citoyen Coulombeau, secrétaire greffier de la commune de Paris. Citoyen, pour satisfaire à ton invitation du 25 germinal dernier, je t'informe que le 10 pluviôse dernier, en vertu d'un arrêté de l'assemblée générale de la section du Panthéon français, du 5 du même mois, la ci-devant église et paroisse de Sainte-Geneviève a été érigée en Temple de la Raison, et que du même jour, et depuis, tous les décadis, on y a fait lecture des lois et de discours civiques. Salut fraternel, Pauly, vice-président; » — une expédition du décret du 7 mars 1806, par lequel Sa Majesté Napoléon confirme les nominations faites par M. le cardinal archevêque de Paris aux canonicats de l'église Sainte-Geneviève et à la place d'archiprêtre de ladite église; — une ampliation de l'ordonnance royale du 12 décembre 1821, qui met l'église de Sainte-Geneviève à la disposition de monseigneur l'archevêque de Paris; — des papiers concernant la cérémonie de l'ouverture et la bénédiction de l'église Sainte-Geneviève, faite le jeudi 3 janvier 1822, l'achèvement du monument, l'administration de l'église, et l'exercice du culte dans les années 1822, 1823 et jusqu'en 1828.

## Inhumations et Exhumations faites dans le Panthéon.

Voyez *le Moniteur* : années 1791 (4 avril, etc., etc.), 1792, 1793, 1794, 1795, etc.; les biographies de Mirabeau, Lepelletier Saint-Fargeau, Marat (1), Dampierre, Châlier, Fabre, Bayle, Gasparin, etc., tous inhumés d'abord au Panthéon, puis ailleurs; et les biographies de Voltaire (2), Rousseau, Soufflot, Lannes, Portalis, Caulaincourt, Papin, Tronchet, Cabanis, Perregaux, Bougainville, Vien, Caprara, Treilhard, Lagrange, Régnier, et de plusieurs autres grands dignitaires de l'empire, dont les cendres sont encore dans les caveaux du Panthéon. On sait que les noms des hommes qui sont morts en juillet en défendant la Charte sont inscrits sur des tables de bronze dans ce temple.

Détails sur le décret du 30 mai 1791, rendu par l'assemblée constituante, pour la translation des cendres de Voltaire au Panthéon, et pour la cérémonie qui eut lieu le 11 juillet 1791, jour de l'apothéose de ce grand homme; suivis d'une gravure représentant le cortége.

Dans le tome I, page 217, du *Tableau historique de la révolution française*, Paris, Aubert, an XIII (1804), 3 vol. in-fol. Bibl. royale, cabinet des estampes. Q. 12. a.

Mgr. de Juigné, archevêque de Paris, réclama contre cette cérémonie dans son mandement donné à Chambéry, le 20 juin 1792, et imprimé à Paris, chez Crapart, rue d'Enfer, n° 129.

Recueil de mémoires pour la restauration du dôme du Panthéon, au nombre desquels se trouve le projet du Point-Central des arts et métiers. Paris, an V, in-4. V. 655².

Par Viel, Rondelet, Petit-Radel, etc.

Mémoire historique sur le dôme du Panthéon français, par J. Rondelet, architecte. Paris, 1797, in-4, avec fig.

Moyens pour la restauration des piliers du dôme du Pan-

---

(1) La tête de Marat se voyait, dit M. Beaulieu dans la *Biographie universelle*, article Marat, à la bibliothèque Sainte-Geneviève; elle était placée à côté de celle de Cartouche.

(2) Voyez la description de l'apothéose de Voltaire dans le Ier volume de l'*Histoire-musée de la république française*, par Augustin Challamel. Paris, Challamel, éditeur, 1842, 2 vol. grand in-8, avec figures.

théon français, par Ch.-F. Viel de Saint-Maux. Paris, 1797, in-4.

<small>Réimprimé en 1812 dans le même format.</small>

Plans et Coupes des projets de restauration des piliers du dôme du Panthéon français, par le même. Paris, 1798, in-4.

Restauration des piliers du Panthéon français, présentée au ministre de l'intérieur, le 1$^{er}$ pluviôse an VI; par L. Vaudoyer. Paris, 1798, in-4.

Dissertations sur les dégradations survenues aux piliers du dôme du Panthéon français et sur les moyens d'y remédier, par E.-M. Gauthey. Paris, 1798, in-4.

Mémoire et projet sur la restauration du Panthéon, par É. La Barre ou Labarre. Paris, 1798, in-4.

Essai sur la restauration des piliers du dôme du Panthéon français, par La Gardette ou Lagardette (C. M.). Paris, 1798, in-8.

Du Panthéon et d'un théâtre national, par L.-M. La Reveillère Lépaux. Paris, 1798, in-8.

Restauration du Panthéon français, par A.-Fr. Peyre le fils. 1799, in-4.

<small>Compte rendu dans les *Mémoires* de l'Institut national.</small>

Projet pour la restauration du Panthéon, par Petit-Radel. Paris, an VII, in-4.

Mémoires qui intéressent particulièrement Paris, par Pierre Patte. Paris, an IX (1801), in-4, avec planches.

Ils contiennent l'analyse raisonnée de l'état alarmant du Panthéon français et une dissertation sur la translation des cimetières hors de Paris, etc.

De l'Inauguration de Sainte-Geneviève, par M. A. B'", étudiant en droit. Paris, imp. de Dentu, 1822, in-8.

Inauguration de l'église Sainte-Geneviève, avec le portrait de cette glorieuse patronne de Paris; on y a joint ceux de la sainte Vierge, de saint Denis et de saint Louis, avec une notice historique. Paris, Martinet, 1822, in-4, avec 4 planches.

Bénédiction solennelle de la nouvelle église Sainte-Geneviève. Paris, imp. de Beaucé-Rusand, 1822, in-4.

Mes Regrets, ou le Panthéon, par L.-G. B....n. Paris, imp. de M$^{me}$ Jeune-Homme-Crémière, 1822, in-8.

Le Panthéon, ou les Hommes de juillet 1830 : ouvrage en vers dédié et présenté à Sa Majesté Philippe 1$^{er}$, par Napoléon Henry. Paris, Boulland, 1831, in-8.

Description du Panthéon. Paris, de l'imprimerie de Béthune, 1835, in-32.

Le Panthéon, ou Sainte-Geneviève de Paris, par J. B.....y de Beauregard. Paris, Ad. Leclère, 1836, in-8.

Notice historique sur le Panthéon. Paris, Chassaignon, 1838, in-12.

Hymne sur le Panthéon.

Par Victor Hugo, dans les *Chants du Crépuscule*.

## PLANS, DESSINS, PEINTURES, SCULPTURES ET VITRAUX.

Voyez la *Topographie de la France*. Bibliothèque royale, cabinet des estampes; le volume concernant le quartier Saint-Jacques contient, comme je l'ai dit précédemment, un nombre considérable de dessins relatifs à l'église Sainte-Geneviève; on y remarque les suivants :

1° Plusieurs plans généraux et plusieurs vues extérieures de l'ancienne église Sainte-Geneviève; — une vue intérieure de la même église, le jour de la réception faite à la reine, le 4 octobre 1728, par l'abbé et son clergé; — la *Cérémonie des pardons et indulgences pour les seize porteurs de la châsse de madame sainte Geneviève et vingt-quatre attendants, tous confrères*, gravée en 1694; — des vues de tombeaux; — des dessins de vitraux, dont l'un représente une procession de la châsse de sainte Geneviève; — des objets de détail, tels que l'élévation d'un buffet d'orgues, etc., etc.

2° Un plan de Saint-Étienne-du-Mont; — un bon nombre de vues tant de l'intérieur que de l'extérieur de cette église : une vue de l'intérieur laisse bien voir surtout la chaire à prêcher, le jubé et la clef de la voûte, ces trois chefs-d'œuvre de l'art; — des objets de détail; — deux charmants dessins de la chaire à prêcher, exécutés à la plume, sur parchemin; — enfin une planche gravée de la même chaire, en tête de laquelle on lit : *Élévation de la chaire de prédicateur de l'église de Saint-Étienne-du-Mont, du dessin de M. Fremery, très-excellent menuisier de monseigneur le cardinal de Furstenberg* : cette chaire a été sculptée par Claude Lestocard, d'après le dessin du peintre Laurent de la Hire.

3° Un grand nombre de vues extérieures et intérieures, de plans simples, de plans en élévation et de coupes de la nouvelle église Sainte-Geneviève, aujourd'hui le Panthéon ; plusieurs plans sont originaux.

Voyez aussi le *Recueil d'estampes* de Fevret de Fontette; la *Statistique monumentale de Paris*, par Albert Lenoir, les *Œuvres* de Lenoir père; le *Collectarium* de Gabriel Raveneau et le *Magasin pittoresque*.

Le Recueil de Fontette renferme une image du corps du cardinal François de La Rochefoucauld, en son lit de parade dans le chœur de l'église de Sainte-Geneviève, où il fut exposé le 16 février 1645 : N... chez Ant. de Fer, in-fol.; — quatre grandes estampes, représentant les plans, profils et vues de l'église de Sainte-Geneviève, gravés par Desbœufs en 1764; — la pose de la première pierre de la nouvelle église Sainte-Geneviève par le roi, le 6 septembre 1764, médaillon gravé par Chenu, d'après le dessin de Saint-Aubin; — une vue perspective de l'intérieur de la nouvelle église Sainte-Geneviève, et la même vue, avec quelques changements et ornements, gravée en 1764 par Prévost, d'après les dessins de Cochin.

L'ouvrage d'Albert Lenoir offre la reproduction des monuments consacrés à sainte Geneviève dans l'ancienne abbaye, et les œuvres de Lenoir père, plusieurs fragments d'architecture que leur auteur, qui était directeur du Musée des monuments français, a dessinés au moment où l'on détruisait (vers 1807) l'ancienne église Sainte-Geneviève.

Plusieurs beaux morceaux de sculpture, provenant de Sainte-Geneviève, se voyaient déjà en 1806 au Musée français : c'étaient 1° la pierre sépulcrale qui couvrait Clovis et sur laquelle le roi était représenté couché et en relief, monument du XIII<sup>e</sup> siècle, exécuté probablement à la suite des restaurations faites à l'église Sainte-Geneviève et ordonnées par Robert, dit le Sage, ou le Dévot : elle a été transportée à Saint-Denis; 2° le mausolée en marbre du cardinal François de La Rochefoucauld; 3<sup>e</sup> le cénotaphe de René Descartes, mort en Suède en 1650. — Le mausolée de La Rochefoucauld et le cénotaphe de Descartes sont maintenant dans l'église Saint-Étienne-du-Mont.

On remarque dans le Collectarium de Raveneau deux superbes miniatures, dont l'une représente l'intérieur de la chapelle de l'ancienne église, un jour de cérémonie (*in revelatione reliquiarum sanctæ Genovefæ, et die Octavâ festivitatis ejusdem*), et l'autre une procession (*in festo sanctæ Genovefæ de Miraculo Ardentium*).

Quant au *Magasin pittoresque*, il donne les vues extérieure et intérieure de l'église Saint-Étienne-du-Mont, de son jubé et de la sépulture de Pascal, et l'histoire de cette même église, des tombeaux et œuvres d'art qu'elle renferme (t. II et IV). Ce recueil est encore plus riche en objets relatifs au Panthéon : on y voit la représentation gravée de ce superbe monument, sa description historique, celle de la pose de sa première pierre, de son fronton, de la peinture de sa coupole et de ses pendentifs, celle de sa destination première, de ses vicissitudes sous les divers gouvernements et de sa destination dernière. On y trouve encore de bons détails biographiques sur les architectes, les sculpteurs et les peintres qui ont concouru à son édification (t. I, II, III, V et VII); toutes ces choses y sont traitées, sinon à fond, du moins avec assez d'étendue pour en donner une juste idée.

Je suis heureux de pouvoir recommander aussi la belle collection d'estampes de M. A. Deveria, cette collection étant, par la gracieuse obligeance de son propriétaire, à la disposition des amateurs. M. Deveria a rassemblé un nombre considérable de dessins et de gravures qu'il a classés, selon l'ordre des temps et des lieux, dans le but d'en faire une histoire générale, chronologique et géographique du globe, par les estampes. Le but est presque atteint; bientôt même, et grâce aux secours d'un fils qui a la noble ambition de marcher sur les traces de son père, M. Deveria n'aura pas formé seulement une histoire générale, mais bien une histoire détaillée, mine féconde où les artistes et les historiens pourront puiser les faits les plus curieux, présentés de la manière la plus saisissante. On voit déjà dans la collection du célèbre dessinateur beaucoup de belles choses sur les sujets de ma Monographie, notamment sur l'église des apôtres saint Pierre et saint Paul, sur Clovis, Clotilde, saint Remy, saint Germain, sainte Geneviève, etc., etc.; mais ce qu'il y a de plus remarquable, ce sont les reproductions des dessins des tapisseries peintes de Reims, des sculptures du portail de Notre-Dame de Corbeil, et des images de la sainte patronne de Paris.

## Recueil de plans relatifs à l'église Sainte-Geneviève. Grand in-fol. W. 376¹ (751).

Ce recueil est formé de morceaux très-précieux. On y remarque : un *Nouveau plan de l'église et de l'abbaye Sainte-Geneviève*, dédié au roi, par de La Marre, chanoine régulier, secrétaire de l'abbé (original sur parchemin); — un Dessin d'un portail pour l'église de Sainte-Geneviève, fait et donné, en 1697, par M. Perrault, de l'Académie française (deux originaux précédés d'un mémoire manuscrit); — des Plans de l'ancienne et de la nouvelle église Sainte-Geneviève (originaux), etc., etc.

## Histoire des vitraux de l'église Saint-Étienne-du-Mont.

Voyez l'*Art de la peinture sur verre et de la vitrerie*, par P. Le Vieil. Paris, 1774, in-fol., avec planches, ouvrage réimprimé dans l'Encyclopédie méthodique, avec une notice sur l'auteur.

On sait que les magnifiques vitraux de Saint-Étienne-du-Mont sont dus en partie aux célèbres Nicolas Pinaigrier, Jean Cousin, Desangives, Enguerrand Le Prince, etc., etc., et que ceux de ces vitraux que le temps et la dévastation ont épargnés ont été admirablement restaurés par Le Vieil.

## Tableaux de Saint-Étienne-du-Mont.

Plusieurs beaux tableaux ornent l'intérieur de l'église Saint-Étienne-du-Mont. On y distingue les suivants : 1° un tableau exécuté par le peintre l'Argilière à l'occasion de la procession de la châsse, faite en 1694 pour les biens de la terre : les prières du peuple ayant été exaucées, le prévôt des marchands, les échevins et tout le corps municipal firent faire ce tableau, où ils sont représentés témoignant à sainte Geneviève leur reconnaissance; — 2° deux tableaux votifs provenant de l'ancienne église abbatiale, l'un peint par de Troy père, en 1710, pour la cessation du froid de 1709-1710; l'autre peint par de Troy fils, à l'occasion de la disette de 1725; — 3° le Martyre de saint Étienne, par Valentin; — 4° la Prédication du même saint, par Abel de Pujol; — 5° sainte Geneviève en prière, détournant un orage, et la même sainte évangélisant les Barbares, par Grenier; — 6° l'Annonciation, la Visitation, l'Adoration des Mages et la Mort de la sainte Vierge, quatre tableaux par Caminade.

Il existe ailleurs un grand nombre de tableaux représentant le martyre de saint Étienne; les principaux sont ceux de Rosso, gravé par Chérubin Alberti; Marcel Venustus, gravé par Corneille Cort; Cornillo Poelenburg, gravé par Filhol; Lebrun, gravé par Gérard Audran; Annibal Carrache, gravé par Étienne Baudet, Guillaume Château et Filhol; Poussin, gravé par Marie-Joseph Mitelli; West, gravé par Bènjamin Gréen, et Civoli, gravé par Ferdinand Gregorio.

#### PLANS ET VUES DE LA NOUVELLE ÉGLISE SAINTE-GENEVIÈVE
##### (LE PANTHÉON).

Frontispice en perspective du plan projeté à la gloire immortelle de Louis-le-Bien-Aimé, XV<sup>e</sup> du nom, par Desbœufs de Saint-Laurent, gravé par Moreau. W. 376¹ (731).

Plan projeté à la gloire immortelle de Louis-le-Bien-Aimé, XV<sup>e</sup> du nom, en l'année 1765, par le même. W. 376¹ (731).

Plan général de la nouvelle église de Sainte-Geneviève, par J.-G. Soufflot, présenté au roi par Marigny. Paris, 1757, in-4. W. 89 (1926).

Vue intérieure de la nouvelle église Sainte-Geneviève, gravée par Poulleau. W. 376¹ (731).

<sub>Ce dessin diffère de celui présenté au roi par Marigny en 1757.</sub>

Plans, façades, vues en perspective, différentes coupes et profils de la nouvelle église Sainte-Geneviève, de l'invention de J.-G. Soufflot, mis au jour par Dumont, architecte, en 1775, 1777, 1780 et 1781. W. 376¹ (731).

Recueil d'architecture de Jacques-Germain Soufflot. Bibl. royale, cabinet des estampes. H, a, 54, a.

<sub>Les dessins de Soufflot prévalurent pour le nouveau monument destiné à remplacer la vieille église Sainte-Geneviève. Cet habile architecte commença les constructions en 1747; mais, étant mort en</sub>

1780, les travaux furent continués par Brévillon, et depuis la fin de 1790 par Rondelet.

Le burin a reproduit si souvent l'extérieur et l'intérieur de la nouvelle église Sainte-Geneviève, et les gravures que nous en avons sont si connues, que je n'ajouterai rien à ce que j'ai dit précédemment sur ce sujet, si ce n'est qu'on peut consulter de préférence les ouvrages de Saint-Victor, de Landon et de Durand.

### Peinture de la coupole du Panthéon.

Voyez l'*Itinéraire de l'artiste et de l'étranger dans les églises de Paris*, et les journaux du temps.

### Fronton du Panthéon.

Voyez l'opinion des journaux du temps sur le beau, mais trop profane travail de M. David (d'Angers).

On doit la meilleure reproduction du fronton du Panthéon au crayon de M. Eugène Forest; c'est une planche de grande dimension, sortie des presses lithographiques de MM. Caboche et Grégoire.

Nouvelle Description du fronton du Panthéon. Paris, Chassaignon, 1837, in-12.

Réimprimée la même année.

### CÉRÉMONIES.

Livre des cérémonies à l'usage de l'abbaye royale de Sainte-Geneviève quand l'abbé officie. In-4. BB, 1 (168).

Ms. sur papier et sur parchemin, écrit en 1387.

Livre de cérémonies de l'abbaye de Sainte-Geneviève. In-4. BB, 1² (169).

Ms. sur papier, écriture moderne.

Vetus Missale Sanctæ-Genovefæ. In-fol. BB, 1 (430).

Ms. sur parchemin.

Cérémonial de l'abbaye royale de Sainte-Geneviève quand l'abbé officie. In-fol. BB, 1 (435).

Ms. moderne.

Missale Sanctæ-Genovefæ. In-fol. BB, 2 (431).

Ms. sur parchemin, orné de miniatures et de majuscules illustrées en or et en couleur.

Missale ad usum Sanctæ-Genovefæ. In-fol. BB, $10^2$ (406).

Ms. latin, orné de très-belles miniatures. Il manque malheureusement à ce superbe livre le frontispice et la première et les dernières feuilles du texte.

Sanctæ-Genovefæ Missale vetus. In-4. BB, 11 (188).

Ms. sur vélin, avec notes et musique.

Officia propria sanctorum ad usum Sanctæ-Genovefæ. In-fol. BB, 24 (410).

Ms. sur parchemin.

Propre de Sainte-Geneviève. In-8. BB, 34 (296).

Ms.

Proprium Sanctæ-Genovefæ. 2 vol. in-8. BB, $34^2$ (297 et 298).

Ms.

Offices de tous les saints chanoines réguliers. In-fol. Carton B, 2.

Ms.

Office de Sainte-Geneviève. BB, 8.

Aux imprimés.

Officia propria abbatiæ Sanctæ-Genovefæ. Parisiis, Ludovicus Sevestre, 1621, in-16.

Office de sainte Geneviève, patronne de Paris, nouvellement recueilli par le commandement du cardinal de La Rochefoucauld. Paris, Sébastien Cramoisy, 1621, in-16.

Officium proprium sanctorum Ordinis canon. regul. S. Augustini, ad usum Congreg. Gallic. Parisiis, J. de La Caille, 1648, in-16.

<small>Réimp. Parisiis, 1662, in-12, et Parisiis, Cramoisy, 1666, in-12.</small>

Ceremoniale romanorum ad usum canon. regul. S. Augustini Congr. gallicane jussu et auctoritate capituli generalis. Parisiis, Jacobus Langlois, typ. reg., 1659, in-8.

Offices propres de Sainte-Geneviève, patronne de Paris, et l'Éloge abrégé de sa vie. Paris, G. Blaizot, 1667, in-12.

<small>Réimprimés en 1677.</small>

Officium proprium sanctorum ad usum insignis et regularis ecclesiæ Genovefæ Parisiensis. Parisiis, Eg. Blaizot, 1675, in-8.

Officia propria sanctorum ad usum canon. regular. Congreg. Gallicanæ capituli generalis jussu edit. Paris, Sébastien Cramoisy, 1682, in-12.

Offices propres de sainte Geneviève, patronne de Paris et de toute la France, et l'Éloge abrégé de sa vie. Paris, Urbain Coustellier, 1695, in-12.

Officia propria sanctorum ad usum canon. regular. Congr. Gallic. capituli generalis jussu edit. Parisiis, Lud. Josse, 1699, in-12.

<small>Réimprimés en 1716, in-12.</small>

Officium sanctæ Genovefæ virginis, urbis et regni patronæ. Parisiis, Petrus Simon, 1733, in-8.

Office de sainte Geneviève, vierge et patronne de Paris. Paris, Jacq. Quesnel, 1744.

Officia propria sanctorum, etc. Parisiis, Le Mercier, 1748, in-12.

Réimprimés en 1749 et 1758, in-12.

Proprium sanctorum ad usum insignis et regalis ecclesiæ Sanctæ-Genovefæ Parisiensis. Paris, Le Mercier, 1765, in-8.

Office de sainte Geneviève, patronne de Paris et du royaume, contenant ce qui se dit aux différentes fêtes solennisées dans l'abbaye royale de Sainte-Geneviève-du-Mont à Paris. Latin et français. Paris, Butard, 1765, in-12.

Offices des différentes fêtes de sainte Geneviève, patronne de Paris, avec tous les offices qu'on a coutume de célébrer en son église dans les temps de calamité. Paris, Philippe Pierre, 1774, in-12.

Office de sainte Geneviève du Miracle des Ardents, tel qu'il se chante dans la basilique de Sainte-Geneviève. Paris, imp. de M$^{me}$ Jeune-Homme-Cremière, 1822, in-8.

Latin et français.

Breviarium Parisiense, seu potiùs sanctæ Genovefæ. In-4. BB, 15 (196).

Ms. sur vélin, écriture ancienne.

Breviarium canonicorum regularium ord. S. Augustini Congreg. Gallicanæ jussu capituli generalis anni 1763 ordinatum. Parisiis, Le Mercier, 1765, 4 vol. in-12.

Processionale ad usum Sanctæ-Genovefæ. In-4. BB, 35 (299).

Ms. sur vélin, écriture gothique à grandes et belles lettres, avec notes et musique.

Processionale ad usum ecclesiæ Sanctæ-Genovefæ. Paris, Lud. Sevestre, 1665, in-4.

Collectarium Sanctæ-Genovefæ. In-fol. BB, 30 (450).

Ms. sur vélin, écriture à belles et grandes lettres rouges, bleues et noires, avec majuscules à personnages, illustrées en couleur et en or. On voit à la fin de ce manuscrit une relation des *Cérémonies qui s'observent en la descente de la châsse de sainte Geneviève, et à la procession qui se fait en l'église de Notre-Dame de Paris.*

Collectarium ad usum prioris hujus ecclesiæ (Sanctæ-Genovefæ), anno 1711, scribebat F.-Gabriel Raveneau, can. reg. Sanctæ-Genovefæ. In-fol. BB, 31.

Ms. sur papier, orné d'admirables miniatures : voyez ci-dessus, pag. 106 et 107.

Benedictiones præfationes ad usum Sanctæ-Genovefæ. In-4. BB, 36 (302).

Ms. écrit sur vélin en grands caractères gothiques, avec majuscules illustrées, en couleur et en or.

Ordo qualiter Parisiensis episcopus a consecratione suâ revertens abbate et priore ac conventu Sanctæ-Genovefæ in eâdem suâ ecclesiâ debeat recipi. In-4. BB, 37 (303).

Ms. sur papier, grands et anciens caractères.

Antiquum lectionarium Sanctæ-Genovefæ. In-fol. BB, 38 (640).

Ms. sur parchemin.

Legenda sanctorum ad usum ecclesiæ Sanctæ-Genovefæ. In-fol. BB, 39 (642).

Ms. sur parchemin.

Ordo ecclesiæ Sanctæ-Genovefæ ab anno 1685-88. In-fol. BB, 59 (657).

Ms.

Antiquum Martyrologium ad usum ecclesiæ Sanctæ-Genovefæ Parisiensis in finem habetur universale omnium benefactorum et canonicorum ejusdem ecclesiæ defunctorum. In-fol. H, $17^x$ (1125).

Ms. sur vélin, de la seconde moitié du XIII$^e$ siècle, comme le constatent les observations mises par Prévost et Pingré sur le verso de la première feuille de garde.

Jubilé de 1826, à Sainte-Geneviève.

Les ouvrages qui ont paru, soit en prose, soit en vers, sur les jubilés en général et sur celui de Sainte-Geneviève en particulier, dans le courant de 1826 et 27, sont si nombreux, qu'il ne m'est pas possible d'en donner ici les titres; ils se trouvent indiqués dans le *Journal de la Librairie*, années 1826 et 27; les premiers le sont sous les numéros 1630-31-66-67, 2479 à 2494, 2772, 2833, 3181, 3183 à 3188, 3410-73, 4018, 4506, 5706, 6701, 7401-2, 7946 à 7951, et les derniers sous les numéros 1112 et 1113.

Recueil de cantiques à l'usage de l'église Sainte-Geneviève. Paris, Rusand, 1827, 2 parties in-8, avec airs notés.

---

## PIÈCES HISTORIQUES RELATIVES A L'ABBAYE SAINTE-GENEVIÈVE.

Recueil de pièces concernant l'abbaye Sainte-Geneviève et autres maisons de Saint-Augustin. 25 vol. in-fol. H, $22^l$.

Ms.

Copies d'actes authentiques, formant en quelque sorte, avec les recueils qui suivent, les archives de l'abbaye.

Il manque le treizième volume.

Table alphabétique des matières contenues dans les vingt-cinq volumes précédents. In-fol. H, 22²⁶.
Ms.

Recueil de différentes pièces, chartes et ordonnances, concernant l'abbaye Sainte-Geneviève. In-fol. H, 23 (1133).
Ms.

Pièces détachées manuscrites relatives à l'abbaye Sainte-Geneviève.

Ces pièces sont conservées dans une suite de cartons marqués de lettres et rangés dans l'ordre alphabétique, depuis A jusqu'à Z.
J'aurais bien voulu offrir au lecteur le dépouillement des cartons pour qu'il jugeât par lui-même de l'importance des pièces qu'ils renferment; je ne puis qu'appeler son attention sur les plus curieuses : ce sont celles qui concernent les maisons de la Congrégation de France; la vie des illustres génovéfains; la vie de sainte Geneviève (carton D, 6); le duc d'Orléans, fils du Régent (son testament est dans le carton P, 18); les abbés de Sainte-Geneviève (carton R, 20, 20 bis et 21); la corvette l'Aurore, donnée par le marquis de Courtenvaux-Louvois : dessin et plan de la corvette, journal du voyage de M. de Courtenvaux (carton S, 21), etc. Plusieurs cartons contiennent des plans de bâtiments, et d'autres des gravures représentant des saints, des saintes, des papes et des chanoines; ce sont les cartons U, V, X, Y et Z, numérotés de 25 à 27.
Il existe, en outre, à la bibliothèque Sainte-Geneviève, en portefeuilles, en liasses ou en volumes, beaucoup d'autres pièces concernant l'abbaye et la Congrégation; mais, ces pièces n'étant point classées, il m'est impossible de rien dire de leur valeur historique : quelques-unes ont été recueillies par le P. Prévost. A ce sujet, qu'on me permette d'exprimer un désir, celui de voir réunis en portefeuilles ou en volumes uniformes, et chronologiquement placés, tous les documents qu'on a sur l'abbaye, les chanoines et la bibliothèque; alors on connaîtrait ce qu'on possède d'archives et quelles en sont les lacunes : lacunes qu'on pourrait combler par une indication des pièces qui manquent ou, mieux encore, par des copies. Je suis certain qu'on retrouverait les plus importantes pièces, quoique la plupart aient été disséminées à l'époque des premières commotions populaires.

Chartes, Titres et Pièces historiques concernant l'abbaye Sainte-Geneviève. Archives du royaume.

Ces précieux documents, dont le nombre est très-considérable, se trouvent placés dans plusieurs des sections formant l'ensemble des

Archives du royaume. Il y en a parmi les chartes de nos rois, parmi les bulles des papes et les chartes des évêques, et dans certaines correspondances des princes et des personnes illustres; mais il en existe beaucoup plus dans la section d'histoire et surtout dans la section domaniale. On pourra, si on le désire, puiser dans toutes ces richesses; il suffira pour cela d'en demander la communication par écrit à M. le directeur des Archives : son obligeance, parfaitement secondée par celle des archivistes sous ses ordres, ne fait jamais défaut au besoin d'instruction. Je dois à une pareille formalité et au bienveillant empressement d'un des archivistes, M. Dessalles, de pouvoir faire ici l'énumération des documents les plus curieux.

On peut porter, sans exagération, à plus de cinquante le nombre des chartes ayant trait à l'abbaye Sainte-Geneviève. La première est une charte, sans date, mais de la fin du x$^e$ siècle ou du commencement du xi$^e$, de Robert-le-Pieux, qui prend sous sa protection royale les droits et propriétés des chanoines réguliers de l'église des apôtres saint Pierre et saint Paul et de Sainte-Geneviève, et qui ordonne à ces religieux de vivre sous le gouvernement de leur doyen, élu par eux, qui enfin défend d'inquiéter en aucune manière leurs personnes et leur congrégation : elle est en parchemin, avec trace de sceau, et porte l'anagramme du prince et la signature de Rainold, évêque de Paris. — La seconde est une belle charte en parchemin, avec sceau, de Henri I$^{er}$, publiée en 1035, par laquelle ce prince fait savoir que la congrégation des apôtres saint Pierre et saint Paul et de Sainte-Geneviève, fondée par Clovis son prédécesseur, roi de France, à l'exhortation de saint Remy, archevêque de Reims, et enrichie et douée de plusieurs fonds de terre, l'a très-humblement supplié de l'honorer de sa protection royale, afin qu'elle pût se servir de ces biens tranquillement et sans trouble. Sa Majesté, inclinant à cette prière, ordonne qu'aucun de ses successeurs ou princes de Paris ne donne cette congrégation et n'en dispose comme bénéfice, et n'y apporte aucun changement. Pour donner plus de force à ces présentes, il veut que le pape les confirme, afin que cette congrégation, étant sous la protection des deux puissances royale et spirituelle, n'ait point de changement à craindre: c'est-à-dire que le roi Henri I$^{er}$ reconnaît que l'abbaye Sainte-Geneviève a été fondée par Clovis I$^{er}$, qui lui a donné plusieurs revenus; que cette abbaye est régulière, et il souhaite, il ordonne même à ses successeurs de ne point la donner ni la mettre en commande. — Les autres chartes sont de Henri I$^{er}$, Louis VI (le Gros), Louis VII, etc., etc.

Le nombre des bulles et autres pièces émanées des princes de l'Église ou d'autres grands personnages n'est peut-être pas moins grand que celui des chartes. Quoi qu'il en soit, pour ne point prolonger outre mesure les citations, je me hâte d'arriver aux pièces de la section d'histoire. Ces pièces sont renfermées dans treize cartons cotés L, 1462-74.

Le carton L, 1470 contient des titres et documents sur parchemin des xi$^e$, xii$^e$ et xiii$^e$ siècles. Ce sont des titres de propriété; des droits de sel, de bernage, de champart, de pressoir, de pêche, de dîme; des donations, des ventes, des accords, des cessions, des échanges, des ratifications, des affranchissements, des sentences, des acquiescements, des acquisitions de fiefs, des fondations, etc., etc. Bon nombre de ces pièces sont relatives au domaine de Rosny.

On remarque dans ce carton un accord de janvier 1233 entre les abbés de Saint-Germain-des-Prés et de Sainte-Geneviève, par lequel les parties conviennent que Jean et Robert, serfs de l'abbaye de Saint-Germain, épousant Geneviève et Héloïse, serves de l'abbaye de Sainte-Geneviève à Vanves, Jean et sa femme et leurs enfants resteront serfs de l'abbaye de Sainte-Geneviève, et Robert et Geneviève et leurs enfants resteront serfs de l'abbaye de Saint-Germain ; — et une charte de l'an 1149 de Louis VII, dit le Jeune, roi de France, par laquelle il déclare qu'étant informé du relâchement qui s'introduisait parmi les chanoines de Sainte-Geneviève, qui vivaient en séculiers, il s'est porté d'autant plus volontiers à mettre la réforme dans cette abbaye, que les chanoines de l'église de Saint-Victor, qui menaient une vie édifiante sous Odon, abbé, étaient les plus propres à réformer ladite abbaye, tant à cause du voisinage que de la ressemblance d'habits, veut, ordonne qu'on transfère dans l'abbaye de Sainte-Geneviève des chanoines de Saint-Victor pour y établir la réforme.

Le carton L, 1465 contient des pièces relatives aux possessions, droits et priviléges de l'abbaye Sainte-Geneviève, depuis le xi$^e$ siècle jusqu'à 1661 : ce sont des exemptions de la juridiction épiscopale, des exemptions du droit de déport pour les prieurs-curés du diocèse de Paris ; des pièces concernant les cérémonies observées aux entrées des évêques de Paris, le serment que ces évêques faisaient de maintenir l'abbaye dans tous ses priviléges ; le discours de l'abbé de Sainte-Geneviève en présentant l'évêque à son chapitre ; le drap d'or dû à l'abbaye le jour de cette entrée, et les quatre écus d'or dus aux quatre religieux qui portaient l'évêque jusqu'à la porte de l'église ; enfin, datée de 1500, une réconciliation de l'église de Sainte-Geneviève, polluée par effusion de sang.

On remarque encore dans ce carton une charte en belle écriture, avec abréviations, sur parchemin, avec sceau entier d'Odon, évêque de Paris, et trace de celui de Jean, abbé de Sainte-Geneviève, portant accord, en 1202, entre les deux prélats sur la juridiction dans la paroisse Saint-Étienne-du-Mont, et concession de fonds par l'évêque à ladite abbaye ; de plus, une lettre en parchemin, sans date, du même Odon, évêque de Paris, constatant qu'il a dîné avec le légat, son ami, évêque d'Ostie, chez l'abbé de Sainte-Geneviève, sans qu'un tel repas fût obligé et tirât à conséquence pour l'avenir.

Le carton L, 1466 renferme des documents relatifs aux temporel et dépendances de l'abbaye Sainte-Geneviève depuis 1202 jusqu'en 1732 ; entre autres l'original, avec trois sceaux bien conservés, d'une notification avec transcription, en 1239, par les abbés de Saint-Germain-des-Prés et de Saint-Magloire de Paris, et par l'archidiacre de Meaux, d'un accord fait en 1202 entre Odon, évêque de Paris, et son église, d'une part, et l'abbé Jean et son église de Sainte-Geneviève, d'autre part : l'évêque y retient sa juridiction sur le curé et la paroisse de Saint-Étienne-du-Mont, en ce qui concerne seulement l'institution canonique et l'administration des sacrements, avec le pouvoir d'agir pour ces cas par censures et interdit; l'évêque cède ensuite à l'abbaye le domaine et la cure de Roissy, et reçoit de l'abbé l'église de Sainte-Geneviève dans la cité, la chapelle et la prébende et dépendances, le tout à perpétuité; — le procès-verbal de visite, en 1483, et d'expertise des dommages causés par la foudre tombée trois jours auparavant sur le clocher de l'abbaye de Sainte-Geneviève, estimé à 9,870 francs, et acte d'affirmation d'expert; — un accord, du 4 septembre 1685, fait entre la ville de Paris et l'abbaye de Sainte-Geneviève sur une portion des fossés près de la porte Saint-Marcel, en vertu duquel l'abbé s'engage à 6,000 francs pour rebâtir le portail de l'église; — enfin une lettre de monseigneur de Maurepas à l'abbé, annonçant l'ordre de Sa Majesté aux prévôt et échevins de Paris d'assister, le 27 novembre 1732, en habits de cérémonie à la bénédiction de quatre nouvelles cloches dans l'église de Sainte-Geneviève.

Le carton L, 1467 contient principalement des titres et des documents, de 1202 à 1772, relatifs à la cure de Saint-Étienne-du-Mont dans ses rapports avec l'abbaye de Sainte-Geneviève, tels que soumission à la juridiction épiscopale, agrandissement de l'église, nominations et présentations des abbés de Sainte-Geneviève à la cure de Saint-Étienne, provisions des curés, collations de la cure, procurations pour la résigner, nominations et collations par les abbés de Sainte-Geneviève de la chapelle de Saint-Jacques et de la trésorerie de Saint-Étienne, fondations de messes et d'obits, prédications; murs et écoulements des eaux, charniers de Saint-Étienne, portail de Saint-Étienne, élection des marguilliers, clocher de Saint-Étienne, baux à loyer, confrérie du Saint-Sacrement, augmentation de la paroisse, tours et tourelles, exemption du droit de visite, de déport et de procuration, etc.

On voit dans ce carton l'original sur parchemin, avec double sceau, de l'accord de 1202 déjà cité entre Odon, évêque de Paris, et Jean, abbé de Sainte-Geneviève, touchant la juridiction épiscopale sur la cure de Saint-Étienne-du-Mont et l'augmentation du nombre des paroissiens; mais ce qui distingue cette charte d'accord, c'est qu'elle est adressée par les parties contractantes au pape Innocent III pour être confirmée pour cette cause; — la bulle d'Honorius III, sur parchemin, avec plomb, du XII des calendes de juillet (20 juin 1222), à l'évêque de Paris, pour qu'à la requête de l'abbé de Sainte-Geneviève, l'église paroissiale de Saint-Étienne-du-Mont soit agrandie; — un acte notarié, du 19 février 1491, sur parchemin, par lequel les abbés et religieux de Sainte-Geneviève permettent aux curé et marguilliers de la paroisse Saint-Étienne-du-Mont d'agrandir leur église; — la transaction, du 6 juillet 1609, sur procès, entre l'abbé de Sainte-Geneviève et les marguilliers de la paroisse Saint-Étienne-du-Mont, portant les conditions auxquelles sera construit, sur le terrain de l'Abbaye, le portail et avant-corps de l'église paroissiale, dans lesquels devra figurer une tourelle en cul-de-lampe où seront, pour marque de seigneurie, sculptées les armoiries de l'abbaye, avec une pierre de marbre où sera gravé en lettres d'or le consentement de l'abbé.

Le carton L, 1468 et 1469 est plein de pièces et documents concernant la cure de Saint-Médard, à Paris, comme dépendante de l'abbaye Sainte-Geneviève, de 1202 à 1661.

Le carton L, 1462 renferme des associations de prières et des agrégations à Sainte-Geneviève, du XIIIe au XVIIIe siècle; une association de prières est datée de l'an 1200.

Le carton L, 1463 contient des documents historiques de 1400 à 1752 : ils sont relatifs à la justice et au juge conservateur de Sainte-Geneviève, aux armoiries (pièces imprimées) et à la dotation de médailles et pierres gravées faite à l'abbaye par le duc d'Orléans.

Le carton L, 1464 renferme des titres et des documents, de 1461 à 1760, relatifs à l'abbaye de Sainte-Geneviève et aux cures qui en dépendaient, principalement à la cure de Saint-Étienne-du-Mont et à celle de Saint-Médard.

Une des liasses de ce carton est composée de pièces concernant les droits honorifiques de l'abbé de Sainte-Geneviève sur la cure de Saint-Étienne-du-Mont, à la préséance de l'abbé aux processions du Saint-Sacrement; et l'autre liasse, de pièces relatives aux droits de l'abbé de Sainte-Geneviève aux fonctions curiales de la paroisse Saint-Étienne-du-Mont, aux processions du Saint-Sacrement, à l'administration des sacrements, et enfin aux enterrements.

Le carton L, 1473 est rempli d'un grand nombre de pièces historiques, manuscrites et imprimées, concernant les chanoines génovéfains et leur abbaye, et les processions de la châsse de sainte Geneviève.

Le carton L, 1474 contient des documents historiques de 1617 à 1733, notamment des pièces imprimées sur les privilèges des chanoines réguliers de la Congrégation de France; des bulles des papes Grégoire XV, Urbain VIII, Alexandre VII et Innocent II, et d'autres bulles, brefs et lettres patentes, imprimées ou copies manuscrites; des pièces authentiques sur parchemin, des fondations de chapelles à Sainte-Geneviève et ailleurs; une donation, du 6 avril 1541, sur parchemin, faite à la confrérie des porteurs de Sainte Geneviève par Jean Belu, marchand et bourgeois de Paris, d'un calice d'argent doré garni de platine, chasuble, devant d'autel et autres ornements, à la charge de réciter à la messe qui se dit chaque dimanche pour la confrérie un *De profundis fidelium* pour le repos de l'âme dudit Belu; les principaux et nombreux documents, sur parchemin, avec sceaux et signatures, relatifs à la réforme de l'abbaye de Sainte-Geneviève par le cardinal de La Rochefoucauld, tels qu'une copie, collationnée le 22 octobre 1619, d'une bulle du pape Paul V, du 8 des ides d'août 1619, qui accorde l'abbaye Sainte-Geneviève à M. le cardinal de La Rochefoucauld; les lettres patentes de Louis XIII et de Louis XIV sur l'élection d'un abbé supérieur général à faire tous les trois ans; l'acte d'élection du révérend père Faure en la charge de supérieur général et de coadjuteur abbé de Sainte-Geneviève, du 25 octobre 1637 (de sa deuxième élection); la démission du cardinal de La Rochefoucauld, du 3 février 1644, et le choix de son successeur; le procès-verbal d'acceptation de la réforme par les chanoines de Sainte-Geneviève, etc., etc.

Le carton L, 1471 renferme des actes des XIVe, XVe, XVIe, XVIIe et xviiie siècles, actes de fondations de messes et d'obits et de fondations de rentes ; des prestations de serment, des accords, des testaments, des donations, des priviléges, etc.

On distingue parmi ces pièces trois états des fondations faites en l'église Sainte-Geneviève (2 cahiers in-fol. et un cahier in-4°, manuscrits sur papier). On voit dans le dernier, pag. 9 et suiv., l'extrait d'un nécrologe de l'abbaye, comprenant les noms des corps qui reposaient dans les caveaux de la chapelle de Saint-Jean-Baptiste en l'église de Sainte-Geneviève, de 1635 à 1718 (famille de La Rochefoucauld).

Enfin le carton L, 1472 contient deux manuscrits sur papier : le premier, in-4°, est un registre de cens et rentes dus à l'abbaye de Sainte-Geneviève par les habitants d'Aulnay et de Chastenay, rédigé, à dater de 1576, par Jehan Daléaus, greffier et tabellion des hautes, basses et moyennes justices desdits lieux, avec les noms et biens sujets à censive, rentes et autres droits seigneuriaux. Ce registre se continue jusqu'en 1606, mais avec beaucoup de lacunes; il est précédé d'une table alphabétique des noms des propriétaires de biens à redevances.

Le second volume, petit in-fol., est un cartulaire des génovéfains de Nanterre, de 1634 à 1699 et même 1700; il comprend, dans la presque totalité, tous les actes capitulaires dressés, tant en latin qu'en français, par le prieur et les chanoines de Sainte-Geneviève de Nanterre. La première pièce de ce capitulaire est la lettre du cardinal de La Rochefoucauld, en date de septembre 1634, pour la convocation du chapitre général à tenir à l'abbaye Sainte-Geneviève, le 8 octobre de la même année, à l'effet d'élire un supérieur général de l'ordre des chanoines réguliers de Saint-Augustin de la congrégation de France : cette pièce est avec timbre sec aux armes du cardinal. Un premier acte capitulaire figure ensuite; c'est celui du 23 juin 1641, où l'on prend communication des lettres patentes du roi confirmant l'établissement de la communauté de Nanterre, conformément à la requête qu'on voit à la suite de l'acte et au consentement du chapitre de Sainte-Geneviève de Paris, du 27 mars 1641, et à la lettre (du 3 février de la même année) de F. Boulard, coadjuteur de l'abbé, qui autorise la bâtisse d'un séminaire à Nanterre. Suit enfin le texte des lettres patentes de Saint-Germain en Laye, d'avril 1641, l'arrêt du parlement y relatif et les autres actes capitulaires. On remarque encore dans ce volume plusieurs actes de visite de Paul Beurrier et de Henry Ruyart à la communauté de Nanterre : ce dernier reçut, au chapitre du 17 juillet 1661, la signature du formulaire contre Jansénius ; — en date de 1667, un acte de nomination de députés au chapitre général pour l'élection d'un supérieur général après le décès de Fr. Boulard ; — une circulaire annonçant, en 1675, la mort du supérieur général de l'ordre Fr. Blanchart et convocation du nouveau chapitre pour le remplacer; — un avis au chapitre général, de 1697 à 1698, aux professeurs de philosophie et de théologie de ne faire imprimer aucune thèse qui ne soit conforme à la doctrine de saint Thomas; — un autre sur les pièces de théâtre à représenter dans les collèges des génovéfains ; — enfin on lit après les actes capitulaires un état des revenus de la maison de Nanterre, en 1634, lorsque Paul Beurrier en fut nommé prieur (à cette époque, la maison de Nanterre avait, de possession immémoriale, droit de dîme sur les territoires de Ruelle,... au-dessus de la Malmaison), et une liste des acquisitions faites par la communauté de Nanterre depuis 1636 jusqu'au 22 janvier 1651 : cette liste est, comme tous les actes composant ce volume, munie de signatures authentiques.

Comme je l'ai dit au commencement de cette note, la section domaniale est la plus riche des sections des Archives du royaume en documents sur l'abbaye de Sainte-Geneviève; on y voit, boîtes 132, séries 1490 à 1621 et registres et portefeuilles 200, séries 1622 à 1821, un nombre prodigieux de titres de propriété et de censives, de baux, d'états, de comptes de tous genres, de contrats, de donations, d'acquisitions, et plus de deux cents volumes ou portefeuilles de registres, d'inventaires, de censiers, d'ensaisinements, etc., etc.

Enfin, aux mêmes archives se trouve, sous les lettres C. K., n° 169, 177, 182, 183, 184 et 192, bon nombre de pièces non moins curieuses que celles que je viens de citer.

## Documents historiques concernant la maison de Sainte-Geneviève. Archives de l'Hôtel-de-Ville, parmi les pièces relatives à la Congrégation de France.

Ce sont des constitutions de rentes de 1770 et de 1782; — des déclarations des génovéfains qui voulurent jouir des bénéfices du décret de l'assemblée nationale du 13 février 1790, portant en substance que « tous les individus de l'un et l'autre sexe existant dans les monastères et maisons religieuses pourront en sortir en faisant leur déclaration dans la municipalité du lieu; » — des états du personnel qui composait, en 1790, la maison des chanoines réguliers de la congrégation de France : ces états portent les signatures des chanoines, certifiées véritables par le père Rousselet, dernier abbé de Sainte-Geneviève; — enfin des liquidations de rentes et des paiements pour frais du culte : pièces de 1791, 1792 et 1793.

On remarque parmi les déclarations d'attachement à la vie commune celles des P.P. Gillet et Rousselet, et, parmi les renonciations à cette même vie, celles de Pingré, Viallon et Ventenat.

## Procès-verbal, en date du 14 août 1792, de la pose des scellés dans la communauté de Sainte-Geneviève, tant dans l'église que dans la maison et dans la bibliothèque, et ordre de transport de la châsse de sainte Geneviève dans la paroisse de ce nom, avec le détail des objets pré-

cieux qui se sont trouvés dans l'église de la communauté : un bouquet en diamants, deux cœurs de vermeil servant d'ornement à la châsse, un ciboire de vermeil, une Vierge d'argent contenant une relique, etc. Archives de l'Hôtel-de-Ville, parmi les pièces détachées relatives à l'église Sainte-Geneviève.

On trouvera l'histoire des faits relatifs à la suppression de l'abbaye Sainte-Geneviève dans l'ouvrage de Jacquemart (voyez ci-dessus, page 263), dans le *Moniteur*, etc., etc.

## PLANS ET DESSINS.

Plan de l'abbaye royale de Sainte-Geneviève de Paris, avec son église, ses bâtiments, jardins, terrasses, cours, et tout le terrain qui compose l'enclos de cette abbaye. 1703.

Original, sur parchemin, lavé en couleur, haut de 95 centimètres et large de 1 mètre 40 centimètres. Bibl. Sainte-Geneviève.

Plan de la censive de l'abbaye de Sainte-Geneviève, par l'abbé de la Grive. In-fol.

Plan en élévation de l'abbaye Sainte-Geneviève, dressé, en 1691, par Levesque.

Dans la *Topographie de la France*, quartier Saint-Jacques; Bibl. royale, cabinet des estampes.

Vue du jardin et du cloître de l'abbaye Sainte-Geneviève.

Dans le même recueil.

Plan en élévation de l'abbaye Sainte-Geneviève.

Dans la *Topographie de couvents, abbayes, etc., de France*. Bibl. Sainte-Geneviève. Très-belle épreuve.

Voyez aussi les ouvrages de Saint-Victor, de Latynna et de Millin, et un volume in-fol., coté Ve, 51, a, de la Bibliothèque royale, formé d'une suite de plans en élévation d'un grand nombre d'abbayes et de maisons de la Congrégation de France. Presque tous ces plans sont originaux et lavés, soit à l'encre de Chine, soit en couleur.

# OUVRAGES RELATIFS AUX CHANOINES DE SAINTE-GENEVIÈVE.

## HISTOIRE.

NOTA. J'ai cru devoir intercaler, parmi les ouvrages spéciaux aux chanoines réguliers de la Congrégation de France, vulgairement appelés de Sainte-Geneviève, les principaux ouvrages sur l'ordre des chanoines réguliers en général, ces derniers contenant de nombreux documents sur la Congrégation de France.

L'Origine et le Progrès de l'ordre des chanoines en France, composé de quatre réformations, où l'on voit l'institution des églises cathédrales et collégiales, et des abbayes de cet ordre en ce royaume. In-4. H, 11 (965).
Ms. sur papier.

Le même ouvrage. In-4. H, 12 (966).
Ms. sur papier.

Synopsis originis et progressus ordinis canonicorum regularium præsertim in Galliâ. In-4. H, 13 (958).
Ms.

De Origine canonicorum regularium. In-fol. E, 18.
Ms., original moderne.

Chronologie historique de l'ordre des chanoines en France, depuis le commencement de nos rois, environ l'an 740, jusques en l'an 1561. In-fol. H, 12.
Ms. sur papier. Par Cl. Du Molinet.

Chronologie historique de l'ordre des chanoines réguliers et de ceux qui vivent en commun. 1664, in-8. H, 10 (997).
Ms.

Plan de l'histoire ancienne et moderne de l'ordre des chanoines réguliers de France, en douze tomes : six de l'histoire ancienne et six de la moderne. In-4. H, 10 (964).

Ms. sur papier.
Plan de l'ouvrage qui suit.

Histoire ancienne et moderne de l'ordre des chanoines réguliers de France. 12 tomes en 13 vol. in-fol., cotés H, 13 à 18⁵.

Ms. sur papier.

Les tomes portent les titres suivants :

### HISTOIRE ANCIENNE.

Tome I$^{er}$. — L'Origine et le Progrès de l'ordre des chanoines réguliers de France, H, 13.

Même ouvrage que les précédents, in-4, coté H, 11 (965), et H, 11 (966), mais plus étendu.

Tome II, formant deux volumes. — Les Hommes illustres de l'ordre des chanoines réguliers de France : quatre-vingt-huit vies des hommes illustres en naissance, en doctrine, en sainteté et en dignité, qui ont fleuri dans l'ordre des chanoines réguliers de ce royaume depuis treize siècles : du v$^e$ siècle (saint Brice) jusqu'au commencement du xviii$^e$ (François Boulard). H, 17 et 17².

Tome III. — Meslanges contenant plusieurs dissertations historiques et autres pièces curieuses concernant l'ordre des chanoines réguliers de France, H, 14.

On trouve dans ce recueil une suite de catalogues des noms des abbayes, monastères et bénéfices de l'ordre des chanoines de Sainte-Geneviève, tels qu'ils étaient vers 1665. Un catalogue des prieurés et cures dépendants des maisons de la Congrégation de France (Ms. in-4 non classé) se voit à côté de ce recueil.

Tome IV. — Histoire de l'abbaye de Sainte-Geneviève, chef d'ordre, divisée en six livres :
  1° La vie de sainte Geneviève;
  2° Le corps de sainte Geneviève;
  3° La maison de Sainte-Geneviève;
  4° Les chanoines de Sainte-Geneviève;
  5° Les prérogatives de Sainte-Geneviève;
  6° Le domaine de Sainte-Geneviève.
Probablement H, 15.

Je n'ai point trouvé ce volume, qui est un autre ouvrage que l'*Histoire de sainte Geneviève et de son abbaye royale*, de Du Molinet. Je n'ai point trouvé non plus les tomes V et VI qui suivent.

Tome V. — Les Antiquités de plusieurs monastères de l'ordre de la Congrégation de France, situés dans les provinces de France et de Champagne; avec leurs plans en élévation, en perspective, et les cartes géographiques et bénéfices qui en dépendent.
Probablement H, 16.

Tome VI. — Les Antiquités de plusieurs monastères de l'ordre de la Congrégation de France, situés dans la province de Bourgogne; avec leurs plans en élévation, en perspective, et les cartes géographiques et bénéfices qui en dépendent.
Probablement H, $16^2$.

### HISTOIRE MODERNE.

Tome VII. — Des Annales de la Congrégation de France, depuis le commencement jusqu'à l'an 1630, H, $18^1$.
Ornées des portraits du cardinal de La Rochefoucauld et du R. P. Faure.

Tome VIII. — Des Annales de la Congrégation, depuis 1630 jusqu'à 1640, H, $18^2$.

Tome IX. — Des Annales de la Congrégation, contenant ce qui s'y est passé depuis l'an 1640 jusqu'en 1650, H, $18^3$.

Tome X. — Des Annales de la Congrégation, depuis l'an 1650 jusqu'en 1660, H, $18^4$.

Tome XI. — Des Annales de la Congrégation, depuis 1660 jusqu'en 1670, H, $17^3$.

Tome XII. — Les Vies des hommes illustres en sainteté et doctrine, et en mérite, de la Congrégation des chanoines réguliers de France, selon l'ordre chronologique du temps et de leur mort, depuis 1624 jusqu'en 1669, H, $17^3$.

Histoire des chanoines réguliers de la Congrégation de France. In-fol. H, 19.

Ms. sur papier, en cahiers détachés et mis dans une vieille reliure portant sur le dos les mots : *Biblia sacra*.

Histoire des chanoines réguliers de l'ordre de Saint-Augustin de la Congrégation de France. 4 vol. in-fol. H, $21^{2-5}$.

Ms. sur papier. Par Cl. Du Molinet.
Le premier volume comprend l'histoire de la congrégation depuis son origine jusqu'à l'année 1630; le second, depuis l'an 1630 jusqu'en 1640; le troisième, depuis l'an 1640 jusqu'en 1650, et le quatrième, depuis l'an 1660 jusqu'en 1670.
Il y a ici une lacune évidente : l'histoire est interrompue de l'an 1650 jusqu'en l'an 1660 ; le volume est sans doute égaré. Toutefois on peut le remplacer par le ms. in-fol. H, $18^4$, indiqué plus haut.

Mémoires du P. Coquet, concernant l'histoire des chanoines réguliers de la Congrégation de France. In-8. H, 7 (996).

Ms.

Dissertation sur l'ordre des chanoines réguliers, traduite du latin du P. Alain Lelarge, dont l'ouvrage a été imprimé chez Couterot en 1697. In-fol. H, 11.

Ms. sur papier.

Liber de Origine congregationis canonicorum regularium reformatorum in regno Franciæ, anno Christi 1496, à contemporano canonico Sancti-Severini Castrinantonis, ex autographo hic transcriptus, ubi habitur etiam vita Maubrunii aliorumve, cum pluribus epistolis. In-fol. H, 22 (1126).

Ms.

Tempus et causa mutationis canonicorum secularium Sanctæ-Genovefæ in regulares.

Ms.

Cette petite pièce est dans le tome XIV du *Recueil* conservé à la Bibliothèque royale et indiqué au numéro 2623 des livres sur le droit canonique.

Différentes bulles et autres pièces relatives à la réformation des chanoines de Saint-Augustin. Bibl. royale, 1059, Saint-Victor.

Ms.

Mémoire des choses arrivées en la réforme; exemples de vertus, ordonnances et autres choses mémorables; commencé le 5 août 1633; par frère Franç. Boulard, religieux de la congrégation nommée la Province de Paris. In-4. L, 15 (1172).

Ms.
Ce mémoire porte sur le dos de la reliure : Journal des années 1635, 1636 et 1637.

Journal d'un voiage de Rome, fait par le P. de Sainte-Marie pour maintenir l'establissement des chanoines réguliers de la Congrégation de France dans l'abbaye de Notre-Dame-du-Val-des-Escoliers à Liége. In-4. H, 13 (967).

Ms. sur papier.

Relation de ce qui s'est passé en la congrégation des chanoines réguliers de la Congrégation de France, depuis 1654 jusqu'en 1692. 1692. In-4. Recueil Z, 943.

Recueil de pièces contenant tout ce qui s'est passé en la congrégation des chanoines réguliers dans le XVII$^e$ siècle. 3 vol. in-4. H, 14.

Ce recueil, qui est placé avec les manuscrits, n'est cependant composé que de pièces imprimées.

De Canonicis regularibus eorumque ordini et disciplina, authore Joanne Trullo Aragonio. Bononiæ, 1505, in-4.

De Antiquitate et Dignitate ordinis canonici ejusque progressu et propagatione, Opusculum Augustini de Novis Ticinen, canon. regul. Mediolani. 1603, in-4.

Auberti Miræi Origines canonicorum regularium ord. S. Augustini. Coloniæ, 1615, in-8.

Idem de Collegiis canonicorum regularium S. Augustini, per Belgiam, Franciam, Germaniam, Hispaniam, etc. Coloniæ, 1614, in-8.

Gabrielis Penotti Historia tripartita ordinis canonicorum regularium. Romæ, 1624, in-fol.

Histoire du Val-des-Écoliers, par Le Cointe. Reims, 1628, in-12.

Instituta et progressus clericalis canonicorum ordinis, et Apologia adversus librum de Hierarchia Lud. Cellotii, soc. Jes., pro Eremitis Augustianis, authore Joanne Baptista Malegaro, can. reg. Venetiis, 1648, in-4.

Figure des différents habits des chanoines réguliers en ce siècle, avec un discours sur leurs habits anciens et modernes; par Cl. Du Molinet. Paris, Simon Piget, 1666, in-4, avec figures.

Par Franç. Boulard, abbé de Sainte-Geneviève.

Réflexions historiques et curieuses sur les antiquités des chanoines, tant réguliers que séculiers, par Cl. Du Molinet. Paris, Bailot, 1674, in-4.

Canonicus secularis et regularis, authore Nicola Desnots. Paris, 1675, in-12.

De canonicorum ordini Disquisitiones. Parisiis, 1697, in-4.

Par le P. Alain Le Large.

Histoire des chanoines, ou Recherches historiques et critiques sur l'ordre canonique. Paris, 1699, in-4, et in-12 sous le titre de : Histoire des chanoines réguliers.

Par le P. Raymond Chapponel-d'Antescourt, de la Congrégation de France.

Critique de l'histoire précédente, par Ch.-L. Hugo, prémontré. Luxembourg, 1700, in-8.

Recherches sur les chanoines et les chanoinesses, par Ant.-Gasp. Boucher d'Argis.

Imprimées dans l'Encyclopédie. L'auteur y traite de toutes les sortes de chanoines et de chanoinesses.

Histoire abrégée des chanoines réguliers de la Congrégation de France, avec l'Abrégé de la vie du R. P. Charles Faure, instituteur de cette congrégation.

Dans l'*Histoire des ordres monastiques et religieux* du P. Heliot, tome II, page 378 et suiv.
Voyez aussi la vie du P. Charles Faure.

### RÈGLE ET CONSTITUTIONS.

Nota. On sait que les chanoines de la Congrégation de France étaient de l'ordre de Saint-Augustin et soumis à sa règle. Si on veut consulter les ouvrages relatifs à cet ordre, on trouvera les principaux dans la bibliothèque Sainte-Geneviève.

Liber ordinis seu regula antiqua canonicorum regularium Sanctæ-Genovefæ Parisiensium. In-4. Bibl. Sainte-Geneviève.

Ms. sur vélin.

Regula canonicorum regularium, per Hugonem de Sancto-Victore declarata. Parisiis, in-8, goth.

Constitutions des chanoines réguliers de la Congrégation de France; les Règles des exercices du mois. In-8. E, 6 (1038).

Constitutions des chanoines réguliers de Saint-Augustin de la Congrégation de France. In-12. E, 7 (1039).

Quoique mis avec les manuscrits de la bibl. Sainte-Geneviève, les deux ouvrages qui précèdent sont imprimés.

Remarques sur les constitutions des chanoines réguliers de la Congrégation de France, par de Boissy. In-8. E, 9 (1041).
Ms.

Constitutiones monasterii Genovefæ. In-8. E, 12 (1052).
Ms. sur parchemin, écriture gothique.

Constitutiones canonicorum regularium Sancti-Augustini Congregationis Gallicanæ. In-4. E, 14 (895).
Ms. récent.

Constitutiones canonicorum regularium Sancti-Augustini Congregationis Gallicanæ. Grand in-fol. E, 20 (877).
Ms.

Vallis Scholarium ordinis statuta. In-8. E, 14 (896).
Ms.

Constitutiones ordinis Vallis Scholarium, sub regula S. Augustini. Remis, 1629, in-12.

Auberti Mirœi Codex regularum et constitutionum clericorum, in quo forma institutionis canonicorum et sanctimonialium canonice viventium. Item Regulæ et Constitutiones clericorum in congregatione viventium in unum corpus collectæ notisque illustratæ. Antuerpiæ, 1638, in-fol.

Constitutiones canonicorum regularium Congregationis Gallicanæ. Parisiis, 1638, in-12.

Directoire des novices des chanoines réguliers de Saint-Augustin, par le P. Faure. In-4. D, F, 4.
Ms.

Directoire des novices de la Congrégation de France. Paris, 1638, in-12.

Regulæ canonicorum regularium Congregationis Gallicanæ de pastoribus animarum et beneficiatis. Parisiis, 1662, in-8.

Constitutiones canonicorum regularium Sancti-Augustini Congregationis Gallicanæ. Parisiis, 1663, in-8.

Modus tenendus in superiori examine S.-Genovefæ. In-8. Q, 2, 3.
Ms.

Constitution de la communauté des filles de Sainte-Geneviève. Paris, 1683, in-24.

### CONTENTIEUX ET TEMPOREL.

Inventaire et État, par extrait, des titres, pièces, procédures et autres papiers contenus dans les armoires du secrétariat ou chartrier des chanoines réguliers de l'ordre de Saint-Augustin de la Congrégation de France, dans la maison de Sainte-Geneviève de Paris. In-fol. Bibl. Sainte-Geneviève, non classé.
Ms. sur papier.
Cet ouvrage est avec ceux de Cl. Du Molinet.

Décrets des chapitres généraux des chanoines réguliers de la Congrégation de France, tenus à l'abbaye de Sainte-Geneviève de Paris, ès-années 1637, 1644, 1647, 1650, 1653, 1656 et 1659; recueillis par le P. Franç. Blanchart. Paris, Cramoisy, 1660, in-8.

Décrets des chapitres généraux des chanoines réguliers de la Congrégation de France, revus et confirmés par le chapitre général de 1694. Paris, Langlois, 1694, in-8.

Actes des chapitres généraux des chanoines réguliers de la Congrégation de France, tenus en l'abbaye de Sainte-Geneviève-au-Mont de Paris, depuis 1703 jusqu'en 1751. In-fol. Bibl. Sainte-Geneviève, non classé.

Ms. sur papier.
Volume extrêmement précieux en ce qu'il renferme les actes originaux des chapitres et la signature de tous les dignitaires de la congrégation à cette époque.

Décrets des chapitres généraux des chanoines réguliers de la Congrégation de France. Paris, L. Mercier, 1757, in-8.

Écrits publiés sur le différend entre les chanoines réguliers et les bénédictins, touchant la préséance dans les états de Bourgogne.

Voyez la *Bibliothèque historique de la France*, t. I, nos 11633-11637.

Procès-verbaux des diètes tenues en la maison de Sainte-Geneviève-au-Mont de Paris en 1770, 1771, 1773, 1774 et 1776. In-fol. Bibl. Sainte-Geneviève, non classé.

Ms. sur papier.
Original très-précieux.

Registre des actes capitulaires de l'abbaye royale de Sainte-Geneviève-au-Mont de Paris, dont le premier commence le . . . . . 1775 et le dernier finit le vendredi 19 février 1790. In-fol. Bibl. Sainte-Geneviève, non classé.

Ms. sur papier.
Original non moins précieux que le précédent. On y voit la signa-

ture de tous les dignitaires de l'ordre; le dernier acte est signé par Rousselet, président; Mazion, secrétaire; Pingré, Gillet, Viallon, Ventenat, etc., etc., conseillers.

Sommaire du procès pendant au conseil, pour l'archevêque de Paris, contre l'abbé de Sainte-Geneviève, pour les droits par lui prétendus à Saint-Étienne-du-Mont, 1641, in-4.

Sommaire du procès pendant au conseil du roi, pour raison de la procession du Saint-Sacrement, etc.; par les abbé et religieux de Sainte-Geneviève, etc. 1641, in-4.

Sommaire du plaidoyer pour l'abbé, prieur et chanoines de Sainte-Geneviève contre M. Hardouin de Perefixe, archevêque de Paris. 1667, in-4.

Réfutation sommaire pour les abbé et religieux de Sainte-Geneviève du plaidoyer de l'avocat de M$^{gr}$ l'archevêque de Paris. In-4.

Réponse à l'écrit intitulé : Réfutation sommaire pour les abbé et religieux de Sainte-Geneviève au plaidoyer de l'avocat de l'archevêque de Paris. In-4.

Transaction faite entre M$^{gr}$ Odo, évêque de Paris, et Jean, abbé, et les religieux de Sainte-Geneviève. Paris, in-4.

Extrait de l'une des minutes, du bailliage de Sainte-Geneviève, d'une sentence entre l'héritier de feu dame Polaillon, d'une part, et ses créanciers d'autre part, du 25 octobre 1657. In-4.

Arrêt du parlement de 1668, en faveur de M$^{gr}$ l'archevêque, contre l'abbé et les religieux de Sainte-Geneviève-du-

Mont, imprimé de nouveau. 1680, in-4. Z, 920, recueil 20.

Titres pour le territoire de M<sup>gr</sup> l'archevêque, etc., sur le faubourg Saint-Germain. 1669, in-4. Z, 920, recueil 5.

Recueil de plusieurs arrêts au sujet des chanoines réguliers de la Congrégation de France. 1688, in-fol.

Mémoire pour le cardinal de Bussy et les génovéfains. In-fol.
<small>Ms. Bibl. de l'Arsenal, jurisp. 40.</small>

Factum du procès des religieux, abbé et couvent de Sainte-Geneviève-du-Mont, demandeurs, contre frère Martin Citolle, curé de Saint-Étienne, et les marguilliers, et aussi desdits religieux contre M<sup>gr</sup> l'archevêque de Paris. In-fol.

Factum du procès de M<sup>gr</sup> le cardinal de La Rochefoucauld, abbé de Sainte-Geneviève-du-Mont de Paris, et les religieux de ladite abbaye, contre frère Martin Citolle, curé de Saint-Étienne, et les marguilliers, etc. In-4.

Recueil de pièces originales relatives à l'administration spirituelle de Sainte-Geneviève. In-fol. D, 12.
<small>Mauvais ms. du XVI<sup>e</sup> siècle.</small>

Registres de délibérations. In-4. H, 14.
<small>Mauvais ms. du XVI<sup>e</sup> siècle.</small>

Notes, etc., relatives à l'administration de l'ordre des chanoines réguliers de la Congrégation de France de 1658-1670. In-4. H, 15.
<small>Ms. sur parchemin. Il y a des lacunes.</small>

Correspondance des chanoines de l'abbaye de Sainte-Geneviève. Bibl. de Sainte-Geneviève.

Manuscrite. Elle est si considérable, qu'elle remplit près de cent portefeuilles in-folio.

Déclaration et dénombrement du temporel de l'abbaye de Sainte-Geneviève qu'elle tient du roi, en un seul hommage.

Dans un recueil de pièces in-4 de la bibliothèque de l'Arsenal. M. Varin pense que ce volume provient de Sainte-Geneviève.

Historia cancellariæ Sanctæ-Genovefæ, par J. Fronteau. In-fol. H, 25 (1129).

Ms.

Litterarae abbatis Sanctæ-Genovefæ ad Universitatem Parisiensem pro Institutione cancellarii. In-fol. Q, $2^3$ (1496).

Ms. sur parchemin.

Litterarae abbatis Sanctæ-Genovefæ ad Universitatem Parisiensem pro Institutione cancellarii. In-fol. 1497 (numéro à l'encre rouge).

Ms. sur parchemin.

Censier de Sainte-Geneviève depuis 1248 jusqu'en 1259. In-fol. H, 24 (1134).

Ms.

Censier de Sainte-Geneviève. In-fol. E, 11 (871).

Ms. sur parchemin.

Recettes et mises faites par l'aumônier et chambrier de Sainte-Geneviève-du-Mont à Paris en 1412, 1413 et 1414. 2 registres petit in-folio. Archives du royaume, K, 58, n° 7.

Ms. sur papier. Ces registres proviennent de l'abbaye Sainte-Geneviève; ils sont très-curieux; ils peuvent servir à établir des comparaisons entre les dépenses de nos aïeux et les nôtres : les journées d'ouvriers, le prix du combustible, etc., etc.

Registre des cens et rentes dus à la maison de Sainte-Geneviève sur les maisons sises à Paris, 1440-1450. In-4. **E, 25 (1043).**

Ms. sur papier.

Le présent liure contient les cens et rentes que nostre église a droict de prendre sur plusieurs maisons assises tant en ceste ville de Paris qu'ès faux bourgs, ensemble les grains qui sont deubz à l'office de pitancier et aultres droictz, aulsy quelques cérémonies, qui y sont insérées pour seruir à la postérité, qui se trouueront escriptes tant au comancement du dict liure qu'en la fin d'icelluy; par le **R. P. Garsonnet.** 1540, in-fol. **H, 25 (1135).**

Ms. sur parchemin.
Voyez ci-devant pages 95 et 96.

Liber cellarii Sanctæ-Genovefæ. In-fol. **E, 21 (880).**

Ms. sur parchemin.

Sanctæ-Genovefæ Necrologium vetus. In-4. **BB, $42^2$ (473).**

Ms. sur vélin.

Nécrologe de l'abbaye Sainte-Geneviève; journal des maladies des principaux sujets de l'ordre, et registre contenant la résolution des affaires principales du même ordre, 1643-49. In-4. **H, 16.**

Ms. sur papier.

Ancien cartulaire, contenant les priviléges et titres des biens de la maison de Sainte-Geneviève. In-4. **E, 23.**

Ms. sur parchemin.

Cartulaire de Sainte-Geneviève depuis 1108. In-fol. **E, 25** (881).

Ms. latin sur parchemin.

Inventaire des priviléges et bénéfices de l'abbaye Sainte-Geneviève. In-fol. Archives du royaume. **L, 1461.**

Ms. sur papier.

La première chose indiquée dans cet inventaire, c'est une bulle de Pascal II, adressée aux chanoines de l'église Saint-Pierre et Saint-Paul et de Sainte-Geneviève, datée de Meaux, 1108; les autres portent diverses dates : il y en a de 1715.

---

## OUVRAGES RELATIFS A LA BIBLIOTHÈQUE SAINTE-GENEVIÈVE.

### HISTOIRE.

Voyez le Nécrologe manuscrit de Sainte-Geneviève; il indique en détail les bibles, les psautiers, les ouvrages de théologie, les traités de médecine et spécialement ceux d'Avicenne, donnés à l'abbaye dans le cours du XIII<sup>e</sup> siècle par l'abbé Odon, Estienne et Barthélemy Berout, chanoines réguliers; par le diacre Robert et par Jean et Nicolas de Danemark.

On sait que plusieurs de ces curieux et très-précieux manuscrits furent sacrifiés, sous l'administration de Benjamin Brichanteau, par l'ignorance d'un aumônier qui avait été chargé de régir les biens temporels de Sainte-Geneviève. Cet aumônier, ayant trouvé dans une galerie des manuscrits qui lui paraissaient négligés, s'avisa de les vendre au poids pour avoir des livres de chant.

Traité des plus belles et des plus vastes bibliothèques de l'Europe, par Pierre Le Gallois. Paris, Michallet, 1680, in-12.

Réimprimé plusieurs fois. L'édition que je cite porte, page 135 : « La septième bibliothèque est celle des religieux de Sainte-Geneviève, qui deviendra considérable avec le temps par les soins du père Du Molinet. »

Tractatus singulares biblioth. Sanctæ-Genovefæ Parisiis de rebus sacris antiquis, Physici. Paris, 1681, in-8.

Almanach royal.

On trouve dans cette collection l'indication des jours et des heures d'admission du public dans la bibliothèque Sainte-Geneviève, depuis la première année où il plut aux génovéfains de communiquer aux hommes d'étude leurs richesses scientifiques jusqu'à la présente année. On y remarque de plus les noms des bibliothécaires préposés à la garde des livres, du moins les noms des plus élevés en grade, car ceux des sous-bibliothécaires et des commis ou employés n'y sont point inscrits. Quant à l'importance acquise par la bibliothèque Sainte-Geneviève depuis le don fait en 1630 par le cardinal de La Rochefoucauld, c'est-à-dire depuis l'origine de la bibliothèque jusqu'en 1718, voici ce qu'on lit textuellement dans Nemeitz (*Le séjour de Paris*) qui écrivait à cette dernière époque : « Après la Bibliothèque roiale, j'estime celle de *l'abbaie de Sainte-Geneviève-du-Mont* la meilleure, la plus nombreuse et la plus complète; elle est incomparablement bien rangée dans une galerie longue et neuve de ce bel et superbe couvent, et contient 45,000 volumes pour le moins (1). *L'archevêque de Reims, Maurice le Tellier*, qui mourut l'an 1710, a légué sa bibliothèque de 17,000 volumes bien conditionnez à ce couvent; mais ils ne sont pas encore tous mis en ordre faute d'espace, et on a dessein d'attacher un édifice à part, en forme de croix, à la galerie de cette bibliothèque. Les armoires qui contiennent les livres sont d'une menuiserie très-artiste et sont fermées avec du fil d'acier entortillé, entre lesquelles on a rangé à égales distances des bustes de plâtre représentant les effigies des personnes célèbres, tant anciennes que nouvelles. Dans cette bibliothèque, l'on voit aussi un *horloge très-curieux* (2), et un *cabinet d'antiques* plein de choses rares : l'on en a la description *in-folio*. Les deux globes qui sont au bas sont bien exacts et ingénieusement travaillez (3). Le religieux qui me fit voir le cabinet est fort officieux, se faisant un plaisir d'entretenir un étranger par ses beaux discours. Le véritable bibliothécaire est le père *Sarbourg* (lisez Sarrebourse); mais on le voit fort rarement. »

(1) Héliot porte, à la date de 1711, le nombre des volumes à 60,000; il y comprenait probablement la nombreuse collection que Baluze y avait mise en dépôt pendant son exil.

(2) C'est l'horloge d'Oronce Finé.

(3) Ces globes sont de Coronelli.

Introductio ad historiam litterariam, de præcipuis bibliothecis Parisiensibus, locupletata annotationibus, etc., in duas partes divisa. Auctore Dan. Maichalii, Cambridge, 1720, in-8.

Réimprimée sans aucun changement l'année suivante à Leipzig.
Dans la première partie de cet ouvrage, l'auteur traite de l'origine et de l'accroissement des bibliothèques du roi, de Colbert, de Saint-Germain-des-Prés, de Mazarin, de la Sorbonne, de Sainte-Geneviève, etc.; dans la seconde, il parle, entre autres choses, des sources de l'histoire littéraire, et en particulier des antiquités ecclésiastiques, des bibliothécaires et des principaux savants de Paris, etc. M. Weiss, qui me fournit cette note, ajoute : « Cet ouvrage est rempli de détails intéressans. » Voyez sur l'ouvrage de Maichel le *Mercure de juillet* 1729, page 1587.

Lutetia Parisiorum erudita sui temporis, hoc et annorum hujus seculi 21 et 22, par George Wallin. Nuremberg, 1722, in-12.

Volume rare, l'auteur l'ayant fait imprimer à ses frais pour le distribuer en présent à ses amis. On y trouve des détails sur les savants, les bibliothèques et leurs conservateurs. Voyez encore du même auteur : *De sanctâ Genovefâ disquisitio historico-theologica.* Wittemberg, 1723, in-4°.

Histoire d'un voyage littéraire fait en 1733, en France, en Angleterre et en Hollande, avec un discours préliminaire de M. La Croze touchant le système étonnant et les *Athei detecti* du P. *Hardouin*, et une lettre fort curieuse concernant les prétendus miracles de l'*abbé* Paris, et les convulsions risibles du *chevalier* Folard. Seconde édition. La Haye, Adrien Moetjens, 1736, in-12.

Par Jordan.
Cette prétendue seconde édition du *Voyage littéraire* ne diffère de la première, qui parut en 1735, que par le frontispice et le discours préliminaire de M. La Croze.
Dans l'ouvrage de Jordan, il est question, aux pages 38 et 39, de Nanterre, de Sainte-Geneviève et du livre de Wallin touchant cette sainte; et aux pages 50 et 62, on lit ce qui suit (c'est Jordan qui parle) :

« Nous fûmes voir, avec le P. *Niceron*, la bibliothèque de *Sainte-Geneviève*, dont le père Prévost est bibliothécaire; il a succédé au père *Courrayer*. Ce père est un petit homme doux et poli ; il a été deux fois en Hollande pour enrichir la bibliothèque de cette maison. Cette bibliothèque est composée de 42,000 volumes. Ils n'ont point ou peu de manuscripts; tout ce qu'ils ont à cet égard ne consiste qu'en rituels ou livres de chœur. Ils n'ont point de catalogue; l'on y travaille fortement. Ce père me montra les *Lettres de Petrus Delphinus*, qui se vendent à un fort haut prix. Les livres qui dominent dans cette bibliothèque sont ceux qui concernent directement ou indirectement l'état de l'église, etc. »

## Thesaurus bibliothecalis.

Ouvrage cité par Jugler comme donnant, vol. III, p. 70 et suiv., des renseignements sur la bibliothèque Sainte-Geneviève.

## Bibliotheca historiæ litterariæ selecta, etc., par J.-Fréd. Jugler. Iéna, 1754-63, 3 vol. in-8.

Nouvelle édition de l'*Introductio in notitiam rei litterariæ*, par Burck.-Gott. Struve, mais tellement corrigée et augmentée, que Jugler en a fait un ouvrage nouveau et qui lui appartient en propre. L'article sur Sainte-Geneviève est dans le t. I, p. 223 et 224.

## Dissertation sur les bibliothèques, avec une table alphabétique, tant des ouvrages publiés sous le titre de bibliothèque que des catalogues imprimés de plusieurs cabinets de France et des pays étrangers. Paris, Chaubert, 1758, in-8.

Par Durey de Noinville.

Cette dissertation se trouve souvent à la suite de la table alphabétique des dictionnaires, par le même auteur. L'article qui concerne Sainte-Geneviève est à la page 49.

## Essai historique sur la Bibliothèque du roi et sur chacun des dépôts qui la composent, avec la description des bâtiments et des objets les plus curieux à voir dans ces différents dépôts. Paris, Belin, 1782, petit in-12.

Par Nic.-Théop. Leprince.

On trouve à la fin de cet intéressant ouvrage une suite de notices sur les bibliothèques publiques et particulières de Paris. Celle qui concerne Sainte-Geneviève est ainsi conçue :

« BIBLIOTHÈQUE DE L'ABBAYE SAINTE-GENEVIÈVE.

« Bibliothécaire, M. Pingré, chanoine régulier; sous-bibliothécaire, M. Viallon, chanoine régulier.

« Cette bibliothèque est l'une des plus belles de Paris; elle renferme un grand nombre d'anciennes éditions dont plusieurs sont extrêmement rares.

« Quoiqu'elle ne soit pas publique, MM. de Sainte-Geneviève se font un honneur et un devoir d'en communiquer les richesses aux savants; ceux qui veulent y étudier peuvent s'y présenter les lundis, mercredis et vendredis, depuis deux heures jusqu'à cinq, excepté les fêtes et le temps des vacances. Le corps de bâtiment de cette bibliothèque forme une croix au milieu de laquelle est un dôme qui en éclaire les quatre parties. Celle du côté de l'église étant plus courte que les trois autres, Lajoue y a peint, en 1732, une perspective qui représente un salon ovale, éclairé par une grande croisée au milieu. A l'entrée de ce salon paraissent deux urnes en marbre antique; sur le devant est une sphère suivant le système de Copernic.

« Dans la coupole qui est au milieu de cette bibliothèque, on voit la peinture (due au pinceau de Restout) représentant saint Augustin revêtu d'une chasuble antique, entouré de plusieurs anges et chérubins qui l'enlèvent au ciel; il tient d'une main un livre, et de l'autre cette victorieuse plume qui toujours défendit la vérité et la religion. Un peu plus bas sont deux anges qui portent sa crosse et sa mitre; on voit partir de la nuée qui soutient l'église un dard de feu serpentant qui tombe impétueusement sur les ouvrages de Pélage, de Manès, de Donat et autres hérétiques, lesquels paraissent dévorés par les flammes et répandre une épaisse fumée.

« Le pourtour de cette bibliothèque est orné de quantité de bustes en plâtre d'hommes illustres, parmi lesquels on remarque ceux de Jules Hardouin-Mansard, de Robert de Cotte, du chancelier le Tellier et de l'archevêque de Reims du même nom, faits par Coyzevox, et celui d'Antoine Arnauld, sculpté par Girardon : ces derniers sont de marbre et d'une grande beauté.

« Le cabinet de cette abbaye est un des plus beaux de l'Europe; il renferme une magnifique collection d'antiquités égyptiennes, étrusques, grecques et romaines, de très-beaux morceaux d'histoire naturelle, et une suite aussi nombreuse que riche de médailles d'or et autres, données en partie par feu M. le duc d'Orléans.

« Ce cabinet est ouvert les mêmes jours et aux mêmes heures que la bibliothèque, excepté le mercredi. »

Mémoire pour la conservation des bibliothèques des communautés séculières et régulières de Paris. Paris, Bailly, 1790, in-8 de 16 pages.

Par Barth. Mercier, abbé de Saint-Léger.

Mémoire sur l'état actuel de nos bibliothèques, par l'abbé François-Valentin Mullot. Paris, an v (1797), in-8.

Pièces concernant la bibliothèque Sainte-Geneviève.

M. Taillandier, conseiller à la cour royale et député de Paris, exécuteur testamentaire des dernières volontés de Daunou et auteur du remarquable ouvrage biographique sur cet homme célèbre, a eu l'extrême obligeance de me confier ces pièces, au nombre de plus de trente, et de me fournir d'utiles renseignements sur cette correspondance. Ce sont en partie des lettres officielles datées de l'an V à l'an XIII, adressées pour la plupart à Daunou comme administrateur de la bibliothèque du Panthéon et relatives à l'administration de cette bibliothèque, et principalement aux autorisations données par les ministres de faire transporter dans l'établissement les livres choisis dans les dépôts littéraires formés par suite de la suppression des bibliothèques conventuelles et d'émigrés.

Ces dons de livres furent accordés aux pressantes sollicitations de Daunou : le zèle et l'amour de ce savant pour la bibliothèque qu'il dirigeait avec tant d'habileté valurent alors à cet établissement au moins 20,000 volumes retirés de différents dépôts nationaux, tels que ceux des Cordeliers, de Louis-la-Culture, de Versailles, de Louvain, etc. On sait déjà, M. Taillandier le dit dans son ouvrage, que Daunou avait envoyé de Rome aux génovéfains d'admirables richesses bibliographiques provenant de la bibliothèque particulière de Pie VI, et que c'est ainsi que la bibliothèque Sainte-Geneviève possède de magnifiques productions typographiques sorties des presses de Sweynheym et Pannartz, et autres principaux imprimeurs établis en Italie au XVe siècle, et les grands ouvrages à gravures sur le musée Clémentin, la colonne Trajane, les fresques du Vatican par Raphaël, etc.

Le savant Daunou peut donc être mis non-seulement au nombre des plus grandes illustrations, mais encore au nombre des plus grands bienfaiteurs de la bibliothèque ; et c'est avec raison que mon collaborateur a émis le vœu de voir placer le buste de cet homme célèbre parmi ceux qui ont le plus contribué à l'agrandissement de la bibliothèque. Ainsi cet établissement, comme les Archives, comme l'Institut, comme Boulogne-sur-Mer, aurait acquitté une dette de la reconnaissance.

Les documents qui font l'objet de cette note sont signés en grande partie par Ginguené, François de Neuchâteau, Letourneux, Chaptal,

Portalis, Champagny, etc.; on remarque plusieurs pièces de la main de Daunou et une pièce de celle du bibliothécaire-administrateur Cotte.

M. Taillandier m'a aussi confié plusieurs lettres, adressées à Daunou par Le Chevalier, relatives à l'exécution du décret du 21 mars 1812; j'en parlerai ci-après.

État des livres choisis au dépôt des jésuites pour la bibliothèque nationale du Panthéon. In-fol. de 29 pages. Ms. Bibl. de l'Arsenal, dans les papiers non classés.

Composé d'environ 1,300 articles provenant des diverses bibliothèques supprimées par le gouvernement républicain, savoir : de Saint-Lazare, des Chartreux, des Missions étrangères, de Saint-Magloire, de Saint-Victor, des Minimes, de Saint-Martin, de l'Oratoire, des Petits-Augustins, de Saint-Sulpice, de la Doctrine chrétienne, des Mathurins, des Théatins, des Barnabites, de Saint-Nicolas, des Récollets, des Petits-Pères, de Sainte-Croix, des Blancs-Manteaux, des Capucins, de Saint-Louis, du collége de Navarre, de la Sorbonne, de Sainte-Marguerite, de Saint-Jacques, des Carmes, de Notre-Dame, de Saint-Firmin, des Feuillants, de l'abbaye Saint-Antoine, de l'Académie des Inscriptions, du Saint-Esprit, de Belle-Chasse, de Montaigu, de Saint-Éloi, des Bons-Enfants, etc., etc.

Cet état de livres est terminé par les reçus suivants :

« Paris, le 14 brumaire an VII.

« Les conservateurs de la bibliothèque nationale du Panthéon,

« COTTE, VIALLON, VENTENAT. »

« Je soussigné reconnais avoir reçu du citoyen Vanthol, conservateur au dépôt littéraire de Louis-la-Culture, les livres mentionnés au présent état. Paris, le 29 nivôse an VIII de la république.

« VIALLON, conservateur. »

Au même état est annexée une lettre du ministre de l'intérieur, en date du 25 brumaire an VIII, ainsi conçue :

« Au conservateur du dépôt littéraire de Louis-la-Culture.

« Citoyen, je vous autorise à délivrer, moyennant récépissé, aux conservateurs de la bibliothèque du Panthéon les livres dont le catalogue est ci-joint, pour le complément de ladite bibliothèque.

« Salut et fraternité,

« LA PLACE. »

Etat des livres que les bibliothécaires du Panthéon ont choisis dans le dépôt des Cordeliers. In-fol. de quelques feuilles seulement. Ms. Bibl. de l'Arsenal, dans les papiers non classés.

Composé de 400 articles environ, cet état est terminé comme il suit :

« Je déclare qu'en vertu de l'autorisation du ministre de l'intérieur du 15 courant, le citoyen d'Aigrefeuille a mis à ma disposition les livres contenus au présent catalogue, à l'exception des articles rayés.
« A Paris, le 20 nivôse an XI.

« Daunou, conservateur comptable de la bibliothèque du Panthéon. »

Aux deux manuscrits précédents sont annexées trois autorisations données au bibliothécaire du Panthéon de choisir des livres dans les dépôts littéraires et de les faire transporter dans leur établissement. Une de ces lettres est signée par le directeur général de l'instruction publique Ginguené, et les deux autres par le ministre de l'intérieur Chaptal.

Pièces officielles et documents historiques concernant la bibliothèque Sainte-Geneviève. Archives du royaume.

Ces pièces et documents sont au nombre de plus de soixante et datées de l'an XIII (1805) à l'an 1810. On remarque les suivantes : de l'an XIII, une proposition d'autoriser les travaux reconnus indispensables pour préserver la bibliothèque des dangers du feu auquel l'expose le voisinage du Lycée Napoléon, un devis estimatif dressé par Rondelet, architecte de la bibliothèque, et une autorisation de faire les travaux; des pièces analogues pour la séparation des caves du Lycée-Napoléon de celles de la bibliothèque, et pour établir une descente de communication; — de l'an 1806, d'autres pièces analogues pour autoriser la réparation de l'horloge commune au Lycée Napoléon et à la bibliothèque, et, sur la proposition de M. Lechevalier, pour autoriser en outre les travaux nécessaires au rétablissement de l'observatoire du P. Pingré à la bibliothèque; — de 1807, d'autres pièces analogues pour autoriser de plus diverses réparations aux bâtiments de la bibliothèque, la pose de grillages aux croisées qui séparent la bibliothèque du Lycée, la cession d'un local entre les deux établissements, et la ligne de démarcation qui assigne à chacun d'eux la portion qui doit lui appartenir : on trouve dans cette dernière liasse deux lettres de M. Ventenat, administrateur de la bibliothèque; — de 1808, un avis du ministre de l'intérieur qui prévient MM. Rondelet et Ventenat que les frais d'éclairage et d'entretien des bâtiments de la bibliothèque seront prélevés sur le crédit de cet établissement, et qu'il accorde 6,000 francs pour les grosses réparations; des observations de M. Ventenat au ministre de l'intérieur, au sujet de la réduction des fonds destinés aux dépenses courantes; — de la même année, des pièces relatives au rapport des commissaires chargés de constater l'emploi des plombs, fers et autres matières déposées dans les magasins du Lycée impérial; — de 1809, des documents concernant les cessions de pièces faites par le Lycée à la bibliothèque, et la réunion d'une partie des combles de la bibliothèque au local du Lycée: on voit dans cette liasse un plan des combles des bâtiments de l'abbaye Sainte-Geneviève occupés par la bibliothèque, et une lettre, du 6 avril 1809, adressée au ministre par M. Flocon, administrateur de la bibliothèque du Panthéon; — enfin de 1810, une autorisation de faire renouveler en trois années les serrures de la bibliothèque, demandée le 20 septembre par M. Flocon.

Avec ces mêmes papiers se trouve un arrêté de M. de Champagny, ministre de l'intérieur, daté du 1er avril 1806, et portant:

Art. 1er. — La bibliothèque du Panthéon aura une entrée particulière et différente de celle du Lycée Napoléon.

Les communications respectives de ces deux établissements seront fermées autant que possible.

L'architecte du Panthéon proposera les moyens d'exécuter ces dispositions.

Art. 2. — Les conservateurs se conformeront aux règlements établis à la bibliothèque impériale pour le prêt des livres, et ne pourront les confier, pour être emportés hors de l'établissement, que sur leur responsabilité personnelle.

Art. 3. — Il ne sera admis à la bibliothèque aucun homme au-dessous de dix-huit ans, s'il n'est accompagné d'un homme plus âgé, directeur de ses études, ou s'il n'est porteur d'une carte d'entrée donnée par les conservateurs. Ces cartes ne seront délivrées aux élèves des établissements publics que sur la demande des chefs de ces maisons.

Art. 4. — L'architecte du Panthéon est invité à chercher les moyens de supprimer, diminuer et isoler les trente et un tuyaux de poêle appliqués sur les murailles et les charpentes de la bibliothèque.

Champagny.

Pour copie conforme,

Barbier-Neuville.

Une des liasses des Archives du royaume (F, 10968) relatives à la bibliothèque Sainte Geneviève renferme des pièces assez curieuses. La première est une pétition adressée à M. de Talleyrand, par M. Lechevalier, à l'effet d'obtenir son entrée à Sainte-Geneviève : elle est datée du 28 fructidor an XIII (1805); et la seconde est une lettre, en date du 4 vendémiaire an XIV, adressée par le prince au ministre de l'intérieur, avec prière de recommander son protégé, M. Lechevalier, à l'empereur.

Le ministre de l'intérieur a ajouté de sa main sur la lettre de M. de Talleyrand les mots suivants : « J'avais songé à M. Lechevalier, même avant de recevoir la lettre du ministre des relations qui me confirme dans mon choix. »

On trouve aussi dans cette même liasse une pièce relative à la nomination de M. Flocon à la bibliothèque Sainte-Geneviève.

**Comptes de recettes et de dépenses de la bibliothèque Sainte-Geneviève pour les années 1805, 1806, 1807, 1808, 1809, 1810, 1811, 1812, 1813, 1814 et 1815. Archives du royaume. F. 9919.**

Originaux signés par les administrateurs de la bibliothèque, vérifiés par les chefs du contentieux et approuvés par les ministres.

**Guide des curieux et des étrangers dans les bibliothèques publiques de Paris, par T.-M. Dumersan. 4ᵉ édition. Paris, 1812, in-12 de 47 pages.**

La première édition est, je crois, de 1809.

**Lettres relatives au décret du 21 mars 1812, sur les lycées de Paris, prescrivant que de nouveaux dortoirs seront établis dans l'emplacement occupé par la bibliothèque du Panthéon, et ordonnant la translation de cette bibliothèque dans le second étage du palais du sénat.**

Ces lettres sont au nombre de sept : cinq se trouvent entre les mains de M. Taillandier; les deux autres font partie des Archives du royaume, carton 3, dossier 7, n° 5285, dans les papiers concernant les travaux de Paris, bibliothèque du Panthéon.

Les cinq premières lettres sont adressées par M. Lechevalier à M. Daunou, qui, quoique ayant quitté depuis sept ans la direction de la bibliothèque Sainte-Geneviève pour celle des Archives, n'en portait pas moins le plus vif intérêt au premier de ces établissements. Elles sont intéressantes en ce qu'elles montrent combien d'énergie mirent Lechevalier et Daunou à préserver la bibliothèque Sainte-Geneviève de la ruine inévitable qui la menaçait par suite de la décision prise par Napoléon. Ces deux hommes éminents furent admirablement secondés par tous les employés de la bibliothèque et par une foule de notabilités amies des lettres, telles que MM. de Tracy, de Latour-Maubourg, Garnier, Fouché, de Talleyrand, Daru, Réal, Savary, de Lacépède et les principaux officiers du sénat.

Grâce à tous ces personnages, la bibliothèque ne fut pas déplacée : elle devait l'être plus tard, mais avec cette différence que maintenant son déplacement accroîtra son importance en augmentant les services qu'elle rendra, tandis qu'alors, la bibliothèque devant par ce changement cesser forcément d'être publique, il aurait produit l'effet contraire. Sans doute, sous le point de vue de l'art et des souvenirs, l'ancien local est à jamais regrettable; mais, sous le rapport du bien public, le sacrifice a dû s'accomplir.

Les deux lettres qui sont aux Archives m'ont semblé devoir être rapportées textuellement. La première est la minute de la lettre écrite le 8 septembre 1812 par M. de Montalivet, ministre de l'intérieur, à M. Daru, ministre secrétaire d'État. Elle porte :

« Monsieur le comte et cher collègue, Sa Majesté, en prescrivant, par son décret du 21 mars 1812 sur les lycées de Paris, que de nouveaux dortoirs propres à recevoir au moins deux cents élèves seront établis dans l'emplacement occupé par la bibliothèque actuelle du Panthéon, a ordonné en même temps la translation de cette bibliothèque dans le second étage du palais du sénat. Les travaux nécessaires pour l'agrandissement du logement destiné aux élèves du Lycée Napoléon doivent être terminés en 1812. Chargé de l'exécution de ce décret, et persuadé d'ailleurs que Votre Excellence donnait directement au sénat connaissance des décrets qui pouvaient le concerner, j'attendais, pour remplir les ordres de Sa Majesté, que le local de la bibliothèque fût rendu libre. Ce n'est qu'après m'être assuré que l'on ne s'occupait encore au palais du sénat d'aucune disposition pour arriver à ce but, que j'ai cru devoir en écrire à M. le comte de Lacépède, président, en lui transmettant l'extrait du décret du 21 mars dernier en ce qui concernait la translation de cette bibliothèque.

« Son Excellence m'a informé, le 1ᵉʳ de ce mois, que le sénat n'a jamais eu connaissance officielle de ce projet, mais qu'en ayant été informé par des voies indirectes, MM. les officiers du sénat furent chargés par leurs collègues d'en parler à l'empereur, qu'ils eurent l'honneur de soumettre à Sa Majesté les raisons de convenance et même de haute politique qui leur paraissaient s'opposer à cette translation. Son Excellence ajoute que Sa Majesté daigna paraître agréer ces raisons.

« M. le comte de Lacépède fait observer aussi que, d'après l'usage et les constitutions de l'empire, il n'a été jusqu'à ce moment disposé d'aucune partie de bâtiment appartenant au sénat que par un sénatus-consulte; que d'ailleurs MM. les préteurs du sénat ne peuvent employer aucun fonds pour des constructions, des réparations ou d'autres travaux qu'en vertu d'une délibération du grand conseil présidé par Sa Majesté ou autorisé à ce sujet par elle.

« Je viens prier Votre Excellence de mettre sous les yeux de Sa Majesté les motifs qui s'opposent pour le moment à l'entière exécution d'une des dispositions de son décret du 21 mars 1812 sur les lycées de Paris. Veuillez bien, monsieur le comte et cher collègue, me faire connaître les intentions de Sa Majesté et les ordres qu'il lui plaira de me donner dans cette circonstance. »

La seconde pièce est la lettre écrite le 1er septembre 1812 à M. de Montalivet par M. de Lacépède. Quoiqu'elle ne contienne aucun fait que la précédente n'ait déjà fait connaître, je crois cependant curieux d'en donner une copie. Voici comment s'exprime le président du sénat :

« Monsieur le comte, je m'empresse de répondre à la lettre que Votre Excellence vient de me faire l'honneur de m'écrire au sujet de la translation au palais du sénat de la bibliothèque du Panthéon.

« Cet objet étant dans les attributions de MM. les préteurs, je leur ai adressé la lettre de Votre Excellence ; mais je crois devoir, comme président du sénat, avoir l'honneur de faire observer à Votre Excellence :

« 1° Que le sénat n'a jamais eu connaissance officielle du projet de cette translation, mais qu'en ayant été informés par des voies indirectes, MM. les officiers du sénat furent chargés par leurs collègues d'avoir l'honneur d'en parler à l'empereur, qu'ils eurent l'honneur de soumettre à Sa Majesté impériale et royale les raisons de convenance et même de haute politique qui leur paraissaient s'opposer à cette translation, et que Sa Majesté daigna paraître agréer ces raisons ;

« 2° Que, d'après l'usage et les constitutions de l'empire, il n'a été jusqu'à ce moment disposé d'aucune partie de bâtiment appartenant au sénat que par un sénatus-consulte, et que MM. les préteurs ne peuvent employer aucun fonds pour des constructions, des réparations ou d'autres travaux, qu'en vertu d'une délibération du grand conseil présidé par Sa Majesté ou autorisé à ce sujet par Sa Majesté impériale et royale.

« Je prie Votre Excellence, monsieur le comte, de recevoir, etc.

« Le président du sénat,

« B.-G.-E. L., COMTE DE LACÉPÈDE. »

## Pièces officielles et documents historiques concernant l'ancienne et la nouvelle bibliothèque Sainte-Geneviève. Archives de l'Hôtel-de-Ville, papiers relatifs à la bibliothèque Sainte-Geneviève.

Parmi ces pièces, on remarque des autorisations données aux bibliothécaires Pingré et Viallon pour recevoir le montant des traitements des employés et garçons de bureau de la bibliothèque Sainte-Geneviève pendant les années 1792 et 1793 ; — un avis de la décision qui ordonne l'établissement d'une ligne de démarcation précise entre la bibliothèque du Panthéon et le Lycée Napoléon, en date du 4 juillet 1807; — une pièce, en date du 7 mars 1844, du ministre des travaux publics (M. Dumon) au préfet de la Seine (M. de Rambuteau) touchant l'acquisition d'une maison située à l'angle de la rue Saint-Étienne-des-Grès et de la rue des Chollets, autorisée par ordonnance royale du 23 février 1844, et dont l'emplacement était indispensable à la nouvelle bibliothèque Sainte-Geneviève; — enfin des cahiers des charges générales et particulières et des devis de travaux relatifs à cette même bibliothèque, notamment un devis des travaux en maçonnerie dont l'adjudication a été prononcée le 23 septembre 1844.

La France, par lady Morgan, ci-devant miss Owenson. Paris et Londres, Treuttel et Würtz, 1817, 2 vol. in-8.

Lady Morgan, à la page 37 et suivantes de son second volume, fait avec beaucoup d'esprit la description du Panthéon et de la bibliothèque Sainte-Geneviève. Elle dit, au sujet de cette dernière : « La bibliothèque du Panthéon ou de Sainte Geneviève est remarquable par sa coupole, dont les peintures sont de Restout; par son cabinet d'antiquités, par son curieux plan de Rome en relief, et par un trésor composé de 80,000 volumes. Le cabinet de Sainte-Geneviève contient une collection plus curieuse que considérable d'histoire naturelle et d'antiquités étrusques, égyptiennes, grecques et romaines. J'admirai ces choses; mais rien n'eut pour moi plus d'attraits que deux petits portraits qui en décorent les murs : l'un est celui de Marie, reine d'Écosse, qui le présenta elle-même, de ses belles mains, aux moines de Sainte-Geneviève, et qui est parfaitement conservé; l'autre représente une religieuse négresse, fille naturelle de Louis XIV; elle paraît avoir une forte ressemblance à sa noire mère, et ne retrace nullement les traits romains de son auguste père. De tous les amours de ce monarque, cette passion pour une négresse est la seule qui ne soit connue que par le témoignage d'un portrait et dont la tradition seule ait consacré le souvenir. »

Le portrait dont parle lady Morgan se voit effectivement à la bibliothèque Sainte-Geneviève, où il est désigné faussement sous le nom de *religieuse de Morey* (c'est Moret qu'il faut lire). M. Élie Berthet a fait de la religieuse de Moret l'héroïne d'un feuilleton intitulé *la Mauresse*, qu'il a publié dans le journal *le Siècle* des 11, 12, etc., juillet 1838. Cet auteur dit qu'on peut consulter, sur le principal personnage de son roman, Anquetil (Louis XIV, sa cour et le régent), M<sup>lle</sup> de Montpensier (Mémoires), *les Chroniques de l'Œil de Bœuf*, etc.

Outre les portraits de Marie-Stuart et de la religieuse de Moret, la bibliothèque possède encore aujourd'hui une suite de portraits au pastel de la plupart de nos souverains; ce sont ceux de Louis IX (saint Louis), Philippe III, dit le Hardi, Philippe IV, dit le Bel, Louis X, dit le Hutin, Philippe V, dit le Long, Charles IV, dit le Bel, Philippe VI, dit de Valois, Jean, Charles V, Charles VI, Charles VII,

Louis XI, Charles VIII, Louis XII, François I<sup>er</sup>, Henri II, François II, Charles IX, Henri III, Henri IV, Louis XIII, Louis XIV.

On voit aussi dans lady Morgan la preuve que la bibliothèque Sainte-Geneviève a toujours été très-fréquentée. Lors de la visite qu'y fit cette femme célèbre elle y trouva environ deux cents jeunes gens profondément occupés à des études scientifiques : elle en marqua son étonnement à M. Lechevalier, alors bibliothécaire, qui lui assura que jamais il n'y avait moins de travailleurs à Sainte-Geneviève; qu'au contraire il y en avait souvent beaucoup plus.

Recherches sur les bibliothèques anciennes et modernes, par Petit-Radel. Paris, 1819, in-8.

Voyez sur cet ouvrage un article de Daunou, inséré dans le *Journal des Savants* (mars 1819.)

A bibliographical, antiquarian and picturesque Tour in France and Germany, by Thomas-Frognall Dibdin. London, printed for the author by W. Bulmer and W. Nicol, 1821, 3 vol. imper. in-8, fig.

Magnifique édition.

MM. Licquet et Crapelet ont traduit l'ouvrage de Dibdin (*Voyage bibliographique, archéologique et pittoresque en France*. Paris, Crapelet, 1825, 4 vol. in-8° avec fig.). Cette traduction ne contient pas le voyage en Allemagne, qui forme la plus grande partie du troisième volume de l'original, mais elle présente une foule de notes curieuses qui relèvent les erreurs du voyageur anglais et suppléent à quelques-unes de ses omissions.

Les trente premières pages du quatrième volume de cette traduction sont consacrées à la bibliothèque Sainte-Geneviève et forment une notice très-intéressante. Il y est question d'abord d'un curieux monument astronomique dressé par un de nos savants les plus célèbres du XVII<sup>e</sup> siècle (sélénographie ou carte de la lune dessinée par Ph. de Lahire en M.DC.LXXXVI, et donnée en M.DCCC.VIII par M. Dufourny, architecte, membre de l'Institut); ensuite l'auteur passe en revue la collection de Sainte-Geneviève, et il termine son travail par des détails biographiques sur l'abbé Mercier de Saint-Léger.

Ce fut en l'année 1820 que le savant bibliographe Frognall Dibdin, dont la renommée était alors européenne, vint visiter la bibliothèque Sainte-Geneviève. Il désigna alors la plupart des raretés bibliographiques que ce dépôt renferme, et, s'il ne le fit pas d'une manière aussi complète qu'on eût pu le désirer, il donna la preuve d'un œil si exercé, qu'il m'a semblé utile de désigner ceux des volumes de la bibliothèque qui attirèrent son attention en transcrivant les titres des ouvrages et en indiquant la date des éditions ; il est loisible à tous de lire dans son voyage littéraire les jugements qu'il en a portés. L'auteur du *Bibliographical antiquarian* ne s'occupa nullement des manuscrits légués par les génovéfains. Je comblerai cette lacune en transcrivant à la suite des ouvrages cités par Dibdin les notes que Lacurne de Sainte-Palaye a mises dans un catalogue manuscrit qu'on voit à la bibliothèque de l'Arsenal : hist. F. 839 (F.) Cependant toutes ces indications donneraient encore une faible idée des richesses de la bibliothèque Sainte-Geneviève, et cette partie de mon travail laisserait beaucoup à désirer, si j'avais dû la compléter moi-même. Heureusement M. Ferdinand Denis a bien voulu combler cette omission, et s'est surtout attaché à donner des détails précis sur les auteurs présumés d'une précieuse iconographie.

---

NOTE DES OUVRAGES CITÉS PAR DIBDIN.

\* Lactantius. Monastère de Soubiaco, 1465, petit in-fol (1).

Premier livre imprimé en Italie. Audiffredi en a fait un éloge bibliographique aussi complet que mérité.

\* Augustinus, de Civitate Dei. Monastère de Soubiaco, 1467, in-fol.

Cicero, de Oratore. Sans date, in-fol.

Biblia latina. 1462, 2 vol. in-fol., sur vélin.

Biblia italica. Kalend. de Octobrio, 1471, 2 vol. in-fol.

Exemplaire de la plus grande beauté; voyez le catalogue de la bibliothèque de lord Spencer, t. I, p. 63 à 67.

Biblia polonica. 1599, in-fol.

Impression et ornement dans le genre de ceux de la Bible de Coverdale, de 1535.

\* Virgilius. Sweynheym et Pannartz, 1469, in-fol.

Première édition, de la plus grande rareté. Cet exemplaire est probablement le plus beau qui existe. Toutes les miniatures sont d'une jolie exécution. Sous tous les rapports, c'est un livre très précieux et bien supérieur à l'exemplaire de la Bibliothèque royale.

\* Plinius senior. 1469, in-fol.

Édition princeps. Il est difficile de rencontrer un plus bel exemplaire de cet ouvrage.

\* Cicero. Rhetorica vetus. Jenson, 1470, in-4, sur vélin.

Première édition, d'autant plus curieuse qu'elle est sur vélin.

---

(1) Les ouvrages marqués d'une étoile ont appartenu au pape Pie VI.

\* Suetonius. J.-P. de Lignamine, 1470, in-fol.

Première édition. Magnifique exemplaire.

\* Quintilianus. Institutiones; J.-P. de Lignamine, 1470, in-fol.

Première édition. Exemplaire de beauté égale à celle du Suétone.

\* Priscianus. Vindelin de Spire, 1470, in-fol., sur vélin.

Exemplaire vraiment délicieux, bien supérieur à celui de la Bibliothèque royale.

Dante. Mantua Petrus Adam (de Michaelibus), 1472, in-fol.

Grand et bel exemplaire d'une édition excessivement rare.

Boetius. Frater Johannes.

Rarissime.

Anthologia græca. 1498, in-4.

Exemplaire des plus précieux, sur vélin, d'une finesse et d'une blancheur parfaites.

\* Ciceronis Opera omnia. Milan, 1498, 4 vol. in-fol.

Exemplaire plus admirable encore que les précédents.

Marsilius Ficinus : in Dionysium Areopagitam. Florence, Laurentius, fils de Franciscus, Vénitien. Sans date (de 1492), in-fol., sur vélin.

Livre d'une grande rareté.

Homeri Opera, græcè; Alde. Sans date (Venise, vers 1504), 2 vol. in-8, sur vélin.

Première édition d'Alde. Cet exemplaire ne le cède peut-être qu'à celui de la Bibliothèque royale.

Ciceronis Orationes. Alde, 1519, 3 vol. in-8.

Cet exemplaire est le *nec plus ultra* des vélins d'Alde.

Missale mozarabicum. 1500, in-fol.

Vitruvius. Les Jiunte, 1513, in-8.

Délicieux exemplaire sur un vélin blanc, pur et moelleux.

Tewrdannck (Nuremberg). 1517, in-fol., sur vélin.

Première édition. Très-bel exemplaire.

Lacurne de Sainte-Palaye cite les manuscrits suivants :

L'Horloge de Sapience, traduit du latin de Jehan de Souhaube, en français, le 28 avril 1389, par un religieux de Saint-François de la ville de Neufchâtel ;

Un recueil de différents ouvrages : ms. gr. in-8 écrit sur papier vers 1480 ;

OEuvres latines d'Étienne Lapoustoire, écolier ; ms. petit in-4, du XVIe siècle, orné de miniatures ;

Un recueil, gr. in-fol., sur vélin, du commencement du XIVe siècle, orné de miniatures et de vignettes, contenant entre autres pièces les vies de monseigneur saint Éloy, de saint Étienne, premier martyr, de sainte Geneviève, de saint Rémi, etc. ;

Chronique de Normandie : ms., in-4, écrit sur papier, dans le XVIe siècle (copie d'un ms. dont le langage paraît être du commencement du XIVe siècle) ;

Un roman allégorique, écrit en français et contenant la description de l'amour et de son séjour, et les noms et actions amoureuses des demi-dieux et grands hommes : ms., petit in-fol., très-bien écrit, sur vélin, dans le XVe siècle ; le commencement manque (je ne le connais point ailleurs, ajoute Sainte-Palaye) ;

Le livre de la vye active, par maistre Jean-Henry, conseiller du roy ; ms., in-4, sur papier, du commencement du XVIe siècle ;

Un recueil, petit in-fol. ou gr. in-4, contenant différents écrits ; ms., sur papier, du XVe siècle ;

Un ms. in-fol., écrit sur vélin, dans le commencement du XVe siècle, d'une très-belle écriture, orné de superbes miniatures d'un coloris admirable, de vignettes et lettres initiales dorées et enluminées et en très-grand nombre, bien conservées ; livre très-précieux, non-seulement parce qu'il est unique, mais encore par sa beauté, sa conservation et son contenu. Il renferme deux ouvrages, composés en langage languedocien ou gascon, savoir : la *Description du palais de Saviez*, en vers, composée à la sollicitation du noble prince Gaston, comte de Foix, et le *Lucidaire ou le Propriétaire de toutes choses naturelles* ;

Un ms. très-petit in-4, sur papier, contenant plusieurs collations d'offices claustraux de l'abbaye de Beaumont en Rouergue ;

Chronologie depuis la création jusqu'au règne de Louis XII, roi de France ; ms. gr. in-fol., écrit sur vélin vers 1510 ;

Un Rituel à l'usage de l'église Sainte-Geneviève ; ms., in-8, écrit au XVe siècle (la fin et le commencement manquent) ;

Un recueil de plusieurs ouvrages latins, écrits sur vélin en différents siècles ; ms. petit in-4. (On y remarque la vie de saint Rémi) ;

L'Art de rhétorique et l'Art poétique, en vers latins ; ms. très-petit in-4, écrit sur vélin, en 1335 (les auteurs ne sont pas connus) ;

Un livre de médecine ; ms., petit in-8 ;

Un recueil contenant deux ouvrages moraux, écrit vers la fin du XIIIᵉ siècle;

Un traité d'Arithémetique (sic) raisonnée, ou l'art de compter avec les gectouers (sic), par Jehan Adam (en 1475);

Le Roman de la Rose, écrit à deux colonnes dans le temps du second auteur Jean Clopinel, c'est-à-dire au commencement du XIVᵉ siècle, orné de miniatures et vignettes; très-bel exemplaire; c'est une copie en papier de ce roman qui n'est point fini : il manque 2,000 vers;

Une traduction en vers français de Boëce, de Consolation, par Jean de Meun, écrite au commencement du XIVᵉ siècle; très-beau ms., orné de miniatures et vignettes;

Les Évangiles des messes depuis le jour de Noël jusqu'au quatrième dimanche après Pâques; ms., petit in-fol.; écrit dans le XIIᵉ siècle; très-bien écrit et très-bien conservé;

Prières et cérémonies; ms., in-4, sur papier, écrit dans le XVIᵉ siècle;

Les légendes qui se disaient aux principales fêtes de l'année en l'église de Montreuil, diocèse de Rouen; ms. écrit dans le XIIIᵉ siècle;

Comparaison de l'Église avec l'arche d'alliance; ms. in-fol., écrit à la fin du XIIᵉ siècle, ou au commencement du XIIIᵉ;

Un recueil de diverses pièces relatives à saint Martin, saint Grégoire de Tours, etc.; ms. écrit au moins dans le XIIᵉ siècle; il est très-beau et orné de quelques miniatures, vignettes et lettres initiales dorées et enluminées, fort rares en ce siècle;

Un recueil qui contient les miracles de la Vierge; ms. écrit en 1328 (les 121 miracles de la Vierge ont presque tous été mis en vers par Gautier de Coinsi);

Les miracles de la Vierge, en vers français, par Gautier de Coinsi, au nombre de 36. — La vie des pères, par le même, au nombre de 37. Très-beau ms. petit in-fol., écrit vers le milieu du XIIIᵉ siècle;

L'outre d'amours par amour morte, poëme; ms. in-8, écrit vers 1450 (le vandalisme n'y a laissé qu'une seule miniature; elle est d'une grande beauté);

Légende des principales fêtes, saints et saintes de l'année; ms. gr. in-4, du commencement du XIVᵉ siècle;

Les anciennes et modernes généalogies, épitaphes et armoiries de tous les feu comtes et comtesses de Dreux et de Brayne, par frère Mathieu Herbelin, trésorier de l'église Saint-Yved de Brayne. (Elles commencent l'an 1107, commencement du règne de Louis-le-Gros, et finissent à Robert de la Marche, en 1538.) Ms. très-précieux, d'une grande beauté, écrit sur vélin vers 1538, orné de vignettes, lettres initiales dorées et illuminées avec les portraits et armoiries des comtes de Dreux et de Brayne;

Un recueil de différents traités de morale; ms. petit in-4, écrit sur vélin, dans le Xe ou XIe siècle;

Un recueil de différents ouvrages moraux et de piété, écrit dans le XIVe siècle, par P. Lever, chanoine *sil vanectensi* (On y remarque : 1° Regula beati Augustini; 2° Expositio in regula beati Augustini, composita per magistrum Hugonem de sancto Victore);

Un recueil de chartres et autres titres concernant l'institution et la création des secrétaires du roi, qui sont aux Célestins à Paris; ms. très-précieux, gr. in-4, écrit sur fort beau vélin à la fin du XVe siècle;

Un recueil de différentes pièces : le Psautier en roumans, c'est-à-dire en vers français; commentaire sur le livre de la Genèse en langue gasconne, sur les livres des Rois et sur le Nouveau Testament, en abrégé, etc.;

Conqueste de la Bretagne armorique, par Charles Magne, sur l'usurpateur Acquin; ms. in-4. (Copie de ce roman écrit dans le XVIe siècle, faite par les capucins de Cœsambre; le roman est en vers alexandrins et paraît être du langage du XIVe siècle);

Enfin, sermons prêchés et écrits en français dans le courant du XIIIe siècle, pour tous les dimanches et fêtes de l'année; ms. in-8, très-bien écrit à deux colonnes; il porte pour titre : Incipiunt sermones beati Mauritii. Plusieurs savants assurent que ces sermons sont de Maurice de Suilli, évêque de Paris, qui siégeait à la fin du XIIe siècle. L'auteur nous apprend le sujet pour lequel la procession des Rogations, qui se fait le jour de saint Marc, 25 avril, a été instituée.

---

Comme je l'ai déjà dit, M. Ferdinand Denis ajoute :

« En employant quelques heures de plus à son rapide examen, le savant bibliographe anglais eût pu aisément augmenter le nombre de ses notes; il eût pu insister sur l'intérêt qui s'attache à quelques beaux volumes imprimés durant le XVIe siècle; il eût été à même de signaler par exemple, le *Psautier polyglotte*, dédié à Léon X par Giustiniani, et publié à Gênes en 1516. Tout le monde ne sait pas que ce livre curieux renferme l'une des premières biographies que l'on ait de Christophe Colomb, si ce n'est la première. Ce fragment historique est confondu avec les notes marginales qui roulent sur le psaume XVIII, *Cœli enarrant gloriam Dei*. La vie du grand homme, écrite en espagnol par son fils et traduite du castillan en italien par Alphonse de Ulloa, ne parut à Venise qu'en 1571.

« Dans un coup d'œil même général, il eût été juste d'insister davantage sur ces belles éditions Aldines, qui sont l'honneur de la bibliothèque et qui sont devenues, grâce à M. Renouard, le sujet d'un des meilleurs livres de bibliographie spéciale que l'on ait encore publiés. La bibliothèque Sainte-Geneviève n'a guère à souhaiter dans ce genre de raretés que le *fameux Virgile*, format in-8, de 1501, et encore est-elle dédommagée de cette lacune par une foule d'autres chefs-d'œuvre typographiques, sortis des ateliers du vieux Manuce et des deux hommes habiles qui lui succédèrent. — Ce qu'il fallait signaler aux savants surtout, c'était ce précieux exemplaire du Fabricius (1), qu'illustrent en marge de nombreuses annotations de Mercier, abbé de Saint-Léger, et dont l'irritable abbé Rive lui-même n'eût pu contester la valeur, malgré l'ardeur de polémique qui l'entraînait à de perpétuelles discussions avec le savant bibliothécaire de Sainte-Geneviève.

« Les bornes d'une simple note ne nous permettent point de signaler ici les autres omissions du bibliographe anglais. Nous aimons cependant à rappeler un bel exemplaire des *OEuvres dramatiques* de Lope de Vega, qui passe avec juste raison pour être l'un des plus complets parmi ceux que l'on rencontre dans les bibliothèques publiques de Paris, puis le *Torres Naharro*, le *beau Cancionero general*, et enfin une multitude de précieuses chroniques espagnoles et italiennes que l'on ne trouve point toujours réunies.

« L'administration de la bibliothèque n'a point ralenti ses soins pour compléter dans leur ensemble tant de curieuses collections; non-seulement elle a fait l'acquisition, depuis plusieurs années, d'un grand nombre de livres écrits en langues étrangères, qui manquaient à l'ancien fonds, mais elle a réuni plusieurs grands voyages et divers beaux livres d'histoire naturelle, que les progrès de la science rendaient indispensables; elle s'est enrichie, en outre, de deux grands ouvrages qui tiennent un rang éminent dans la bibliographie moderne. L'un est le livre splendide publié par M. le comte Auguste de Bastard, sous le titre de *Peintures et Ornements des manuscrits* (cet ouvrage doit être bientôt enrichi d'un texte); l'autre est le livre publié, en 1839, sous le titre de *Paléographie universelle, Collection de fac simile d'écritures de tous les peuples et de tous les temps*. Un de nos plus célèbres calligraphes, M. Sylvestre, est l'auteur des admirables *specimen* dont se compose cette collection; les descriptions historiques et paléographiques sont dues à MM. Champollion-Figeac et Aimé Champollion fils.

« Parmi les manuscrits essentiellement précieux de la bibliothèque Sainte-Geneviève, nous citerons la plus ancienne copie connue aujourd'hui d'une portion des *Célèbres Chroniques de Saint-Denis* (2).

---

(1) *Fabricii (Joan. Alb.) Bibliotheca latina mediæ et infimæ latinitatis*, cum suppl. Schoetgenii, ex edit. et cum notis J.-D. Mansi. Patavii, 1754, 6 vol. in-4.

(2) Si Sainte-Palaye a suffisamment prouvé que la rédaction française de ces célèbres chroniques remontait à l'année 1274, il appartenait à la saga-

M. Paulin Paris a fait usage de ce volume, lorsqu'il a été chargé de donner une édition nouvelle de l'important ouvrage que nous venons de signaler. Nous rappellerons également les manuscrits d'une traduction de Jacques de Guyse (le célèbre annaliste du Brabant), qu'il ne faut pas confondre avec la version donnée par M. Fortia d'Urban; enfin nous dirons qu'il existe à la bibliothèque Sainte-Geneviève une traduction du Dante, écrite en vers latins, et qui a été faite à Venise par un moine de l'ordre de Saint-Benoît : elle est digne de fixer au plus haut degré l'attention.

« Nous mettrons également au nombre des mss. qui présentent un certain intérêt pour la science le *Voyage autographe* de Pingré *à l'île Rodrigue*. On sait que Pingré, le collaborateur du célèbre Borda, avait rédigé plusieurs observations astronomiques conservées aujourd'hui précieusement par les amis de la science. L'excellent *Catalogue des bibliothèques de la Marine* en fait foi, et l'on trouvera dans le deuxième volume de ce vaste répertoire une preuve de ce que nous avançons. Puisque nous signalons les travaux d'un voyageur auquel la science doit tant de renseignements utiles, nous rappellerons que l'un des monuments les plus curieux de l'ancienne Géographie existe à la bibliothèque Sainte-Geneviève; c'est une carte faisant partie des *Chroniques de Saint-Denis* et portant le seing de Charles V. Déjà M. de Humboldt avait indiqué combien ce *spécimen* de l'état de la science au moyen âge devait être apprécié pour constater la suite non interrompue de certaines traditions (1). Depuis, M. le vicomte de Santarem a fait reproduire cette pièce inestimable dans son bel *Atlas des cartes hydrographiques et historiques du moyen âge*. Ce serait peut-être ici l'occasion de citer un monument de la renaissance que possède la bibliothèque Sainte-Geneviève, et qui, pour être d'une tout autre nature, n'en offre pas moins un réel intérêt à ceux qui font leur étude spéciale de la marche progressive des sciences. Le rival du plus célèbre cosmographe de son époque, Oronce Finée, a laissé une horloge astronomique dont les génovéfains ornèrent jadis leur salle d'étude, et dont le temps a malheureusement dégradé les rouages intérieurs. Pour avoir une légère idée du genre de curiosité qui s'attache à un pa-

cité de M. Léon La Cabane d'établir qu'il était l'auteur d'une grande partie de ce livre précieux. Selon ce savant, « le chancelier Pierre d'Orgemont est certainement l'auteur des *Grandes Chroniques de France*, depuis l'avénement du roi Jean à la couronne jusqu'en 1375 ou 1377. » Voy. *Bibliothèque de l'École des Chartes*, tom. II, 1re livraison. Ceci néanmoins ne s'applique pas au volume manuscrit de la bibliothèque Sainte-Geneviève, et nous signalons le fait comme un renseignement curieux acquis à l'histoire littéraire.

(1) *Examen critique de l'histoire de la géographie du nouveau continent*.

reil monument, il faut se rappeler qu'Oronce Finée (1) lutta pendant longtemps, et quelquefois avec bonheur, contre le célèbre Pedro Nunez qui vivait à la cour de Jean III, et auquel on dut l'un des meilleurs traités de navigation dont la Péninsule ait fait usage alors. Rival lui-même des Enciso et des Medina, il fallait une habileté incontestable pour se mesurer avec un tel adversaire.

« S'il est possible, comme on l'a dit en ces derniers temps, de combler une période obscure de l'histoire de l'art par les peintures des manuscrits, la bibliothèque Sainte-Geneviève peut fournir plus d'un document précieux à l'œuvre que méditent aujourd'hui plusieurs écri-

(1) Né à Briançon, deux ans après la découverte du Nouveau-Monde (1494), Oronce Finée devait vouer toute son existence au progrès de la cosmographie, et il eut la gloire d'être le premier professeur de mathématiques que l'on ait nommé au Collège de France. Sa vie ne fut pas seulement troublée par ses débats avec Pedro Nunez; La Croix du Maine nous dévoile bien d'autres causes d'agitation, et il s'exprime ainsi à son sujet : « Il fut du nombre des membres de l'Université que François I<sup>er</sup> fit arrêter en 1518, parce qu'elle s'opposait à la réception du concordat. Il ne sortit de prison qu'en 1524, sur la requête présentée par la faculté des arts à la reine-mère, alors régente. » Chargé d'une nombreuse famille, victime de persécutions politiques, en butte à des luttes orageuses, sa devise était : *Virescit vulnere virtus*. La Croix du Maine, qui rappelle ces mots touchants et nobles à la fois du savant plein de persévérance, ajoute qu'il mourut « à Paris, en sa maison, le sixième jour d'octobre 1553, à quatre heures après midi, qui fut l'heure de sa nativité, l'an de son âge soixante-un ou environ. » Il fut enterré en l'église des Carmes. Son portrait nous a été conservé dans plusieurs recueils, et l'un de ses contemporains, Antoine Mizault, nous a donné l'histoire de sa vie avec le catalogue de ses ouvrages. Parmi les nombreux écrits du biographe, nous ne citerons que celui qui est relatif à l'horloge dont il est question ici : *Description de l'horloge planétaire faite par l'ordre de Mgr le cardinal de Lorraine, de l'invention d'Oronce Finée*, 1553. — Nous rappelerons que la bibliothèque possède plusieurs monuments propres à éclairer l'histoire de l'ancienne géographie, que l'on trouve rarement réunis dans le même dépôt. Tel est le *Traité de la sphère*, de Nicole Oresme, imprimé au XV<sup>e</sup> siècle, probablement d'après un des splendides manuscrits conservés à la Bibliothèque royale; tel est encore l'*Imago mundi* de Pierre d'Ailly, 14.. (1 vol. in-fol.), livre qui exerça une si grande influence sur l'esprit de Christophe Colomb, qu'on vient de trouver en Espagne un exemplaire de l'*Image du monde* chargé de notes autographes du grand homme. Nous citerons encore le *Voyage du prince de Bohême Rozmital et Blatna*, qui vivait au XV<sup>e</sup> siècle, et qu'on vient de faire réimprimer en Allemagne.

vains. A partir du IX${}^e$ siècle jusqu'au XVII${}^e$, elle possède des mss. ornés de miniatures qui ne le cèdent, pour la conservation et pour la beauté, à aucun de ceux qu'on admire dans la plupart des grandes bibliothèques de l'Europe. Pour suivre ici quelque ordre chronologique, nous citerons d'abord un évangéliaire format in-4° écrit au IX${}^e$ siècle, et que l'on a supposé jadis être la transcription d'un précieux volume écrit avant 732 (1). C'était du moins l'opinion du savant M. Robert;

(1) Ce précieux volume ayant fourni deux planches à une magnifique collection déjà citée, nous sommes heureux de pouvoir reproduire ici quelques renseignements destinés à paraître sous une autre forme dans le texte que prépare M. le comte Auguste de Bastard pour son ouvrage intitulé *Peintures et Ornements des manuscrits*. Après avoir fait remarquer que les évangiles de La Rochefoucauld ont été l'objet des opinions les plus divergentes, puisque les uns veulent que le livre ait été copié durant la première moitié du VIII${}^e$ siècle, tandis que d'autres tiennent à le rapprocher du XI${}^e$, l'écrivain dont nous reproduisons le témoignage fixe l'époque où il fut écrit d'une manière positive, et prouve qu'il a eu de bonnes raisons pour dater de la première moitié du IX${}^e$ siècle la planche de ces évangiles. « Cette planche, dit-il, se compose des figures de saint Luc et de saint Jean, et, entre les deux personnages, j'ai mis un peu du texte courant : 1° les premiers versets de l'Évangile selon saint Luc (fol. 99); 2° un fragment noté du même Évangile (fol. 105); ce sont les versets 21 et suivants du chapitre III, racontant le baptême de Jésus-Christ et sa généalogie depuis Joseph, qui fut d'Héli, jusqu'à Adam, qui fut de Dieu.

« Je ne regarde pas la notation musicale ou prosodique comme absolument contemporaine de l'écriture; mais elle est certainement du IX${}^e$ ou du X${}^e$ siècle, ainsi que la ponctuation, et j'ai cru qu'on verrait avec plaisir cette petite infidélité à notre règle, qui est de s'abstenir de toute addition et annotation postérieures au manuscrit.

« Je suis sur mon terrain lorsque j'ajoute que les peintures apportent, à elles seules, une preuve de la date du livre. Elles sont hardiment exécutées, quoique sans correction de dessin et fortement gouachées; les ombres et les lumières largement accusées, à la manière des peintres byzantins. Or, vous savez, comme moi, qu'en parlant d'influence grecque en France, on doit entendre le IX${}^e$ siècle.

« Il est probable que le manuscrit a été fait à Senlis, d'où il fut rapporté à Paris, dans la première moitié du XVII${}^e$ siècle, par le cardinal François de La Rochefoucauld, évêque de Senlis, grand-aumônier de France et abbé de Sainte-Geneviève.

« Une inscription du XIV${}^e$ siècle ou environ nous apprend que le manus-

mais nous avouerons qu'il l'eût peut-être modifiée en présence de certains faits parfaitement éclaircis maintenant, grâce aux recherches les plus consciencieuses. Quelques ouvrages postérieurs à cette période méritent encore l'intérêt; mais le livre par excellence au point de vue de l'art est une grande Bible en 3 vol. in-fol., écrite à Cantorbery au XIII° siècle, et reproduisant dans ses nombreuses peintures des scènes religieuses dont le caractère austère contraste avec les miniatures du XV° et du XVI° siècle (1). Au XIV° siècle, comme tout le monde sait, l'art du miniaturiste avait pris un tel développement en Italie et surtout en France, que le Dante vante l'habileté merveilleuse des illuminateurs de Paris. La bibliothèque Sainte-Geneviève possède plusieurs beaux volumes qui remontent à cette période de l'art; le plus beau, sans contredit, nous vient d'Italie, et est postérieur de près d'un siècle: c'est un saint Augustin dont la calligraphie est merveilleuse et dont les ornements sont du goût le plus exquis. Le *Pèlerinage de la vie humaine*, vol. in-fol., nous offre un beau spécimen de ce qu'était l'art en France au XIV° siècle; il faut ranger aussi dans cette catégorie le beau *Tite-Live* du temps de Charles V qui appartint au duc de Bedford. Mais nous regardons, sans contredit, comme l'une des plus rares productions du XV° siècle la *Traduction de saint Augustin*. Caractère ingénieux dans les compositions, élégance dans le dessin, variété singulière dans les ornements, ce beau volume offre une réunion de qualités artistiques qui en font un livre essentiellement remarquable: et cependant l'auteur des peintures qui embellissent ce livre admirable se plaint à chaque page de ce que le temps lui a fait défaut : *hastiveté m'a brûlé* semble

crit appartenait à l'église de Saint-Frambaut de Senlis (le même que Freimbant ou Frambourg), et une prière écrite au X° siècle pour obtenir de Dieu le repentir des spoliateurs de ce lieu et la satisfaction qu'ils lui doivent (fol. 13 et 14, prouve aussi que les évangiles auxquels j'ai donné le nom d'*évangiles de La Rochefoucauld* étaient possédés, dès le X° siècle, par ladite église de Saint-Frambaut de Senlis. Ils y étaient très-probablement dès leur origine. »

(1) Nous reproduirons encore ici de précieux détails qui nous sont fournis par M. le comte A. de Bastard. Après avoir apprécié le style excellent des peintures, après avoir caractérisé ce beau spécimen de la calligraphie anglaise, qui se maintient depuis le folio premier jusqu'au dernier, il ajoute : « On peut affirmer que cette Bible est l'un des plus beaux manuscrits qui soient parvenus jusqu'à nous (j'entends de l'époque indiquée), et l'on reste stupéfait en apprenant que le prieur de Saint-Loup de Troyes l'a vendu, en 1748, à l'abbaye de Sainte-Geneviève pour la somme modique de *cent vingt livres*, c'est-à-dire le prix courant actuel d'un joli petit manuscrit à vignettes du XV° ou du XVI° siècle. » Il paraît n'être venu à Paris que cinq ans après l'acquisition.

être la devise du peintre calligraphe qui, dans sa religieuse modestie, a célé jusqu'à son nom.

« Les bornes d'une simple note nous contraignent à passer rapidement sur plusieurs productions éminentes du XVIe et du XVIIe siècle. Nous signalerons néanmoins un beau volume contenant une partie de l'œuvre de Jean de Meung, et en tête duquel une admirable miniature rappelle les symboles du grand œuvre; nous n'omettrons point le livre curieux dans lequel un des chanoines de l'antique abbaye s'est plu à rappeler les splendeurs d'une procession de la sainte patronne. Mais le recueil le plus précieux qui ait été légué à la bibliothèque Sainte-Geneviève est une collection de portraits aux trois crayons que la tradition a longtemps attribuée à un artiste célèbre qui, né en l'année même du sacre de Henri III, aurait vécu jusque sous la minorité de Louis XIV. Une critique plus éclairée et plus judicieuse a prouvé non-seulement que tout, dans cette belle collection, ne pouvait pas être attribué à un seul artiste, mais que les précieuses effigies qui la composent remontent bien au delà de l'époque où Daniel du Monstier avait dû commencer à se faire un nom. Ces beaux portraits présentent dans leur exécution un caractère varié qui ne permet point d'accepter un vague souvenir qu'il faut pour ainsi dire abandonner. Dans tous les cas, et, si l'on suivait la tradition, il faudrait admettre pour l'œuvre entière le concours de la famille nombreuse du peintre que nous venons de citer. Ce qu'il y a de plus probable, c'est que divers artistes français et italiens, dont quelques-uns seraient contemporains du Primatice, auraient contribué à former cette admirable collection. Dans cette hypothèse, Geoffroy du Monstier, qui habita longtemps l'Italie, pourrait réclamer la plus grande partie de l'honneur qui a été fait à son petit-fils. Daniel néanmoins a certainement participé au recueil, nous ne prétendons point l'exclure de ce glorieux concours; mais il était juste de rectifier les faits. Ces beaux portraits forment aujourd'hui 2 vol. grand in-fol. qui, il faut l'avouer, n'ont ni le même intérêt ni le même degré de valeur. Nous aimons à le consigner ici, c'est le fils d'un de nos peintres éminents que ses fonctions de bibliothécaire et ses goûts de littérateur et d'artiste ont mis à même d'étudier la collection; c'est M. Hippolyte Taunay qui a réuni avec un soin particulier ces précieuses effigies dispersées avant lui. Grâce à la munificence du gouvernement, les plus beaux portraits de la collection vont être publiés avec tous les soins désirables, et une plume ingénieuse doit nous révéler les mystères historiques que nous cache encore l'œuvre du XVIe siècle. Avant que ce travail étendu paraisse néanmoins, nous allons essayer de compléter cette note par quelques détails sur la famille des du Monstier, qui nous semblent avoir été ignorés de la plupart des biographes et dont l'omission a jeté la confusion la plus étrange jusque dans un recueil qui fait presque toujours autorité. Nous n'avons ici la prétention que d'établir quelques dates précises et de constater quelques faits dont l'ensemble est peu connu.

« Tout le monde sait combien sont rares les documents biographiques recueillis jusqu'à ce jour sur nos peintres habiles du XVIe siècle; on n'a rien, pour ainsi dire, sur la vie du célèbre Janet, et l'on ne possède qu'une date lorsqu'on veut suivre dans leur succession les événements qui marquèrent la carrière de Cousin. Il est incontestable néanmoins qu'il exista à cette époque un peintre habile du nom de du Monstier (1). Florent le Comte et Mariette sont d'accord lorsqu'il s'agit de cet artiste.

« Geoffroy du Monstier, né probablement en France à la fin du xv<sup>e</sup> siècle ou bien au commencement du xvi<sup>e</sup>, aurait passé les premiers temps de sa jeunesse en Italie, puis serait revenu dans sa patrie vers 1530, à l'époque où *le Rosso*, connu en France sous le nom de *maître Roux*, se décida à se fixer parmi nous pour terminer les beaux travaux commencés par ordre de François I<sup>er</sup>. Selon un auteur moderne qui se distingue par la conscience de ses recherches, Geoffroy du Monstier était pour ainsi dire à l'apogée de son talent de 1543 à 1547. Ces dates sont précises, et on les trouve sur des planches que l'artiste a gravées. Bien qu'il ait exécuté des dessins aux trois crayons, on connaît de lui des œuvres d'un autre genre, et le célèbre Mariette suppose même qu'il a peint sur verre. Le consciencieux continuateur de Bartsch (2) connaît de lui vingt-deux estampes qu'il décrit dans *le Peintre graveur*, et dont l'une appartient à la bibliothèque Sainte-Geneviève. Selon toute probabilité, c'est à ce dessinateur habile qu'il faut appliquer le jugement favorable que Florent le Comte porte de du Monstier qu'il ne désigne point par ses prénoms. « Ce fut, dit-il, un des excellents hommes de son temps pour la connaissance des tableaux et pour en développer les auteurs; il avait l'esprit des plus enjoués et jouait de divers instruments. Son mérite particulier lui attira l'estime du prince, qui lui avait donné une bonne pension dont il a joui jusqu'à sa mort (3). » Dans les précieuses notes manuscrites dont il a enrichi le texte d'Orlandi, Mariette nous apprend que Geoffroy eut un fils nommé Cosme, et nous savons d'une autre source que ce fils fut attaché à la personne du roi en qualité de valet de chambre. Il fut envoyé, dit-on, en diverses cours.

---

(1) « *Dumonstier* ou *du Monstier*, *Dumontier* ou *du Montier*, *Dumoustier* ou *du Moustier*, *Dumoutier* ou *du Moutier*, sont autant de façons différentes d'écrire le même nom ; mais, vu le temps où vivait notre artiste, il dut s'appeler et signer *Dumonstier* ou *du Monstier*. » (Robert Dumesnil.) — On écrivait *du Monstier* et l'on prononçait *du Moustier*. (Voy. une note de M. de Monmerqué.)

(2) Robert Dumesnil.

(3) Voy. *Cabinet des singularités d'architecture, peinture, sculpture*; Paris, 1702, 2<sup>e</sup> édit. Florent Le Comte ne connaît qu'un du Monstier, mais il le place après Clouet, dit Janet, le peintre de François I<sup>er</sup>. C'est encore du vieux du Monstier dont il est question dans l'ouvrage de Papillon de la Ferté. Après avoir parlé de Cousin, l'écrivain que nous citons s'exprime ainsi : « Jusqu'au temps où vivait cet artiste, aucun autre en France ne

« Grâce à Mariette, on a la certitude que les missions dont fut chargé Cosme du Monstier ne l'empêchèrent point de s'abandonner au génie instinctif de sa famille. Il ne fut pas le seul probablement qui s'occupa des arts parmi les nombreux enfants que laissa Geoffroy. Un curieux dessin du XVIe siècle (1), conservé à la bibliothèque Sainte-Geneviève, mais bien différent par son caractère de l'œuvre signalée plus haut, nous fait connaître très-probablement deux frères de Cosme : l'un porte le nom d'Estienne du Monstier l'aîné, l'autre est désigné sous celui de Pierre.

« Nous ignorons complétement la date qu'il faut assigner à la mort de ces divers personnages, et la biographie du contemporain de Primatice et du Rosso nous laisse dans la même incertitude; il n'en est pas de même du petit-fils.

« De tous les artistes portant le nom de du Monstier, le plus connu, sans contredit, est celui dont les célèbres *historiettes* ont raconté les bizarres excentricités, et cependant les rares documents qui nous entretiennent de ce personnage se contredisent quant aux dates : on le fait naître tour à tour en 1560 (2), en 1570 et en 1575; nous adopterons cette dernière indication, parce que c'est celle qui nous est fournie par Mariette dans ses précieuses notes manuscrites qui nous ont été signalées avec tant d'obligeance par le savant M. Duchêne. Daniel du Monstier, fils de Cosme, était connu au temps de Louis XIII sous le nom de *du Monstier-Crayon*; il prenait lui-même le titre de peintre *du roy et de la reyne*; il avait reçu une éducation libérale, et ne s'occupait pas seulement de peinture. On a de lui quelques stances sur la mort de Henri IV, et il a laissé d'autres poésies. L'ouvrage de Tallemant des Réaux est dans toutes les bibliothèques, et nous ne croyons pas nécessaire de grossir cette note de tous les faits qu'on peut y lire. Si ce que l'on raconte dans ce recueil se trouve fondé (mais l'on sait avec quelle circonspection Tallemant doit être consulté au point de vue historique), l'amour de Daniel du Monstier pour les

s'était distingué dans l'histoire. La réputation de ceux qui florissaient avant lui n'était due qu'à la manière assez adroite dont ils traitaient le portrait. Ces hommes, habiles pour leur temps, étaient Charles et Thomas Deriguy, Charmoy, Louis-François Dubreuil, Jannet, Brunel, Corneille de Lyon, de Moustier. » Voy. *Extrait des différents ouvrages publiés sur les vies des peintres.* On sait que Cousin a vécu jusqu'en 1589.

(1) Dans ce dessin, les noms écrits au bas des personnages ne laissent point de doute sur leur identité. Étienne « *présente à la royne, mère du roy,* » une plume afin qu'elle signe un papier posé devant elle; le jeune Pierre du Monstier écarte le rideau d'une portière, et Mme de Sauve caresse un chien. Elle est assise à côté de Catherine de Médicis. Deux enfants de la reine, de proportions fort étranges, occupent le premier plan.

(2) Voy. *Bulletin du bibliophile,* art. signé G. P.

livres allait fort au-delà d'une honnête manie. Les détails biographiques manquent d'ailleurs, ou à peu près, dans les célèbres historiettes. Quelques notes excellentes du savant M. de Monmerqué mettront peut-être sur la voie de renseignements plus explicites touchant le peintre-poëte du temps de Louis XIII; en attendant, nous puiserons dans les documents inédits de Mariette certains détails qui semblent combattre les allégations avancées par Tallemant, ou du moins qui les modifient. Selon ce biographe éclairé, Daniel avait un cabinet de livres fameux, et il en avait su faire un louable usage, puisque sa mémoire prodigieuse lui permettait de se rappeler ce qu'il lui avait confié une fois; mais aucun des détails étranges qui sont présents à la mémoire de tous n'est reproduit par l'habile critique dont nous citons le témoignage. Il se contente d'affirmer que Daniel du Monstier jouissait d'une réelle considération à la cour et que sa maison était le rendez-vous de la meilleure compagnie. Nous avouerons néanmoins que les brusques saillies attribuées à du Monstier-Crayon ont eu un retentissement trop général, pour admettre que le conteur du XVIIe siècle n'ait pas mêlé beaucoup de vérité à de cyniques exagérations. Daniel du Monstier occupait un logement dans les galeries du Louvre, nous ne savons pas s'il y finit ses jours; il mourut à Paris en 1646 d'une colique de *miserere*. Ce dernier renseignement nous est fourni encore par les notes ajoutées à l'Orlandi, du cabinet des estampes de la Bibliothèque royale, et il contredit la Biographie universelle, qui fait mourir notre artiste en 1631 (1).

« Le jugement que porte Mariette sur Daniel du Monstier prouve jusqu'à l'évidence qu'on ne saurait attribuer à cet artiste les beaux dessins du XVIe siècle, si généralement admirés à la bibliothèque Sainte-Geneviève. En parlant des œuvres du petit-fils de Geoffroy, « Il n'y faut chercher, dit-il, ni touche savante, ni art, ni couleur, « mais de l'exactitude et de la vérité. » Un peu plus loin le même auteur parle de la merveilleuse facilité de Daniel à produire cette multitude de portraits aux trois crayons, « qui ne sortaient jamais de ses « mains sans être ressemblants, » et il insiste sur leur nombre, en faisant entendre que cette fécondité fit bientôt acquérir au petit-fils un renom beaucoup plus général que celui dont jouissait jadis l'élève de maître Rosso. Nous le répétons donc, si les du Monstier ont eu réellement part à la belle collection de la bibliothèque Sainte-Geneviève, ce serait surtout à Geoffroy et à Cosme que reviendrait cet honneur.

« La Bibliothèque du roi possède une précieuse réunion de portraits du XVIe siècle (2) qui ont une analogie frappante avec ceux que nous

---

(1) Cette succession d'artistes habiles dans une même famille ne finit pas à Daniel du Monstier. Le livret du musée du Louvre cite un Nicolas du Monstier, fils du peintre indiqué plus haut. — Né à Paris en 1617, on le voit en Italie en 1648, et il vit jusqu'en 1669. Mariette n'en fait pas mention dans ses additions à l'*Abecedario pittorico*.

(2) Un de ces portraits est signé du nom de Foulon, mais il est juste de dire qu'il diffère des autres par l'exécution.

signalons ici. La tradition donne également pour auteur à plusieurs d'entre eux un du Monstier. Selon nous, on peut appliquer à la collection entière ce que nous venons de dire, et ce que les bornes de cet article ne nous permettent point de développer; ce qu'il y a de certain, c'est que divers artistes ont contribué à former ces deux beaux recueils. Il n'y aurait rien d'impossible, et nous reproduisons ici l'opinion d'hommes compétents, à ce que les plus remarquables d'entre ces portraits eussent été exécutés par un peintre célèbre contemporain, comme Geoffroy du Monstier, du Primatice. Clouet, dit Janet, serait cet artiste habile. En effet, Florent le Comte insiste sur la faveur dont Janet jouissait auprès de Charles IX; et de toutes les effigies qu'on remarque dans les deux collections, ce sont celles de ce prince qui sont reproduites le plus fréquemment (1).

« On le comprendra aisément, cette simple note, fruit de quelques recherches qui n'avaient pas été tentées dans les biographies, aurait pu recevoir un grand développement, mais nous remettons ce soin à l'homme habile qui doit incessamment faire jouir le public de cette belle iconographie. »

---

Notice historique sur les bibliothèques anciennes et modernes, par J.-L.-A. Bailly. Paris, Rousselon, 1828; in-8.

Terminée par un recueil de lois et ordonnances concernant les bibliothèques. Les pages 120 et suivantes sont consacrées à Sainte-Geneviève.

Les Bibliothèques publiques, par P.-L. Jacob, bibliophile (Paul Lacroix).

Dans le tome Ier de l'ouvrage intitulé : *Paris ou le Livre des Cent-et-un*. Paris, Ladvocat, 1831—etc., in-8.

Lettre d'un bibliothécaire de province à son ami G...., sur

---

(1) Florent Le Comte dit, en parlant de ce peintre et des portraits qu'il a laissés : « Dans la bibliothèque de M. le président de Thou, il y en avait plusieurs représentant les principaux seigneurs de ce temps-là. Il travaillait pareillement en miniature. » Clouet, dit Janet, vivait, comme on sait, vers 1547.

les suppressions à faire dans les établissements de Paris. Paris, Tillard, 1833, brochure in-8 de 64 pages.

<small>Par M. Joly, avocat.
Première et dernière lettre.</small>

Lettre à M. le ministre de l'instruction publique sur les bibliothèques publiques de Paris, par H. Ternaux-Compans. Paris, Delaunay, Palais-Royal, 1837, in-8.

Discours prononcé par M. A. Denis, député du Var, dans la discussion de projet de loi relatif à la construction et à l'achèvement de plusieurs édifices publics. Paris, imp. de Panckoucke, 1843, in-8 de 8 pages.

<small>Extrait du *Moniteur* des 7 et 8 juin 1843. Ce discours est relatif à la bibliothèque Sainte Geneviève, à son changement de l'ancien local dans celui du collége Montaigu.</small>

Mémoire relatif à la translation de la bibliothèque Sainte-Geneviève à l'Odéon, par Félix Pigeory. Paris, imp. lith. de Janson, 1843, in-fol. de 3 feuilles.

De l'Organisation des bibliothèques publiques dans Paris, par le comte de Laborde. Paris, Franck, 1845, in-8, avec gravures.

Réforme de la Bibliothèque du roi, par P.-L. Jacob, bibliophile. Paris, Techener, 1845, in-12.

<small>Ouvrage publié d'abord dans le journal *la Patrie*.
On trouvera encore des détails historiques sur la bibliothèque Sainte-Geneviève dans les biographies des PP. Fronteau, Lallemant et Du Molinet, dans celles de Le Tellier, du duc d'Orléans, de Paul Beurrier, du peintre Jean Restout, etc., etc. Je n'ai pas besoin de rappeler qu'on en rencontrera aussi dans toutes les histoires de Paris publiées depuis 1680, notamment dans celles de Piganiol de La Force, t. VI, p. 82 et suiv., et dans le *Magasin pittoresque* : ce dernier recueil surtout contient, t. IX, p. 143 et suiv., sur l'origine de la bibliothèque Sainte-Geneviève, sur le nombre de ses imprimés et de ses</small>

manuscrits, sur ses principales collections et sur ses séances du soir, un article plein d'intérêt.

---

Nota. Mon collaborateur ayant eu connaissance trop tard, pour pouvoir l'insérer dans son travail, d'une ordonnance du 1er novembre 1846, concernant les bibliothèques publiques, m'a prié d'en donner ici une copie.

EXTRAIT DU BULLETIN DES LOIS. — N° 1360.

N° 13,328. — *Ordonnance du roi qui modifie celle du 22 février 1839, concernant les bibliothèques publiques.*

Au palais de Saint-Cloud, le 1er novembre 1846.

Louis-Philippe, roi des Français, etc.

Sur le rapport de notre ministre secrétaire d'État au département de l'instruction publique;

Vu notre ordonnance du 22 février 1839;

Nous avons ordonné et ordonnons ce qui suit :

Art. Ier. — Notre ordonnance du 22 février 1839, en ce qui concerne les attributions de l'inspecteur général des bibliothèques, est modifiée ainsi qu'il suit :

L'inspecteur général préside, au nom de notre ministre secrétaire d'État au département de l'instruction publique, le comité d'achats institué par l'article 27 de ladite ordonnance.

Art. 2. — Ladite ordonnance est modifiée, en ce qui concerne le haut personnel des bibliothèques Mazarine, Sainte-Geneviève et de l'Arsenal, ainsi qu'il suit :

Au fur et à mesure des extinctions, il pourra être nommé, indépendamment des conservateurs-adjoints, des conservateurs au traitement de trois mille francs, et au nombre de quatre pour la bibliothèque Sainte-Geneviève, et de deux pour les bibliothèques Mazarine et de l'Arsenal.

Art. 3. — Notre ministre secrétaire d'État au département de l'instruction publique est chargé de l'exécution de la présente ordonnance.

Fait au palais de Saint-Cloud, le 1er novembre 1846.

*Signé* : LOUIS-PHILIPPE.

Pour le roi,

Le ministre secrétaire d'État au département de l'instruction publique,

*Signé* : Salvandy.

# CATALOGUES.

### CATALOGUES DU CABINET D'ANTIQUES.

Le Cabinet de la bibliothèque Sainte-Geneviève, divisé en deux parties, contenant les antiquités de la religion des chrétiens, des Égyptiens et des Romains; les tombeaux, etc.; une description des animaux les plus rares et les plus singuliers; des coquilles les plus considérables, etc.; par Claude Du Molinet. 1692, in-fol., avec figures. ZZ, 247 (392).

Publié par les soins du P. Sarrebourse, chanoine régulier de la Congrégation de France.

L'abbé Mercier de Saint-Léger a mis en tête de l'exemplaire de la bibliothèque Sainte-Geneviève la note suivante, qui fera connaître ce que cet exemplaire a de particulier : « A la fin de ce volume, j'ai fait, dit-il, insérer XI planches gravées qui m'ont été données par un ami en juillet 1771. Ces planches, qui sont de Sébastien Le Clerc, ne se trouvent pas facilement. Voici ce que dit l'abbé de Vallemont, dans son *Éloge de M. Le Clerc*, imprimé à Paris en 1715, in-12, pag. 100 : « Toutes les médailles de nos rois, depuis saint Louis jusqu'à « Louis XIII inclusivement, que le P. Du Molinet avait ramassées « dans le cabinet de Sainte-Geneviève, au nombre de 195, tant têtes « que revers, sont encore de sa gravure (de Sébastien Le Clerc). » L'abbé de Vallemont répète la même chose à la page 209; mais il se trompe évidemment en faisant remonter jusqu'à saint Louis cette suite, qui ne commence qu'à Charles VII. Ce qui trompe l'auteur, c'est que, sur la première de ces planches, on voit un médaillon de Louis XI avec la légende *Divus Ludovicus*, qu'il a interprété *saint Louis*. »

Du Molinet a fait graver, dans sa *Description du cabinet de Sainte-Geneviève*, les coins du Padouan qui font maintenant partie des riches collections du cabinet du roi. Voyez *Biographie universelle* de Michaud, article Cavino.

Description ou Explication des principales médailles qui sont dans le cabinet de la bibliothèque des RR. PP. de Sainte-Geneviève de Paris, recherchées et mises en ordre par les soins du R. P. Du Moulinet, bibliothéquaire (sic) et secrétaire du R. P. général, qui a fait désigner les plus curieuses pour mettre dans le cabinet du roy. In-fol. ZZ, 1.

Ms.

Donation entre vifs, consentie par S. A. S. Monseigneur le duc d'Orléans, en faveur des sieurs abbé, prieur et religieux de l'abbaye de Sainte-Geneviève-du-Mont, de la collection que mon dit seigneur le duc d'Orléans a faite de médailles et pierres gravées contenues dans un médaillier et décrites dans trois catalogues; ensuite de laquelle donation sont transcrits les trois catalogues y énoncés. Archives du royaume, carton L, 1463.

Copie officielle de la minute, datée des 14 et 20 décembre 1751, et signée par Doyen, notaire; les catalogues sont d'une belle écriture et fort bien faits.

Les archives du royaume possèdent beaucoup de pièces autographes du duc d'Orléans et beaucoup de documents concernant ce prince.

Description des principales pierres gravées du cabinet du duc d'Orléans, par Fr. Armand, abbé de Grandchamp. Paris, Pissot, 1780, 2 vol. in-fol. ZZ, 242 et 242² (386 et 387).

Avec M. Coquille. Le premier volume est de l'abbé Arnaud et le second de son collègue. L'épître dédicatoire étant signée des abbés Leblond et Lachaux, on leur a, par erreur, attribué cet ouvrage. L'abbé Leblond a légué à la bibliothèque Mazarine un exemplaire de cet ouvrage, enrichi de dessins originaux. (MM. Barbier et Quérard.)

Catalogue des médaillons et des médailles antiques du cabinet de l'abbaye royale de Sainte-Geneviève, de tous métaux et de toutes grandeurs : 1° médailles des rois, peuples et villes; 2° médailles de famille ou médailles consulaires; 3° médailles impériales; fait par A. Mongez, chanoine régulier, garde des antiques du cabinet d'histoire naturelle de l'abbaye de Sainte-Geneviève, des académies de Lyon, Dijon et Rouen. 1785, in-fol. Bibl. Sainte-Geneviève, non classé.

Ms.

## CATALOGUES DES MANUSCRITS.

Catalogus librorum manuscriptorum bibliothecæ Sanctæ-Genovefæ Parisiensis. Petit in-fol. Q, 5³ (1501).

Ms.

Inventaire des principaux manuscrits de la bibliothèque de l'abbaye Sainte-Geneviève. In-fol. Q, 5⁴ (1502).

Ms.
Un bon nombre de titres rapportés dans cet inventaire sont précédés ou suivis de dessins, lavés à l'encre de Chine ou au bistre, reproduisant les miniatures qui sont dans les manuscrits. Ces dessins sont bien faits et fort curieux; l'ouvrage, car ce catalogue en est un, est terminé par deux tables alphabétiques, l'une de tous les titres et l'autre des principaux titres, et surtout des titres des anonymes. Dans la première table, les ouvrages composés par des chanoines réguliers y sont marqués d'une étoile : ce sont ceux de J.-B. d'Antecourt, Louis de Clermont, Jacq. Cousinet, Jean Fronteau, Jorlandus, Joannes de Saint-Victor, Jean Mauburnus, Hugo Metellus, Cl. du Molinet, Nic. Quesnel, P. de Riga, Robertus de Saint-Victor et Jacq. Thieulen. On remarque dans la seconde table l'indication d'un nécrologe et d'un martyrologe de l'abbaye, et celle d'une histoire et d'une vie de sainte Geneviève.

Catalogue manuscrit et Extraits manuscrits de la bibliothèque de Saint-Germain, de celles de quelques églises de Paris, de celles de d'Aguesseau, de Sainte-Geneviève, de la Sorbonne, de la Bibliothèque royale et de la Vallière. In-4, hist. F, 839 (F). Bibl. de l'Arsenal.

De la main de Lacurne de Sainte-Palaye, suivant M. Varin.

Catalogue des manuscrits de la bibliothèque Sainte-Geneviève, par ordre de matières. 1 fort vol. in-fol.

Ms.
Ce catalogue est celui dont on se sert aujourd'hui; les ouvrages y sont classés par langue et par format : Orientaux, in-fol., in-4, in-8 et in-12; Latins, in-fol., in-4, in-8 et in-12; Français, in-fol., in-4, in-8 et in-12; Italiens, in-fol., in-4, in-8 et in-12; les ouvrages d'une même langue et d'un même format sont rangés par ordre de matières; enfin le catalogue est terminé par un dépouillement succinct des pièces détachées contenues dans la suite de cartons marqués avec les lettres de l'alphabet, et qui se trouvent dans le cabinet des manuscrits.

Catalogue des manuscrits de la bibliothèque nationale du Panthéon, par ordre alphabétique, fait en l'an XI de la république (1803). Petit in-fol.

Ms.
Table complémentaire du précédent; ce catalogue très-sommaire renvoie, pour les détails, à celui par ordre des matières dont il indique la page.

Voyez aussi les catalogues de Hœnel et de Marsan; le premier renferme, comme je l'ai dit précédemment, le catalogue de tous les manuscrits de Sainte-Geneviève, et le second celui des manuscrits italiens de la même bibliothèque.

## CATALOGUES DES IMPRIMÉS.

Catalogue des livres de l'Abbaye. In-fol. Q, 4² (1503).

Ms. Sans date ni nom d'auteur.
Lorsqu'on dressa ce catalogue, la bibliothèque ne comptait que 6,933 volumes (2,397 in-fol., 2,310 in-4 et 2,226 in-8 ou in-12), et plusieurs petits volumes qui se trouvaient au bas des fenêtres et qu'on n'avait pas pris la peine d'inventorier. Il n'y avait aussi que 225 manuscrits (200 in-fol. et 25 in-4) grecs, latins ou français.

Bibliotheca Telleriana sive Catalogus librorum bibliothecæ

illust. ac reverendissimi D. D. Caroli Mauritii Le Tellier, archiepiscopi ducis Remensis. Parisiis, e typ. regia, 1693, in-fol.

Par Philippe Dubois.
Catalogue très-estimé de la riche bibliothèque que l'archevêque Le Tellier légua à l'abbaye Sainte-Geneviève.

Bibliothecæ Tellerianæ Index universalis alphabeticus, an. 1702. In-fol. Ms.

Complément très-précieux du catalogue de la bibliothèque Le Tellier.

Catalogue, par ordre alphabétique, des livres de la bibliothèque Sainte-Geneviève de Paris. 2 vol. in-fol. (2ᵉ et 3ᵉ).

Ms. en très-mauvais état, sans lettre ni numéro d'ordre.

Catalogue, par ordre de matières, des livres de la bibliothèque Sainte-Geneviève de Paris. 1 vol. in-fol. (2ᵉ).

Ms. en très-mauvais état, sans lettre ni numéro d'ordre.
A la fin de ce volume, on voit la seconde partie d'une table des divisions établies dans le catalogue.

Bibliotheca sacra, seu Syllabus omnium fermè sacræ Scripturæ editionum ac versionum. Paris, 1709, 2 vol. in-8.

Par J. Lelong.
Réimprimée la même année à Leipzig, par les soins de Bœrner, avec des augmentations, et, en 1723, in-fol., par ceux du P. Desmolets, ami de l'auteur. Une nouvelle édition avait été commencée par A.-G. Masch; il n'en a paru que 2 parties en 5 vol. in-4. L'ouvrage de Lelong est le travail le plus ample, le plus méthodique et le plus exact qui ait été publié en ce genre. La plupart des bibles et des parties de bibles qui sont à Sainte-Geneviève y sont indiquées.

Catalogue de la bibliothèque de l'abbaye royale de Sainte-Geneviève de Paris. 1754, 9 vol. petit in-fol. Ms.

M. de Bougy le croit du P. Pingré.
Ce catalogue est celui dont on se servait encore à la bibliothèque le 21 avril 1790, comme l'atteste le visa mis au commencement et à la fin

de chaque volume par les membres de la municipalité de Paris, conformément aux décrets de l'assemblée nationale des 20 février, 19 et 20 mars 1790, sanctionnés par le roi le 26 du même mois, et transcrits sur les registres de la municipalité le 10 avril suivant, et d'après les pouvoirs donnés par la municipalité de Paris, aux termes des arrêtés des 10 et 12 dudit mois d'avril. Ce catalogue, après avoir été vérifié et paraphé, fut laissé, ainsi que les ouvrages qui y sont mentionnés, à la charge de MM. Pingré, Viallon et Ventenat, bibliothécaires. Il est par ordre de matières et précédé de l'exposé du plan de classification. L'idée dominante qui a présidé à l'adoption de ce plan est la même que celle qui dirigea l'auteur du catalogue de la bibliothèque Le Tellier (voyez ci-dessus, page 190 et suivantes); après cet exposé, on trouve un plan général et un plan détaillé des matières du catalogue; puis vient enfin une table alphabétique des ouvrages groupés par sujets, avec des numéros de renvoi correspondant à ceux des livres sur les tablettes. Il est dit dans ce préambule que *le catalogue est terminé par une table des noms des auteurs, des titres des ouvrages anonymes et des principales matières* : je n'y ai rien vu de semblable. Les neuf volumes indiqués dans le visa des commissaires de la municipalité de Paris sont formés du catalogue méthodique des ouvrages; le neuvième et dernier comprend les lettres X, Y et Z, c'est-à-dire les langues et les orateurs, la poésie, les mélanges et les ouvrages de critique littéraire.

Livre de recettes et de dépenses de la bibliothèque Sainte-Geneviève, depuis 1758-69. Petit in-fol. Q, $5^2$ (1500). Ms.

Provenant de l'abbé Mercier de Saint-Léger; on y voit une espèce de catalogue résultant de l'inscription des achats successifs faits, de 1758 à 1769, pour la bibliothèque.

Question de la bibliothèque Sainte-Geneviève, par l'abbé de Saint-Léger, et Essai de catalogue de la même bibliothèque. In-fol. Q, 6. Ms.

On croit l'*Essai* de la main du P. Pingré.

Catalogue des livres de la bibliothèque Sainte-Geneviève. 1791, 20 vol. grand in-fol. : 7 vol. pour les formats in-fol. et in-4 et 13 vol. pour les formats in-8, in-12, etc. Ms.

Exécuté sous la direction de Daunou. C'est celui dont on se sert aujourd'hui. Les ouvrages y sont classés dans l'ordre alphabétique du nom des auteurs; quant aux anonymes, aux recueils, aux journaux et autres ouvrages de même nature, ils y sont intercalés d'après l'ordre alphabétique du mot important de leur titre.

Plan général du catalogue de la bibliothèque Sainte-Geneviève et partie du même catalogue, par E.-P. Ventenat. In-4. Q, 9. Ms.

Catalogue contenant les volumes in-4 des lettres A-Z de la bibliothèque Sainte-Geneviève, par E.-P. Ventenat. In-4. Q, 1² (1213). Ms.

Donné à la bibliothèque, le 15 septembre 1810, par Mme veuve Ventenat.

## CATALOGUES SPÉCIAUX.

### THÉOLOGIE.

Catalogue des pièces relatives au jansénisme. In-4. Ms.

Dépouillement, par ordre de dates, des pièces relatives aux disputes et aux affaires du jansénisme qui sont contenues dans les volumes de recueils de la bibliothèque Sainte-Geneviève, rangés dans cette division au D in-4 et formats inférieurs. On n'y a point compris les volumes dont le contenu a un objet spécial indiqué au dos, comme *Douai, Miracles, Convulsions*, etc., ces volumes étant indiqués dans le grand catalogue de la bibliothèque; mais on a eu soin d'y comprendre les pièces de ces recueils qui sortent de l'objet spécial.

### JURISPRUDENCE.

Je vois avec un vif regret l'absence d'un catalogue méthodique de jurisprudence. Il est bien à désirer, dans l'intérêt du public qui fréquente Sainte Geneviève, et par conséquent dans celui de la science du droit, que cette lacune soit promptement comblée.

### HISTOIRE.

Catalogue méthodique : Histoire générale, Géographie et Voyages. An XIII, grand in-fol. Ms.

Rédigé par P.-C.-F. Daunou.

Classification suivie par l'auteur :

### PRÉLIMINAIRES ET GÉNÉRALITÉS DE L'HISTOIRE.

Dictionnaires historiques, chronologiques, géographiques, etc.; — nature et usage de l'histoire, — des preuves, — manière de l'écrire, — de l'enseigner, — de l'étudier; — bibliographie de l'histoire.

### GÉOGRAPHIE ET VOYAGES.

Géographie générale; — traités de la sphère.

### GÉOGRAPHIE ANCIENNE.

Géographes et voyageurs grecs; — géographes et voyageurs latins jusqu'au VIII$^e$ siècle; — géographes et voyageurs orientaux au moyen âge; — traités modernes sur la géographie ancienne.

### GÉOGRAPHIE MODERNE.

Géographes modernes qui ont écrit en latin (ordre alphabétique); — géographes modernes qui ont écrit en français; — géographes modernes, italiens, anglais, allemands.

### GÉOGRAPHIE SACRÉE, ECCLÉSIASTIQUE ET MONASTIQUE.

Collections et mélanges géographiques : collections dites des petites républiques; — collections des frères Mérian..... Zeiller..... d'Oldenburger et Coringius; — galerie agréable du monde; — délices; — traités divers de géographie.

### ATLAS ET CARTES GÉOGRAPHIQUES.

### HYDROGRAPHIE.

### VOYAGES ET DESCRIPTIONS PARTICULIÈRES.

Histoires et analyses des voyages; — collections de voyages; — voyages autour du monde; — voyages dans les mers des Indes, du Sud, aux terres inconnues, vers les pôles; — voyages scientifiques, astronomiques.....; — voyages en plusieurs contrées du globe à la fois; — voyages au Levant, c'est-à-dire dans les contrées européennes, asiatiques, africaines, voisines de la partie orientale de la mer Méditerranée; — îles de l'Archipel, Grèce, Turquie, Égypte, Arabie, Syrie et Palestine; — description générale de toutes ces contrées.

### VOYAGES EN EUROPE.

France; — Pays-Bas; — Belgique et Hollande; — Alpes et Suisse; — Italie : Rome, Naples, Sicile, Malte et Toscane, Milanais, Piémont, Savoie, Venise, Istrie, Illyrie, Sardaigne; — Espagne et Portugal; — Allemagne : Prusse et Pologne, Hongrie et Bohême; — États du Nord : Danemark et Norwége, Suède, Russie, Laponie; — îles britanniques, Islande.

### VOYAGES EN ASIE.

Indes orientales, Perse, Tartarie, Sibérie, Siam et Tonquin, Chine, Japon, Moluques, etc.; — relations des missionnaires sur l'Asie.

### VOYAGES EN AFRIQUE.

États barbaresques, Abyssinie, Éthiopie, Guinée, Sénégal, intérieur de l'Afrique et Cap, îles africaines.

### VOYAGES EN AMÉRIQUE.

Amérique méridionale : détroit de Magellan, îles Malouines, Chili, Pérou, Paraguay, Brésil, Guyane, Cayenne et Surinam. — Amérique septentrionale : Mexique, Floride, Californie, Louisiane, Canada, Nouvelle-France, Amérique anglaise, États-Unis, Antilles, Saint-Domingue...; — îles et terres boréales.

### TOPOGRAPHIE ET VOYAGES PITTORESQUES.

### VOYAGES HISTORIQUES..., ROMANESQUES..., IMAGINAIRES...

### TABLE ALPHABÉTIQUE DES MATIÈRES.

## Catalogue des ouvrages d'histoire qui se trouvent dans la bibliothèque royale de Sainte-Geneviève.

Tome I<sup>er</sup>. — Histoire sacrée et ecclésiastique. Paris (1845), in-fol. Ms.

Dictionnaires; — chronologie; — histoire biblique; — histoire de l'Ancien-Testament, — histoire des Juifs; — histoire du Nouveau-Testament; — histoire de l'Église; — histoire des hérésies; — histoire des conciles; — histoire des églises locales; — biographie; — histoire des ordres religieux; — histoire des missions; — histoire de l'inquisition; — histoire des miracles et des reliques; — histoire des pèlerinages et des basiliques; — antiquités et curiosités; — mélanges et non classés; — table alphabétique des auteurs.

Tome II. — Histoires : universelle, ancienne, romaine, moderne générale d'Orient, d'Asie, d'Afrique et d'Amérique. Paris (1846), in-fol. Ms.

Dictionnaires; — chronologie; — éphémérides; — himéralogie; — généalogie; — blason; — méthodes pour écrire et étudier l'histoire; — histoire universelle; — histoire ancienne générale; — histoire des anciens Égyptiens; — histoire des Assyriens; — etc.; — histoire de Grèce; — histoire romaine; — histoire moderne; — histoire d'Orient; — histoire d'Asie; — histoire d'Afrique; — histoire d'Amérique; — biographies; — mélanges et non classés; — table alphabétique des auteurs.

Par M. J. Cohen.

L'auteur a entrepris de compléter la série des catalogues spéciaux de la bibliothèque Sainte-Geneviève. La partie de l'histoire aura quatre volumes : M. Cohen s'occupe de la composition du troisième volume.

## SCIENCES ET ARTS.

Catalogue des ouvrages sur les diverses branches des sciences naturelles (physique, histoire naturelle, chimie) qui se trouvent dans la bibliothèque royale de Sainte-Geneviève. Paris (184.), in-fol. Ms.

Par M. J. Cohen.

Les matières de ce catalogue sont classées dans l'ordre suivant :

### PHYSIQUE.

Physique générale; — du vide; — du feu; — de la lumière; — électricité; — galvanisme; — magnétisme; — de l'air; — des gaz; — météorologie; — liquides (hydrostatique et hydrodynamique); — solides (mécanique, statique et dynamique); — magie naturelle; — mélanges.

### HISTOIRE NATURELLE.

Dictionnaires; — cours généraux; — histoire naturelle locale; — géologie; — hydrographie; — minéralogie; — botanique; — zoologie; — économie rurale; — cabinets; — mélanges; — etc.

### CHIMIE.

Dictionnaires et ouvrages périodiques; — traités généraux; — alchimie; — chimie appliquée aux arts; — chimie appliquée à la médecine; — opérations chimiques; — mélanges; — etc.

Catalogue méthodique des ouvrages de médecine. Grand in-fol. Ms.

De la main de M. Massabiau.

Ordre méthodique adopté par l'auteur :

### PREMIÈRE PARTIE.

Préliminaires : histoire; — collections académiques; — journaux; — considérations générales sur la science de la médecine et sur la profession de médecin; — police de la médecine; — bibliographie et dictionnaires de médecine.

## DEUXIÈME PARTIE.

Médecins anciens : grecs; — latins; — arabes.

## TROISIÈME PARTIE.

Médecins modernes depuis la chute de l'empire d'Occident, autres que les grecs et les arabes.

**COLLECTIONS, MÉLANGES, RECUEILS, ETC. — ART DE GUÉRIR LES MALADIES EN GÉNÉRAL ET CERTAINES MALADIES EN PARTICULIER.**

Traités généraux et systèmes de médecine; — anatomie; — physiologie; — hygiène; — pathologie; — traités généraux de l'art de guérir; — médecine pratique; — art de consulter et consultations; — médecine expérimentale : clinique; — complément de l'art de guérir : chirurgie, opérations, instruments en général; — gymnastique, voyages.....; transpiration, purgation, saignée, transfusion du sang, cautères, etc.; — maladies des femmes...... (accouchements); — des enfants (croup, coqueluche, rougeole, petite vérole, etc.); — des professions diverses (marins, scorbut); — des climats; — maladies internes ou externes aiguës ou chroniques en général; — maladies héréditaires, extraordinaires, incurables, qu'il est dangereux de guérir; — maladies sans fièvre; — fièvres continues, rémittentes, intermittentes, malignes, épidémiques, contagieuses; — peste; — poisons; — venins; — rage; — maladies des fluides : hydropisie, goutte, rhumatisme, catarrhes; — maladies des solides : nerfs, apoplexie, paralysie, épilepsie, vapeurs, mélancolie, maladies nerveuses; — vaisseaux et glandes; — muscles ou chairs : tumeurs, ulcères, scrofules, cancers, blessures et plaies, plaies d'armes à feu, gangrène, etc.; — maladies de la peau; — maladies des membres; — maladies de la tête : cerveau, yeux, oreilles, etc.; — la poitrine : poumon, cœur, foie, etc.; — l'estomac; — ventre : intestins (hernies); — les reins et la vessie : pierre, gravelle, calculs de toute espèce; — voies urinaires et parties inférieures.

**MÉDECINE LÉGALE ET HYGIÈNE PUBLIQUE.**

**THÉRAPEUTIQUE ET MATIÈRE MÉDICALE.**

Traités généraux; — médicaments simples, règnes minéral, végétal, animal; — médicaments composés, pharmacie; — médicaments divers pharmaceutiques et chimiques; — administration des médicaments : formules, dispensaires, antidotaires, pharmacopées; — recueils de secrets, recettes, etc., de médecine et de cosmétique; — secrets chimiques; — panacées; — charlatans.

**ART VÉTÉRINAIRE.**

**SCIENCES APPLIQUÉES A LA MÉDECINE.**

Catalogue des ouvrages sur les diverses branches des sciences mathématiques qui se trouvent dans la bibliothèque royale de Sainte-Geneviève. Paris (184.), in-fol. Ms.

Par M. J. Cohen.

L'ordre des divisions de ce catalogue est ainsi qu'il suit :

Histoire des mathématiques; — dictionnaires et livres élémentaires; — arithmétique; — algèbre; — géométrie; — mécanique; — astronomie; — optique, dioptrique et catoptrique; — perspective; — navigation; — art militaire; — génie des ponts et chaussées; — architecture; — acoustique; — quadrature du cercle et opinions extravagantes; — récréations de mathématiques; — usage des instruments de mathématiques et d'astronomie; — mélanges, etc.; — ouvrages périodiques; — table alphabétique des auteurs.

## BELLES-LETTRES.

Petit Catalogue d'ouvrages de poésie. In-4 de 12 pages. Ms.

Ce catalogue est attaché à l'avant-dernier feuillet de garde de l'index manuscrit de la bibliothèque Le Tellier.

Catalogue méthodique des auteurs dramatiques. An XII, grand in-fol. Ms.

L'auteur a adopté la classification suivante :

### HISTOIRE DE LA POÉSIE DRAMATIQUE.

..... Bibliographie des théâtres; — théorie de la poésie dramatique et de la déclamation théâtrale; — influence de la poésie dramatique; — ..... écrits pour et contre les spectacles.

### DRAMATIQUES.

Grecs, Latins anciens, Latins modernes, Italiens, Espagnols, Portugais, Allemands, Danois, Russes, Chinois, etc.

### DRAMATIQUES FRANÇAIS.

Collections, recueils, extraits; — mystères, moralités, anciennes farces jusque vers 1560; — dramatiques français depuis le commencement du XVIe siècle jusqu'en 1630 (époque de la mort de Hardy); — dramatiques français depuis 1630 jusqu'en 1699 (époque de la mort de Racine); — dramatiques français morts depuis 1700 jusqu'en 1803 (âge de Voltaire); — dramatiques français vivant en 1803; — pièces anonymes; — catalogue alphabétique des pièces et catalogue alphabétique des auteurs.

## CATALOGUES

### DES LIVRES PLACÉS HORS DES CINQ CLASSES BIBLIOGRAPHIQUES.

**Catalogue des livres rares et recherchés**, par E.-P. Ventenat. In-8. Q, 3$^{bis}$ (1216). Ms.

Donné à la bibliothèque, le 15 septembre 1810, par M$^{me}$ veuve Ventenat.

**Catalogue des livres placés hors des cinq classes bibliographiques** connues sous les noms de théologie, jurisprudence, sciences et arts, belles-lettres et histoire, savoir :

    1° Les livres de bibliographie;
    2° Les encyclopédies;
    3° Les académies;
    4° Les journaux.

Petit in-fol. de 105 pages. Ms.

La première page de ce catalogue se trouve à la fin du volume ms. intitulé *Oratione*. Q, 2² (1495).

**Catalogue des livres du XVe siècle, des livres rares et des estampes.** Petit in-fol. Ms.

Suite du précédent : il commence à la page 106 et finit à la page 466. Il est terminé par deux feuilles non chiffrées, écrites de la main de M. Taunay, comprenant une liste de livres de polygraphie et de livres placés au cabinet des estampes. La division du catalogue est celle-ci : éditions du XVe siècle; — tableau chronologique des imprimeurs du XVe siècle; — livres imprimés sur vélin; — quelques livres très-rares; — collections des éditions des Aldes; — Elzévirs; — Variorum; —

ad usum Delphini; — Guérin; — Coustelier; — Barbou; — Prault; — Delalain; — Molini; — etc.; — Tonson Pine; — Brindley; — Baskerville; — Knapton; — Sandby; — Ibarra; — Bodoni; — Didot. — Éditions en très-petits caractères; — livres d'estampes : collections, galeries, cabinets, portefeuilles; — œuvres des peintres des diverses écoles : sujets historiques, mythologiques, allégoriques, emblèmes, d'histoire naturelle, d'anatomie et de portraits; — costumes, armoiries, généalogies, sculpture, architecture, fêtes, cérémonies, sacres, pompes funèbres, conquêtes, tactique, arts gymnastiques; — plans de villes fortes et autres; — paysages, maisons de campagne, châteaux; — description des provinces, des contrées, voyages pittoresques; — description des mers, cartes hydrographiques; — description de l'univers, cartes cosmographiques, astronomiques et chronologiques; — antiquités, comprenant dictionnaires, traités généraux, mélanges; — musées et cabinets; — antiquités romaines et description de Rome; — antiquités de l'Asie, de la Grèce, d'Italie, de France, etc.; — divers monuments antiques : édifices, mosaïques, statues, cloches, couronnes, etc.; — médailles, monnaies, poids et mesures; — pierres gravées, marbres et tables; — inscriptions; — hiéroglyphes, dyptiques, notes, paléographie, diplomatique; — mœurs et usages antiques : usages domestiques, usages gymnastiques... spectacles, usages politiques et civils; usages religieux.

Les deux catalogues précédents ont été rédigés par P.-C.-F. Daunou : ils sont extrêmement précieux. Ce qui leur donne surtout un grand intérêt, c'est le soin qu'on a eu de désigner à l'encre rouge les principaux articles vraiment rares qui manquent à la collection de Sainte-Geneviève.

## Catalogue historique des livres imprimés avant 1501 qui se trouvent dans la bibliothèque nationale du Panthéon, rédigé par P.-C.-F. Daunou, de l'Institut national, l'un des conservateurs de cette bibliothèque. In-4. Ms.

Ce précieux manuscrit est entre les mains de M. Taillandier, l'auteur du remarquable ouvrage intitulé : *Documents biographiques sur Daunou*; il a bien voulu me le confier, afin que je pusse le mentionner avec quelques développements. Ce catalogue est fait avec beaucoup de soin. Un petit avant-propos précède les explications des abréviations et celles des citations; ensuite commence le catalogue proprement dit. Les ouvrages y sont classés suivant la date de leur publication; les éditions sans date ou avec de fausses dates sont rapprochées de celles dont on les croit contemporaines. Au bas des pages sont indiquées sommairement, sous chaque année depuis l'origine de l'imprimerie jusqu'en 1500, les éditions importantes qui manquent à la bibliothèque Sainte-Geneviève; de sorte qu'on a par ce moyen une liste complète, non de toutes les éditions du xv⁵ siècle, mais de celles qui ont le mieux mérité ou le plus excité l'attention des bibliographes et des littérateurs. Le catalogue est suivi des éditions sans date de la fin du xv⁵ siècle, des éditions des livres imprimés sur vélin, des premières éditions et de plusieurs articles peu connus; et, en outre, d'un tableau chronologique des imprimeurs du xv⁵ siècle, d'un tableau systématique des ouvrages contenus dans le catalogue, d'une table chronologique et d'une table alphabétique des auteurs, et enfin d'une table alphabétique des incunables anonymes.

La classification du tableau systématique est celle-ci :

### PREMIÈRE CLASSE. — BELLES-LETTRES.

1. Dictionnaires et grammaires.
2. Rhéteurs et orateurs.
3. Épistolaires.
4. Fables, romans, facéties, etc. (en prose).
5. Poëtes.
6. Polygraphes, critiques.

### DEUXIÈME CLASSE. — HISTOIRE.

1. Géographie et voyages.
2. Chronologie, chroniques.
3. Anciens historiens grecs et latins.
4. Histoire moderne.
5. Histoire ecclésiastique.
6. Extraits et mélanges historiques.

### TROISIÈME CLASSE. — PHILOSOPHIE.

1. Matières générales.
2. Morale et politique.
3. Histoire naturelle et agriculture.
4. Médecins arabes, latins, français.
5. Mathématiques.
6. Arts.

### QUATRIÈME CLASSE. — JURISPRUDENCE.

1. Jurisprudence civile.

### CINQUIÈME CLASSE. — THÉOLOGIE.

1. Bibles.
2. Liturgies.
3. Conciles et droit canon.
4. Théologiens des quinze premiers siècles.
5. Sermonnaires.
6. Mystiques ascétiques.

Petit Catalogue d'éditions publiées par les imprimeurs célèbres des xv^e, xvi^e, xvii^e et xviii^e siècles. In-fol. de 4 pag. Ms.

<small>Attaché aux derniers feuillets de garde de l'*Index* manuscrit de la *Bibliothèque Le Tellier*.</small>

Catalogue des classiques grecs et latins, intitulé : Classicorum Scriptorum græcorum et latinorum editiones 1° ad usum Delphini, in-4, 2° cum notis Diversorum, in-4, cum notis Variorum, in-8, Bipontinæ, in-8, quarum exemplaria in hâc bibliothecâ adservantur : Accedunt editiones in-fol. cum variorum notis in eâdem bibliothecâ collectæ; suivi d'un Choix et Collections d'éditions du dix-huitième siècle, données en Angleterre, par Tonson, Pine, Brindley, Baskerville; en Espagne, par Ibarra; en Italie, par Bodoni; en France, par Coustelier, Guerin, Grangé (poëtes latins et français), Barbou (classiques latins), Prault, Delalain, Molini (classiques italiens), les Didot. In-fol. Ms.

<small>A la suite du catalogue des auteurs dramatiques, après le tableau général qui suit la table alphabétique des auteurs.</small>

Catalogue des livres imprimés sur vélin qui se trouvent dans les bibliothèques, tant publiques que particulières. Paris, 1824, 3 vol. in-8.

<small>Par Van-Praët.
Ce catalogue donne l'indication raisonnée des ouvrages sur vélin qui sont à Sainte-Geneviève.</small>

## PLANS ET VUES

#### DE LA BIBLIOTHÈQUE SAINTE-GENEVIÈVE.

Plans des boiseries, des casiers et des ornements de la bibliothèque Sainte-Geneviève.

Bibliothèque royale, cabinet des estampes : *Topographie de la France*, volume concernant le quartier Saint-Jacques; Bibliothèque Sainte-Geneviève, cabinet des manuscrits : portefeuille renfermant des pièces diverses.

Esquisses à la mine de plomb, d'autant plus précieuses qu'elles sont originales.

Vues de la bibliothèque et du cabinet d'antiquités de l'abbaye Sainte-Geneviève, dessinées et gravées en 1689, par Franç. Ertinger.

Sept planches; on les voit en tête du catalogue du cabinet et de la bibliothèque Sainte-Geneviève de Cl. Du Molinet. ZZ, 247 (392).

Plans, profil et élévation d'un dôme pour éclairer le milieu de la bibliothèque de l'abbaye royale de Sainte-Geneviève, par Charpentier. Paris, le 16 juin 1725. W, 376[1] (731).

Original, signé de la main de l'auteur.

Bibliothèque de Sainte-Geneviève, dessinée et gravée par P.-C. de La Gardette. Paris, 1773, in-fol.

Planche dédiée à M. Raymond Revoire, abbé de Sainte-Geneviève, supérieur général des chanoines réguliers de la Congrégation de France et chef de tout l'ordre du Val-des-Écoliers. Elle est ornée des armes de l'abbaye. La bibliothèque Sainte-Geneviève en possède un très-bel exemplaire. On en voit deux autres à la Bibliothèque royale, cabinet des estampes : un dans la *Topographie de la France*, quartier Saint-Jacques, et un dans les OEuvres de La Gardette.

On a fait un second tirage de la planche de La Gardette; mais, en laissant à la gravure la même date, on a substitué à l'ancien titre le titre suivant : *Vue-perspective de l'intérieur de la bibliothèque dite du Panthéon*. Ce second tirage me paraît être des premières années de la république.

## Plans originaux de la nouvelle bibliothèque Sainte-Geneviève.

Ces plans sont dus à M. Henri Labrouste, architecte du gouvernement, chargé de l'exécution de l'édifice. Ils peuvent être consultés au ministère des travaux publics ou aux archives des deux chambres. On les trouvera également, mais gravés et suivis de renseignements y relatifs, dans l'ouvrage intitulé : *Choix d'édifices publics construits ou projetés en France, extrait des archives du conseil des bâtiments civils, publié par les soins de ce même conseil et sous les auspices de M. le ministre des travaux publics*. Paris, Louis Colas, grand in-fol.

Aux archives de la Ville, papiers concernant Sainte-Geneviève, on voit le plan dressé pour les travaux qui ont fait l'objet de l'adjudication de la maçonnerie du rez-de-chaussée de la nouvelle bibliothèque; ce plan fut signé et présenté par M. Labrouste le 16 juillet 1844, approuvé par M. Dumon, ministre des travaux publics, le 23 août suivant, et enregistré à Paris le 12 octobre de la même année.

## Médaille commémorative de la pose de la première pierre de la nouvelle bibliothèque Sainte-Geneviève.

Cette médaille, frappée par ordre du gouvernement, fait maintenant partie de la collection des médailles de l'Hôtel des Monnaies; elle est de la composition de MM. Labrouste et J. Klagmann, modelée par ce dernier et exécutée par M. D. Fournera. Un des côtés offre un médaillon posé sur un socle et retenu par deux figures allégoriques : l'une des figures représente l'Étude pendant le jour et l'autre l'Étude pendant la nuit; elles sont entourées d'emblèmes concourant ensemble au but qu'on s'est proposé, celui de perpétuer le souvenir du bienfait de l'ordonnance de M. de Salvandy, en constatant pour l'avenir que la bibliothèque Sainte-Geneviève a été le premier dépôt littéraire ouvert au public le matin et le soir. Dans le médaillon se voit en relief le portrait du roi, et sur le socle on lit l'inscription suivante : *Loi du* 19 *juillet* 1843; *Louis-Philippe régnant*; *M. Teste, ministre des travaux publics*; *M. Villemain, ministre de l'instruction publique*. *J. Klagmann. D. Fournera.* L'autre côté de la médaille offre, en perspective, une *Vue intérieure de la bibliothèque Sainte-Geneviève*, au bas de laquelle on lit : *La première pierre de ce monument a été posée le 12 mai 1844, par M. Dumon, ministre des travaux publics. M. Labrouste, architecte.*

La même médaille a été reproduite et frappée en grand et en petit module; une légère différence se fait remarquer dans les deux compositions : dans le grand module, comme attribut de la figure allégorique de l'Étude pendant le jour, se trouve un flambeau; ce flambeau a été supprimé dans le petit module et remplacé par les signes du zodiaque : le Capricorne, le Bélier, l'Écrevisse et la Balance.

# BIOGRAPHIES SPÉCIALES

DES PRINCIPAUX PERSONNAGES QUI ONT CONCOURU A LA FONDATION
ET A L'ILLUSTRATION DE L'ÉGLISE,
DE L'ABBAYE ET DE LA BIBLIOTHÈQUE SAINTE-GENEVIÈVE.

## GÉNÉRALITÉS.

Vies des hommes illustres de l'ordre des chanoines réguliers. 2 vol. in-fol. H, 15 et $15^2$.

Ms. sur papier.
Le premier volume commence par la vie de saint Brice, clerc régulier du monastère de Saint-Martin, puis archevêque de Tours, et finit par celle de Guillaume de Danemark, et le second volume commence par la vie d'Étienne de Tournai et finit par celle du P. Blanchart.

Les Vies des hommes illustres en sainteté, en doctrine et en dignité, de l'ordre des chanoines réguliers en France, par Cl. Du Molinet. In-fol. H, 16.

Ms. sur papier.

Noms des religieux qui ont fait profession à Sainte-Geneviève, depuis 1348 jusqu'en 1700. In-4. H, 18 (968).

Ms. orné de quelques vignettes.

Joannes Fronto de vitâ canonici, de presbiteris, etc. In-fol. H, 19.

Ms. sur papier.

Centuria virorum illustrium in ordine canonico, per V.-P. Ludovicum de Clermont, ecclesiæ Sanctæ-Genofevæ canonicum regularium. In-fol. H, 23 (1127).

Ms.

Virorum ordinis canonici Vita et Emblemata. In-4. H, 10.

Ms.

Nomina omnium canonicorum regul. Congregationis Gallicanæ. In-8. E, 15 (1053).

Partie manuscrite, partie imprimée : cette dernière est de Paris, 1653.

De Abbatibus Sanctæ-Genovefæ Parisiensis, qui simul præpositi generales Congregationis canonicorum regularium Franciæ.

Dans le *Gallia Christiana*, t. VII, p 783-815.
On trouvera le catalogue de tous les abbés de Sainte-Geneviève dans l'ouvrage de M. l'abbé Saintyves, note 78ª, et des renseignements sur la vie de ces mêmes abbés dans les biographies manuscrites de la bibliothèque Sainte-Geneviève, dans le *Calendrier historique* de Lefèvre, les *Nouvelles ecclésiastiques* (table), l'*Almanach royal*, la *France ecclésiastique*, et, aux archives de l'Hôtel-de-Ville, dans les *Papiers concernant les églises de Paris*, etc.

Catalogue des noms de tous les chanoines réguliers existant en 1757. In-4. H, 14.

Ms.

Catalogue des chanoines réguliers de la Congrégation de France, suivant l'ordre de leur réception, avec leur âge, demeure, dignités, etc. In-fol. Bibl. Sainte-Geneviève, non classé.

Ms. sur papier.
Volume extrêmement précieux; il complète les ouvrages précédents en achevant de donner la série des noms des chanoines réguliers de la Congrégation de France jusqu'en 1790, époque de la suppression de l'ordre.
Le premier nom inscrit sur ce catalogue est celui de Jean Tartel, né à Paris le 16 juin 1685, qui fit profession à Sainte-Geneviève le 26 octobre 1704, fut doyen de la congrégation en 1773, et curé de Saint-Barthélemy de Chartres; il se retira dans l'abbaye de Saint-Jean de Chartres, où il mourut le 8 janvier 1780, et le dernier est celui de François-Gervais-Édouard Le Coûturier, né à Falaise, diocèse de Séez, le 13 juin 1768, qui fit profession à l'abbaye de Senlis le 21 juin 1789.

Bibliotheca canonico-regularis seu Scriptores canonicorum regularium ordine alphabetico. Auctore Claudio Du Molinet. Petit in-fol. Q, 3 (1498).

Ms.
On remarque dans ce volume, en feuilles détachées : Elenchus onomasticus Scriptorum sacri et apostolici ordinis canonicorum regularium Sancti-Augustini omnibus et singulis illum nominum omissorum, documentorumque huc pertinentium anecdotorum benevola communicatione supplere aut illustrare volentibus oblatus, dicatusque a Francisco Töpsl canoniæ ad S. Salvatorem pollingæ prælato infulato abbate lateranensi etc.
Cette table est imprimée.

Bibliotheca canonico-regularis seu Scriptores canonicorum regularium ordine alphabetico. In-fol. Q, 4 (1499).

Ms.

Eadem. In-fol. Q, 4 (1499).

Ms.

Ces deux derniers ouvrages sont renfermés dans une ancienne couverture de livre.

## SPÉCIALITÉS.

Nota. J'ai classé les biographies spéciales dans l'ordre chronologique, en suivant l'époque de la mort de chaque personnage.

### CLOVIS,

Fondateur de la monarchie française, premier roi chrétien; né en 465, mort le 27 novembre 511.

La Vita di Clodoves, ré di Francia, per Giovanni Botero.

Imprimée dans la première partie de son ouvrage intitulé : *le Vite de Principi Christiani*; in Torino, 1601, in-4.

De la Sainteté du roi Clovis, avec les preuves et les autorités, et un abrégé de sa vie; par Jean Savaron.

Réimprimé avec d'autres ouvrages et séparément. La troisième édition, publiée à part, revue et augmentée, est de Lyon, Nic. Jullieron, 1623, in-4.

Vie de Clovis, par Modeste de Saint-Amable.

Imprimée au tome I$^{er}$ de sa *Monarchie sainte*, page 1; Clermont, 1671, in-fol.

Dissertation sur le règne de Clovis. Paris, 1741, in-8.

Par Jean Rébauld de la Chapelle, auparavant nommé Rebauld de Rochefort.

Clovis-le-Grand, premier roi chrétien, fondateur de la monarchie française; sa Vie et celles des principaux personnages qui ont concouru à la gloire de son règne, tels que sainte Geneviève, sainte Clotilde et saint Remi; par Viallon, chanoine régulier et bibliothécaire de l'abbaye Sainte-Geneviève. Paris, Méquignon, 1788, in-12.

Histoire terminée par un recueil de pièces justificatives.
Il a été composé plusieurs poëmes historiques sur Clovis; les uns sont restés manuscrits, les autres ont été publiés : on cite parmi ces

derniers celui de Desmarets, souvent réimprimé; celui de Limojon de Saint-Didier, Paris, 1725, in-8, et celui de Lejeune, 1764, 3 vol. in-12.

Chauveau a gravé en 26 planches, et plus tard en 24 plus petites que les premières, l'histoire de Clovis d'après le poëme de Desmarets. Ces morceaux sont à la Bibliothèque royale, où l'on remarque aussi les monuments de Clovis, tirés de Montfaucon, et son tombeau, tel qu'il était dans l'église Sainte-Geneviève, avec les épitaphes en latin et en français, etc.

Voyez, pour plus de détails sur les biographies de Clovis, la *Bibliothèque historique de la France*, t. II, 15920, 16015-37, 24849; t. III, 29726-29, et t. IV, à l'appendice.

## SAINTE CLOTILDE,

Reine de France, femme de Clovis I$^{er}$; née en ...., morte en 543 ou 45.

### Vita S. Clotildae et Hermingardae.

Ms.
Ce manuscrit est à Londres, Middlchill (Worcesterch), dans la bibliothèque du baronnet Thomas Phillips.

### Vie de sainte Clotilde, par Jacq. Desmey, docteur en Sorbonne. Rouen, Osmont, 1613, in-12.

### Vie et Miracles de sainte Clotilde, patronne d'Andely, mis en vers par Nic. Pieducant, curé de Forest-au-Vexin. Rouen, Maury, 1636, in-8.

### Éloge de sainte Clotilde, par le sieur de Cériziers.

Imprimé à la fin de son *Année française*, etc. Paris, Angot, 1660, in-12, p. 139-156.

### Vie de sainte Clotilde, par Modeste de Saint-Amable.

Imprimée au tome I$^{er}$ de sa *Monarchie sainte*.

### Vie de sainte Clotilde, par M$^{me}$ de Renneville. Paris, 1809, in-12.

Voir, pour plus de détails sur les ouvrages qui traitent de la vie de sainte Clotilde, la *Bibliothèque historique de la France*, t. II, 25000-7, IV S.; et, pour les portraits et le tombeau de cette même sainte, le même ouvrage, t. IV, à l'appendice.

Le tome second du recueil manuscrit in-fol., coté H, 22₂, de la bibliothèque Sainte-Geneviève, doit aussi être consulté : il renferme la copie exacte de tout ce qui est dit dans les auteurs anciens sur la fondation de la basilique des apôtres saint Pierre et saint Paul, et par conséquent sur un des plus beaux titres de Clovis et de Clotilde à l'admiration de la postérité.

## SAINT REMY,

Archevêque de Reims et l'apôtre des Français; né vers 438, mort, suivant l'opinion la plus probable, le 13 janvier 533.

## Vies de saint Remy.

Il existe, soit manuscrites, soit imprimées, un trop grand nombre de biographies de saint Remy pour que je puisse les énumérer. Je dirai seulement qu'on remarque, parmi les premières, celles qui sont conservées dans les bibliothèques publiques d'Arras, de Bourges, de Douai, de Metz, de Paris et de Bruxelles, et, parmi les secondes, celles de Fortunat, d'Hincmar, de Marlot, de Cerisier, de Dorigny, de l'*Histoire littéraire de la France* (t. III, p. 155-163), du *Gallia Christiana*, et enfin du recueil de la vie des saints de Godescard : ces trois dernières sont préférées à toutes les autres. Voyez la *Bibliothèque historique de la France*, t. I, 9515-29 et 12725.

M. Barthélemy est sur le point de publier un grand travail relatif à saint Éloy.

## SAINT ÉLOY,

Évêque de Noyon; né à Cadillac, à deux lieues de Limoges, vers l'année 588, mort le 1ᵉʳ décembre 659.

## Vie de saint Éloy, en latin, par saint Ouen, son contemporain et son ami.

Publiée par Surius (*Vitæ Sanctor.*, 1ᵉʳ décembre), mais sans la préface que le P. Labbe a recueillie dans le tome II de la *Biblioth. manuscriptor.* D'Achery en a donné une édition plus complète dans le tome V du *Spicilége*. Dom Rivet prétend qu'il s'y est glissé diverses additions étrangères.

## La Vie de saint Éloy, traduite du latin de saint Ouen, par Louis de Montigny, archidiacre de Noyon. Paris, Cramoisy. 1626, in-8.

La Vie et les Sermons de saint Éloy, évêque de Noyon. Paris, Coignard, 1693, in-8.

Traduits du latin de saint Ouen, par le chapelain des orfévres C. Lévesque, qui dédia son ouvrage à *Messieurs les gardes et anciens du corps des marchands orfévres et joüailliers* (sic) *de Paris.*

Discours sur le patron des artisans (saint Éloy), prononcé à la séance annuelle de la Société de la Morale chrétienne, en présence de l'association des artisans, dans la salle Saint-Jean de l'Hôtel-de-Ville, le dimanche 3 mai 1835, par M.-G.-T. Villenave. Paris, de l'imprimerie de Decourchant, 1835, in-8 de 16 pages.

---

Mes recherches ont été infructueuses au sujet des biographies particulières des plus anciens abbés de Sainte-Geneviève, tels que : Optat, le même, à ce qu'on croit, qui fut évêque d'Auxerre en l'an 533; — Herbert ou Egbert, qui, conduisant les reliques de sainte Geneviève, que l'on transportait à Dravet pour qu'elles ne tombassent pas entre les mains des Normands, l'an 846, se permit de dérober une dent de la sainte, dont il fit plus tard la restitution. Elles n'ont pas été plus heureuses à l'égard des doyens qui gouvernèrent ensuite l'abbaye, savoir : Félix, qui composa la vie de sainte Geneviève vers le milieu du IXe siècle; — Oury ou Ulric, doyen en l'an 1050; — Étienne Ier, doyen quelque temps après; — Hilgot, qui devint évêque de Soissons, en 1085, et abbé de Marmoutier, où il mourut en 1104; — Seguin ou Sevin, doyen l'an 1085; — Lisiard, doyen l'an 1088; — enfin Étienne II, qui fut le dernier doyen en l'an 1120, époque après laquelle l'abbé Suger entreprit la première grande réforme.

---

**SUGER,**

Abbé de Saint-Denis, réformateur du monastère de Sainte-Geneviève : né à Saint-Denis en 1087, mort en 1152.

Vita Sugerii abbatis S. Dionysii, summi Franciæ ministri, etc., par Duchesne. 1648, in-8.

D'après un ancien manuscrit que l'on croit être du secrétaire de Suger.

Histoire de l'administration de Suger, par Mich. Baudier. Paris, 1645, in-4.

Histoire de Suger, abbé de Saint-Denys, etc. Paris, Franç. Barrois, 1721. 3 vol. in-12.

Par dom Franç.-Arm. Gervaise.
Curieuse, mais inexacte.

Éloge de Suger, abbé de Saint-Denis, ministre d'État et régent du royaume sous le règne de Louis-le-Jeune : discours qui a remporté le prix au jugement de l'Académie française, en 1779, par dom Jos. Garat. Paris, Demonville, 1779, in-8.

Éloge de Suger, en réponse à la satire intitulée : Suger, moine de Saint-Denis, par de La Malle. Paris, in-8.

Éloge de Suger, par M.... Paris, 1779, in-8.

Par Jean-Charles Jumel.

Éloge historique de Suger, par G. M. D. C. Paris, 1781, in-8.

Réflexions sur l'abbé Suger et son siècle, par M. R. de Sahuguet d'Espagnac. Londres, 1780, in-8.

Réflexions en réponse à celles de M. l'abbé d'Espagnac, touchant l'abbé Suger, etc., par Louis-Pierre-Martin de Saint-Martin. Paris, 178., in-8.

Vie de Suger, par Alfred Nettement. Paris, Debécourt, 1842, in-18.

Voyez aussi la *Bibliothèque historique de la France*, t. I, 12430-39; IV, S; t. II, 16666, et t. III, 32445; et *Histoire littéraire de la France*, t. XVI bis, p. 361 et suiv.

## EUDES, ODO ou ODON,

Premier abbé réformateur de Sainte-Geneviève (en 1148).

### Vie de Odon.

Dans *les Vies des hommes illustres de l'ordre des chanoines réguliers de la Congrégation de France*, par Cl. Du Molinet, t. II, p. 462-478, mss. de la bibliothèque Sainte-Geneviève.

### Odon, abbé de Saint-Père, et Odon, premier abbé de Sainte-Geneviève, par P.-C.-F. Daunou.

Dans l'*Hist. litt. de la France*, t. XIV, p. 346-350.

## SAINT GUILLAUME D'ESKIL,
### SURNOMMÉ GUILLAUME DE DANEMARK,

Chanoine régulier de Sainte-Geneviève; né à Saint-Germain, près de Crépy, vers 1125, mort en 1203.

### Notæ ad vitam S. Guillelmi, canonici Sanctæ-Genovefæ in Dania.

Ms. Carton Q, 19.

### Vita sancti Guillelmi, canonici regularis Sanctæ-Genovefæ, et Roschildensis in Dania abbatis; auctore anonymo ejus discipulo.

Imprimée dans *Bollandus*, au 6 avril.

### Vie de saint Guillaume, par Adrien Baillet.

Imprimée dans son *Recueil des Vies des saints*, au 6 avril.

## ÉTIENNE,
### SURNOMMÉ DE TOURNAI,

Ayant été évêque de cette ville, abbé de Sainte-Geneviève; né à Orléans, en 1132, mort le 12 septembre 1203.

### Vita S. Stephani, abbatis Sanctæ-Genovefæ et epis. Tournacensis.

Ms. Carton Q, 19.

Le Prélat exemplaire en la vie d'Estienne de Tournay, extraicts de ses épîtres, des chartres de Sainte-Geneviève de Paris, de Saint-Euverte d'Orléans et de quelques autheurs. Paris, abbaye de Sainte-Geneviève-du-Mont, le 1er janvier 1655, in-4. H, 29 (974).

Ms.

Vie d'Étienne, abbé de Sainte-Geneviève à Paris, puis évêque de Tournai.

Dans l'*Hist. litt. de la France*, t. XV, p. 524 et suiv.
Voyez aussi la notice de M. J.-J. Brial sur les lettres inédites d'Étienne de Tournai : *Notices et Extraits des manuscrits de la Bibliothèque du roi*, t. X, p. 66 de la seconde partie.

### ABÉLARD,

Religieux de l'ordre de Saint-Benoit, professeur de rhétorique, de philosophie et de théologie à l'abbaye Sainte-Geneviève; né à Palais, petit bourg à quelques lieues de Nantes, en 1079, mort au prieuré de Saint-Marcel, près de Châlons-sur-Saône, en 1142.

Petri Abælardi Epistola prima seu Historia calamitatum. In-4. Bibl. de Reims.

Ms. sur vélin.

Hist. calamitatum Petri Abælardi. Bibl. royale.

Ms.

La Vie de Pierre Abeillard, abbé de Saint-Gildas de Ruis, ordre de Saint-Benoist, etc. Paris, Jean Musier et Franç. Barois, 1720, 2 vol. in-12.

Par dom Franç.-Arm. Gervaise.

The History of the lives of Abailard and Heloïsa, with theis original letters. Birmingham, 1787, et Basle, 1795.

Fort estimée.

Le libraire Fournier a donné, en 1796, une très-belle édition des lettres d'Héloïse et d'Abélard, en latin et en français, avec une nouvelle vie d'Abélard, par F.-H.-Stan. de l'Aulnaye, 3 vol. in-4.

## Abélard et Héloïse : leurs amours, leurs malheurs, leurs ouvrages, par Math.-Guill.-Thérèse Villenave. Paris, au bureau de la France littéraire, 1834, in-8 de 138 pag.

Extrait de *la France littéraire*, année 1834.

Il en fut tiré cinquante exemplaires sur papier coquille de couleur.

Cet ouvrage a été réimprimé, en 1840, à la tête d'une édition des *Lettres d'Héloïse et d'Abélard*, publiée par M. Paul Lacroix en un volume format in-18 anglais.

## Abélard, par Charles de Rémusat. Paris, Ladrange, 1845, 2 vol. in-8.

Voyez aussi la *Bibl. hist. de la France*, t. I, p. 738 et suiv.; 11845-55; et *Hist. litt. de la France*, t. XII bis, p. 87 et suiv.

### PIERRE LOMBARD.

Successeur d'Abélard dans les chaires de l'école de l'abbaye Sainte-Geneviève, puis évêque de Paris; né au XII<sup>e</sup> siècle, dans un bourg de la Lombardie, près de Novare; mort à Paris, le 20 juillet 1160.

## Histoire de la vie et des écrits de Pierre Lombard.

Dans l'*Hist. litt. de la France*, t. XII, p. 585.

Voyez aussi l'*Histoire des auteurs ecclésiastiques*, par dom Ceillier, t. XXIII; les *Mémoires de Trévoux*, 1759, p. 2641, et 1764, novembre, p. 1238-48; Tiraboschi, *Istor. letter.*, t. III, p. 301 et suiv., et les *Piemontesi illustri*, t. I.

---

Depuis le commencement du XIII<sup>e</sup> siècle jusqu'à la réforme faite par le cardinal de La Rochefoucauld, la Congrégation de France a compté dans son sein, et notamment parmi ses abbés, bon nombre d'hommes illustres que je voulais citer; cela ne m'est pas possible, car je n'ai pu trouver de biographies spéciales, même sur les plus célèbres abbés, tels que : Jean de Tocy ou de Toucy, que fit nommer Étienne de Tournai, et qui mourut au commencement de 1222, alors l'année commençait à Pâques; — Robert de Courtenay, autrement dit de La Ferté-Milon, abbé vers l'an 1238, qui fit refaire la châsse de sainte Geneviève par l'orfévre Bonard; — Thibault de Borrest, abbé l'an 1246, le premier qui obtint du pape le privilége de porter les ornements pontificaux et d'officier, par conséquent, avec la crosse et la mitre; — François de Nyon, abbé l'an 1406 : c'est sous son gouvernement, en 1409, que se fit la procession générale de l'Université, à laquelle assista le recteur avec tous les maîtres et les écoliers; procession, qui, comme on le sait, partit de Sainte-Geneviève pour se rendre à Saint-Denis *en France*, et qui, au rapport de Dubreuil, était si considérable, que le recteur était encore auprès des Mathurins quand la tête de la procession entra dans la ville de Saint-Denis; — Raoul Mareschal, abbé l'an 1414, qui se rendit à Melun, avec le cardinal de Saint-Marc et l'évêque de Paris, pour engager le dauphin à se réconcilier avec le duc de Bourgogne, et qui ensuite fut fait prisonnier par les Anglais (en 1423), et ne put se racheter qu'en payant 20 écus d'or; — Philippe Langlois ou Langley, appelé *Anglicii* par les souverains pontifes, abbé en 1479, qui fut fondateur des pauvres écoliers du collége de Montaigu; — Philippe Lebel, de Luzarches, en l'île de France, et curé titulaire de Saint-Étienne-du-Mont, qui devint abbé de Sainte-Geneviève en 1534 : Lebel reçut publiquement la profession du premier jésuite qui l'ait faite en France, Baptiste Viole, et sous son administration saint François Xavier en 1529, aujourd'hui 1530, et saint Ignace de Loyola en 1532, aujourd'hui 1533, furent reçus maîtres ès arts par Jacques Aimery, chancelier de Sainte-Geneviève, ainsi que Martin Olaüs, Pierre Lefèvre, Simon Rodriguez et Paschal Broë (1); — Joseph Foulon, qui devint abbé en 1557 et le fut cinquante ans : il assista à vingt-six processions de la châsse et mit trois évêques de Paris en possession; — enfin l'abbé Benjamin de Brichanteau, aussi évêque de Laon, qui fit réparer et orner magnifiquement la châsse de sainte Geneviève; Brichanteau fut le prédécesseur du cardinal de La Rochefoucauld.

(1) Ce fut aussi sous Philippe Lebel qu'on mit à exécution le projet qu'on avait arrêté quelque temps auparavant de construire une nouvelle église Saint-Étienne-du-Mont, au lieu de faire agrandir seulement l'ancienne chapelle. Lebel en fit bâtir le chœur en 1537; toute l'aile de la nef du côté de l'église abbatiale, avec ses chapelles, fut terminée en 1538; le jubé fut commencé en 1600; on construisit la chapelle de la communion et les charniers en 1605 et 1606; le grand et le petit portail de 1610 à 1617, et les perrons et les escaliers en 1618. La chapelle actuelle de la sainte Vierge n'a été bâtie que dans le siècle suivant.

## JEAN STANDONCH,

Docteur en théologie, ancien recteur de l'Université de Paris, principal du collége de Montaigu; né à Malines en août 1443, mort le 5 février 1504.

### Notice historique et biographique sur Standonch.
Dans le *Dictionnaire de Moreri*, art. Standonch.

Voyez aussi : *Histoire manuscrite du collége de Montaigu*, livre Ier; Raulini, *Epis. coll.*; Du Boulay, *Hist. universit.*; Érasme, *Coll.*, ms. de la bibliothèque Sainte-Geneviève intitulé : *Liber de Origine congregationis canonicorum regularium*; Boulœse, *Hist. de la victoire de Dieu sur Belzébut*, *in præfatione*; Maffeius, *De Vita Ignatii Loyola*, lib. I, cap. XXI; Le Maire, *Paris ancien et nouveau*, t. II, etc.

## MARGUERITE DE FRANCE,

Première femme de Henri IV, roi de France; née en 1552, morte, à Paris, le 27 mars 1615.

### Discours sur le trépas de la reine Marguerite de Valois, contenant un abrégé de sa vie. Paris, 1615, in-8.

### La Royne Marguerite, où sont décrites les vertus de cette princesse; par Jacques Corbin, avocat. Paris, Berjon, 1615, in-8.

### Éloge de Marguerite de Valois, par Hilarion de Coste.
Imprimé au tome II de son *Recueil des éloges des reines*, etc., p. 292. Paris, 1630, in-4.

### Éloge de Marguerite de Valois, par Pierre Bourdeille, seigneur de Brantosme.
Imprimé, page 201 de ses *Éloges des dames illustres*. Leyde, 1666, in-12, et avec les *Mémoires* de cette reine, Liége, 1713, in-8, ou la Haye, 1715, 2 vol. in-8.

### Histoire de la reine Marguerite de Valois, première femme du roi Henri IV, par M. A. Mongez, chanoine régulier, bibliothécaire de l'abbaye de Saint-Jacques de Provins

et garde des antiques et du cabinet d'histoire naturelle de Sainte-Geneviève. Paris, Ruault, 1777, in-8.

Voyez aussi la *Bibl. hist. de la France*, t. I, p. 653, 654, 841 et 842; t. II, 25129-37, 28401-3 et 28411-16.

On trouve à la Bibliothèque royale, cabinet des estampes, trois dessins représentant Marguerite de France : le premier à l'âge de huit ans, le second étant encore jeune fille, et le troisième à l'âge de trente ans. Plusieurs graveurs ont reproduit les traits de cette belle princesse : on cite ceux de L. Gautier, in-4; Crispin de Pas, 1598, in-4; Herrezvin, in-12; Lombart Cause, in-8; Hogenbergius, in-12, ovale; N..., ovale très-petit; Th. de Leu, petit in-4; Montcornet; N..., dans Odieuvre.

### FRANÇOIS DE LA ROCHEFOUCAULD,

Évêque de Senlis, cardinal et abbé commendataire et réformateur des chanoines réguliers de Sainte-Geneviève; né à Paris le 8 décembre 1558, mort à Sainte-Geneviève le 14 février 1645.

Récit véritable de tout ce qui s'est passé pendant la maladie et la mort de François, cardinal de La Rochefoucauld; par Nazare Anroux. Paris, de Bresche, 1645, in-8.

Laudatio funebris ejusdem, auctore Nicolao Nau, è societate Jesu. Parisiis, 1645, in-8.

Oraison funèbre du même, par André Catillon, jésuite. Paris, 1645, in-4.

Le saint Aumônier, discours panégyrique et moral des vertus de feu M<sup>gr</sup> le cardinal de La Rochefoucauld; par le P. Pierre Le Moine, jésuite. Paris, 1645, in-4.

Détails biographiques sur le cardinal de La Rochefoucauld, par un chanoine de Saincte-Geneviefve-du-Mont. Paris, le 21 mars 1645, in-4 de 16 pages. Bibl. Sainte-Geneviève, recueil Y, 415.

**Funus cardinalis Francisci de La Rochefoucauld**, per unum è canonicis regularibus seminarii Sylvanectensis. Parisiis, Sebast. Cramoisy, 1646, in-4 de 114 pages. Biblioth. Sainte-Geneviève, recueil Y, 415, et Y, 120.

Par Franç. Souppley, chanoine régulier.
Poëme latin en grands vers. L'auteur se plaint au commencement de ce que la mort, en enlevant le cardinal, rouvre la plaie récente faite à l'église de France par la perte du P. Faure.

**Piissimis ac Sanctissimis manibus illustrissimi et eminentis. cardinalis Francisci de La Rochefoucauld ; S. R. E. P. hoc amoris sui qualecumque monumentum P. F. D. seminarii Sanctæ-Genovefæ Nanterrianæ can. reg. erigebat.** Parisiis, Quesnel, 1645, in-4 de 23 pages. Bibl. Sainte-Geneviève. recueil Y, 415, et X, 592 .

Ce poëme a des notes en marge.

**Rerum ab eodem gestarum Excerpta**, auctore Petro Roverio, è societate Jesu.

Ces extraits sont imprimés dans son *Histoire de l'abbaye de Monstier Saint-Jean*; Parisiis, 1637, in-4.

**De Vita et Rebus gestis ejusdem**, eodem auctore. Parisiis, 1645, in-8.

**Vie du même**, par Michel-Martin de La Morinière, chanoine régulier de la Congrégation de France. Paris, 1646, in-4.

Cet auteur a fait aussi une Oraison funèbre du même cardinal de La Rochefoucauld, 1646.

**Vie du même**, par le sieur Du Verdier (Gilbert Saulnier).

Dans son *Histoire des cardinaux illustres*. Paris, Loyson, 1653, in-4.

On connaît sept portraits du cardinal de La Rochefoucauld :
1° Lasne, del. et sc. in-fol.; 2° Lasne, d'après Dumoustier, in-fol. maj.; 3° Lasne, in-12, âgé de soixante-huit ans; 4° Grégoire Huret, in-fol.; 5° Roussel, in-4; 6° Jollain, in-4, et 7° Van Lochon, in-12; et de plus une *Représentation en son lit de parade dans le chœur de l'église Sainte-Geneviève*, où il fut exposé le 16 février 1645, par N..., chez Ant. de Fer, in-fol.

La bibliothèque Sainte-Geneviève possède un buste en plâtre du cardinal de La Rochefoucauld.

On remarque dans le recueil Y, 415, de la même bibliothèque, quelques pièces de vers faites par C. Humbelot *sur le pourtrait de monseigneur le cardinal de La Rochefoucauld, fait en bosse et en basse taille, par feu Didier Humbelot, sculpteur et peintre.* Didier Humbelot était frère du précédent; il avait sculpté les évangélistes et les deux anges qui ornaient le tabernacle de l'église Sainte-Geneviève.

### CHARLES FAURE,

Premier supérieur général de la Congrégation de France; né à Luciennes, près de Saint-Germain en Laye, en 1594, mort le 4 novembre 1644.

Vie du révérend père Ch. Faure, par le P. Bernard Caignet. In-8. H, 5 (994).

Ms. sur papier.

Vie du révérend père Charles Faure, premier supérieur général des chanoines réguliers de la Congrégation de France. In-fol. H, 28.

Ms. sur papier.

La Vie du révérend père Charles Faure, premier supérieur général de la Congrégation de France, par le révérend père Ramier. In-fol. H, 29.

Ms. sur papier.

Le premier livre de la Vie du révérend père Charles Faure. In-fol. H, 29².

Ms. sur papier.

Vie imparfaite du même chanoine. Carton Q, 19.

Ms. sur papier.

La Vie du révérend père Charles Faure. Portefeuille in-fol. H, 32.

Ce sont les cahiers manuscrits qui ont servi pour l'impression de la Vie de Charles Faure, publiée par le P. Chartonnet, à Paris, chez Anisson, en 1690, in-4.

Vie du père Charles Faure. In-fol. Carton B, 5.

Ms. sur papier.

Vie du révérend père Charles Faure. Bibliothèque publique d'Amiens.

Ms.

La Vie du révérend père Charles Faure, abbé de Sainte-Geneviève, où l'on voit l'histoire des chanoines réguliers de la Congrégation de France. Paris, Anisson, 1690, in-4.

Bien écrite et instructive.
Le P. Lallemant, prieur et chancelier de Sainte-Geneviève, avait rassemblé les matériaux de cet ouvrage et l'avait commencé; le P. François-Antoine Chartonnet, aussi de Sainte-Geneviève, y a mis la dernière main et l'a publié.

On connaît cinq portraits du P. Faure : Nanteuil, in-4; Mellan, in-4; Edelinck, in-4; J. Couvay, in-4, d'après Fredeau; et Rousselet, in-fol.

## JACQUES LEMERCIER,

Architecte; né à Pontoise vers la fin du XVIe siècle, mort en 1660.

Notice sur la vie et les ouvrages de Jacques Lemercier, par M. d'Argenville.

Dans le premier volume de son ouvrage intitulé : *Vies des fameux architectes, depuis la renaissance des arts*. Paris, Guillot, 1788, in 8.

Voyez aussi les dictionnaires biographiques et les ouvrages sur les plus célèbres architectes français.

## JEAN FRONTEAU,

Chanoine régulier de la Congrégation de France et chancelier de l'Université de Paris; né à Angers en 1614, mort en 1662.

Vie du père Jean Fronteau, chanoine régulier de Sainte-Geneviève et chancelier de l'Université de Paris. In-4°. H, 33 (981).

Ms. sur papier.

Vitæ Synopsis Joannis Fronteau, canonici regularis Sancti-Augustini et Academiæ Parisiensis cancellarii, auctore Petro Lallemant, Remensi, ejusdem congregationis. Parisiis, 1662, in-4.

Ejusdem Memoria, disertos per amicos, virosque sagacissimos economiis celebrata. Parisiis, 1663, in-4.

Par le P. Lallemant.

Histoire de la vie et des ouvrages de Jean Fronteau, chanoine régulier de Sainte-Geneviève.

Dans les *Mémoires* de Niceron, t. XXI, p. 74-91.

Nanteuil et Desrochers ont gravé le portrait du P. Fronteau; celui de Nanteuil, de 1663, in-4, reproduit le dessin fait après le décès de Fronteau par Fr. Cabouret.

## PIERRE LALLEMANT,

Prieur de Sainte-Geneviève et chancelier de l'Université de Paris; né à Reims en 1622, mort le 18 février 1673.

Recueil de pièces pour servir à la vie du P. Pierre Lallemant, avec un journal dressé par lui-même. In-4. Bib¹. Sainte-Geneviève.

Ms.

Elogium seu Vitæ Synopsis Petri Lallemantii, prioris Sanctæ-Genovefæ et Universitatis Parisiensis cancellarii, auctore Jacobo Gaudino, canonico et officiali Parisiensi. Parisiis, 1679, in-4.

Memoria ejusdem, auctore Philiberto Teteleto, ejusdem congregationis. Parisiis, Blaizot, 1679, in-4.

In Obitum Lalemani carmen, par le P. Louis de Sanlecque.

Dans son recueil de *Poésies héroïques, morales et satiriques*. Voyez la *France littéraire* de Quérard, article Sanlecque.

Éloge historique du P. Pierre Lallemant, par Charles Perrault.

Imprimé dans le tome II de son *Recueil des éloges des hommes illustres*. Paris, 1701, in-fol.

Nanteuil a gravé en 1678, petit in-fol., le portrait du P. Lallemant. Ce portrait a été copié en 1700, in-fol., par un anonyme.

## PIERRE GUILLERY,

Curé de La Ferté-Milon et chanoine régulier; né en ...., mort en 1673.

Abrégé de la vie du révérend père Pierre Guillery, chanoine régulier. In-8. H, 6 (995).

Ms.

Blondel en a donné un extrait à la fin de sa *Vie des saints*. Paris, Desprez, 1722, in-fol.

Il est aussi parlé du P. Guillery dans l'*Histoire du Valois*, par l'abbé Carlier, t. III, p. 112.

J. Colin a gravé, Reims, in-4, le portrait de ce père.

## FRANÇOIS BLANCHART,

Supérieur général des chanoines réguliers de la Congrégation de France, abbé de Sainte-Geneviève; né en ...., mort en 1675.

La Vie du révérendissime P. François Blanchart, supérieur général des chanoines réguliers de la Congrégation de France et abbé de Sainte-Geneviève de Paris. 1688, in-fol. H, 30.

Ms. sur papier.
Par F.-G. Le Royer.

La même Vie, par le même auteur. 1688, in-fol. H, 30$^1$,

Ms. sur papier.

La Vie du révérendissime père François Blanchart, abbé de Sainte-Geneviève de Paris, troisième supérieur général des chanoines réguliers de Saint-Augustin, congrégation de France, et de tout l'ordre du Val-des-Écoliers; où l'on voit l'histoire de la réforme de plus de cinquante maisons de l'ordre unies à la Congrégation. Présentée le 2 de saint Jean l'évangéliste 1713, par le P. F. Le Royer. 2 vol. in-fol. H, 30$^2$ et 30$^3$.

Ms. autographe, orné d'un grand et beau portrait du P. Blanchart, dessiné et gravé par Nanteuil en 1673, in-fol.

## RENÉ LEBOSSU,

Chanoine régulier de Sainte-Geneviève; né à Paris le 16 mars 1631, mort le 14 mars 1680.

Mémoire touchant la vie et les ouvrages de René Lebossu, chanoine régulier de Sainte-Geneviève, par Pierre-François Le Courayer, de la même congrégation. Biblioth. Sainte-Geneviève.

Imprimé à la tête de la sixième édition du *Traité du poëme épique*, par le P. Lebossu. La Haye, Scheurleer, 1714, in-12.

Vie du père Lebossu, par Niceron.

Dans ses *Mémoires*, t. VI, p. 68.

Voyez aussi le dictionnaire de Chauffepied et la plupart des dictionnaires biographiques.

Le portrait du P. Lebossu a été gravé par un anonyme.

### ANSELME DE PÀRIS,

Chanoine régulier de Sainte-Geneviève; né . . . ., mort en 1683.

Éloge du père Anselme de Pàris, chanoine régulier de Sainte-Geneviève.

Imprimé dans le *Journal des Savants* de 1683.

### CLAUDE DU MOLINET,

Chanoine régulier et bibliothécaire de Sainte-Geneviève; né à Châlons-sur-Marne en 1620, mort à Paris le 2 septembre 1687.

Éloge de Claude Du Molinet, chanoine régulier de Sainte-Geneviève.

Imprimé dans le second *Journal des Savants* de 1687 et à la tête de sa *Description du cabinet de la bibliothèque Sainte-Geneviève*. Paris, 1692, in-fol.

Fr. Petr. Le Courayer Epistola de vita et scriptis Molineti.

Dans la *Bibliotheca theolog. hist.* Wittebergæ, 1732, in-8, p. 81-5 de la seconde partie du tome I.

Trouvain a gravé, en 1689, in-fol., le portrait de Du Molinet. La bibliothèque Sainte-Geneviève conserve un buste en plâtre et un portrait au pastel de ce célèbre chanoine.

## PAUL BEURRIER,

Abbé de Sainte-Geneviève et supérieur général des chanoines réguliers de la Congrégation de France; né en ...., mort en 1696.

La Vie du révérend père Paul Beurrier, par lui-même. Bibl. Sainte-Geneviève.

Ms.

Il existe deux portraits du P. Beurrier : le premier, gravé par J. Boulanger, d'après Jean Le Fèvre, in-fol.; le second, dessiné et gravé par Lochon, 1675, in-4.

## MARIE BONNEAU,
### DAME DE MIRAMION,

L'une des fondatrices des filles de Sainte-Geneviève; née à Paris le 2 novembre 1629, morte dans la même ville le 24 mars 1696.

Vie de Madame de Miramion, fondatrice des filles de Sainte-Geneviève, par l'abbé de Choisy, Paris, 1706, in-4.

Réimprimée en 1707, in-8.

Voyez aussi les *Lettres* de M$^{me}$ de Sévigné.

On a le portrait de M$^{me}$ de Miramion : par L. Barbery, 1690, in-fol., d'après Mignard; par Edelinck, in-4 et in-8, d'après De Troy, et dans la collection d'Odieuvre.

## CHARLES-MAURICE LE TELLIER,

Archevêque de Reims; né à Turin le 18 juillet 1642, mort à Paris le 22 février 1710.

Je n'ai pu découvrir de travaux spéciaux sur la vie de l'archevêque Le Tellier; néanmoins je n'ai pas cru devoir passer sous silence un personnage à qui la bibliothèque Sainte-Geneviève doit une des plus belles parties de ses richesses. A défaut de ces travaux spéciaux, on pourra consulter avec fruit les biographies générales; elles donnent presque toutes des détails intéressants sur cet illustre prélat.

On connaît quatorze portraits de l'archevêque Le Tellier : 1° Nanteuil, 1664, in-fol., en abbé; 2° Larmessin; 3° Van Schuppen, 1664, in-fol., d'après C. Le Fèvre; 4° Nanteuil, 1667, in-fol.; 5° Nanteuil, del. et sc., 1670, in-fol.; 6° Nanteuil, 1672, in-fol. maj.; 7° J. Colin, Reims, in-fol. maj., d'après Ferdinand; 8° Van Schuppen, 1677, in-4, d'après P. Mignard, pour le rituel de Reims; 9° Nanteuil, 1677 ou 78, in-fol. maj.; 10° Ét. Desrochers, 1698, in-8; 11° G. Edelinck, 1692, in-fol., d'après Mignard, pour le catalogue de sa bibliothèque; 12° N. Habert, 1700, in-fol.; 13° C.-L. Duflos, 1705, in-fol., d'après Mignard; 14° J. Audran, in-12.

Un très-beau buste de ce bienfaiteur de Sainte-Geneviève se voit dans l'ancien local de la bibliothèque; il est en marbre et a été sculpté en 1711 par le célèbre Coyzevox.

## LOUIS, DUC D'ORLÉANS,

Fils du Régent; né à Versailles le 4 août 1703, mort à Sainte-Geneviève le 4 février 1752.

Recueil de pièces concernant le prince Louis, duc d'Orléans, fils du Régent. In-4. X. 5924.

Ce recueil contient : deux pièces en vers latins sur la mort du prince (1752); un mandement de l'évêque de Valence à ce sujet (1752); une ode, *in Mortem ejusdem* (Remis., 1752); une copie manuscrite de son testament, avec la date de 1749, et enfin un bon nombre de ses Oraisons funèbres, dont la première imprimée à Rouen par Le Boullenger, en 1752.

Oraison funèbre de Louis d'Orléans, par l'abbé de La Tour du Pin. Paris, 1752, in-4.

—, par Jean-François Colas. Orléans, 1752, in-4.

—, par Le Moine, 1752, in-4.

—, par Besault. Orléans, 1752, in-4.

—, par le P. Jouin. Paris, 1752, in-4.

—, par le P. Bernard. Paris, 1752, in-4.

—, par le P. Renaud, jacobin. 1752, in-4.

—, par l'abbé Barathier. 1752, in-4.

—, par M. Poullin. 1752, in-4.

Lettre d'une dame retirée à la campagne, au sujet de l'Éloge funèbre de M$^{gr}$ le duc d'Orléans, prononcé par M. Poullin. In-12.

Seconde Lettre sur le même sujet, par M. Johanneton, greffier au criminel d'Orléans. 1752, in-12.

Éloge funèbre du prince Louis d'Orléans, par l'abbé J.-B.-Louis de La Roche. Paris, 1753, in-12.

Histoire de Louis, duc d'Orléans, fils du Régent, mort en 1752, par Louis-Balthazar Néel. Paris, 1753, in-12.

« On trouve dans la *Bibliothèque historique de la France*, t. II et IV, n$^{os}$ 25675-78, dit M. Beuchot dans une note ajoutée à l'article Louis, duc d'Orléans, de la *Biographie universelle*, l'indication de plusieurs oraisons funèbres de ce prince. La plus remarquable par le nom de son auteur y est oubliée : il est vrai qu'elle n'a point été prononcée; elle devait l'être par l'abbé d'Arty, neveu de M$^{me}$ Dupin, qui avait prié J.-J. Rousseau de la composer; elle est dans les *OEuvres* du philosophe de Genève. Cet abbé d'Arty, qui n'a place dans aucune biographie ni bibliographie, cet abbé, qui est mort dans l'obscurité, avait, en 1749, débité devant l'Académie française, et comme étant de lui, un *Panégyrique de saint Louis* qui avait été composé par Voltaire, et qu'on a inséré dans les *OEuvres* du philosophe de Ferney. Cette circonstance d'avoir obtenu pour secrétaires ou *faiseurs* les deux écrivains les plus célèbres du XVIII$^e$ siècle mérite d'être remarquée. »

On cite quatre portraits du prince Louis; François, in-4, médaillon; Desrochers; Daullé, in-fol., d'après Coypel; Drevet, in-4, aussi d'après Coypel; et on remarque parmi les bustes de la bibliothèque Sainte-Geneviève son buste en bronze, sculpté et fondu, après sa mort, par Gressent, en 1754.

## CLAUDE PRÉVOST,

Chanoine régulier et bibliothécaire de Sainte-Geneviève; né à Auxerre le 22 janvier 1693, mort le 15 octobre 1752.

Éloge de Claude Prévost, chanoine régulier de Sainte-Geneviève.

Dans le *Journal de Verdun*, novembre 1752, p. 400.

Lettre de M. l'abbé Lebeuf sur le père Prévost, bibliothécaire de l'abbaye de Sainte-Geneviève.

Dans le *Journal de Verdun*, 1753, février, p. 122-24, et novembre 1752, p. 400.

### LOUIS-JOACHIM GILLET,

Chanoine régulier et bibliothécaire de Sainte-Geneviève; né à Fremorel, diocèse de Saint-Malo, en 1688, mort le 28 août 1753.

Éloge de Louis-Joachim Gillet, chanoine régulier et bibliothécaire de Sainte-Geneviève.

Imprimé à la tête du tome I$^{er}$ de sa *Nouvelle traduction de l'historien Josèphe*. Paris, Chaubert, 1756, 3 vol. in-4.

### JEAN SCOFFIER,

Chanoine régulier de Sainte-Geneviève; né en ...., mort en 1765.

Vie abrégée de Jean Scoffier, chanoine régulier de Sainte-Geneviève.

Elle se trouve p. 415-24 du t. VI de l'ouvrage intitulé : *Nécrologe des dix-septième et dix-huitième siècles*, par René Cerveau, prêtre. Paris, 1760-67, in-12, avec figures.

### JEAN RESTOUT,

Peintre; né à Rouen le 26 mars 1692, mort à Paris le 1$^{er}$ janvier 1768.

Éloge de Jean Restout, peintre.

Dans le Nécrologe qui a paru en 1769, p. 51.

Abrégé de la vie de Jean Restout.

Extrait des Mémoires de son fils et inséré dans la *Galerie française*, petit in-fol., n° VIII.

On a trois portraits de Restout : le premier, dessiné et gravé par Nic. Cochin, 1760, in-4, médaillon; le second, gravé d'après le peintre de La Tour, par Moitte, in-fol. maj. (beau), et le troisième, gravé d'après Restout fils, par Le Vasseur, 1772, in-fol. Ce dernier fait partie de la *Galerie française*, cahier VIII.

### PIERRE-FRANÇOIS LE COURAYER,

Théologien; d'abord chanoine régulier et bibliothécaire de Sainte-Geneviève, ensuite docteur et chanoine de l'église d'Oxford; né à Rouen le 17 novembre 1680, mort à Londres le 16 octobre 1776.

Voyez dans les cartons D, n° 6, et P, n° 18, du cabinet des manuscrits de la bibliothèque Sainte-Geneviève et dans la plupart des biographies générales.

### FRANÇOIS-CÉSAR LE TELLIER,

Marquis de Courtanvaux, duc de Doudeauville, grand d'Espagne de première classe, capitaine-colonel des cent-suisses de la garde du roi, membre de l'Académie des Sciences; né à Paris en 1718, mort le 7 juillet 1781.

Éloge du marquis de Courtanvaux, par Condorcet.

Dans les *Mémoires de l'Académie des Sciences*, année 1781.

J'ai déjà cité le beau buste en marbre du marquis de Courtanvaux qu'on voit parmi ceux de la bibliothèque Sainte-Geneviève.

### JACQUES-GERMAIN SOUFFLOT,

Architecte, membre des académies de peinture et d'architecture, intendant général des bâtiments de la couronne; né à Irancy, près d'Auxerre, en 1714, mort le 27 août 1780.

Abrégé de la vie d'artiste de Jacq.-Germ. Soufflot, par J.-J. Lequeu de Rouen, son élève.

Ms.
En tête du Recueil d'architecture de Soufflot. In-fol. Bibl. royale, cabinet des estampes. H a 54 a.

Lequeu affirme que la vie qu'il donne de son maître est *absolument exacte et ne contient rien qui ne soit vrai*. C'est d'après ce document que je fixe, contrairement à plusieurs biographes, la mort de Soufflot au 27 août 1780.

Notice sur la vie et les ouvrages de Jacq.-Germ. Soufflot, par M. d'Argenville.

Dans le premier volume de son ouvrage intitulé *Vies des fameux architectes, depuis la renaissance des arts.* Paris, Guillot, 1788, in-8.

Voyez aussi le *Journal de Paris*, 1780, n° 260; le *Nécrologe* de 1781 et la plupart des histoires de la vie et des ouvrages des plus célèbres architectes.

Laurent Cars a gravé, d'après le dessin de Cochin, le portrait de Soufflot; 1757, in-4, médaillon.

### ALEXANDRE-GUI PINGRÉ,

Astronome, bibliothécaire de Sainte-Geneviève et chancelier de l'Université; né à Paris le 4 septembre 1711, mort le 1er mai 1796.

Éloge de Pingré, par M. de Prony.

Dans les *Mémoires de l'Institut*, sciences mathématiques et physiques, t. I, p. XXVI (3 juillet 1796).

Notice sur la vie de Gui-Alexandre Pingré, par Ventenat.

Insérée dans *le Mercure* du 10 prairial an IV (t. XXII, p. 217) et dans le *Magasin encyclopédique*, 2e année, t. I, p. 342.

Cette notice a été tirée à part.

Un portrait et un buste de Pingré ornent les salles de l'ancien local de la bibliothèque Sainte-Geneviève : le buste est l'œuvre du sculpteur Caffieri; il est en plâtre. Un autre portrait de ce savant astronome se voit dans les *Éphémérides géographiques* du baron de Zach, t. IV, p. 537.

### BARTHÉLEMY MERCIER,

Abbé de Saint-Léger de Soissons, chanoine régulier et bibliothécaire de Sainte-Geneviève; né à Lyon le 4 avril 1734, mort à Paris le 13 mai 1799.

Notice sur Mercier, abbé de Saint-Léger, par Simon Chardon de la Rochette.

Dans le *Magasin encyclopédique*, Ve année (1799), t. II, et dans le t. II des *Mélanges de critique et de philologie*, 1812, 3 vol. in-8.

G. Benoist a gravé, d'après le peintre Voiriot (vers 1770), in-fol., le portrait de Mercier de Saint-Léger.

## CLAUDE ROUSSELET,

Chanoine régulier et dernier abbé de Sainte-Geneviève; né en ....,
mort le 17 janvier 1808.

Voyez les *Mélanges de philosophie*, par M. de Boulogne, année 1808, t. IV, p. 94 et 95.

Le portrait du P. Claude Rousselet a été gravé par Noël Lemire, vers 1775.

## ÉTIENNE-PIERRE VENTENAT,

Botaniste, chanoine régulier et bibliothécaire en chef de Sainte-Geneviève, membre de l'Académie royale des Sciences; né à Limoges le 1er mars 1757, mort à Paris le 13 août 1808.

### Notice nécrologique sur Ventenat.

Dans le *Journal de botanique*, octobre 1808.

### Éloge de Ventenat, par Cuvier.

Dans le tome premier de ses *Éloges historiques des membres de l'Académie royale des Sciences*. Strasbourg et Paris, Levrault, 1819-27, 3 vol. in-8.

## ANT. GROS,

Peintre; né à Paris en 1771, mort en 1835.

Discours prononcé sur la tombe de Gros par J.-B. Delestre, l'un de ses élèves, le 29 juin 1835. Paris, imprimerie de Pinard, 1835, in-8 d'une demi-feuille.

Discours prononcé sur la tombe de Gros, au nom de l'école des Beaux-Arts, par M. Émery, professeur d'anatomie et président de l'école. Paris, imprimerie de Fournier, 1835, in-8 d'un quart de feuille.

## JEAN-BAPTISTE LECHEVALIER,

Voyageur, premier conservateur de la bibliothèque Sainte-Geneviève, membre de la Société libre des Sciences et Arts de Paris; né à Trely (Manche) le 2 juillet 1752, mort le 3 juillet 1836.

Discours prononcé sur la tombe de J.-B. Lechevalier par M. de Brotonne, conservateur adjoint de la bibliothèque Sainte-Geneviève.

Dans le *Moniteur* du 7 juillet 1836, p. 1577.

Notice sur la vie et les ouvrages de J.-B. Lechevalier, par P. David.

Dans le *Moniteur* du 17 octobre 1836, p. 2000. Voyez aussi le même journal au 4 juillet 1836, p. 1553.

La bibliothèque Sainte-Geneviève possède un beau buste en marbre du savant voyageur Lechevalier; il est de l'habile sculpteur David d'Angers (1839).

## P.-C.-F. DAUNOU,

Oratorien, membre de l'Institut (Inscriptions et Belles-Lettres), député, garde de la bibliothèque du Panthéon, etc.; né à Boulogne-sur-Mer (Pas-de-Calais) le 18 août 1761, mort à Paris en 1840.

Notice sur M. Daunou, par M. N. de Wailly.

Dans le *Journal des Savants*, juillet 1840, p. 436-40, et à la tête du *Catalogue des livres de M. Daunou*.

Documents biographiques sur P.-C.-F. Daunou, par M. A.-H. Taillandier, membre de la chambre des députés, conseiller à la cour royale de Paris. Paris, F. Didot frères, 1841, in-8.

Réimprimés chez le même éditeur en février 1847, dans le même format, avec des augmentations considérables et un portrait de Daunou.

On trouve dans cette biographie une liste générale des ouvrages que Daunou a fait imprimer.

Éloge de P.-C.-F. Daunou, par M. le baron de Reiffenberg.

Dans l'*Annuaire de l'Académie de Bruxelles pour* 1841.

Notice historique sur la vie et les ouvrages de M. Daunou, par M. le baron Walckenaer, secrétaire perpétuel de l'Académie des Inscriptions et Belles-Lettres, lue à la séance publique de cette académie le 51 juillet 1841. Paris, F. Didot, 1841, in-4.

Notice sur Daunou.

Dans le *Magasin pittoresque*, année 1841, p. 236.
La notice est ornée d'une gravure représentant Daunou, d'après un portrait fait pendant sa jeunesse.

Notice sur M. Daunou, par M. Guérard, membre de l'Académie des Inscriptions et Belles-Lettres.

Dans la *Bibliothèque de l'École des Chartes*. Paris, F. Didot, 1842, t. III, p. 209-57.

Notice sur P.-C.-F. Daunou, par V. L. C. (M. Victor Le Clerc), membre de l'Académie des Inscriptions et Belles-Lettres.

Dans l'*Histoire littéraire de la France*, t. XX, p. xiv et suiv. Paris, Firmin Didot, 1842, in-4.

Notice historique sur la vie et les travaux de M. Daunou, par M. Mignet, secrétaire perpétuel de l'Académie des Sciences morales et politiques, lue dans la séance publique annuelle du 27 avril 1843. Paris, Firmin Didot, 1843, in-4.

Reproduite dans le *Moniteur*, p. 1447 et 1461 de l'année 1843.

M. Daunou, par M. Sainte-Beuve, membre de l'Académie française.

Dans les *Portraits contemporains*, t. III, p. 3-70.

Un concours fut ouvert par l'académie d'Arras pour l'Éloge de Daunou; aucun prix n'y fut donné, mais l'académie décerna une mention honorable à l'ouvrage envoyé par M. Henri Cauvin, avocat à la cour royale de Paris.

D'autres notices sur Daunou ont encore paru dans les diverses biographies contemporaines, dans plusieurs dictionnaires et dans plusieurs journaux.

Parmi les beaux bustes de la bibliothèque Sainte-Geneviève, on en distingue un de ce savant; il a été fait par le procédé de M. F. Sauvage, et exécuté, en 1835, par M. Dieudonné.

―――――

Tel est le choix des hommes illustres sur lesquels j'ai cru devoir donner des renseignements biographiques. J'eusse pu sans doute en augmenter le nombre en citant des hommes recommandables à plus d'un titre, comme de Creil, de Géry, Lemonnier, Viallon, Cotte, Dussault, Halma, Flocon, Mongez, Massabiau, Robert, Blanchet, Campenon, Pacaud, Drevet; mais alors j'eusse dépassé les limites qui m'étaient tracées et le but que je m'étais proposé.

Maintenant, et en terminant, qu'il me soit permis d'offrir un témoignage de gratitude aux obligeantes personnes qui ont bien voulu me rendre les recherches plus faciles ou me donner de bienveillants encouragements, et d'ajouter à celles que j'ai déjà mentionnées M. de la Villegille, membre de la Société des Antiquaires; M. Parran, secrétaire-général du département de la Seine; M. Lesecq, chef au bureau des archives de la Ville, et surtout M. de Lancy, administrateur de la bibliothèque Sainte-Geneviève, que je ne pouvais omettre sans manquer aux devoirs de la reconnaissance pour la constante protection dont il m'a honoré.

# APPENDICE.

Malgré les recherches minutieuses que je me suis efforcé de faire pour compléter cet ensemble de documents bibliographiques, une pièce importante avait échappé à mes investigations : elle est signalée par un écrivain distingué ; je crois que mes lecteurs me sauront gré d'en donner ici l'indication. Il y a certains noms qui ne font que grandir avec les siècles et dont il faut rappeler le glorieux souvenir, alors même qu'il reste quelque incertitude sur les écrits auxquels on tente de les rattacher. Cette pièce consiste en une version manuscrite des hymnes du propre de l'abbaye Sainte-Geneviève ; en tête du premier feuillet on lit ces mots, d'une écriture différente de celle du manuscrit : *L'auteur de ces vers est M. Corneille, de la main même duquel ils sont écrits;* et, à la fin du dernier feuillet, il y a cette autre note : *L'auteur est P. Corneille.* Cette version vient d'être publiée pour la première fois, par les soins de M. P. Faugère, dans la *Nouvelle Revue encyclopédique* de MM. Firmin Didot (mars 1847, n° 3). M. Faugère fait précéder ce morceau curieux des réflexions suivantes : « Cette traduction rappelle celle de l'*Imitation;* mais, si Corneille composa celle-ci par esprit de piété, on doit supposer que ce ne fut qu'à la prière de quelque génovéfain de ses amis qu'il traduisit les hymnes de sainte Geneviève, dont la médiocre latinité n'était pas digne assurément d'avoir un tel interprète. Le grand poëte, il est vrai, a mis dans sa traduction des beautés que n'a point l'original; toutefois je ne me dissimule pas, en publiant ici ces vers, que le principal mérite en est d'être signés du nom de l'auteur de *Cinna* et de *Polyeucte;* mais ce nom seul suffirait pour justifier l'éditeur, car il y a toujours un intérêt et un attrait, au moins de curiosité, qui s'attache aux productions même les plus modestes d'un aussi sublime génie. » Les hymnes de sainte Geneviève sont au nombre de neuf : trois pour le jour de sa fête, le 3 janvier; trois pour sa translation, 28 octobre, et trois pour le miracle des Ardents, 26 novembre.

# TABLE DES MATIÈRES.

## HISTOIRE DE LA BIBLIOTHÈQUE SAINTE-GENEVIÈVE.

| | |
|---|---:|
| Dédicace. | 1 |
| Introduction. | 3 |
| Première partie. — L'abbaye de Sainte-Geneviève; le collége de Montaigu, etc. | 9 |
| Deuxième partie. — La bibliothèque Sainte-Geneviève. | 91 |
| Divisions et séries des livres de la bibliothèque. | 191 |
| Tableau du personnel. | 195 |

## MONOGRAPHIE BIBLIOGRAPHIQUE.

| | |
|---|---:|
| Préface. | 223 |

### GÉNÉRALITÉS.

| | |
|---|---:|
| Ouvrages divers. | 233 |
| — sur Paris. | 241 |
| — d'histoire religieuse. | 258 |
| — d'histoire monumentale, topographique et iconographique. | 268 |

## SPÉCIALITÉS.

Histoire de sainte Geneviève et de son abbaye. . . . . . . . 275

### OUVRAGES RELATIFS A SAINTE GENEVIÈVE.

Vies de sainte Geneviève. . . . . . . . . . . . . . . . . . . . 276
Pièces diverses. . . . . . . . . . . . . . . . . . . . . . . . . 288
Images, tableaux et statues. . . . . . . . . . . . . . . . . . 290
Châsse et processions de la châsse. . . . . . . . . . . . . . 292
Estampes. . . . . . . . . . . . . . . . . . . . . . . . . . . . 298

### OUVRAGES RELATIFS A L'ÉGLISE SAINTE-GENEVIÈVE.

Ancienne église. . . . . . . . . . . . . . . . . . . . . . . . 299
Église Saint-Étienne-du-Mont. . . . . . . . . . . . . . . . . 301
Nouvelle église Sainte-Geneviève (le Panthéon). . . . . . . . 304
Plans, dessins, peintures, sculptures et vitraux. . . . . . . 309
Plans et vues de la nouvelle église Sainte-Geneviève (le Panthéon). 312
Cérémonies. . . . . . . . . . . . . . . . . . . . . . . . . . 313

### PIÈCES HISTORIQUES RELATIVES A L'ABBAYE SAINTE-GENEVIÈVE.

Histoire. . . . . . . . . . . . . . . . . . . . . . . . . . . . 318
Plans et dessins. . . . . . . . . . . . . . . . . . . . . . . 326

### OUVRAGES RELATIFS AUX CHANOINES DE SAINTE-GENEVIÈVE.

Histoire. . . . . . . . . . . . . . . . . . . . . . . . . . . . 327
Règle et constitutions. . . . . . . . . . . . . . . . . . . . 333
Contentieux et temporel. . . . . . . . . . . . . . . . . . . 335

OUVRAGES RELATIFS A LA BIBLIOTHÈQUE SAINTE-GENEVIÈVE.

Histoire. . . . . . . . . . . . . . . . . . . . . . . . . 341
Catalogues. . . . . . . . . . . . . . . . . . . . . . . 372
Plans et vues de la bibliothèque Sainte-Geneviève. . . . . . . . . 388

BIOGRAPHIES SPÉCIALES DES PRINCIPAUX PERSONNAGES QUI ONT CONCOURU A LA FONDATION ET A L'ILLUSTRATION DE L'ÉGLISE, DE L'ABBAYE ET DE LA BIBLIOTHÈQUE SAINTE-GENEVIÈVE. . . . . . . . . . . . . . . . . . . . . . 390

Appendice. . . . . . . . . . . . . . . . . . . . . . 423

FIN.

www.ingramcontent.com/pod-product-compliance
Lightning Source LLC
Chambersburg PA
CBHW071104230426
43666CB00009B/1819